Pedro Antonio de Alarcón

La Alpujarra

Barcelona **2024**
Linkgua-ediciones.com

Créditos

Título original: La Alpujarra.

© 2024, Red ediciones S.L.

e-mail: info@Linkgua-ediciones.com

Diseño de cubierta: Michel Mallard

ISBN rústica: 978-84-9816-388-9.
ISBN ebook: 978-84-9953-721-4.

Cualquier forma de reproducción, distribución, comunicación pública o transformación de esta obra solo puede ser realizada con la autorización de sus titulares, salvo excepción prevista por la ley. Diríjase a CEDRO (Centro Español de Derechos Reprográficos, www.cedro.org) si necesita fotocopiar, escanear o hacer copias digitales de algún fragmento de esta obra.

Sumario

Créditos _____ 4

Brevísima presentación _____ 9
   La vida _____ 9
   Los moriscos _____ 9

Dedicatoria _____ 11
   Prolegómenos _____ 11

Primera parte. El valle de Lecrín _____ 17
   I. Preparativos de viaje _____ 19
   II. En la Vega de Granada. Los Llanos de Armilla. El Mulhacén. Un cadáver misántropo _____ 23
   III. El Suspiro del Moro. Granada a lo lejos. Adioses de Boabdil. Palabras de Carlos V 27
   IV. Lo que fue de Boabdil _____ 31
   V. El Valle de Lecrín. El Padul. Las aguas y los montes. La Fuensanta del Valle _____ 37
   VI. Ochenta años en seis kilómetros _____ 41
   VII. Dúrcal. El día de San José. La Madre de Andalucía. Una emboscada. Talará y Chite. Panorama del Valle _____ 53
   VIII. Tres leguas en tres minutos. Una mañana de nieve. Una espada y una daga. Quién era don Fernando de Valor _____ 60
   IX. En Béznar. Naranjas y limones. De Regidor a rey _____ 68
   X. El Puente de Tablate. Llegada a la Venta. ¡A caballo! Lanjarón. Adiós al mundo ___ 74

Segunda parte. La taha de Órgiva _____ 85
   I. Lo que hay donde no hay nada _____ 87
   II. Dos encuentros. Llegada a Órgiva _____ 90
   III. ¿Cuál es la etimología de la palabra Alpujarra? ¿Se debe decir La Alpujarra, o Las Alpujarras? ¿Cuáles son los verdaderos límites de esta región? Historia antigua. Geografía moderna _____ 94

IV. En Órgiva (por la tarde). La Posada del Francés. El alcalde de Otívar. Moras y cristianas. Una torre célebre. La tapia de un huerto. Albacete de Órgiva. El río Grande y el río Chico. Los Jamones de Trevélez. La Taha de Pitres_____105
V. En Órgiva (por la noche). Más de un candil en viga. El Rosario. La taza de Teresa. Entre el día y la noche no hay pared _____117

Tercera parte. La contraviesa_____**125**
I. Diferentes maneras de amanecer. Segunda campaña contra el mulo _____127
II. Tres alpujarreños. El Puerto de Jubiley. Cuesta arriba. En la cumbre. Cuesta abajo 131
III. La nueva primavera. Coronación de Aben-Humeya. La Venta de Torbiscon. Torbiscon y su rambla. Algunos peñones sueltos _____137
IV. Subida a la Contraviesa. Historia de una uva_____150
V. Mapa de piedra y agua _____155
VI. Singularidad de las montañas alpujarreñas_____160

Cuarta parte. El gran Cehel_____**165**
I. De cabeza al mar. Las eternas moriscas. Alfornon. Recuerdos de África. Dos tradiciones. Albuñol a lo lejos. Llegada a Albuñol _____167
II. Albuñol pintoresco, histórico, geográfico, estadístico, agrícola, poético. y otras muchas cosas _____172
III. Sesión nocturna. Noticias de la Guerra _____183
IV. La Cueva de los Murciélagos_____188
V. Las Angosturas de Albuñol. La costumbre de vivir. Lontananzas, perspectivas, panoramas alpujarreños. La Encina Visa _____195
VI. Noticias de Constantinopla y de otros puntos. El Peñón de las Guájaras. Llegamos a Murtas _____202
VII. En Murtas. Una noche a la antigua española. Catalina de Arroyo_____210
VIII. Asechanza contra Aben-Humeya. Aparece en escena Aben-Aboo. Bárbaro tormento _____214
IX. Toque de Diana. Orden del día. Mecina Tedel. Los caballos no quieren matarse. El Castillo de Juliana. Jorairátar. Recuerdos asesinato. Una soirée en Cojáyar. Casta Diva _____220

Quinta parte. La orilla del mar_____**231**

I. Cortijeros y cortijeras. De Murtas a Turón. Acerca de los higos. De cómo mi
primo clavó clavos _____233
II. Viaje aéreo. Vista de Berja_____239
III. Una hora en Adra _____244
IV. Playas y puntas ¿Llegamos o no llegamos? _____247
V. Historia pura. Felipe II acuerda dar el mando del ejército granadino a su
hermano don Juan de Austria. Ferocidades de los cristianos. Ferocidades de los
moriscos. Crece la insurrección. Don Juan de Austria en Granada. Sus primeras
medidas. Preparativos de Aben-Humeya. Ventajas de éste. El marqués de los Vélez
lo rechaza delante de Berja. Retrato del marqués de los Vélez. Recobra el reyecillo
el terreno perdido. Proscripción de los moriscos de la capital y de su vega. Carta
de Aben-Humeya a don Juan de Austria, quejándose de lo que en Granada se
hacía con su padre don Antonio de Valor. Nuevas victorias del reyecillo. Es llamado
a la corte el marqués de Mondéjar _____259

Sexta parte. La Semana santa en Sierra Nevada _____ **273**
I. Lunes santo. Descansamos en Albuñol. Cosas de la Luna. Martes santo. Nos
trasladamos a Murtas. Preparativos para la peregrinación a Sierra Nevada_____275
II. Miércoles santo. Vista panorámica de Sierra Nevada _____280
III. Sigue el Miércoles santo. Cádiar. Una tragedia. El drama de Martínez de la
Rosa. Cosas de los historiadores. Narila. Por la señal... de la Santa Cruz... Yátor____288
IV. En Sierra Nevada. Vislumbres de África. Las tinieblas. Miserere _____304
V. Jueves santo. Yegen, primera Estación. Valor, segunda. Nechile, tercera.
Mecina-Alfahar, cuarta. Mairena, quinta. Júbar, sexta. Laroles, séptima _____312
VI. El Viernes santo. Cuadro sinóptico de la Alpujarra y de la presente obra _____336
VII. Bajada a Ugíjar. Pasamos por Picena y Cherin. Ugíjar en Viernes santo y en
los demás días del año. El Cortijo de Unqueira. Las Tres de la tarde. Muere Jesús
entre dos ladrones _____339
VIII. Crímenes y muerte de Aben-Humeya _____346
IX. Reinado y muerte de Aben-Aboo _____356

Epílogo. La expulsión de los moriscos _____ **362**

Libros a la carta_____ **379**

Brevísima presentación

La vida

Alarcón, Pedro Antonio de (Guadix, Granada, 1833-Madrid, 1891). España. Hizo periodismo y literatura. Su actividad antimonárquica lo llevó a participar en el grupo revolucionario granadino «la cuerda floja».

Intervino en un levantamiento liberal en Vicálvaro, en 1854, y —además de distribuir armas entre la población y ocupar el Ayuntamiento y la Capitanía general— fundó el periódico *La Redención*, con una actitud hostil al clero y al ejército. Tras el fracaso del levantamiento, se fue a Madrid y dirigió *El Látigo*, periódico de carácter satírico que se distinguió por sus ataques a la reina Isabel II.

Sus convicciones republicanas lo implicaron en un duelo que trastornó su vida, desde entonces adoptó posiciones conservadoras. Aunque no parezca muy ortodoxo, en el prólogo a una edición de 1912 Alarcón es considerado un escritor romántico.

Los moriscos

Alarcón escribió varios libros de viajes y entre ellos *La Alpujarra* (1873), en que describe las costumbres, historia y tradiciones de esa región de España, y hace énfasis en los conflictos de los moriscos de la Alpujarra durante la rebelión que provocó la expulsión de éstos.

Este libro no es solo un recorrido por la geografía de la Alpujarra, es también una arqueología en la historia y las leyendas moriscas de la región.

Otros libros de Linkgua refieren la historia de esta región de España: *Guerra de Granada*; *Historia de la guerra de Granada*; *Aben Humeya* o *La rebelión de los moriscos* y *Rebelión y castigo de los moriscos*.

Dedicatoria

A los señores don José de Espejo y Godoy (de Murtas) y Don Cecilio de Roda y Pérez (de Albuñol) y a los demás hijos de la Alpujarra que lo agasajaron en aquella noble tierra dedica este libro en señal de agradecimiento a su generosa hospitalidad

El autor

Prolegómenos

Principiemos por el principio.

Muy poco después de haberme encontrado yo a mí mismo (como la cosa más natural del mundo) formando parte de la chiquillería de aquella buena ciudad de Guadix, donde rodó mi cuna (y donde, dicho sea de paso, está enterrado Aben-Humeya), reparé en que me andaba buscando las vueltas el desinteresado erudito, Académico... correspondiente de la Historia, que nunca falta en las poblaciones que van a menos.

Recuerdo que donde al fin me abordó fue en las solitarias ruinas de la Alcazaba. Yo había ido allí a ayudarle a los siglos a derribar las almenas de un torreón árabe, y él a consolarse entre las sombras de los muertos de la ignorancia de los vivos.

Tendría él sesenta años, y yo nueve.

Al verlo, di de mano a mi tarea y traté de marcharme pero el hombre de lo pasado me atajó en mi camino; congratulose muy formalmente de aquella afición que advertía en mí hacia los monumentos históricos; tratome como a compañero nato suyo, diome un cigarro, mitad de tabaco y mitad de matalahúva, y acabó por referirme (con el más melancólico acento y profunda emoción, a pesar de ser muy buen cristiano y Cofrade de la Hermandad del Santo Sepulcro) todas las tradiciones accitanas del tiempo de los moros y todas las tradiciones alpujarreñas del tiempo de los moriscos, poniendo particular empeño en sublimar a mis ojos la romántica figura de Aben-Humeya.

Yo lo escuché con un interés y una agitación indefinibles..., y desde aquel punto y hora abandoné la empresa de demoler la Alcazaba y di cabida al no menos temerario propósito de salvar un día las eternas nieves que cierran al Sur el limitado horizonte de Guadix, a fin de descubrir y recorrer unos misteriosos cerros y valles, pueblos y ríos, derrumbaderos y costas que, según vagas noticias (tal

fue la fórmula de aquel genio sin alas), quedaban allá atrás, como aprisionados, entre las excelsas cumbres de la Sierra y el imperio líquido del mar...
Porque aquella región, tan inmediata al teatro de mis únicas puerilidades legítimas, y de la cual, sin embargo, todo el mundo hablaba solo por referencia; aquella tierra, a un tiempo célebre y desconocida, donde resultaba no haber estado nunca nadie; aquella invisible comarca, cuyo cielo me sonreía sobre la frente soberana del Mulhacén, era la indómita y trágica Alpujarra.

Allí (habíame dicho en sustancia el amigo de las ruinas, y repitiome luego la Madre Historia) acabó verdaderamente el gigantesco poema de nueve siglos que empezó con la traición de don Julián y que juzgó terminado Isabel la Católica con la toma de Granada; aquélla fue la Isla de Elba del desventurado Boabdil, desde su memorable destronamiento hasta que se vio definitivamente relegado a los desiertos de la Libia; allí permanecieron sus deudos y antiguos súbditos, durante ochenta años más, legándose de padres a hijos odios y creencias, bajo la máscara de la Religión vencedora; allí estalló al cabo el disimulado incendio, y ondearon nuevamente entre el humo del combate los estandartes del Profeta; allí se desarrolló, lúgubre y sombrío, el sangriento drama de aquellos dos príncipes rivales, descendientes de Mahoma, que solo reinaron para llevar a un desastroso Waterloo el renegado islamismo granadino; y allí fueron, no ya vencidos, sino exterminados, aniquilados y arrojados al abismo de las olas, sus últimos guerreros y visires, con sus mujeres y sus hijos, con sus mezquitas y sus hogares, único modo de poder extirpar en aquellas guaridas de leones la fe musulmana y el afán de independencia. La nube de alarbes que entró por el Estrecho de Gibraltar como tromba de fuego, y que por espacio de ochocientos sesenta años recorrió tronando el cielo de la Península, desbaratose, pues, entonces, y volvió de España al mar, en arroyos de lágrimas y sangre, por las ramblas y barrancos de la despedazada Alpujarra.
Buscar (para adorarlas poéticamente) en los actuales lugares y aldeas de aquella región, las ruinas de los pueblos que dejó totalmente deshabitados la expulsión de los moriscos; evocar en toda regla entre los nuevos alpujarreños, oriundos de otras provincias españolas, los encapuchados fantasmas de los atroces Monfíes o de los airosos caballeros árabes que componían la corte militar de Aben-Humeya y Aben-Aboo; seguir los pasos de estos dos régulos

de aquellas montañas, y lamentar patéticamente los funestos amores del uno, la cruel desdicha del otro, las traiciones que los pusieron frente a frente, y las catástrofes que de aquí se originaron, todo ello en el propio paraje en que aconteció cada escena; saludar (o maldecir en nombre de un equívoco sentimiento cosmopolita) los campos de batalla inmortalizados por las victorias de los marqueses de Mondéjar y de los Vélez, del duque de Sesa y de don Juan de Austria, y discernir, con toda la severidad correspondiente, los calamitosos resultados que trajo a la común riqueza la política intolerante de Felipe II y Felipe III —tal fue, en resumen, el interés histórico que ofreció desde entonces a mi imaginación la idea de un viaje a las vertientes australes de Sierra Nevada; interés histórico que, llegado que hube a la juventud, participó algo (no lo debo ocultar) de cierta filantropía, tan superficial y fatua como extensa, a la sazón muy de moda, y cuyo especial influjo en el ánimo de los granadinos, para todo lo concerniente a los moros, paréceme bastante digno de disculpa.

Semejante afán por aquel viaje subió luego de punto al estímulo de otra curiosidad vehementísima y de índole más real y permanente, que denominaré interés geográfico.

Sierra Nevada es el alma y la vida de mi país natal. A su pie, reclinada la frente en sus últimas estribaciones septentrionales y tendidas luego en fértiles llanuras, están, en una misma banda, la soberbia y hermosa capital de Granada y mi vieja y amada ciudad de Guadix; a diez leguas una de otra; aquélla al abrigo del elegante Picacho de Veleta, y ésta al amparo del supremo Mulhacén, cuyos ingentes pedestales se adelantan al promedio del camino con titánica majestad. Bajan de aquella Sierra, por lo tanto, los ríos que amenizan las Vegas de ambas ciudades, los veneros de las fuentes que apagan la sed de sus moradores, las leñas que calientan sus hogares, los ganados que les dan alimento y los abastecen de lana, cien surtideros de aguas medicinales, salutíferas hierbas y semillas, mármoles preciosos, minerales codiciados, y el santo beneficio de las lluvias, que allí se amasan en legiones de pintadas nubes y luego se esparcen sobre la tierra, no sin almacenar antes, en perdurables neveras y renovadas moles de hielo, el fecundante humor que ríos y acequias, pozos y manantiales destilan y distribuyen próvidamente durante las sequías del verano.

Pero ni en Guadix ni en Granada conocemos más que una de las faces de pizarra y nieve de aquella muralla eterna que se interpone entre sus campiñas y el horizonte del mar; muralla insigne por todo extremo en el escalafón orográfico; como que es la cordillera más elevada de toda Europa, si se exceptúa la de los Alpes. Hay que esquivarla, pues, para pasar al otro lado y trasladarse a la costa, y yo la esquivé, en efecto, repetidas veces, ora buscando en su extremo occidental el portillo del Suspiro del Moro, y bajando de allí despeñado hasta Motril, ora flanqueándola por Levante hasta ir a parar a las playas de Almería.

No se consigue, sin embargo, ni aun por este medio, ver el reverso de la Sierra, ni vislumbrar remotamente aquel espacio de once leguas de longitud por siete de anchura en que queda encerrada la Alpujarra. Lejos de esto, la curiosidad llega hasta lo sumo al reparar en el empeño con que la gran Cordillera, auxiliada por sus vasallas laterales, oculta su aspecto meridional y el fragoso Reino de los moriscos. Sierra de Gádor, por una parte, y Sierra de Lújar, por la otra, cubren los costados de aquel inmenso cuadrilátero, dejando siempre en medio, encajonado e impenetrable a la vista, el secreto de Sierra Nevada, el principal teatro de las hazañas de Aben-Humeya, las tahas de Órgiva, Ugíjar, Andarax y los dos Ceheles; regiones misteriosas, cuya existencia no puede ni aun sospecharse desde las comarcas limítrofes; tierras de España que solo se ven desde África o desde los buques que pasan a lo largo de la Rábita de Albuñol.

Sin gran esfuerzo os haréis cargo del nuevo atractivo que estas singulares condiciones topográficas le añadirían en mi imaginación a aquel país de tan románticos recuerdos. ¡Suprimir la Sierra; desvelar la Alpujarra,

si licet exemplis in parvo grandibus uti,

representábame un placer análogo al que experimentaría Aníbal al asomarse a Italia desde la cúspide de los Alpes, o Vasco Núñez de Balboa al descubrir desde lo alto de los Andes la inmensidad del Pacífico!

Pues agréguese ahora la dificultad material de transportarse al otro lado del Mulhacén, o sea el infernal encanto de la incomunicación.

No habláramos de acometer la empresa de frente desde la ciudad de Granada. La Sierra, no es franqueable en todo el año, sino algunos pocos días del mes de julio («entre la Virgen del Carmen y Santiago» —dicen los prácticos del terreno), y eso con insufrible fatiga y peligros espantosos... Cierto que por la parte de Guadix, casi al extremo de la cordillera, hay un Puerto, llamado de la Ragua (Rawa se escribía antes), al que conducen escabrosísimas sendas, y por donde es algo frecuente el paso en días muy apacibles, si bien nunca en el rigor del invierno; pero, así y todo, se han helado allí, en las cuatro Estaciones, innumerables caminantes, de resultas de los súbitos ventisqueros que se mueven en aquel horroroso tránsito.

Quedaba el camino de Lanjarón, que es el ordinario y el histórico; mas, aunque fuese el menos malo (pues el entrar por la costa en el territorio alpujarreño no se avenía con mis ilusiones), todavía me lo pintaban áspero, difícil, arriesgado, pavoroso, sobre todo de Órgiva en adelante; verdadero camino de palomas, según la frase vulgar, sujeto a largas interrupciones y contramarchas a la menor inclemencia de los elementos.

Explicábame ya, por consiguiente, la singularidad de que la Alpujarra solo fuera conocida de sus hijos; de que apenas existiese un mapa que la representara con alguna exactitud, y de que ni los extranjeros que venían de Londres o de San Petersburgo en busca de recuerdos de los moros, ni los poetas españoles que cantaban estos recuerdos de una gloria sin fortuna, hubiesen penetrado jamás en aquel dédalo de promontorios y de abismos, donde cada peñón, cada cueva, cada árbol secular sería de juro un monumento de la dominación sarracena.

Mi viaje a África con aquel ejército (hoy ya casi legendario) que plantó la bandera de Castilla sobre la Alcazaba de Tetuán; mi larga residencia en aquella ciudad santa de los musulmanes, a la cual se refugiaron, del siglo XV al XVII, innumerables moros y judíos expulsados de España; mis frecuentes coloquios, ora con Sabios hebreos que aún hablaban nuestra lengua, ora con mercaderes argelinos versados en el francés, ora con los mismos marroquíes, merced a nuestro famoso intérprete Aníbal Rinaldy; mis interminables pláticas con el historiador y poeta Chorby, en cuya casa encontré una hospitalidad verdaderamente árabe; aquellas penosas y casi estériles investigaciones a que me entregué con todos ellos respecto del ulterior destino de tantos ilustres moros españoles como desaparecieron en los arenales africanos, a la manera de náufragos tragados por el mar, todas aquellas aventuras, emociones, complacencias y fantasías que forman, en fin, gran parte del *Diario de un Testigo de la Guerra de África*, lejos de calmar mi ardiente anhelo de conocer la tierra alpujarreña, hiciéronlo más activo y apremiante.

Las tradiciones y noticias de los moros y judíos de 1860 acerca de la estancia de sus mayores en nuestro suelo eran menos inexactas y borrosas cuando se trataba de la Alpujarra, y de la Guerra de los moriscos, que cuando se referían a otros territorios y sucesos de Andalucía. El último héroe musulmán de España, Aben-Humeya, inspirábales especialmente una profunda veneración, como si vieran en él un modelo digno de ser imitado en Ceuta y en Melilla por los marroquíes sujetos a la dominación cristiana.

Ni era esto todo: aquellos fanáticos islamitas, semibárbaros en su vida externa, místicos y soñadores en lo profundo de su alma, dejábanme entrever, cuando la afectuosidad de una larga conferencia los hacía menos recelosos y desconfiados, esperanzas informes y remotas de que la morisma volviese a imperar en nuestra patria; y entonces, al expresarme la idea que tenían de la hermosura de estos sus antiguos Reinos, celebraban sobre todo la comarca granadina, y, nominalmente, algunas localidades alpujarreñas, avergonzándome de no haberlas visitado; ia mí, que las tenía tan cerca del pueblo de mi cuna!

La historia, pues; la geografía: un culto filial a Sierra Nevada; no sé qué pueril devoción a los moros, ingénita a los Andaluces; la privación, los obstáculos, la novedad y el peligro, conspiraban juntamente a presentarme como interesantísima una excursión por la Alpujarra.

Sin embargo, cuantas veces la proyecté, y fueron muchas, otras tantas hube de diferirla, con pesar o remordimiento, ya para atender a menos gratos cuidados, ya para lanzarme caprichosamente a más remotas y noveleras expediciones.

Pero he aquí que de pronto, y cuando ya estaban algo amortiguados en mi espíritu ciertos entusiasmos y fantasmagorías de la juventud, circunstancias harto penosas condujéronme a realizar el sueño de toda mi vida.

Poco antes de empezar la última primavera, encontrándome en esta inmensa oficina llamada Madrid, donde solo hay aire respirable para los días de prosperidad y ventura, plugo a Dios enviarme uno de aquellos dolores que solo se pueden comparar al embeleso de que nos privan...

¡Oí los pasos de los que se llevaban al cementerio una hija de mi corazón, y quedéme asombrado de no morir cuando me arrancaban el corazón con ella!...

Perdóneseme este primero y último grito con que profano la majestad de mi sentimiento; pero hubiera considerado más impío no ponerle a este melancólico viaje su verdadera y triste fecha...
Partida el alma, quebrantada la salud, mis noches sin sueño, volví los ojos, por consejo de personas amadas, hacia la Madre Naturaleza, eterna consoladora de los infortunios humanos..., y como un amigo mío queridísimo tuviese por entonces precisión de recorrer la Alpujarra, quedó convenido que iríamos juntos...
Ahí tenéis la historia de por qué se hizo este viaje.
Escuchad ahora la historia del viaje mismo.

10 de marzo de 1873

El terreno se angostó al poco rato, formando una profunda garganta, y minutos después pasamos el imponente y sombrío Puente de Tablate cuyo único, brevísimo ojo, tiene nada menos que ciento cincuenta pies de profundidad

Homero: Aunque yo me hubiera matado a fuerza de imaginar fábulas alegóricas, todavía habría podido suceder que la mayor parte de las gentes hubiesen tomado la fábula en un sentido demasiado próximo, sin buscar más lejos la alegoría.

Esopo: Eso me alarma... ¡Me horrorizo al pensar si irán a creer los lectores que los animales han hablado verdaderamente, como lo hacen en mis apólogos!

Homero: Es un temor muy chistoso...

Esopo: ¡Toma! Si ha llegado a creerse que los dioses, han dicho las cosas que vos les hacéis decir, ¿por qué no se había de creer que los animales han hablado de la manera que yo les hago hablar?

Primera parte. El valle de Lecrín

Homero: ¡Ah! No es lo mismo. Los hombres aceptan que los dioses, sean tan locos como ellos; pero no admiten que los animales sean tan sabios.

(Fontenelle. Dialogues des Morts.)

I. Preparativos de viaje

Todo estaba dispuesto para marchar.

Era la mañana del 19 de marzo de 1872, día de San José —en el Almanaque romano— y víspera de la entrada de la primavera en el hemisferio septentrional.

Hacía tres días que mi compadre y yo nos hallábamos en Granada.

Mi compadre era aquel excelente amigo de Madrid que iba a la Alpujarra a asuntos propios —asuntos que, dicho sea de paso, respetaré y omitiré completamente.

Además, en Granada se había asociado a nuestra expedición, accediendo a mis súplicas, cierto primo mío, más semítico que jafético, a quien quiero como a un hermano, camarada tradicional e indispensable en mis reiteradas excursiones a caballo por aquella provincia.

Todos teníamos relaciones en los pueblos alpujarreños, y habíamos escrito ya a nuestros respectivos amigos, después de hacer minuciosamente el plan del viaje, avisándoles el punto y hora en que nos prometíamos abrazar a cada uno.

Los criados habían salido el día anterior, a esperarnos en la Venta de Tablate; esto es, a seis leguas de Granada, al pie del flanco occidental de la gran Sierra... Hasta allí iríamos en la Diligencia de Motril, que dejaríamos (o más bien ella nos dejaría a nosotros) en aquella venta, desde la cual arranca el camino de Lanjarón.

Y como el tal camino se convierte luego en sendas de palomas, según indicamos en los PROLEGÓMENOS, habíamos prevenido también que en Órgiva (donde haríamos noche) nos aguardasen mulos del país (calificados de irreemplazables para las asperezas extraordinarias), en los cuales nos proponíamos atravesar al día siguiente el famoso Puerto de Jubiley y lo más encumbrado de la Contraviesa.

Los caballos pasarían entonces a formar a retaguardia (éste era el plan a lo menos), de reserva para los senderos verosímiles, y especialmente para las ramblas, las playas y los ríos.

Por último: iban conmigo, como ayudantes de campo de mi memoria:

Don DIEGO HURTADO de MENDOZA, Caballero,

LUIS del MÁRMOL CARVAJAL, Andante en corte,

y GINÉS PÉREZ de HITA, poeta y soldado; testigos presenciales los tres e historiadores especiales de la Rebelión y Guerra de los moriscos:

Don FRANCISCO MARTÍNEZ de la ROSA, el preclaro apologista de Zoraya, vulgo Doña Isabel de Solís, y autor del drama titulado Aben-Humeya:
MAHOMA, autor de El Corán:
CONDE, historiador de la Dominación de los Árabes en España:
WASHINGTON IRWING
y WILLIAM PRESCOTT, orgullo entrambos de su patria y de la nuestra:
Los dos hermanos LAFUENTE ALCÁNTARA...
MIGUEL, el gallardo historiador granadino,
y EMILIO, el discreto colector y traductor de las Inscripciones árabes de Granada:
MR. DOZY,
MR. ROMEY
y MR. SACY, sabios extranjeros, enamorados de la España moruna:
Don PASCUAL de GAYANGOS, nuestro ilustre orientalista, acompañando, a fuer de buen traductor, a
AL-MAKARI, historiador árabe del siglo XVII:
Don FRANCISCO FERNÁNDEZ y GONZÁLEZ, cuyo sabio estudio sobre los Mudéjares le valió el ingreso y un laurel en la Academia de la Historia:
Don JOSÉ MORENO NIETO, el antiguo Catedrático de árabe, actual Rector de la Universidad de Madrid, tan versado en las cosas de los infieles como en las de los fieles:
Don AURELIANO FERNÁNDEZ GUERRA, insigne literato, y al par investigador erudito de las antigüedades romanas de Granada:
Los hermanos don JOSÉ y don MANUEL OLIVER, que pronto demostrarán de nuevo, con un libro sobre la Granada árabe, toda la profundidad de sus estudios:
Don FRANCISCO SIMONET, consumado arabista cuanto dulce poeta cristiano.
Don JOSÉ AMADOR de los RÍOS, el renombrado historiador de Los Judíos en España:
Don FLORENCIO JANER, cuyo trabajo sobre los moriscos fue justamente premiado por la Academia de la Historia:
Todos los demás ACADÉMICOS de LA HISTORIA y así los pasados, como los presentes, como algunos de los futuros:

El alemán SCHACK, seguido de su galano traductor el eminente literato don
JUAN VALERA:
CASIRI el siro-maronita, Bibliotecario que fue del Escorial:
ABU-ZACARÍA, botánico y filósofo agareno:
IBN-ALJATHIB, poeta, geógrafo e historiador, príncipe de los ingenios arábigo-granadinos:
BEN-KATIB-ALCATALAMI,
ABU-SOFIAN,
ABULFADHL-BEN-XAFAT-ALCAIRAWANI,
y ABULATAHIA, altísimos poetas mahometanos, de quienes ya os recitaré algunos versos:
ABEN-RAGID, historiador concienzudo, muy mentado por los demás:
IDRISI, el gran geógrafo musulmán:
IBN-HAYYAN,
XERIF,
ALEDRIX,
ABU-HARIRAT, y otros escritores orientales, cuyas obras han sido traducidas por los Sres. Gayangos, Fernández y González, Moreno Nieto, Oliver, Simonet, Mr. Dozy y demás arabistas mencionados:
El Veedor y Contador de la Alhambra en 1753, don MANUEL NÚÑEZ de PRADO, autor de una Relación Auténtica sobre la repoblación de La Alpujarra y otras tierras después de la expulsión de los moriscos; obra importantísima, que hojearemos en lugar oportuno:
MIÑANO, -maltrecho todavía de resultas de la brillante Corrección fraterna de don Fermín Caballero,
y el merecedor de otra por el estilo, don PASCUAL MADOZ, ambos geógrafos a la antigua:
Don JUAN BAUTISTA CARRASCO, el geógrafo a la moderna:
El insigne naturalista don SIMÓN de ROJAS CLEMENTE, sapientísimo autor de la Historia natural de Granada, etc., etc.:
Don MANUEL de GÓNGORA, el anticuario infatigable, ingenioso autor de las Antigüedades prehistóricas de Andalucía:
El Beneficiado ALONSO del CASTILLO, morisco de origen, Intérprete de Felipe II y Romanceador del Santo Oficio, cuyo Cartulario, publicado en 1852 por la

Academia de la Historia, contiene algunas cartas de ABEN-HUMEYA y ABEN-ABOO, sumamente interesantes:
MIGUEL de LUNA, morisco también, historiador muy embustero, pero muy divertido por lo mismo:
HERNANDO de BAEZA, de quien mi malogrado amigo Emilio Lafuente publicó, poco antes de morir, curiosísimas páginas, bajo el título de Relaciones de los últimos sucesos del Reino de Granada:
HERNANDO del PULGAR, Cronista de los Reyes Católicos,
El Licenciado FRANCISCO BERMÚDEZ de PEDRAZA,
El CURA de los PALACIOS,
El Maestro GABRIEL RODRÍGUEZ ESCABIAS,
FRAY MARCO de GUADALAJARA,
CÓRDOBA y PERALTA,
SALAZAR y CASTRO,
ROBLES,
ZURITA,
ALONSO de PALENCIA,
y otra infinidad de cronistas, poetas, militares, golillas, diplomáticos, inquisidores, prelados, ministros y hasta reyes, autores de manuscritos de todo linaje referentes a la Alpujarra, de los cuales algunos han sido publicados en la Colección de documentos inéditos y los demás esperan todavía la luz pública en los Archivos Municipales de Granada y de Guadix, en el gran Archivo de Simancas, en la Biblioteca del Escorial, en la Nacional, en la de Palacio, en la de la Academia de la Historia, en la del Duque de Osuna, etc., etc., etc., etc., etc., etc., etc., etc., etc., etc., etc., etc.[1]
¡Personal inmenso y lucidísimo! ¡Comitiva digna de un sabio de primer orden! ¡Estado Mayor que me haría pasar a vuestros ojos por el Generalísimo de todos los autores aplicados, laboriosos y concienzudos habidos y por haber, si yo no tuviese ahora la honradez de confesar que... no todos los escritores susodichos me eran familiares; sino que... francamente... a unos solo los conocía de vista; a otros solo de oídas; a éste por citas que insertaba aquél; a aquél por referencias que hacía éste; a algunos por simples extractos de sus obras; a muchísimos

---

[1] En Londres, en el Museo Británico, había hace algún tiempo una obra inédita, del Jesuita Las Casas, sobre la Rebelión de los moriscos y su total expulsión. De desear fuera que se publicara.

bajo la fe de traducciones ajenas, y a varios de ellos por meros informes de caritativos amigos, más estudiosos que yo, a quienes había importunado, y sigo importunando, con incesantes preguntas orales y epistolares...!
Pero sea como quiera, habéis de convenir, amadísimos lectores, en que no iba a la Alpujarra mal acompañado...
Acompañadme también vosotros con una benévola atención, y este viaje será redondo.

II. En la Vega de Granada. Los Llanos de Armilla. El Mulhacén. Un cadáver misántropo
A las ocho en punto arrancó la Diligencia.
La mañana estaba hermosa, fulgente, llena de anuncios de la primavera que iba a empezar...
Esto... por lo que respecta al cielo; que en la tierra, es decir, en aquella magnífica Vega que pocos momentos después recorríamos, todavía era invierno, si bien un invierno granadino.
Los trigos, las cebadas, los centenos y las hortalizas mostraban alternados sus distintos verdes en espléndidas llanadas que se perdían de vista al Norte y al ocaso, mientras que, a mediodía y Levante, dejábamos atrás bosques de frutales y prolongadísimas alamedas, sin flores aún y sin hojas.
Los áridos esqueletos de sus ramas ofrecían un contraste muy filosófico con el perenne verdor de los olivos de Huétor y de los cipreses y laureles de la Zubia...
Pero todavía era demasiado pronto para filosofar.
Insensiblemente, fuimos subiendo de la junta del Darro y del Genil (donde Sor Ana de San Jerónimo había dicho:

>...el abrazo de estos ríos,
>en dulces de cristal amantes lazos,
>me representa viva y tristemente
>los que un tiempo formaron muchos brazos...)
>hasta ganar los despejados Llanos de Armilla.

Y como, adrede, íbamos nosotros en el departamento posterior de la Diligencia, a fin de despedir los panoramas que fuésemos abandonando, e imaginarnos la emoción con que los mirarían por última vez los moros y los moriscos, pudimos apacentar desde allí nuestros ojos en la contemplación, siempre nueva, de la incomparable Granada...

Desde aquel mismo sitio, y tal vez a aquella misma hora, la devoraban con la vista los reyes católicos la mañana del 2 de enero de 1492, esperando, con afán patriótico y cristiano, a que apareciesen en la Torre de la Vela las Cruces de plata y su morado Estandarte, señal de que el conde de Tendilla se había entregado ya de la Alhambra, y de que sus Altezas podían adelantarse a tomar posesión de la Jerusalén de Occidente.

y la verdad es que el año pasado, lo mismo que hace cuatro siglos; a pesar de los estragos del tiempo y de la constante decadencia local, la corte de Boabdil, vista a aquella distancia (que permite todavía distinguir separadamente colinas, casas, iglesias, torres cristianas y torres moras, cármenes, arboledas y murallas; pero presentándolo ya todo en comprensivo y armonioso conjunto), ofrecía un aspecto embelesador, muy por encima de cuanto pueden excogitar poetas y pintores, y asaz digno de la codicia de todos los reyes de la tierra.

Mas no es cosa de entretenerse en descripciones prolijas cuando se viaja en Diligencia, máxime si ya están hechas admirablemente en verso y en prosa por escritores de punta, como acontece con la de Granada...

Prefiero, pues, hablar, antes de abandonarlos, de los humildes Llanos de Armilla, que de seguro no se han visto en otra.

La privilegiada comarca granadina, por encerrar todas las bellezas naturales, encierra hasta la ascética y melancólica del desierto. No contento Dios con reunir, casi a las puertas de la gran ciudad, nevadas montañas, cerros bermejos, las rocas moradas de Sierra Elvira, la feraz planicie de la Vega, jardines y bosques, y por último, ríos de todas clases (aquí el manso Genil fluyendo entre alamedas, allí el Darro mugiendo entre peñascos, acá el despeñado Dílar, allá el juguetón Alfacar, y el Monachil, y el Cubillas, y el Beiro, todos formando como una red de plata), puso también en aquella región los Llanos de Armilla, desconsolado yermo, enclavado, como un oasis negativo, en medio de una llanura siempre frondosa, para más lucimiento y realce del edén que lo rodea.

Ahora bien: allí han reñido muchas batallas los moros entre sí, y los moros con los cristianos: allí revistaban sus huestes don Fernando y doña Isabel: allí hubo, en aquel tiempo, de día y de noche, citas, sorpresas, conciliábulos, desafíos, amantes coloquios, todos los lances propios de la soledad... (así los que refieren las crónicas, como los innumerables que no habrán tenido cronista): y allí no ocurre hoy maldita la cosa... mientras el Sol está en el horizonte, a no ser algún simulacro de batalla o los cotidianos ejercicios de las tropas de la guarnición... Pero los soñadores que, en noches de Luna, cabalgan por aquella meseta, siguiendo los disparados caballos de apuestas amazonas, en busca de los puntos de vista más a propósito para contemplar a Granada a la mágica luz del astro de sus recuerdos, saben todo el fantástico hechizo que las memorias de otros tiempos comunican a tan esquivo despoblado... Lo menos que se cree entonces cada uno es que se llama GONZALO FERNÁNDEZ de CÓRDOBA, HERNÁN PÉREZ del PULGAR, o GARCILASO de la VEGA, y que va en pos de la REINA católica, de doña BEATRIZ de BOBADILLA y de sus otras damas, haciendo reconocimientos militares y adorando de paso lo imposible...

Mientras nuestra imaginación acariciaba estas añejas fantasmagorías, la Diligencia se acercaba al pie de Sierra Nevada, aunque procurando siempre dejarla a la izquierda en su marcha oblicua y llegar al viso del Suspiro del Moro. El Picacho de Veleta, erguido encima de nosotros, y el Mulhacén, que asomaba más allá su frente augusta, ambos vestidos de nieves recientísimas sobre las eternas que los acorazan, eran, por lo tanto, el eje inmóvil que nos sujetaba y nos repelía a la par, como la mano a la piedra aprisionada en la honda, si bien parecía que ellos giraban por sí mismos para mostrarnos sucesivamente las diversas fases de su grandeza.
El Mulhacén, sobre todo, atraía nuestra ávida atención. Él era el protagonista del viaje; él había de ser el polo perpetuo de nuestras idas y venidas, y el fondo constante de cuantos vistosos cuadros esperábamos contemplar; él es rey de los montes alpujarreños... ¡aquél que, dominándolos a todos, descubre las dos orillas del Mediterráneo, como las de un lago de su imperio, mientras que por la otra parte registra con su mirada escrutadora hasta las soledades de la Mancha! Así es que yo le decía muy por lo serio, con una indefinible mezcla de veneración, curiosidad y cariño:
—a tu otro lado voy: detrás de ti estaré mañana: mañana habré visto todos los misterios que me ocultas desde que nací.

Al propio tiempo, esta denominación de Mulhacén que lleva la cúspide eminente de toda España, recordábame su patético significado.

Desde luego se comprende que es el mismo nombre del imprudente esposo que repudió a la altanera AIXA, el nombre del escarnecido padre del rebelado Boabdil, el nombre del constante adorador de ZORAYA (Lucero de la mañana en habla mora, y lucero cuya hermosura fue tan fatal a los granadinos como la de Helena a griegos y troyanos), el nombre de MULEY HACEM, en fin, penúltimo rey de Granada.

Pues bien: cuentan la tradición y las historias,[2] que, vencido y destronado el viejo MULEY HACEM por su indigno hijo, a quien la despechada AIXA, de áspero rostro y corazón de leona, había inspirado tan sacrílega usurpación; retirado con su fiel ZORAYA y con los hijos en ella habidos a un lugar escondido en las faldas de la Sierra;[3] viéndose abandonado del resto del mundo, ciego, miserable, y próximo ya a la apetecida muerte, rogó a aquellas prendas de su alma que lo sepultasen en un paraje tan ignorado y solo, que no pudiese turbar nunca la paz de sus cenizas la vecindad de hombres vivos ni muertos; pues le causaban tal horror sus semejantes, que temía no dormir tranquilo si era enterrado cerca de otros cadáveres humanos.

ZORAYA y sus hijos cumplieron religiosamente esta solemne manda, sepultando los restos del infeliz MULEY HACEM en lo más alto de la Sierra, allí donde nunca posa el hombre su planta, ni llegan jamás los rumores de la vida. Para aquel sublime sarcófago, los hielos suministraron la urna de cristal, pirámides de alabastro las sempiternas nieves, y perpetua ofrenda las nubes, respetuosamente agrupadas al pie de él,

cual humo leve de quemado incienso.

y allí está, y ha de estar hasta la consumación de los siglos, el misántropo rey moro; y desde allí puede ver a un tiempo mismo (con los ojos de los poetas, se entiende) a Granada por una parte, conservando todavía la Alhambra y el

---

2   Lafuente Alcántara, Historia de Granada. Córdoba y Peralta. Historia de las Montañas del Sol y el Aire, M. S.
Pulgar y el cura de los palacios, en sus respectivas crónicas, refieren el caso de otro modo: pero la versión que corre válida es la que doy.
3   Otros creen que se retiró a Salobreña.

Generalife, y por la otra, allende el mar, la cordillera del Atlas, que es la Sierra Nevada, del Imperio de Marruecos.

Pero a todo esto la Vega se nos acababa: hacía rato que habíamos pasado el río Dílar y cruzado por el alegre pueblo de Alhendín: la Diligencia emprendía el ascenso a unas lomas estériles y mansas; y la Sierra no nos presentaba ya su frente, sino que huía por nuestra izquierda, como un ejército derrotado, dejándonos paso libre al mediodía...

Íbamos, pues, a salir del horizonte granadino por el ya mencionado otero del Suspiro del Moro...

No había tiempo que perder. Era necesario abandonar al padre para acudir al hijo; esto es: era necesario olvidar a MULEY HACEM para acordarse de Boabdil.

III. El Suspiro del Moro. Granada a lo lejos. Adioses de Boabdil. Palabras de Carlos V

Cuando pasamos por la Venta del Suspiro del Moro eran las diez menos algunos minutos.

Estábamos a dos leguas y media de Granada.

Desde allí se distinguía, como desde un mirador, no solo la ciudad, sino toda su comarca, toda su campiña, todo su cielo esplendoroso: panorama inmenso, deslumbrador, matizado de mil colores e inundado de una luz de paraíso, siquier velado en algunos puntos por tenues jirones de transparente niebla, entre cuyas rotas gasas relucían las acequias y los ríos, como cintas de cristal, o salían, del seno de pardos olivares y de los pliegues de graciosas colinas, modestos campanarios y azuladas columnas de humo, marcando la situación de numerosos lugares, aldeas y caseríos...

Granada, se veía blanquear a lo lejos, tendida en los cerros umbrosos de la Alhambra y del Albaicín, como una odalisca envuelta en cándido alquicel, echada sobre oscuros almohadones... Ya no se percibían sus pormenores y detalles... Solo se divisaba una elegante ráfaga de blancura, intensamente alumbrada por el Sol, bajo el risueño azul del purísimo firmamento.

Un paso más, y todo aquel cuadro de población, de vida, de riqueza, de hermosura, de actividad humana desaparecería súbitamente. Delante de nosotros se

prolongaba, girando hacia la izquierda, un angosto pasaje, árido y feo, pedregoso y sombrío, que contrastaba de un modo horrible con la maravillosa vista que estábamos contemplando...
Aquel crítico punto era, por consiguiente, el lugar en que Boabdil dio el supremo adiós a la ciudad en que había nacido, que había sido suya, y que no debía de volver a ver en toda su vida.

Boabdil no llegaba del mismo Granada, sino del que había sido campamento de los cristianos; del Real de Santafé, situado en medio de la Vega.
Allí había permanecido desde la memorable mañana del 2 de enero, en que entregó humildemente a los reyes católicos, a las puertas de aquella capital que abandonaba para que la ocupasen ellos, las llaves de la codiciada Alhambra y el anillo real de los Alhamares...
Durante los diez o doce días transcurridos desde entonces, el infortunado descendiente de cien monarcas, tolerado huésped en las ya desiertas tiendas de sus triunfantes enemigos, había ido enviando de noche a la Alpujarra (a aquel irrisorio Señorío que le dejaban como una limosna) todas sus riquezas y equipajes, con muchos súbditos fieles, resueltos a seguir su destino... ¡Entre tanto, don FERNANDO y doña ISABEL, príncipes venturosos, habitaban el palacio árabe de la Alhambra, donde el GRAN CAPITÁN y otros veteranos de la Conquista traducían a las damas de la corte las inscripciones poéticas de sus afiligranados patios y camarines!

Era, pues, una mañana de mediados de enero. La hora debía de ser entre las siete y las ocho, puesto que Boabdil, según todos los historiadores, había salido de Santafé mucho antes de apuntar el alba, a fin de sustraer su ignominiosa partida a la humillante curiosidad de los pueblos de la Vega...
Iban con él su adusta madre, su dulce y bella esposa MORAIMA, su tierno hijo (que había estado como rehén en el campo castellano, y a quien ISABEL la CATÓLICA llamaba el Infantico y quería mucho), una hermana, cuya figura no determinan las historias, y algunos visires, palaciegos y criados. ZORAYA, la otra viuda de MULEY HACEM, no pensó ni por un momento en acompañar a los proscritos, sino que ya se proporcionaba, para ella y para sus hijos CAD y NAZAR un porvenir mucho más cómodo en la corte de los cristianos, cuya

Religión fue la primera y había de ser la última de aquella aprovechada beldad, tan conocida luego con el nombre de doña ISABEL de SOLÍS.[4]

«Al llegar a aquella elevación (dice la Historia), Boabdil refrenó su caballo y se detuvo embebecido mirando con emoción tristísima la ciudad de las hermosas torres, y centro en otro tiempo de su grandeza. El monarca infeliz alivió la amargura que rebosaba en su pecho derramando algunas lágrimas; y exclamando: «¡Allah Akbar! (¡Oh gran Dios!)», picó los ijares de su caballo y dio con hondos suspiros los últimos adioses a Granada.

»Se dice que AIXA, su magnánima madre, advirtió la debilidad del hijo y le reprendió diciendo: «Haces bien en llorar como mujer, ya que no has tenido valor para defenderte como hombre...».

y mirando colérica a Granada,
huyó vencida, pero no domada.
Como el reo de muerte que a la vida
y al Sol y al cielo con afán profundo
da el adiós de suprema despedida...
así Boabdil, lanzado de aquel mundo
en que dejaba su ilusión querida,
«¡Adiós!» dijo con aye moribundo;
e inclinando la frente sobre el pecho,
huyó también, en lágrimas deshecho...
y tras él, en confuso torbellino
partieron todos; y del Sol la lumbre
vio, de polvo entre un ancho remolino,
desbocada correr de cumbre en cumbre,
huyendo de su lóbrego destino,
a aquella fastuosa muchedumbre,
a quien la desventura daba en arras
un rincón en las agrias Alpujarras.[5]

---

4 Martínez de la Rosa ha idealizado y sublimado gratuitamente a esta mujer en su admirable novela del mismo nombre; novela que es también un tesoro de erudición por sus apéndices y notas.
5 De El Suspiro del Moro, canto épico del autor.

Estos antiguos versos míos (que estoy muy lejos de admirar) representan en este libro, no un ardid de mi pereza, sino un principio artístico y literario, que no deja de ser honesto, en virtud del cual me ha repugnado tratar dos veces un mismo asunto.
y es que detesto las variaciones y las variantes. Para mí, los músicos que escriben dos o tres arias de tenor, a escoger, para una misma ópera, demuestran que no han sentido verdaderamente ninguna. Es convertir el arte en oficio.
y lo mismo digo de las segundas nupcias... de las mujeres.
Pero volvamos al Suspiro del Moro.

Cuenta fray Prudencio de Sandoval en su Historia del Emperador Carlos V, que cuando éste fue a Granada, en junio de 1526, y vio la Alhambra por vez primera, exclamó generosamente:
—«¡Desdichado el que tal perdió!»
y refiere fray Antonio de Guevara, en sus Epístolas familiares, que, como él entonces le narrase cuánto gimió Boabdil en aquella loma a que sus suspiros dieron nombre, y el duro apóstrofe de la implacable AIXA, el César replicó:
—«Muy gran razón tuvo la madre del rey en decir lo que dijo, y ninguna tuvo el rey su hijo en hacer lo que hizo; por que, si yo fuera él, o él fuera yo, antes tomara esta Alhambra por sepultura, que no vivir sin reino en el Alpujarra».
Admirablemente hablado. Es muy verdad: Boabdil no supo caer, lo cual es tanto más imperdonable, cuanto que al cabo demostró que sabía morir.
Pero, pésele a CARLOS V, a las Artes y a las Letras, AIXA no tuvo razón para acusar a su hijo de no haber sabido defender su reino.
Él lo había defendido espada en mano en cien combates, hasta que las discordias intestinas de su familia y de sus súbditos, atizadas precisamente por la misma rencorosa AIXA, así como el alternado auxilio que cada bando moro prestaba al ejército cristiano, le hicieron desesperar de la victoria y sacrificarse para terminar la guerra. Suum cuique.
De todos modos, al perder nosotros de vista aquella mañana el cielo granadino, y considerar la infinita angustia con que el infeliz agareno le daría el postrer adiós, solo tuvimos entrañas para compadecer su desdicha, fuesen cualesquiera sus delitos y los de su raza, que diría a este propósito un escritor trascen-

dental, y prescindiendo también (momentáneamente) del derecho histórico, del interés patrio y de la conveniencia particular que asistían a sus vencedores...
Porque en aquel trance fatal (lo repito en prosa) el destronado y proscrito rey se nos representaba como el condenado a muerte que, lleno de vida y juventud, hace un alto en las gradas del patíbulo y se despide para siempre de la luz del día y de todas las esperanzas que acarició en el mundo...
Boabdil tenía entonces treinta años.

IV. Lo que fue de Boabdil
La melancólica esterilidad del callejón de montañas en que entramos luego, parecía imaginada por un autor dramático aficionado a transiciones violentas y contrastados cambios de decoración.
A nuestra izquierda se levantaba una inconmensurable ladera, casi vertical, sin árboles, sin riscos, sin arroyos, sin nieves y sin verdura. Asemejábase, hasta por el color, a una de las caras amarillentas de aquellas inmensas pirámides del Nilo que sirvieron de túmulo a otros reyes. Era una estribación o antemural del costado de Sierra Nevada, que nos ocultaba la sierra misma, y que se llama el Cerro Maziar.
A la derecha se escalonaban unas terreras y colinas, también sin vegetación de ninguna clase, derivadas de la sierrecilla de Tejeda.
Al frente... nada: las paredes del propio callejón, que culebreaba en ambos sentidos, sin el más breve asomo de horizonte, como el foso de una angulosa fortaleza.
Desde que pasamos del Suspiro del Moro ya no ofrecían interés alguno las contemplaciones retrospectivas...
Nos habíamos trasladado, por lo tanto, a la berlina de la Diligencia, con el afán de ir descubriendo terreno.
Pero como sabíamos que hasta llegar al Padul, distante del Suspiro unos dos o tres kilómetros, solo hay que ver aquella monótona muralla con que principia el flanco de la Sierra, lanzamos nuestra imaginación en pos de Boabdil, puesto que llevábamos el mismo camino, a fin de recordar qué fue de él en el amargo epílogo de su vida.

El rey CHICO, que no era chico, sino de gentil estatura y apuesto continente, pero a quien los moros pusieron aquel apodo por alusión a su siempre menguado Reino, fuese a residir a Cobdaa, en el extremo oriental de la Alpujarra, lugarcillo delicioso, que tuvo honores de ciudad mientras fue su corte, y que hoy llaman el Presidio de Andarax sus ciento cincuenta y tantos vecinos.

Lo pactado en las Capitulaciones respecto de él y de su familia, en un Tratado secreto, de dieciséis artículos, que existe en el Archivo Municipal de Granada, y también en el de Simancas, había sido lo siguiente: —los reyes católicos aseguraban a Boabdil, a su esposa, a su madre, a ZORAYA (la favorita de su padre) y a los hijos de ésta, todas las huertas, tierras, hazas, molinos, baños y heredamientos que constituían el Patrimonio real, con facultad de venderlos; afianzaban también a Boabdil la posesión de sus bienes patrimoniales dentro y fuera de Granada, y le cedían por juro de heredad, para sí y sus descendientes (con la tácita condición de vivir en ellas), las tahas (distritos) de Berja, Dalias, Marchena, Boloduy, Lúchar, Andarax, Ugíjar, Órgiva, Jubiles, Ferreira o Ferreirola y Poqueira (esto es, toda la Alpujarra y un poco más), con todos los pechos y derechos de sus pueblos (menos la fortaleza de Adra); y se obligaban, por último, a darle treinta mil castellanos de oro (unos 440.000 reales).

Vivía, pues, a orillas del Andarax aquel régulo que había sido verdadero rey; y vivía tranquilo, ya que no dichoso. Rico, espléndido, querido de sus súbditos, habíase consagrado exclusivamente al amor de su esposa, la mansa y hechicera MORAIMA (que tanto elogian los cronistas africanos), y al cuidado del Infantico, cuyos rastros pierden luego las historias.[6] Su único esparcimiento era la caza de liebres con galgos, o de pájaros con azores, que le hacía extenderse a veces seis y ocho leguas, hasta el término de sus dominios, por los campos de Berja, y de Dalias, y pasar semanas enteras fuera de su casa.[7]

---

6   Al-Makari, el ya citado historiador árabe, traducido al inglés por don Pascual de Gayangos (Mohammedan-Dynasties in Spain), es el único que habla algo de la prole de Boabdil; y con ser tan poco lo que se refiere, todavía se duda mucho de su certeza. Dice así: «Dejó (Boabdil) dos hijos varones, llamados el uno Jusuf y el otro Ahmed, de cuya descendencia hay aún en Fez algunos restos; pues cuando visitamos aquella ciudad en el año 1037 (de la Hégira), conocimos algunos de sus descendientes, reducidos a vivir de los piadosos socorros que suelen darse a los faquires y a los pobres con los fondos de las mezquitas; es decir, que eran unos verdaderos mendigos».

7   Carta secreta de Hernando de Zafra a los REYES CATÓLICOS, Colección de documentos inéditos, tomo XI.

Mas he aquí que los reyes católicos juzgaron que la permanencia de Boabdil en España podría ser inconveniente con el tiempo; y aunque ninguna queja abrigaban de él, ni respecto de sus pasos y conversaciones (que sabían diariamente, por tener comprado a su Ministro ABEN-COMIXA), propusiéronse obligarlo, ya que no podían compelerlo, a emigrar por siempre de nuestra tierra.

A las primeras proposiciones que se le hicieron, en diciembre del mismo año de 1492, fundadas en argumentos especiosos, para que vendiese sus bienes y se marchase a África, el príncipe islamita se alteró mucho y dio esta sentida respuesta: —«Yo he cedido un Reino para estar en paz, y no he de ir a otro ajeno a estar en cuestiones».[8]

Fácil es adivinar lo que pensaba Boabdil al expresarse de aquel modo. Indudablemente tenía ante la vista el ejemplo de lo que acababa de acontecer en África a otro príncipe de su propia sangre, que, como él, cedió un Reino (el de Guadix y Almería) a los reyes católicos, a cambio de aquel mismo irrisorio Señorío de la Alpujarra; que, como él, residió algunos meses en aquella misma taha de Andarax (dos años hacía por entonces), y que, como él, viose también muy luego hostigado por sus Altezas para que les vendiese sus bienes y abandonase la tierra de España.

MULEY ABDALÁ EL ZAGAL[9] (pues dicho se está que de tan valeroso e infortunado príncipe se trata) hubo al fin de acceder a ello, y embarcose con todos sus tesoros (año y medio hacía a la sazón), poniendo el rumbo a la costa de Marruecos... Al desembarcar en aquella tierra, la besó, creyendo que le sería más propicia; pero el Califa de Fez, so pretexto de castigar sus rebeldías contra MULEY HACEM y contra Boabdil, apoderose de él, lo sepultó en una mazmorra, robole todas sus riquezas, e hizo que el verdugo le quemase los ojos.[10]

El ejemplo no podía ser más terrible, y se comprende bien que al sobrino del Zagal[11] le repugnase la idea de pasar a establecerse a África, a pesar de las

---

8 Carta de 9 de diciembre, escrita por Hernando de Zafra a sus Altezas, Colección de documentos inéditos, tomo XI.
9 Muley Baudely Azagal le llama el cura de los palacios en su Historia de los Reyes Católicos, M. S. Pulgar, en su Crónica de los Reyes Católicos, le nombra Muley Abdiley.
10 Muchos años después murió en Vélez de la Gomera un mendigo anciano y ciego, que excitaba la conmiseración pública llevando sobre su harapiento albornoz un cartel que decía en árabe: «Este es el Rey desventurado de los andaluces». Era Abdalá el Zagal.
11 Según el vocabulario de fray Pedro de Alcalá, zagal significa en árabe valiente.

muestras de afecto que recibía de todos sus soberanos, y muy particularmente del mismo Califa de Fez.

ABEN-COMIXA continuó, sin embargo (de acuerdo con HERNANDO de ZAFRA, Secretario de los reyes católicos), sembrando mayores recelos, augurios y amenazas en el ánimo de Boabdil acerca de la suerte que le aguardaba en España; y entonces pidió éste a sus Altezas permiso para ir a Barcelona a exponerles sus temores y sus agravios, así como a rogarles que no se le importunara en su pacífico retiro... Pero los reyes, atentos sobre todo a la razón de Estado, cuya moral sui generis no cae bajo mi jurisdicción, eludieron sutilmente el mandarle licencia, y le dijeron que les enviara en su lugar a su Visir ABEN-COMIXA, que para el caso era lo mismo.

Cayó en la red el antiguo rey de Granada, y COMIXA partió para Barcelona, donde, sin credenciales ni poderes de su amo,[12] aunque en nombre suyo, y sin que nadie se diese por entendido de aquella concertada informalidad, el pérfido moro otorgó con Fernando e Isabel una Escritura pública, por la que Boabdil y las princesas les vendían todos sus Estados y bienes patrimoniales en la cantidad de nueve millones de maravedíes, obligándose a dejar la tierra de España para no volver más a ella...

Cuando tornó COMIXA a la Alpujarra y dio a entender a Boabdil lo que había hecho, tratando de demostrarle que le convenía ratificar aquel contrato, el rey, furioso, tiró del alfanje, y hubiera cortado la cabeza a su fementido consejero, a no interponerse y salvarlo las personas allí presentes.

Pero pasaron días... COMIXA, desde el lugar en que lo tenían resguardado de la cólera de su señor, inventaba mil alarmantes historias de intrigas, asechanzas y maquinaciones de los reyes católicos contra Boabdil, diciendo haberlas descubierto en su viaje a Barcelona; y con esto, y con los sustos naturales de las princesas, y sus lágrimas, y los consejos de toda aquella pequeña corte, que deseaba salir del protectorado de los cristianos, hubo bastante para que el príncipe, fácil y condescendiente de suyo, consintiera al cabo en ratificar la obra de su Ministro.

Quedó, pues, concertado que la familia real musulmana se embarcaría en cuanto terminasen los calores de aquel mismo año de 1493.

---

12 Conde, Historia de la Dominación de los Árabes en España.

Durante los preparativos del viaje, murió de melancolía la excelente MORAIMA, la tierna esposa de Boabdil...
¡Aciaga estrella la de aquel hombre, efectivamente desventurado![13] ¡En el momento de partir para un destierro perpetuo, perdía a la dulce compañera de su vida, al único ser que hubiera podido hacerle soportable la expatriación! El ánimo se detiene contristado a considerar al mísero proscrito, sobre todo en el horrible trance de esconder el cadáver de su esposa en aquella amada y esquiva tierra que él iba a abandonar para siempre... ¡Acaso cavó por sí solo la negra sepultura, en su amante recelo de que llegase a ser descubierta y profanada algún día!... Ello es que nadie ha sabido jamás dónde fue enterrada MORAIMA, ni ya es de temer que den con ella los anticuarios.
¡Triste Boabdil! ¡Cómo envidiaría unas veces a la que había compartido con él el trono de Granada, al ver que ella se quedaba al fin en el suelo patrio, refugiada en el seguro asilo del eterno sueño! ¡Cómo la increparía otras, acusándola de egoísmo, ingratitud y abandono! —«¡No has querido seguirme!» —le diría. «¡Has desertado de la batalla, dejándome solo, enfrente de mi destino!»
Y, a la verdad, la desaparición de MORAIMA en tal instante, más que un inevitable eclipse decretado por la muerte, más que aquella melancólica ausencia de los finados que van a aguardarnos a otro mundo, parecía una cruenta separación en vida; algo tan desesperado y tremendo como las despedidas al pie del cadalso, o como un divorcio no deseado por una de las partes.

Sucedió esto a últimos de agosto. En fin, a primeros de octubre, Boabdil su madre, su hermana, su hijo y algunos amigos y criados, salieron del puerto de Adra, en una carraca de Íñigo de Artieta, mientras que en otra carraca genovesa y dos galeotas iban hasta mil ciento treinta moros más, que huían espontáneamente de la dominación castellana.
Favorables viento y mar a su infortunio, facilitáronles el acceso a la costa de enfrente, y, al otro día, aquellos navegantes, que llevaban al suelo africano los tristes restos del Imperio muslímico-español, tocaron tierra en Caraza, a poca distancia de Melilla.

---

13   Otro de los epítetos que los moros pusieron a Boabdil fue el de Zogoibi, que significa desventuradillo.

35

¡Por allí volvía a entrar en África, al cabo de ochocientos años, desheredada y llorosa, la hueste aventurera de TARIC, después de haber sido señora de casi toda la Península Ibérica!

Sin detenerse en Melilla, pasó Boabdil a establecerse a Fez, cuyo Califa era su pariente y amigo, y donde vivió treinta y tres años más, muy considerado y querido de aquel soberano y de todos los marroquíes, en un alcázar que hizo construir por el estilo del de la Alhambra.

Es la única particularidad que se sabe de la segunda parte de su vida.

En cambio, se conocen las honrosas circunstancias de su muerte, y la alta manera como pagó la hospitalidad a su deudo y bienhechor.

En 1526, precisamente el mismo año que Carlos V hacía mención de Boabdil en la Alhambra granadina, encontráronse a orillas del Guadal-Hawit (río de los Esclavos) las tropas del citado Califa de Fez, Muley HAMET el BENIMERIN, y las hordas bárbaras de los dos hermanos JARIFES, que le disputaban el trono, y que por cierto se lo ganaron en aquella jornada, fundando la actual dinastía de Marruecos.

La batalla fue reñidísima, y en ella mandó parte de la vanguardia del ejército de Muley HAMET un guerrero de encanecida barba y principalísimo porte, el cual hizo prodigios de valor y temeridad, hasta que al cabo hubo de sucumbir al número de los enemigos, muriendo bizarramente con todos los que iban a sus órdenes.

El ensangrentado cadáver de aquel heroico anciano fue uno de los innumerables que arrastraron al mar las aguas del impetuoso río...

Desventurado hasta después de muerto, sus cenizas no durmieron en la tierra. Era Boabdil.[14]

...

¡Singular coincidencia! —Cuando los agarenos entraron en España, el último rey godo, don Rodrigo, cayó herido en las aguas del Guadalete, cuyas ondas arrastraron al mar su cadáver. Ochocientos trece años después, el último rey moro de España, Boabdil, moría de la misma manera, y tenía también por sepultura los abismos del océano.

¡Qué cosas!

---

14   Torres, Historia de los Jarifes.

V. El Valle de Lecrin. El Padul. Las aguas y los montes. La Fuensanta del Valle

Durante aquella nuestra excursión por los libros y apuntes que llevábamos a mano, el terreno había principiado a cambiar de fisonomía.

Ya estábamos saliendo del angustioso y desolado tránsito que separa la Vega de Granada del Valle de Lecrin. El horizonte se ensanchaba gradualmente, y la lontananza del camino ofrecía un aspecto más simpático y gozoso.

La divisoria de las aguas había quedado atrás. Todas las vertientes iban ya al Mediterráneo, y la misma Diligencia, como rindiendo también vasallaje al mar, distante todavía nueve leguas, empezaba a rodar cuesta abajo, con gran contentamiento de las mulas.

Del flanco de la Sierra, que siempre veíamos a nuestro lado izquierdo, y que ya no era tan árido y monótono, manaban lucientes chorros de agua cristalina, los cuales se repartían luego por los entrecortados barrancos del otro lado de la carretera, esparciendo doquier vegetación, vida y hermosura, como silfos bullidores ganosos de engalanar y enriquecer la comarca...

...aquella invisible comarca, cuyo cielo me sonreía sobre la frente soberana del Mulhacén

El panorama era cada vez más amplio a nuestro frente y nuestra derecha... La temperatura se había dulcificado mucho... Entrábamos en el Valle, llamado así por antonomasia en toda la provincia...

y tan cierto era que en el Valle habíamos entrado, que pocos momentos después estábamos en el Padul.

El Padul (donde se releva tiro) es una rica villa de 3.235 habitantes, sobre nacimiento o muerte más o menos, perteneciente ya al partido judicial de Órgiva, y el primer pueblo del Valle de Lecrin.

Lecrin, en árabe, quiere decir alegría. Este solo dato os hará formar juicio de la amenidad y belleza del territorio que íbamos a recorrer; belleza y amenidad que seguirían creciendo, sempre crescendo, hasta llegar al célebre Lanjarón... Pero no anticipemos las sorpresas.

El Valle mide tres leguas de máxima anchura, por cinco de longitud. Nosotros lo abordábamos por su parte superior, y teníamos que seguirlo a todo lo largo (costeándolo, como si dijéramos, a cierta altura), hasta que poco a poco bajásemos a su planicie y girásemos con ella hacia el Oriente, en busca de la limítrofe Alpujarra...

Pero esto es volver a adelantar los sucesos.

Forman la desigual cuenca del Valle, toda tapada de arboledas, sembrados y cortijos, los estribos laterales de Sierra Nevada y una hija suya denominada la Sierra de las Albuñuelas; y riéganla nada menos que cinco ríos, amalgamados a la postre en uno solo.

Porque el Valle no es una concavidad lisa, como suelen serlo todos los valles, sino que contiene fértiles colinas y hondonadas interiores en que se abrigan sus diferentes pueblos... según veremos más adelante.

Aquella privilegiada región goza fama en la misma Andalucía por su exquisito aceite, claro como el agua, por sus muchos y excelentes cereales, por sus ricas y variadas frutas, etc., etc.

y digo etc., etc., en razón a que ya hablaremos de cada cosa en su lugar respectivo.

Contentémonos ahora con saber que en el Padul inaugurábanse tímidamente todos los encantos de aquel nuevo paraíso, ¡digno prólogo de la selvática Alpujarra! —La naturaleza, inmortal artista, seguía complaciéndose en ofrecernos transiciones y contrastes.

y, sin embargo, la imaginación tenía también tristezas que evocar en aquella tierra de delicias. El Valle de Lecrin chorrea sangre de cristianos y agarenos. Diríase que todos sus pueblos actuales son los humeantes escombros de otros pueblos incendiados.

Sin ir más lejos, aquella misma villa de Padul fue totalmente despoblada y quemada por los moriscos, como un reducto peligroso, después de habérsela ganado a los cristianos en una recia batalla dada a sus puertas.

De modo que sus presentes moradores, aquéllos que fijaban en nosotros y en la diaria novedad de la Diligencia una tranquila mirada, como diciéndonos: «También esto es mundo, aunque para ustedes sea un trámite», no eran descendientes ni de los vencidos ni de los vencedores en las refriegas de la Conquista y de la Rebelión. Eran, sí, nietos de los que, nacidos en otras comarcas, se establecieron como colonos en la región de las ruinas...

¡Qué soledad tan melancólica la que encuentra el alma en los pueblos así habitados! —«Hic Troja fuit» le dicen todos los azulejos de las calles.
y, sin embargo, conste que el Padul es una villa alegre y aseada, donde además tuvimos la siempre agradable sorpresa de encontrar a un amigo, último inmigrante en aquella tierra de inmigrados.

—¡Al coche, señores! —gritó en esto el mayoral y salimos para Dúrcal, distante del Padul cosa de una legua.
Esta legua es interesantísima bajo el aspecto orográfico y fluvial.
La Sierra principia a suministrar al Valle, no delgados arroyuelos como anteriormente, sino verdaderos ríos.
Debajo del Padul está la Laguna, del propio nombre, que desagua en el Dúrcal. Poco más allá pasamos sobre los dos brazos originarios del mismo Dúrcal, cuyas fuentes brotan a poca distancia, al pie del Cerro Caballo, bastión de la gran cordillera, que hace dar allí una brusca vuelta al camino.
Aquellas dos endebles hebras de agua son más lejos una sola y vigorosa corriente, que luego se llama Río Grande y al cabo se transforma en el respetable Guadalfeo, tributario directo del mar.

Todas estas efectividades brutales, que en los dichosos tiempos en que mi espíritu solo se alimentaba de novelas, me hubieran parecido materialidades insulsas, iban cautivando poderosamente mi atención.
y es que cuando ya se ha vivido; cuando desde la cumbre de la edad empieza uno a discernir sintéticamente el casuismo de cada existencia humana y las vicisitudes generales de la Historia, la mente se recrea en hacer la sinopsis de los montes y las aguas; en ver, por ejemplo, dónde nacen los ríos, cómo se enriquecen, qué fatalidades físicas les trazan rumbo, por qué se convierten de vasallos en señores y de qué manera fenecen en el piélago insondable.
Adviértese entonces con filosófica humildad que las aguas influyen en la estructura de los montes casi tanto como los montes en el curso de las aguas. Estas raen y rebajan las cumbres de los cerros con la lima de las lluvias; los hienden y cortan en profundos barrancos; desgastan sus laderas; horadan y derrumban sus diques para abrirse camino; construyen colinas, deltas y barras

con sus arrastres; forman valles y cañadas a su paso, y determinan la condición y aspecto de cada terreno, su aridez o su amenidad, su depresión o su altura.
Tales contingencias secundarias, y los primitivos fenómenos geológicos que edificaron caprichosamente aquí o allí ésta o aquella cordillera, para que diese origen o leyes a las mismas nubes y calidad o fisonomía a cada comarca, llegan a parecernos otras tantas alegorías de las grandezas del mundo, del sino de los hombres, de los antojos de la suerte, de las revoluciones de los pueblos, de los decretos de la Providencia. Son lágrimas de las cosas, dice Virgilio.
Mas ¿qué digo? Esos accidentes geográficos no son meras imágenes poéticas aplicables a los hechos de la Historia: son la Historia misma. El terreno decide del carácter de las razas: aguas y montes demarcan lo que considera su patria cada uno: quien dice montaña, dice frontera: el río se convierte en foso henchido de sangre cuando intenta pasarlo el extranjero: toda batalla tuvo por clave y objetivo la posesión o la conquista de un vado, de un desfiladero, de una eminencia. La Historia es esclava de la Geografía.

Cerca ya de Dúrcal, hacia donde bajábamos resueltamente, vimos una graciosa quinta edificada en el zócalo mismo de la Sierra, especie de pensil babilónico, compuesto de escalonadas mesetas y cuajado de árboles en flor o de otros de verdura inmarcesible.
Entre las hojas de algunos de éstos, mostraban escandalosamente su olímpica hermosura, o más bien se avergonzaban de no hallar medio de esconderla, coloradas naranjas y amarillos limones, imagen fiel de aquellas cautivas orientales estereotipadas por la pintura byroniana, que no consiguen tapar con sus cruzados brazos todos los tesoros de su pudor.
Aquel invernadero natural; aquella primera traición hecha, bajo el amparo de Sierra Nevada, a los vientos del Norte, a la altura sobre el nivel del mar y a la tiranía del Almanaque; aquella primera bocanada de aire tibio del mediodía, cuajada y convertida allí en flores y frutos de otras regiones; aquel paréntesis de amenidad, aquel escondite de primavera, llámase la Fuensanta del Valle.
Conste.

Poco después, espaciose algo el terreno por el mismo lado, gracias a una breve condescendencia de la Sierra, proporcionándosele por tal medio una bonita vega al lugar de Dúrcal, que, sin aquella circunstancia orográfica, probablemente habría sido fundado en otro sitio, o no hubiera sido fundado en ninguna parte, resultando así un pueblo menos en el mundo.

Pero Dúrcal existe donde existe, y nosotros íbamos a entrar en él, pues ya divisábamos su campanario a poquísima distancia; lo cual significaba que habíamos andado otra legua y algunos metros más desde que salimos del Padul.

VI. Ochenta años en seis kilómetros

Durante aquellos seis kilómetros, habíamos tenido también tiempo de hojear ochenta años de la historia del Reino de Granada, o sea desde la partida de Boabdil para África hasta la sublevación de Aben-Humeya... ide Aben-Humeya, cuya romántica sombra debía de aparecérsenos de un momento a otro en la situación más crítica y solemne de su tormentosa vida!

Habíamos visto, pues, a los reyes católicos despedirse temporalmente de su ciudad de Granada, dejando muy recomendado a las Autoridades (sobre todo la magnánima Isabel) que fuesen benévolas y generosas con los muchos millares de moros que se quedaban allí guarecidos bajo la fe de las Capitulaciones, y que constituían el esplendor y la riqueza de aquella comarca.

Habíamos repasado luego aquellas Capitulaciones (mediante las cuales entregó Boabdil a sus súbditos), y en ellas habíamos visto que «don Fernando V de ARAGÓN y doña Isabel I de CASTILLA afianzaban a los islamitas completa seguridad de bienes y de haciendas, obligándose por sí, y a NOMBRE de SUS DESCENDIENTES, a RESPETAR POR SIEMPRE JAMÁS los RITOS MUSULMANES sin quitar las Mezquitas y torres de Almuédanos, ni vedar los llamamientos ni sus oraciones, ni impedir que sus propios y rentas se aplicasen a la conservación del rito mahometano», y estableciendo además que «la justicia continuaría administrada entre moros por jueces de su propia religión y con arreglo a sus leyes»; que «todos los efectos civiles relativos a herencias, casamientos, dotes, etc., permanecerían atemperados a sus usos y costumbres»; que «los Alfaquís seguirían difundiendo la instrucción en escuelas públicas y percibiendo las limosnas, dotaciones y rentas asignadas para ello», y que «las contestaciones y litigios entre cristianos y moros se decidirían por Jueces de ambas partes»...

Habíamos admirado después la sabiduría y la templanza con que el virtuoso Hernando de Talavera, primer Arzobispo de Granada, y el egregio conde de Tendilla, su primer Capitán General, pusieron en práctica el pensamiento de la gran Isabel, procurando atraerse a los moros con afabilidad; reprimiendo las liviandades y las rapiñas de los aventureros advenedizos mezclados con los conquistadores; ejerciendo las obras de misericordia de la sublime Doctrina cristiana con los enfermos, huérfanos y menesterosos de la población infiel; haciendo que el clero aprendiese el árabe, en lugar de prohibir a los moros el hablar su lengua,[15] y enseñándoles a éstos el castellano, al par que los socorrían y consolaban en sus desdichas, todo lo cual dio naturalmente por fruto que los musulmanes llegaran pronto a hacer una cariñosa confusión de ambas religiones, a querer entrañablemente al conde de Tendilla y al Prelado Talavera, a permitir que éste bendijese sus mezquitas y a llamarle el Gran Alfaquí, el Santo entre los Santos...

Enseguida habíamos visto al rígido y vehemente Cardenal Cisneros, lleno de impaciencia por aprovechar aquellas buenas disposiciones, y ansioso de realizar de un golpe las altas miras de la reina católica, presentarse súbitamente en Granada, con omnímodos poderes de sus Altezas; llevar a paso de carga la conversión de los moros de la capital, y proceder a bautizarlos de grado o por fuerza... siendo tantos (dicen los historiadores) los que acudieron a fingir que renegaban, movidos por el temor, por la novelería, o por adquirir el traje castellano que en el acto se les regalaba, que el cardenal hubo de contentarse con «agruparlos en pelotones y rociar sobre ellos el agua bendita con un hisopo»... y, como si esto no fuera bastante, habíamos visto a continuación al mismo Cisneros, influido por el Inquisidor General fray DIEGO DEZA, sucesor de TORQUEMADA, hacer quemar en la plaza de Bibrambla más de un millón de manuscritos[16] sobre política y religión musulmanas, recogidos violentamente en las casas de los moros, reservándose por fortuna aquel sabio Prelado los de ciencias naturales, matemáticas y medicina, para la Biblioteca de su amada villa de Alcalá de Henares...

---

15   De aquí la Gramática y el Diccionario árabes, publicados entonces en Granada por fray Pedro Alcalá, y tan estimados hoy de los orientalistas.
16   Mármol, Rebelión de los moriscos.

Estas injustificadas violaciones del Tratado de 1492, perpetradas en vida de los mismos reyes que lo habían suscrito (era el año de 1499), produjeron un terrible alzamiento en el Albaicín.

El caso principió de esta manera: Un Alguacil, llamado Barrionuevo, intentó obligar a una joven a que bajase a la ciudad a bautizarse: la joven gritó que ella era y quería ser mahometana: acudieron muchos moros: el Alguacil, lejos de intimidarse, los insultó arrogantemente, amenazándoles con la cólera de Cisneros, y entonces los moros lo asesinaron, siendo su muerte la señal de la rebelión.

Barrearon las calles, dice el gran historiador Hurtado de Mendoza[17] (así se llamaba entonces hacer barricadas): «Un grupo de sediciosos (continúa Lafuente Alcántara) se dirigió a casa de Cisneros, que vivía en la Alcazaba, con propósito de asesinarlo; pero el cardenal armó a sus criados, aspilleró su casa y se defendió bravamente toda una noche».

a la mañana siguiente, el conde de Tendilla, que había deplorado, en unión de fray Hernando de Talavera, los despóticos procedimientos de Cisneros, aunque sin facultades para oponerse a aquel coloso, bajó de la Alhambra con tropas, se abrió paso entre la muchedumbre, y salvó al futuro conquistador de Orán. Enseguida se dirigió al Albaicín, a ver de sosegar a los rebeldes, para lo cual les envió delante su adarga, con un escudero, en señal de paz y amistad; pero los moros, aunque mucho querían y veneraban al conde, apedrearon la adarga, en señal de rompimiento.

Diez mortales días se pasaron en inútiles negociaciones, sin resolverse el generoso Tendilla a entrar a sangre y fuego en el barrio amotinado, cuando veía toda la razón de parte de los insurgentes, y sin que ellos pensasen tampoco en deponer las armas.

En tal situación, ocurrió una escena verdaderamente grandiosa, que recomiendo a los pintores.

El piadoso Arzobispo Talavera penetró solo, con una cruz en la mano, en la plaza principal del Albaicín, saltando las barricadas, sin previa señal de parlamento, y llenando de asombro a los musulmanes... Estos vacilan al principio; luego se le acercan, humildes y afectuosos; le exponen sus agravios; escuchan sus consejos, y acaban por besarle la ropa... Entonces el conde de Tendilla, a quien enteran de lo que ocurre, juega también el todo por el todo, entra en la

---
17 Guerra de Granada.

plaza con una reducida escolta, y arroja su bonete de grana en medio de los enemigos... Ellos lo alzan, lo besan y se lo devuelven... y la revuelta termina en nobles abrazos y afectuosas lágrimas.
No fue, sin embargo, estéril para la política de Isabel aquella dulce victoria. El insigne Tendilla pactó allí mismo con los moros que «solo quedarían con hacienda los que se hiciesen cristianos»; que «todos podrían conservar su hábito y lengua», y que «la Inquisición no se establecería en Granada en mucho tiempo»; en prenda de lo cual y de sus benévolas intenciones, el conde dejoles en rehenes a su esposa y a sus dos hijos pequeños.
Como veis, entre este noble león y el de Tarifa hay poquísima diferencia.
iy cuánto dice también aquel sublime rasgo, en favor de la hidalguía y la lealtad de los moros!
Todavía eran hombres... Pronto los convertimos en fieras.

Entre tanto, y desdichadamente para la paz, los cuarenta vecinos que constituyeron el gobierno del Albaicín durante aquellos diez días, habían huido a la Alpujarra y alzádola en armas, propagando luego el incendio de la rebelión por uno y otro lado de la costa.
No bien lo supo el rey católico, acudió presuroso a Granada, censuró duramente los actos de Cisneros, aprobando la conducta de fray Hernando y de Tendilla; y, acompañado de éste, del GRAN CAPITÁN, de PULGAR, y de los entonces jovenzuelos Antonio de LEIVA y Hernando de ALARCÓN, salió a campaña y batió y sujetó a los rebeldes, no sin grandes trabajos y dolorosas pérdidas, sobre todo hacia la parte de Málaga y Ronda.
Por cierto que en una de estas expediciones fue en la que perdió tan heroicamente la vida el célebre don ALONSO de AGUILAR.
«El resultado de aquellas costosas revueltas (observa un escritor), fue provocar la ira de los cristianos, privar de fuerza moral a los que aconsejaban tolerancia, y empeñar a Fernando e Isabel en la promulgación de las leyes que imponían a todos los moros de España la obligación de convertirse a la fe católica (sic), o trasladarse a Berbería».

Los ismaelitas optaron por el primer extremo, al menos en apariencia; todos se declararon cristianos; y desde entonces empezó a llamárseles moriscos en vez de moros.[18]

Los reinados de doña Juana y del emperador Carlos V no alteraron la situación de las cosas. Los moriscos vestían, unos a la oriental y otros a la usanza de Castilla; conservaban todas sus prácticas y costumbres, menos el culto externo al Profeta, y seguían adorando al Profeta en lo profundo de su hogar y de su alma.

Muchas veces, es cierto, se intentó por el Santo Oficio y Autoridades granadinas acabar de cristianizarlos y castellanizarlos; pero ellos encontraron siempre amparo y defensa, lo mismo en don Felipe el Hermoso, enemigo acérrimo de la Inquisición, que en el elevado espíritu del gran Carlos.

Cuando éste fue a Granada, «vinieron a él (dice fray Prudencio de Sandoval, en su ya mencionada Historia) don Fernando Venegas, don Miguel de Aragón y Diego López Benajara, Caballeros Regidores de Granada (los tres descendían de príncipes moros), y diéronle en nombre de los moriscos de todo el Reino un Memorial de agravios que recibían de los clérigos, de los jueces, de los alguaciles y escribanos. El cual Memorial, visto por el César, se escandalizó mucho de los cristianos que tal hacían. Puesto el negocio y leído el Memorial en Consejo, fue acordado que se enviasen visitadores para que supiesen de raíz la razón de aquellos agravios, y también cómo vivían los moriscos. Fueron los visitadores don Gaspar de Ávalos, Obispo de Guadix, el doctor Quintana, el Canónigo Pedro López y fray Antonio de Guevara. Anduvieron visitando el Reino y hallaron ser muchos los agravios que se hacían a los moriscos, y, junto con esto, que los moriscos eran muy finos moros. Veintisiete años había que eran bautizados, y no hallaron veintisiete de ellos que fuesen cristianos, ni aún siete».

---

18 Don Juan Valera, en una de las notas con que enriquece su celebrada traducción de la obra del alemán Schack: Poesía y Arte de los Árabes en España y Sicilia, dice a este propósito lo siguiente:
«Así puede hacerse más clara la distinción entre mudéjares y moriscos. Por moriscos parece que deben entenderse los musulmanes que después de la conquista de Granada quedaron en España, convertidos de grado o por fuerza al catolicismo. Por mudéjares, nombre más usado en la Edad Media, los musulmanes que en virtud de capitulación o pacto se hicieron vasallos de los Reyes cristianos españoles, aunque conservando el derecho del libre ejercicio de su religión y culto de gobernarse por sus propias leyes».

El emperador contuvo a los perseguidores, y dictó algunas leyes para regularizar la situación de los perseguidos, pero mostrándose en todo tan benévolo con éstos, que, penetrados de gratitud los moriscos, alzaron bandera en auxilio del CÉSAR y en contra de las Comunidades, formaron una legión de cuatro mil hombres, mandada por caudillos de su propia raza, y desbarataron a los Comuneros delante de los muros de Huécar... ia los Comuneros, cuya causa era tan análoga a la suya!...

Pero llega el reinado de Felipe II, y los moriscos, lo mismo que los aragoneses y cuantos disfrutaban fueros y franquicias en toda España, principian a ser oprimidos de una manera insoportable.
Prohíbese a los primeros el uso de armas; se les veda tener esclavos negros; se les niega el derecho de asilo; se les exigen tributos especiales opuestos a los Tratados; los recaudadores los saquean; el clero los atropella; los soldados, no solo los castigan a ellos, sino que injurian a sus mujeres cada vez que se acercan a sus casas en nombre de la ley, y «más eran (dice un historiador de aquel tiempo) los delitos que ellos cometían que los delincuentes que apresaban».
Irritados los moriscos, buscan represalias, y se dan a robar y matar cristianos, sobre todo en los campos y pueblecillos, y de aquí aquellos espantosos Monfíes (salteadores) de la Alpujarra y de otras Serranías, tan pintorescamente retratados por nuestro popular novelista don Manuel Fernández y González. Los Monfíes fueron los precursores de los verdaderos rebeldes beligerantes que poco tiempo después ganaban batallas en campo abierto a Capitanes renombrados en toda la Cristiandad.
a las fechorías de aquellos bandidos contestó Felipe II, oída una junta de guerreros, abogados e inquisidores, tomando las resoluciones siguientes...
Mas dejemos hablar al Tácito español, al severo y profundo Hurtado de Mendoza, contemporáneo de los hechos:
«El rey (dice) les mandó dejar la habla morisca, y con ella el comercio y comunicación entre sí; quitóseles... el hábito morisco, en que tenían empleado gran caudal; obligáronlos a vestir castellano con mucha costa, a que las mujeres trujesen los rostros descubiertos, y a que las casas, acostumbradas a estar cerradas, estuviesen abiertas; lo uno y lo otro tan grave de sufrir entre gente celosa... Vedáronles el uso de los baños, que eran su limpieza y entretenimien-

to... Primero les habían prohibido la música, cantares, fiestas, bodas conforme a su costumbre, y cualesquier juntas de pasatiempo»...

Luis del Mármol, contemporáneo también, y más prolijo y material, añade otros pormenores curiosísimos, extractados de documentos oficiales, que nunca dejó de tener a mano.

Resulta de ellos que se ordenó a los moriscos que no tomasen, tuviesen ni usasen nombres ni sobrenombres de moros; —que, si los tenían, los dejasen luego; —que las mujeres no se alheñasen (esto es, que no se acicalasen el rostro con polvos de alheña); —que ninguno pudiese hablar, leer ni escribir en público ni en secreto en arábigo; —que entregasen todos los libros que estuviesen escritos en aquella lengua; —que no se hiciesen de nuevo marlotas, almalafas, calzas, ni otra suerte de vestido moro, y, porque no se perdiesen del todo los trajes que estaban hechos, que pudiesen usar durante un año los que fuesen de seda, o tuviesen seda en guarniciones, y dos años los que fuesen de paño solamente; —que en los días de las bodas, que habían de hacerse al uso cristiano, tuviesen las puertas de las casas abiertas, y lo mismo hiciesen los viernes en la tarde (el Viernes es para los islamitas lo que el domingo para nosotros), y que no hiciesen zambras ni leilas con instrumentos ni cantares moriscos, aunque en ellos no dijesen cosa alguna contra la Religión cristiana; —que en ningún tiempo usasen de baños artificiales; —que los que había se derribasen luego— y que ninguna persona, de ningún estado y condición que fuese, pudiese usar de los tales baños ni en sus casas ni fuera de ellas.

Para la ejecución de la Pragmática en que se mandaba todo esto, comisionó el rey al licenciado don PEDRO DEZA, del Consejo de la Inquisición, nombrándole Presidente de la Chancillería de Granada...

Se adivinará, pues, sin esfuerzo lo que entonces aconteció.

DEZA extremó cruelmente las órdenes de Felipe II en la forma y manera de ejecutarlas, y los moriscos, después de apurar todos los medios suplicatorios (en lo que les ayudaron muchos personajes cristianos descendientes de los grandes guerreros de Isabel); vista la implacable firmeza del rey, y desesperando ya de poder vivir donde nacieron, se resignaron a perecer en aras de su Dios y desagravio de sus ofensas; decretáronse aquella especie de indirecto suicidio que hay en el fondo de la temeridad de casi todos los regicidas; se abrazaron, como Sansón, a la columna de sus hogares, para hundirlos sobre su cabeza y sobre la cabeza de sus opresores; resolvieron, en fin, morir matando...; y matando murieron, como veremos después, sin que de ellos quedase en nuestra patria más que regueros de lágrimas y sangre, algunos nombres en la Historia, y daños y ruinas en el suelo.

Desde que los descendientes de Agar tomaron esta suprema determinación, cesaron sus quejas, sus motines y toda resistencia activa o pasiva a los crecientes atentados de don PEDRO DEZA y sus esbirros. La Inquisición los creyó ya sojuzgados para siempre.
Pero el vulgo no se engañó, como no se engaña nunca en estas materias, respecto de aquella repentina inmovilidad de los moriscos...
«En el Albaicín se trama, alguna cosa»... decía el popular en los barrios de los cristianos, con voz de lúgubre presentimiento.
y así era efectivamente. Los moriscos más principales, los más ricos mercaderes, los nietos de los Abencerrajes y de otras familias ilustres, conspiraban sin cesar, con la cautela y la astucia propias de la raza semítica. Viejos astrólogos leían a las gentes sencillas y fanáticas misteriosos jofores, o sea profecías, de cercana libertad, en antiguos pergaminos librados de la quema del siglo anterior y de las pesquisas inquisitoriales. Conspirábase asimismo en la Alpujarra y toda la costa, y la nieve de la Sierra aparecía todas las mañanas señalada por la babucha de atrevidos, incógnitos emisarios, que habían cruzado durante la noche aquellas pavorosas alturas, llevando mensajes a los Monfíes alpujarreños, o de éstos a los conjurados del Albaicín.
Al efecto de contarse y saber cuántos podrían empuñar las armas en un momento dado, inventaron el más ingenioso y pérfido artificio, cual fue aparentar que trataban de construir un Hospital de leprosos, a exclusiva costa de gente morisca, como la más plagada por aquella terrible enfermedad, y disponer, previo el oportuno permiso del rey y de la Iglesia, que dos moriscos saliesen a recoger limosnas por todo el Reino de Granada. Estos fueron formando circunstanciadas listas por pueblos y casas; y el número de cuartos que apuntaron como recibidos en cada una de éstas significaba, no la efectividad del donativo, sino el número de hombres de pelea que allí habían encontrado, a quienes dicho se está que se guardaron muy bien (salvo en casos especiales) de comunicar por entonces lo que se tramaba.

De este misterioso censo resultó que los moriscos de armas tomar eran unos cuarenta y cinco mil.

En cuanto a las Autoridades cristianas, no sospecharon de manera alguna el uso que los pretendidos fundadores del Hospital habían hecho de la licencia obtenida. «El rey y el Prelado (dice con este motivo Hurtado de Mendoza) tenían más respeto a Dios que al peligro.»

Conocedores ya de su fuerza, y después de maduras deliberaciones, los conjurados del Albaicín creyeron llegado el caso de prevenir y armar toda la gente posible, para lo cual decidieron que «los casados descubriesen el plan a los casados, los viudos a los viudos, y los mancebos a los mancebos; pero a tiento, probando las voluntades y el secreto de cada uno».

Finalmente, respecto de la época en que debía estallar la sublevación, acordaron «que fuese en la fuerza del invierno, porque las noches largas les diesen tiempo para salir de la Montaña y llegar a Granada, y, a una necesidad, tornarse a recoger y poner en salvo».

¡Qué gente, santo Dios! ¡Preferían el invierno para pasar dos veces en una noche la Sierra Nevada!

«...Gente suelta, plática en el campo, mostrada a sufrir calor, frío, sed, hambre; igualmente diligentes y animosos al acometer, prestos a desparcirse y juntarse...; muchos en número, proveídos de vitualla, no tan faltos de armas que para los principios no les basten; y en lugar de las que no tienen, las piedras delante de los pies, que contra gente desarmada son armas bastantes». Así retrata a los moriscos el historiador últimamente citado, o, por decir mejor, así se retrataban ellos mismos... pues las anteriores líneas son un extracto o referencia que hace Mendoza de un discurso que el viejo, rico y noble don Fernando el Zaguer, que otros llaman Aben-Xaguar, verdadero director de la conspiración, dirigió a sus correligionarios, exhortándolos a desechar todo miedo.

En suma: el día 1.º de enero de 1569 era el día fijado para el alzamiento.

—«A fin de año habrá mundo nuevo», decían los moriscos públicamente con una expresión indefinible. y las Autoridades, que se enteraban de esto, lo atribuían a que en aquella fecha espiraban los últimos plazos de la terrible Pragmática, por lo respectivo a lengua, ropas y demás usos orientales.

El plan era que los jefes de los Monfíes de la Alpujarra y del Valle, esto es, el DAUD y el PARTAL de Narila y el NACOZ de Nigüelas, con cuatro mil hombres escogidos entre los que ya campaban por su respeto en aquellas fragosidades, pasasen la Sierra Nevada durante la noche, entrasen en Granada por la cuenca del Darro, ganasen así fácilmente el Albaicín sin ser vistos, y sirvieran de núcleo a la rebelión de todos los moriscos de la Ciudad y de la Vega.

Mas he aquí que, según acontece casi siempre en tales casos, el movimiento se anticipó y estuvo para fracasar, por culpa de personas dotadas de mejor voluntad que entendimiento... Así dirían ellos desde su punto de vista.

El día de Nochebuena por la mañana llegó al Albaicín, antes que a las Autoridades, la noticia de dos gravísimos atentados cometidos el día anterior en la Alpujarra, no ya por los Monfíes solamente, sino por gentes acomodadas y hasta entonces pacíficas; atentados cuya magnitud y arrogancia eran como una súbita revelación de que la tormenta estaba ya encima; o como el primer bramido del terremoto.

Refirámoslos, o, más bien, copiemos la relación que de ellos hace un historiador de aquel tiempo; pues no tiene una letra de desperdicio.

«Acostumbraban cada año los alguaciles y escribanos de la Audiencia de Uxíxar de Albacete (que los más de ellos estaban casados en Granada) ir a tener las pascuas y las vacaciones con sus mujeres; y siempre llevaban de camino (de las alcarías por donde pasaban) gallinas, pollos, miel, fruta y dineros, que sacaban a los moriscos como mejor podían. y como saliesen el martes veintidós días del mes de diciembre Juan Duarte y Pedro de Medina y otros cinco escribanos y alguaciles de Uxíxar, con un morisco por guía, y fuesen por los lugares haciendo desórdenes, con la mesma libertad que si la tierra estuviese muy pacífica, llevándose las bestias de guía, unos moriscos, cuyas eran, creyendo no las poder cobrar (más por la razón del levantamiento que aguardaban), acudieron a los Monfís y rogaron al Partal y al Seniz de Verchul que saliesen a ellos con las cuadrillas y se las quitasen. Los cuales no fueron nada perezosos, y el jueves en la tarde, veintitrés días del mismo mes, llegando los cristianos a una viña del término de Poqueira, salieron a cortarles el camino y las vidas juntamente, sin considerar el inconveniente que de aquel hecho se podría seguir a su negocio: y matando los seis de ellos, huyeron Pedro de Medina y el Morisco, y fueron a dar rebato a Albacete de Órgiva; y demás de éstos, a la vuelta toparon con

cinco escuderos de Motril, que también habían venido a llevar regalos para la pascua, y los mataron y les tomaron los caballos».
Como veis, el primer atentado no fue chico.

Pues el segundo fue mucho más grande. Escuchad:
«El mesmo día entraron en la Táa de Ferreira Diego de Herrera, capitán de la gente de Adra, y Juan Hurtado Docampo, su cuñado, vecino de Granada y Caballero del hábito de Santiago, con cincuenta soldados y una carga de arcabuces que llevaban para aquel presidio; y, como fuesen haciendo las mesmas desórdenes que los escribanos y escuderos, los Monfís fueron avisados de ello y determinaron de matarlos como a los demás, pareciéndoles que no era inconviniente anticiparse, pues estaban ya avisados todos y prevenidos para lo que se había de hacer. Con este acuerdo fueron a los lugares de Soportújar y Cáñar (que son en lo de Órgiva), y, recogiendo la gente que pudieron, siguieron el rastro por donde iba el capitán Herrera; y, sabiendo que la siguiente noche habían de dormir en Cádiar, comunicaron con don Hernando el Zaguer su negocio, y él les dio orden como los matasen, haciendo que cada vecino del lugar llevase un soldado a su casa por huésped; y, metiendo a media noche los Monfís en las casas, que se las tuvieron abiertas los huéspedes, los mataron todos uno a uno, que solo tres soldados tuvieron lugar de huir la vuelta de Adra; y, juntamente con ellos, mataron a Mariblanca, ama del Beneficiado Juan de Rivera, y otros vecinos del lugar.

«Hecho esto, los vecinos de Cádiar se armaron con las armas que les tomaron, y, enviando las mujeres y los bienes, muebles y ganados, con los viejos, a Jubiles, se fueron los mancebos la vuelta de Uxíxar de Albacete con los Monfís; y don Hernando el Zaguer y el Partal fueron a dar vuelta a los lugares comarcanos para recoger gente.»

Hasta aquí el ameno cronista.[19] Concluyamos nosotros ahora nuestro sucinto resumen de los hechos.

---

19 Luis de Mármol.

No bien se supo en el Albaicín lo acontecido en la Alpujarra, Farag Aben-Farag,[20] riquísimo comerciante y tintorero de aquel barrio, descendiente de los Abencerrajes, y uno de los jefes de la conjuración, concibió y ejecutó un temerario proyecto, que no consultó ni con sus más íntimos amigos. Marchó a los inmediatos lugares de Cenes y Pinos-Genil; reclutó unos doscientos malhechores musulmanes; púsose a la cabeza de ellos, y dio la vuelta al Albaicín, por excusados caminos, entrando en él a las doce de la noche del primer día de Pascua, sin que aquel turbión de gente fuese visto ni oído de los habitantes de la ciudad.

El son de atabales y dulzainas y los gritos de ¡Viva Mahoma! sacaron de su sueño a los moriscos, los cuales, considerando aquello una imprudencia que podía frustrar todos sus planes, guardáronse muy bien de salir a la calle, y aún de asomarse a las ventanas...

Solo un viejo musulmán sacó la cabeza por un ajimez, y preguntó a los alborotadores:

—¿Cuántos sois?

—Seis mil —contestó enfáticamente el Farag.

—Sois pocos y venís presto —replicó el anciano, cerrando de golpe el ajimez.

Entonces aquel audaz y ambicioso personaje, cuyo excesivo celo y feroces instintos habían de ser siempre funestos a la causa de los moriscos, viendo que no adelantaban nada en el Albaicín, que se acercaba el día, y que en la ciudad sonaban campanas y trompetas, en señal de alarma de los cristianos, se marchó con su gente, tomó las faldas de la Sierra, a media altura, y corriose por ellas en busca del Valle de Lecrin.

Cuando salió el Sol divisóseles desde Granada, caminando siempre a su vista, con pintados banderines y relucientes aceros, ganando cada vez puntos más escarpados de la cordillera —que la noche anterior se había nevado hasta los estribos.

Ya habían marchado en su persecución muchas tropas, al mando del marqués de Mondéjar, Capitán General del Reino, nieto y digno heredero de aquel buen conde de Tendilla de quien tanto hemos hablado; pero los rebeldes llevaban mucha delantera e iban por un camino en que la caballería era inútil; y así fue

---

20 El Romanceador del Santo Oficio, Alonso del Castillo, le llama Aben-Farage; otros escriben Farax; pero su verdadero nombre era Farag. Así lo reconoce la propia Academia de la Historia, en la publicación del Cartulario del susodicho romanceador.

que lograron meterse al cabo en el Valle de Lecrin sin que el marqués les diese alcance.
Una vez en el Valle los insurgentes, necesitábase nada menos que un ejército para poder atacarlos. Aquella pobladísima tierra, llena de defensas naturales, era toda de Mahoma...
Comprendiolo así Mondéjar, y regresó a la capital.
La guerra estaba planteada...

En cuanto a nosotros, recorríamos ya las calles de Dúrcal, al son irrisorio de la destemplada corneta del postillón o delantero, asombrados de hallar tan pacíficos a los hombres y tan descuidadas a las mujeres, como si no acabaran de pasar por allí Farag Aben-Farag y sus doscientos moriscos levantando en armas todo el Valle...
y era que, al cerrar nosotros los libros, habían transcurrido de pronto trescientos tres años, dos meses y veinte días.

VII. Dúrcal. El día de San José. La Madre de Andalucía. Una emboscada. Talará y Chite. Panorama del Valle
En Dúrcal, lugar de 2.266 habitantes, no se detiene la Diligencia; o, a lo menos, no se detuvo el año pasado. a pesar de esto, pudimos hacer algunas observaciones.
Una de ellas fue que, con motivo de estar situado el pueblo en terreno mucho más bajo que el Padul, no solo era alegre como aquella villa, sino risueño, animado, bullicioso. El Padul nos había ofrecido la serena placidez de la montaña: Dúrcal nos ofrecía el gracioso júbilo del llano.
Quizás consistiría también aquel aumento de regocijo en que era un poco más tarde; en que hacía menos frío que allá arriba; en que todo el mundo habría ya almorzado en Dúrcal, antes o después de Misa Mayor, y en que esta Misa habría sido de primera clase. Recuérdese que era día de San José. Los Pepes y Pepas del lugar (que de seguro serán innumerables), y sus parientes, compadres y otras cosas, no tenían, pues, ya que pensar más que en pasearse o en jugar a las cartas hasta la hora de comer, y en preparar los bailes para aquella tarde y aquella noche...

Con lo que pasaría el día de San José de 1872, como habían pasado tantos desde 1568, y aquellos honrados labradores volverían a la otra mañana a sus acostumbradas faenas, y luego seguirían así más o menos años, devanando cada cual la madeja de su vida, hasta que uno por uno fuesen desapareciendo todos bajo la muda tierra, con el ovillo de su historia debajo del brazo, sin que por eso mermase nunca la población —gracias esto último a los continuos zagalones que irían ascendiendo entre tanto a padres de familias y ocupando las vacantes de los muertos

...

No de otra manera nosotros habíamos pasado por Dúrcal sin detenernos, y salido ya otra vez al campo, cuya pacífica soledad tornó a sonreírnos, como una patria recobrada.

Tal sonreirán también las primeras calles al prisionero puesto en libertad —y los primeros astros al alma que va de la tierra al cielo.

Por lo demás, aquel pueblo, importantísimo en su clase, encerraba suficientes recuerdos históricos para que yo pudiera escribir aquí muchas y muy entretenidas páginas. Habréis de permitirme, sin embargo, que no me meta en tal cosa. La Alpujarra nos llama hace ya harto tiempo, y nos hemos detenido demasiado en la exposición de las causas de la Rebelión de los moriscos, ad usum de los que no las recordasen.

Aquella exposición era absolutamente precisa para la inteligencia del sentido general de esta obra (que a mí mismo no se me alcanza), y sobre todo para poner a su debida luz las romancescas figuras de Aben-Humeya y Aben-Aboo, a quienes me propongo retratar, no como historiógrafo, sino como mero artista...

Pero (quede dicho de una vez para siempre) yo no escribo, ni por asomos, la crónica de la Alpujarra, sino la crónica de lo que un viajero entristecido vio, pensó y recordó en aquel rincón del mundo, referida con el propio desconcierto de sus marchas, de sus conocimientos y de sus impresiones.

Esto me obligará únicamente a ir señalando con el dedo uno y otro paraje del camino, diciéndoos, como un epitafio ambulante: —«Aquí fue tal ciudad». «Aquí yace tal héroe».

Quedamos en que habíamos salido de Dúrcal.

Caminábamos, por consiguiente, hacia Talará (distante de allí una legua), bajando y subiendo lomas, pero siempre bajando mucho más que subíamos, y sin salir nunca de la gran cavidad general del Valle de Lecrin.
Sierra Nevada, nuestro constante espectáculo de la izquierda, se embellecía cada vez más, y volvía a acercársenos para que la admiráramos mejor...
¡Digna era por cierto de ser vista en aquel punto; y eso que solo se nos presentaba de perfil; eso que aquél era aún, como si dijéramos, su aspecto exterior; eso que no podíamos distinguir todavía ni su espléndido desenvolvimiento meridional ni sus gigantescas cumbres!
Estas quedaban ocultas detrás de la eminencia secundaria del Cerro Caballo, a cuyo pie se deslizaba el camino.
Pero aquel Cerro, parte integrante de la Cordillera, nos enseñaba ya amenísimos barrancos, cuya verde frondosidad estaba como recogida con púdico recelo en las tajeas cavadas por los torrentes, contrastando aquellos oasis de abrigada y húmeda vegetación con las tersas moles de granito y de pizarras de una y otra ladera.
Doquier fluía el agua; doquier exudaba la próvida Atlántide la rica savia de sus venas; doquier veíase juguetear arroyos, cascadas y riachuelos, dioses menores dedicados a distribuir las mercedes de aquella olímpica deidad, reina y señora de las nubes y medianera poderosa entre los cielos y la tierra...
—«¡Oh madre!»... exclamé entonces, agradecido a tantos bienes como le prodiga a Andalucía aquella arca santa de fecundidad, alzada sobre todos sus valles y llanuras...
—«¡Oh madre!»... repito ahora...
y este acceso lírico no pasa nunca de aquí; pues considero que, para cantar las virtudes de un peñasco, basta con semejante exclamación; sobre todo, después que Píndaro ha dicho: ¡Alto don es el agua!
Creo además conveniente reservar algunas galanterías para cuando departa mano a mano con el mismo Mulhacén desde los propios escabeles de su trono.

A un cuarto de legua de Dúrcal pasamos sobre el río Torrente, con el cual ya se había unido el Pleito, nacidos ambos cerca de aquellos barrancos misteriosos de que acabábamos de enamorarnos.

Entre el origen del río Torrente y el del Dílar, que brota al otro lado del mismo monte, solo median algunos centenares de metros, y, sin embargo, estos dos camaradas de la infancia, hijos acaso de un mismo venero, no vuelven a verse ni aproximarse nunca, recorren comarcas contrapuestas, y cada uno va a morir a un mar distinto: el Torrente en el Mediterráneo, y el Dílar en el Océano; el primero por Motril, confundido con el Guadelfeo, y el segundo por Sanlúcar de Barrameda, revuelto con el Guadalquivir.
Así se bifurcan también los destinos humanos..., etc., etc., etc.

Cerca ya de Talará, cuyas campanas empezaban a decirnos con inocentes voces que allí había otro día de San José, cruzamos un arroyo que fluye al pie de una cuesta...
Entre aquella cuesta y aquel arroyo aconteció una de las más horrorosas matanzas de la guerra que hemos dejado planteada por el Farag.
«Hoy se ven blanquear los huesos, no lejos del camino» —escribía don Diego Hurtado de Mendoza tres años después.
Fue el caso que el NACOZ de Nigüelas, terrible cabecilla de Monfíes, entendió que debía pasar por allí un convoy de vituallas, con destino a Órgiva, protegido por doscientos cincuenta soldados, al mando de un Alférez llamado MORIZ, «hidalgo, pero poco proveído y muy libre», dice el mismo historiador. Las atalayas moras avisaron oportunamente la salida de aquella fuerza, compuesta por cierto de extremeños, y el NACOZ apostó trescientos arcabuceros y ballesteros, parte en el lecho del arroyo y parte en las primeras casas del lugar, con orden de permanecer todos ocultos. Dejó pasar a los cristianos la primera emboscada, y, cuando los tuvo cogidos entre dos fuegos, los acometió a un tiempo de frente y por retaguardia, trabándose una espantosa refriega...
«Peleose en una, y otra parte (concluye el buen don Diego); pero fueron rotos los nuestros, y murieron todos; con ellos el Alférez, por no reconocer; y aún dicen que borracho, más de confianza que de vino».

Bajo la impresión de este lúgubre recuerdo entramos en Talará, lugar tan gozoso como su nombre, que, según veis, se canta solo...
Tampoco se detuvo la Diligencia en Talará, cuyas 1007 almas (refiérome al Nomenclátor), con sus correspondientes cuerpos, están repartidas entre aquel

lugar y otro pueblecillo de setenta y seis casas, anejo suyo, distante de él media legua, y denominado Chite. Diríase que este nombre le manda callar al otro. Pero Talará no callaba por eso; sino que entre el repique de las campanas, el cacarear de las gallinas —que en aquella estación alborotan mucho entre diez y doce de la mañana (eran las once y media)—, las alegres voces de los muchachos y el vibrante martilleo del herrador, formaba en la serena atmósfera una especie de inarmónico concierto, no desprovisto, sin embargo, de cierta melodía moral para las finas orejas del espíritu.

Lo que no se oía era cantar a las gentes. Estábamos en Semana de Pasión, de lo cual no nos habíamos acordado en Dúrcal al suponer que los Pepes y Pepas pudieran bailar aquella tarde o aquella noche...

Cantaban, pues, únicamente los canarios y colorines enjaulados a la puerta o en los balcones de algunas casas; —a la puerta, si la casa era de planta campesina, y en los balcones, entre verdes macetas, si era de más encopetada construcción.

De cualquier modo, las mujeres, vestidas y peinadas con el esmero propio de un día tan clásico, hallábanse al lado de los pájaros y de las macetas, mientras que los hombres, todos armados de bastones de estoque, o de palos de diversos calibres, entraban y salían, paseaban por las calles, o conferenciaban en el tranco de algún establecimiento público.

El hombre vaga, bulle, milita, propende a escaparse continuamente: la mujer es la piedra fija del hogar. Si no hubiera mujeres propias, no habría ciudades, villas ni aldeas: a lo sumo, habría campamentos.

Cuando hacíamos esta última reflexión, tan edificante y cristiana, estábamos ya fuera de Talará, que supongo no nos honraría con un recuerdo tan duradero como el que yo he guardado de nuestro tránsito por su calle Mayor, Real, o como se llame.

Lo que sí me atrevo a apostar es que la atención y las conjeturas de que son objeto, durante algunos minutos, en aquel pueblo y en todos los de carretera, cuantos viajeros los atraviesan en coche o a caballo, no ceden en viveza y fantaseadora inventiva a las composiciones de lugar que íbamos nosotros haciendo por los lugares del Valle.

¡Ah! Lo desconocido será siempre el reino de la poesía; y el desconocido, o la desconocida, nunca dejará de tener aires de protagonista de drama.

Por Chite no pasamos: Chite no está en la carretera.
Esta circunstancia constituye todo un mundo moral y social de diferencia entre Talará y su anejo. ¡En Chite será posible ignorar lo que pasa en el globo, será posible la incomunicación, serán posibles la inocencia, la fe, la paz, la tranquilidad y su ventura!...
y por eso se llamará ¡Chite!... sinónimo de ¡silencio!

La privilegiada comarca granadina, por encerrar todas las bellezas naturales, encierra hasta la ascética y melancólica del desierto.
¡Delirio! ¡Ilusión! ¡Pura broma! La ventura, la tranquilidad, la paz, la fe y la inocencia no están ya de resto en el fondo de los campos. En la aldea más escondida ha penetrado un vientecillo glacial que viene de los desiertos del ateísmo, y que seca en el alma de los más zafios labriegos y de los pastores más incultos y solitarios aquellas santas y modestas flores —la humildad, la paciencia y la esperanza— que perfumaban antes las asperezas de su vida; de donde vemos ahora a todos los que desheredó la fortuna, tristes, hurañas y como rencorosos, despojados de toda benevolencia, de todo respeto, de todo temor, de todo lazo interno con el fatal e irremediable organismo de la sociedad humana. Tanto peor para Chite, y también para las grandes metrópolis, impulsoras de ese soplo de muerte; —pues en el pecado llevarán la penitencia.

Al salir nosotros de Talará, la Sierra giró bruscamente hacia Levante.
Era que había concluido su flanco: era que ya estábamos al otro lado de ella. Sin embargo, lo muy bajo del camino que seguíamos y la interposición de algunas lomas nos estorbaban todavía ver la cara austral de la cautelosa cordillera y el horizonte de la Alpujarra...
El camino dio luego la misma vuelta que la Sierra; mas, antes de darla, pasó por un dilatado mirador natural, desde el que vimos al descubierto todo el Valle de Lecrín, cuya cuenca, a partir de aquel punto, se extiende hacia Levante.
Largo rato hacía que no nos habíamos asomado a la ventanilla que daba al Valle, por atender exclusivamente a la montañosa decoración del otro lado, o a los pueblecillos en que se había ido metiendo la Diligencia como Pedro por su casa; y a fe que hubimos de holgarnos de ello en tal momento, puesto que así

fue mayor nuestro asombro al considerar de golpe toda la magnificencia a que había llegado aquella feracísima comarca.
Tratábase ya de una vasta elipse de muchas leguas de irregular perímetro, circuida de cerros de diversos colores y cuajada toda ella de arbolado, viñas, praderas, cortijos, lugares y riachuelos.
Se diría que era la Vega de la Granada, reapareciendo a nuestros ojos más en pequeño, y rizada por colinas y collados; pero igual en vegetación y hermosura...
Era verdaderamente el Valle de la Alegría.
En medio de él veíamos un pueblo, casi tapado por un bosque de frutales en flor y de naranjos y limoneros cargados de fruto.
Más que un pueblo del mapa, parecía un huerto oriental, un nido paradisíaco, o un vergel mitológico: el sitio de recreo de un príncipe de Las Mil y una noches, o la isla sagrada de una diosa del Olimpo...
Era Pinos del rey, o Pinos del Valle (que de los dos modos se llama) —por donde no habíamos de pasar de manera alguna, ¡aunque solo distaríamos de él un kilómetro!...
¡Ah! Las carreteras son implacables —cuando se viaja en coche.
Por eso deseábamos tanto que transcurriese una hora, a fin de montar a caballo y campar por nuestro respeto.
Al Sur del Valle, los montes que lo cierran se deprimían ya un poco, franqueando a la vista un cielo de infinita lontananza, cuya diafanidad luminosa tenía un encanto indescriptible.
Era el cielo del mar.
El mar mismo, aunque solo distaba de allí cuatro leguas escasas, no podía descubrirse todavía. Estábamos en terreno muy bajo. Pero no debía de ponerse el Sol aquella tarde sin que viéramos azulear la llanura del Mediterráneo... y no porque hubiésemos de acercarnos aún más a la costa en el resto del día... (no: ya caminaríamos siempre a Levante hasta llegar a Órgiva); sino porque, mientras la Diligencia bajara luego sin nosotros a la orilla del mar, nosotros subiríamos las primeras cuestas de la Alpujarra.
Pero volvamos a las filas.
Ya habíamos dejado a nuestra izquierda (sin verlo, aunque cruzamos a dos kilómetros de él) el lugar de Mondújar, todo escondido en un pliegue de la Sierra...

59

Allí fue donde pasó sus últimos años y espiró, tan amargado como referimos, el viejo rey MULEY HACEM, el misántropo después de muerto.[21]
Finalmente, delante de nosotros había aparecido un pueblo de pintoresca perspectiva, situado en una posición deliciosa, defendido de los vientos de Norte por un disforme cerro llamado Mataute, y rodeado también de todo género de árboles floridos...
¡Era Béznar!

VIII. Tres leguas en tres minutos. Una mañana de nieve. Una espada y una daga. Quién era don Fernando de Valor

¡Béznar!... Para explicar estas admiraciones ortográficas, tengo que recordaros algunas escenas históricas, tan interesantes y tan nimiamente conservadas por los cronistas, que, más que Historia, parecen capítulos de una novela de Walter Scott.

Yo no inventaré cosa alguna, ni en este ni en ningún caso. Los escritores de la época me dan todo el trabajo hecho... Mi único oficio será elegir, cuando sus versiones no concuerden, la que me parezca más verosímil.

Con que empecemos por retroceder tres leguas en el camino que acabamos de andar.

La mañana del 24 de diciembre de 1568 (día de Nochebuena y Viernes; esto es, festividad a un tiempo para cristianos y Musulmanes), sería cosa de las ocho u ocho y media, cuando penetraron en el Valle de Lecrin, viniendo de Granada, tres singularísimos viajeros —singularidad que consistía en el mero hecho de viajar juntos.

Eran un caballero cristiano, una mujer morisca y un esclavo negro.

La noche anterior había nevado mucho, y el cielo amenazaba nevar más. Cerros, camino, valle, laderas, todo estaba igualmente blanco.

La nieve del camino no ofrecía huellas de que nadie hubiera transitado todavía por allí aquella mañana.

Las tres indicadas personas iban, a la sazón, cuesta abajo. El caballero se había apeado y llevaba el caballo del diestro. La morisca seguía a caballo. El esclavo marchaba un poco detrás.

---

21 Algunos historiadores dicen que murió en Salobreña.

Al caballero nos lo retrata del siguiente modo el historiador Ginés Pérez de Hita: «...Era mancebo de veintidós años. Era de poca barba, de color moreno, verdinegro, cejunto, los ojos negros, grandes; gentil hombre de cuerpo: mostraba en su talle y garbo ser de real sangre (como era verdad que lo era): tenía los pensamientos reales, procedía realmente: era de todos los moros granadinos muy estimado y respetado: era Veinticuatro de Granada. Doy señas de él porque le vi, vestido de luto, en compañía de los demás Veinticuatros, en las honras de la Serenísima Reina Doña Isabel de la Paz, mujer de nuestro Católico rey don Felipe II; y entonces supe quién era y cómo se llamaba».

De la morisca solo dice la Historia que aquel viajero «la traía, por amiga» (es la frase de Mármol); esto es, que era «su querida», como en lenguaje más moderno manifiesta Lafuente Alcántara.

Estos y otros historiadores convienen además en cuanto hemos indicado; es a saber, en que los dos amantes iban solos en el momento a que nos referimos; en que él llevaba su caballo del diestro y en que el esclavo los seguía respetuosamente...

No sería, pues, muy aventurado de nuestra parte suponer que la mahometana era de hechicero rostro, y que el joven Regidor granadino marchaba pegado a los pies de la caballera beldad, con una mano apoyada en sus rodillas, mientras que ella se inclinaba dulcemente para mejor mirarse en los ojos de su raptor o robado y escuchar sus lisonjeras pláticas. Tal es al menos la postura académica en semejantes casos.

Pero caminaran así o menos amarteladamente, ello fue (volviendo a lo histórico) que en aquel punto y hora, al torcer una revuelta del camino, se encontraron de manos a boca con un hombre, jinete en una mula, que subía a todo correr la nevada cuesta que ellos bajaban...

Este hombre, que tenía trazas de eclesiástico, aunque no llevaba ropa de tal, iba sumamente azorado y descompuesto, mirando atrás con angustia, como quien teme ser perseguido.

Ver y reconocer a nuestro caballero fue en él una misma cosa; por lo que principió a gritar inmediatamente:

—¡Alto! ¡Alto, señor don Fernando! ¡No siga adelante vuestra señoría! ¡Vuélvase a Granada!...

El llamado don Fernando lo reconoció al mismo tiempo, y le dijo tranquilamente, avanzando todavía algunos pasos:
—¡Hola, señor Beneficiado! ¿Qué diantres le ocurre a vuestra merced?
y volviéndose a su amiga, que había hecho alto, añadió:
—Es el Beneficiado de Béznar.
La morisca se sonrió levemente.
—¡Nada! ¡Nada, señor don Fernando! —continuó el sacerdote, parando su mula—. Monte vuestra señoría a caballo y vámonos a Granada. Fuera una imprudencia que vuestra señoría diese un paso más por este camino. Los Monfíes han levantado en armas toda la Alpujarra, y vienen ya sublevando los pueblos del Valle...
Al oír estas nuevas, estremeciose el joven de un modo convulsivo y volvió la cara hacia la morisca, que se había puesto pálida como una difunta.
Dos miradas fulmíneas se cruzaron entre sus ojos y los de ella, mientras que el Beneficiado continuaba:
—Sí, señor; sí, señora; hay sobrado motivo para asustarse. ¡Esta es la fin del mundo!... Los Monfíes lo entran todo a sangre y fuego... Se cuentan horribles asesinatos cometidos ayer hasta en los ministros del altar... ¡Por misericordia de Dios he podido yo escapar de Béznar!... ¡a caballo, a caballo, señor don Fernando, y huyamos de esos forajidos!
Cuando el clérigo pronunciaba estas últimas palabras, ya estaba el mancebo sobre la silla, en la cual hacía por cierto la más gallarda figura. Alargó, pues, la mano al sacerdote, sonriéndole afablemente, y le dijo:
—Muchas gracias, señor Beneficiado. Que vuestra merced lleve buen viaje.
y echó a andar por la cuesta abajo, asegurándose en los estribos e igualando y tanteando las riendas, como quien se dispone a correr con gana.
La morisca y el esclavo salieron detrás de él.
—Pero ¿adónde va vuestra señoría por ahí? preguntó lleno de asombro el pobre Beneficiado de Béznar.
—¡A Béznar! —contestó don Fernando, picando ya espuelas y partiendo como una exhalación...
—¡Ave María Purísima! —repuso el buen padre de almas, santiguándose devotamente y golpeando con los talones los ijares de su mula.

Dos horas después, este Beneficiado —célebre, aunque sin nombre ni apellido—, refería en Granada, la anterior escena, que por él llegó a conocimiento de la Historia.

Pero, por mucho que aprieten a sus caballos don Fernando y su compañía, con quienes nos proponemos entrar en Béznar, han de tardar algunos momentos en darnos alcance...
y digo algunos momentos solamente, porque, cuando se han empleado ochenta años en seis kilómetros, como nosotros los empleamos desde el Padul a Dúrcal, nada tendrá de extraordinario que, por la inversa, una cabalgata recorra ahora diecisiete kilómetros en tres minutos.
Aprovechemos, pues, este tiempo en referir otra escena que le había ocurrido el día anterior en Granada a aquel mismo apuesto joven; por donde vendremos en conocimiento de toda la importancia del al parecer sencillo hecho que acabamos de relatar.

Don Fernando de Valor (que así se llamaba el amante de la morisca), Señor de Valor —lugar de la Alpujarra— era, según acabamos de ver, uno de los veinticuatro Regidores perpetuos del Ayuntamiento de Granada, o Caballero Veinticuatro, que se decía entonces; cargo elevadísimo, propio de magnates de esclarecida alcurnia, y hereditario como un vínculo, aunque también alienable, dadas ciertas calidades en el comprador.
Don Fernando había heredado la Veinticuatría de su padre don Antonio, o más bien de su abuelo don Hernando, pues su padre, que aún vivía, lo que había hecho era cedérsela... por las razones que expondremos en otro lugar...
Pero no: expongámoslas ahora mismo, que hacen más al caso.

Don Antonio de Valor y CÓRDOBA, caballero ilustre y rico, de arrebatado carácter y animoso corazón, creyéndose un día insultado en Ayuntamiento por otro Concejal que discutía con él sobre los negocios públicos, echó mano a la espada para vengar su agravio dentro del mismo Cabildo, cosa que no lo fue dado llegar a hacer, pues lo sujetaron y desarmaron sus compañeros.
Pero aquella mera tentativa, aquel simple desacato, bastó para que lo procesasen con todo rigor y lo condenasen nada menos que a galeras; de lo cual

dedujo la opinión que sus enemigos y los tribunales se habían aprovechado de aquella ligera falta, como de un pretexto, para satisfacer a poca costa otros rencores particulares, religiosos y políticos, que se abrigaban contra el don Antonio —hombre tan popular como temido, que pasaba por desafecto a su Majestad el rey y por adversario de la Santa Inquisición.

Hallábase, pues, el buen caballero, en la época a que nos referimos, encerrado en la Cárcel Alta de Granada («a falta de galeras», dice un historiador), mientras que su hijo, por cesión suya, ejercía el cargo de Concejal en aquel mismo Ayuntamiento que tan contrario acababa de mostrarse al apellido de Valor.

Mas no era esto lo único que (según el runrún de las gentes) hacía nuestro don Fernando en lugar y representación de su animoso padre...

Desde que don Antonio de Valor y CÓRDOBA fue con tal sevicia castigado, empezaron a amanecer en las calles de la capital, cosidos a puñaladas y muertos, hoy uno, mañana otro, casi todos aquellos de sus enemigos que se habían erigido en sus jueces...; y el rumor público, siquier en voz muy baja, atribuyó desde luego aquellos asesinatos misteriosos al joven Señor de Valor —más temido y popular todavía que su mismo padre.

Yo no sé si esta sospecha sería fundada. La Historia no ha conseguido averiguar lo cierto. Paso, por consiguiente, sobre el particular como sobre ascuas, y vuelvo a mi otra relación.

Así las cosas, la víspera del precitado día de Nochebuena, cuando más preocupados se hallaban los cristianos viejos de Granada con las fechorías de los Monfíes alpujarreños y el sospechoso marasmo de los moriscos del Albaicín, don Fernando entró en la Casa-Ayuntamiento, armado de espada y daga, como entonces era uso entre los nobles.

Hasta aquí no había nada que decir, pues sobre calidad de don Fernando no cabía duda; pero era el caso que, desde el lance ocurrido con su padre, se había establecido en toda España que los Veinticuatros dejasen sus armas en poder de los porteros antes de penetrar en las Salas Consistoriales, y el joven, fuera por distracción, fuera deliberadamente, solo se desciñó aquel día la espada, conservando la daga a la cintura, y de este modo se presentó en Cabildo.

«Un Caballero Veinticuatro, Alguacil Mayor perpetuo de Granada, llamado don PEDRO MAZA (cuenta el historiador Ginés Pérez de Hita, aquel mismo que ya

nos ha retratado a don Fernando, por haberlo conocido personalmente), viendo que don Fernando de Valor había dejado la espada, y no la daga, le dijo:
—Señor don Fernando: mal lo hace vuestra merced, no dejar la daga con la espada, como lo hacen los demás Caballeros.
Don Fernando le replicó diciendo:
—Por cierto, señor don PEDRO, que, no advertido en ello, no lo he hecho; mas muy poco importa que yo entre con daga en el Ayuntamiento, pues de mí no hay que recelar, especialmente siendo tal Caballero que bien podría entrar con espada y daga.
—No niego eso —dijo don PEDRO—; que ya se sabe que, por ser tal, tiene vuestra merced y sus pasados privilegio Real para poder llevar armas y traellas en partes vedadas y no vedadas; mas muy bien sabe vuestra merced que es uso y costumbre en todos los Reinos y Señoríos de Su Majestad que ningún Caballero, por delantero que sea, puede meter ningún género de armas en la Sala del Ayuntamiento: y así no es justo que vuestra merced las meta, pues hay otros tan buenos como vuestra merced, y no las meten.
a estas palabras se indignó don Fernando mucho contra don PEDRO, y le dijo:
—Ninguno hay que sea tan bueno como yo ni que con más libertad las pueda meter en cualquiera parte.
Don PEDRO se enojó mucho con esto que don Fernando le dijo, y, atreviéndose a su oficio de Alguacil Mayor, le dijo a don Fernando:
—Pues, por el oficio que tengo, debo de derecho quitarle la daga, que no puede tenerla en la cinta sin tener la espada; y le tengo de hacer por ello denunciación. Y diciendo esto, se llegó a don Fernando y le quitó la daga de la cinta.
Don Fernando, ardiendo en ira, viendo que por ser Alguacil no se la podía defender, se la dejó tomar, diciendo:
—Vos lo habéis hecho como villano; y juro por la Real Corona de mis pasados, de quien soy digno, que yo tome tal venganza de vos, que mi agravio quede bien satisfecho, y aún de algunos que han consentido que la daga se me quite...
El Corregidor que oyó estas palabras, mandó que lo prendiesen; mas don Fernando con gran presteza, por no ser preso, salió de la Sala y fue donde estaba su espada, y, tomándola, sacándola de la vaina, les dijo a los porteros, que le querían prender, que se tuviesen; si no, que los mataría. El Alguacil Mayor le quiso echar mano; mas no lo pudo hacer, porque don Fernando, como era mozo

muy suelto, se desvió afuera, y tomando la escalera, que era llana y ancha, en solos dos brincos la salvó toda.

Llegando al zaguán, halló su caballo, que lo tenían sus criados aprestado, y, sin poner el pie en el estribo, se puso en la silla, y, apretándole las piernas, salió de las Casas del Cabildo con tanta presteza como un rayo; de tal forma, que don PEDRO ni los porteros y otros alguaciles que allí había pudieron tener derecho del.

Sus criados, visto el alboroto, y que no podían seguir a su señor, se metieron en la Capilla Real, que está muy cerca de las Casas del Cabildo...

...Se presume que don Fernando de Valor «estaba en la conjuración del levantamiento del Reino, por haber ido aquel día al Ayuntamiento a caballo y por haber querido entrar con la daga, para por ello tener aquella ocasión de salirse de Granada...».

Hasta aquí Pérez de Hita.

De lo que cuentan los demás historiadores se deduce que don Fernando pasó aquella noche escondido en una almazara de la Vega, adonde fueron a juntársela la morisca y el esclavo, saliendo al amanecer del día siguiente para el Valle de Lecrin, a cuya entrada lo hemos visto desatender bravamente el medroso consejo del Beneficiado de Béznar.

Pero a todo esto, no sabemos todavía a punto fijo quién era don Fernando de Valor, ni qué significaba aquello de la Corona Real de sus pasados, ni de dónde provenían su popularidad y el temor que inspiraba a las Autoridades granadinas. Sepámoslo todo de una vez.

Don Fernando de Valor, a quien los moriscos del Albaicín llamaban don Fernando Muley (Muley es una especie de tratamiento árabe que vale tanto como señor, o más bien monseñor, y que solo se da a los príncipes reales), era a la sazón: según el grave Hurtado de Mendoza, «un mancebo rico de rentas, callado y ofendido»; —«un mozo pródigo y liviano», según el complaciente Mármol; —y «un joven de notoria resolución y firmeza y eminentes cualidades para constituirse cabeza de la rebelión», según el concienzudo Lafuente Alcántara —el cual dice también que «su familiaridad con los jóvenes más livianos de Granada, su lujo, sus prodigalidades y sus obsequios a una morisca de quien estaba enamorado, habían consumido sus rentas cuantiosas y obligándole a contraer deudas». Finalmente, este mismo escritor, compilador discretísimo de casi todos los cronistas árabes y cristianos del Reino de Granada, termina el retrato del personaje con que andamos a vueltas, poniéndole la siguiente nota: «Su carácter es altamente interesante, a pesar, de los duros epítetos con que lo han calificado los historiadores contemporáneos suyos. Sus aventuras y sus hazañas, porque también las realizó, se han presentado de una manera poética por Ginés Pérez de Hita».

Despréndese de todo lo apuntado que don Fernando de Valor era exteriormente, en la alta sociedad granadina, ni más ni menos que lo que, antes y después de él, han sido en todas partes los jóvenes de moda y calaveras de buen tono, mixtos de próceres y de políticos: lo que Alcibíades en Grecia, lo que el adolescente César en Roma, lo que Byron en Londres y en Italia: un escándalo, una esperanza, un escollo y un ídolo juntamente, así para los buenos como para los malos, así para las mujeres como para los hombres, así para la moral como para la patria.

Ahora: si además de esto, subrepticiamente, asesinaba o mandaba asesinar, a los farisaicos perseguidores de su padre, cuenta es esa que habría que abrirle por separado, y que solo Dios, sabedor de la verdad, podría ajustarle en definitiva.

En fin —y aquí entra lo más interesante— don Fernando de Valor era nieto, como hemos dicho, de don Hernando de Valor, contemporáneo de la Conquista de Granada, el cual, al hacerse bautizar entonces con este nombre, trocó su condición de Príncipe moro por las grandes mercedes que le hicieron los reyes católicos, dándole privilegios de armas y acostamientos de lanzas, con aventajados sueldos...

Ahora bien: aquel príncipe moro, pariente muy cercano de Boabdil, y descendiente en línea recta de los ABDERRAHMANES que reinaron en Córdoba, procedía de la egregia estirpe de los OMMIADES, cuyo apellido de familia era Humeya, nombre de uno de los nietos de Mahoma, hijos de su hija.[22]

Por consiguiente, el joven don Fernando, el Regidor fugitivo, el amante de la morisca, el viajero del Valle de Lecrin, contaba entre sus abuelos al mismísimo PROFETA, y no al través de una prolongada y oscura genealogía, perdida en la noche de la fábula, sino tan clara y distantemente como el actual duque de

---

22 Hurtado de Mendoza.

Medinaceli desciende de los Infantes de la Cerda, o el duque de Frías de los Condes de Haro.

y, por consiguiente también, aquél a quien el pobre Beneficiado de Béznar aconsejaba que se volviese atrás y que huyese de los Monfíes; aquella señoría, al parecer tan castellana y tan católica, era el ídolo de los irritados moriscos, era la esperanza de sus agravios, era el que por su estirpe sagrada, por su regia categoría y por sus prendas personales, ambicionaban para jefe; era el que tal vez fue tachado por algunos de indiferente a los dolores de su raza, al verlo disipar su juventud en fiestas y amoríos, confundido con los aristócratas cristianos; era el que tornó a captarse la adoración supersticiosa de todos los descendientes de los moros, no bien empezó a creérsele autor de aquellas desastradas muertes de los enemigos de su padre; era el rey deseado de los conspiradores, el anunciado de los astrólogos, el temido de los que veían condensarse la rebelión musulmana; era, en fin, o había de ser desde aquel día, el trágico personaje que conoce la Historia bajo el sangriento nombre de Aben-Humeya.

Pero han transcurrido los tres minutos y las tres leguas que nos separaban de él...
¡Helo que llega a toda brida; pasa como un relámpago; nos deja atrás, sin curarse de nosotros, y penetra en Béznar, seguido de la morisca y del esclavo!...
¡Todavía es don Fernando de Valor!... sigámosle... Entremos en Béznar detrás de él...
Los momentos son preciosos para todos. ¡El insensato corre al trono y a la muerte!... Nosotros vamos a cambiar el último tiro... para llegar adonde nos esperan los caballos de silla.

IX. En Béznar. Naranjas y limones. De Regidor a rey
Cuando algunos instantes después hicimos alto en la Administración de Diligencias, sita en el centro del pueblo, nadie nos dio muestras de haber visto entrar a Aben-Humeya y sus acompañantes, ni pudimos sacar en claro dónde vivían los Valoris —a cuya casa sabíamos fijamente que habían ido de posada. ¡Son tan recelosos y disimulados los moriscos!...

Pero iah! no... El disimulado era el tiempo. Me acontecía lo mismo que en Dúrcal con Farag Aben-Farag: que entre mis visiones históricas y la realidad presente habían transcurrido tres siglos como por ensalmo.

Así es que Béznar estaba muy tranquilo, celebrando también cristianamente su día de San José con el asueto y atavío de sus moradores; que no profanando todo un día de Nochebuena con abominaciones mahometanas, como aquel viernes de 1568 en que yo creía encontrarme... y así se explicaba también que el lugar estuviese lleno de Sol y regocijo, que no encapotado y lúgubre; florido, que no nevado; en primavera, que no en invierno.

¡Tanto mejor para nosotros, que no lo habríamos pasado muy bien, a fuer de verdaderos católicos, apostólicos, romanos, si hubiéramos aparecido por allí aquel infausto día en que el padre Beneficiado tuvo que poner tierra por medio entre él y sus feligreses, metamorfoseados de pronto en fanáticos y crueles islamitas!

Béznar, el Béznar de hoy, con el cual tenía que contentarse nuestra sed de emociones, es un lugar de 807 habitantes, repartidos entre la genuina población de este nombre, que comprende 72 casas, el Barrio Bajo, que se compone de 63, y el barrio de la Jábita, que solo cuenta 32. Pertenece también a este pueblo la Venta de Tablate, distante de él dos kilómetros, donde debíamos dejar la Diligencia.

Dijimos del Padul... que era alegre; de Talará... que era gozoso; de Dúrcal... que era risueño. De Béznar digo... no ya que se sonreía, sino que se reía a carcajadas.

En efecto: nada más alborozado que aquel pueblecillo, situado en medio del Valle, cuya espléndida lozanía verdegueaba al final de todas sus arábigas callejuelas.

Las casas, generalmente pobres y de aspecto morisco, disimulaban su vejez bajo una flamante capa de cal, como en las ciudades africanas, y hacían olvidar su modestia con las flores, con las jaulas de pájaros, con las ramas de naranjos y limoneros y con las emperejiladas mujeres que decoraban sus balcones, sus puertas, las tapias de sus corrales y las cercas de sus huertecillos.

El crescendo de hermosura del Valle de Lecrin había, pues, llegado casi al summum..., y me quedo en el casi, porque aún nos faltaba ver a Lanjarón...

Béznar es uno de los emporios de naranjas del mediodía de Europa. Su mercado sirve como de bazar a los innumerables miles de ellas que se cautivan a poquísima costa en los bosques y huertas de las cercanías y en sus propios alrededores.

Perdonadme esta insistencia en comparar a las naranjas con las cautivas destinadas a extranjeros harenes; pero el símil es tan exacto y tan mío, que tengo empeño en que lo admitáis.

Estudiad, si no, el ulterior destino de estas princesas del reino vegetal, de estas rústicas diosas de nuestra tierra, de estas hijas de nuestro Sol...

Encontrámoslas aquí apiladas de cualquier modo en plazas y calles: cómpranlas luego mercaderes de otros países; enciérranlas en lujosos estuches, envuelta cada cual en una finísima bata de papel de seda; condúcenlas por camino de hierro o en barco de vapor a Berlín, a Londres o a San Petersburgo, y allí veselas (¡qué horror!) empingorotadas, como en un trono, en áureos fruteros, entre caloríferos y perfumadas bujías, ostentar su hermosura en los triclinios de los bárbaros del Norte y regalar el gusto de tal o cual Sardanápalo aforrado en inultas pieles... de otros animales por su estilo.

Y lo mismo digo de los limones.

Ya veis que, en pago de vuestra indulgencia, he defendido a la raza latina y maltratado cruelmente a sus émulas del Septentrión.

Confiado ahora en el agradecimiento de que, por ende, os supongo poseídos, voy a volver en busca de nuestros émulos del Sur, los fieros islamitas, esperando me dispenséis no los trate con tanto rigor como a los paisanos de Shakespeare, de Mikiewicht, de Goëthe, de Thorwaldsen, de Gogol y ¡¡de Bismark!! —No es prudente enemistarse a la vez con todo el mundo.

Mas ¿dónde encontrar ahora a Aben-Humeya?

Que está en Béznar con nosotros, es indudable; pero buscarlo en las actuales casas del lugar, ya hemos visto que es imposible.

Recurramos, pues, a las perennes páginas de la Historia.

        Un nuevo rey entre ellos levantado
        Don Fernando de Valor, se decía:
        saliose de Granada, y concertado

quedaba de volver al otro día.
El día de la Pascua han señalado
que torne con pujanza y morería,
y que den en Granada lo primero,
que será el Albaicín buen compañero.[23]

El noble SEÑOR de Valor se apeó en casa de su pariente el Valori, corifeo del lugar y jefe de una dilatada parentela. Podía decirse que estos Valoris eran los amos del pueblo, compuesto casi exclusivamente de moriscos, o, por mejor decir, de recalcitrantes islamitas.

Todos ellos estaban ya en armas, y abiertamente rebelados al compendioso grito de ¡Viva Mahoma!

Recibieron, pues, con los brazos abiertos, y como a un nuevo Enviado de Alá, al joven descendiente del Profeta; celebraron aquella noche una junta; y ¡oh sacrílega coincidencia! a la misma hora en que toda la Cristiandad conmemoraba el sublime misterio de Bethleem, aquellos perros eligieron rey de Granada, en odio a los cristianos, al que desde entonces se llamó Muley MAHOMET Aben-Humeya.

«Vistiéronle de púrpura (dice Hurtado de Mendoza), y pusiéronle a torno del cuello y espaldas una insignia colorada a manera de faja. Tendieron cuatro banderas en el suelo, a las cuatro partes del mundo, y él hizo su oración, inclinándose sobre las banderas, el rostro al Oriente (Zalá la llaman ellos), y juramento de morir en su ley y en el Reino, defendiéndola a ella y a él y a sus vasallos. En esto levantó el pie, y, en señal de general obediencia, postrose Aben-Farag en nombre de todos y besó la tierra donde el nuevo rey tenía la planta. (a éste hizo su Justicia Mayor.) Lleváronle en hombros y levantáronle en alto, diciendo: Dios ensalce a MAHOMET Aben-Humeya, rey de Granada y de Córdoba'. Tal era la antigua ceremonia con que elegían los reyes de la Andalucía, y después de Granada».

---

23 Estos versos son de un curioso libro, hasta hoy inédito, pero ya en prensa, que va a dar a luz, don Pascual de Gayangos, y que contiene muchos escritos de un español cautivo en la Goleta por los años de 1574, el cual ha sido testigo presencial de la Guerra de los moriscos. El señor Gayangos se inclina a creer que este cautivo fue un cierto amigo del inmortal Cervantes, de la familia Aguilar; sobre cuyo punto sigue haciendo investigaciones aquel profundo bibliófilo. Nosotros le damos aquí las gracias por estas y otras noticias que le debemos relativas a la Alpujarra.

En el precedente relato padece un error el insigne Hurtado de Mendoza. Aben-Farag no estaba ni podía estar en Béznar la noche del 24, en que eligieron su rey los moriscos. y la prueba es que, como hemos visto, el fogoso tintorero salía de Granada a, la misma hora con dirección a Cenes, en busca de la gente con que entró en el Albaicín el 25 a media noche, para oír aquella despreciativa frase de «Sois pocos y venís presto» que apuntamos más atrás.

Cuando el impaciente conjurado del Albaicín llegó verdaderamente a Béznar fue en la mañana del 27, tercer día de Pascua...

...«Asomó (dice Mármol) por un viso Farag Aben-Farag con sus dos banderas, acompañado de los Monfíes que habían entrado con él en el Albaicín, tañendo sus instrumentos y haciendo grandes algazaras de placer, como si hubieran ganado alguna gran victoria. El cual, como supo que estaba allí don Hernando de Valor y que le alzaban por rey, se alteró grandemente, diciendo que cómo podía ser que, habiendo sido él nombrado por los del Albaicín, que era la cabeza, eligiesen los de Béznar a otro. y sobre esto hubieran de llegar a las armas. Farag daba voces que había sido autor de la libertad y que había de ser rey y Gobernador de los moros, y que también era él noble, del linaje de los Abencerrajes. Los Valoris decían que donde estaba don Hernando de Valor no había de ser otro rey sino él. Al fin entraron algunos de por medio y los concertaron de esta manera: que don Hernando de Valor fuese el rey y Farag su Alguacil Mayor, que es el oficio más preeminente entre los moros cerca de la persona real. Con esto cesó la diferencia, y de nuevo alzaron por rey los que allí estaban a don Hernando de Valor y le llamaron Muley MAHAMETE Aben-Humeya, estando en el campo debajo de un olivo. El cual, por quitarse de delante a Farag Aben-Farag, el mesmo día le mandó que fuese luego, con su gente y la que más pudiese juntar, a la Alpujarra y recogiese toda la plata, oro y joyas que los moros habían tomado y tomasen, así de iglesias como de particulares, para comprar armas de Berbería. Este traidor, publicando que Granada y toda la tierra estaba por los moros, yendo levantando lugares, no solamente hizo lo que se le mandó, mas, llevando consigo trescientos Monfíes salteadores de los más perversos del Albaicín y de los lugares comarcanos a Granada, hizo matar todos los clérigos y legos que halló captivos, que no dejó hombre a vida que tuviese nombre de cristiano y fuese de diez años arriba, usando muchos géneros de crueldades en sus muertes»...

También hay una equivocación en la anterior reseña, que consiste en decir que la proclamación de Aben-Humeya en Béznar tuvo lugar debajo de un olivo. La escena bajo el olivo, tradicional en toda la Alpujarra, ocurrió en Cádiar, como veremos más adelante, y fue, no ya la proclamación, sino la solemne coronación del soberano en presencia de todos los caudillos y personas principales de su improvisado Reino —que crecía como la espuma.

Por lo demás, las preinsertas palabras de Mármol, el historiador más adverso a Aben-Humeya, dejan ya deslindadas la responsabilidad de este príncipe y la de su cruel Justicia, o Alguacil Mayor, en los horribles martirios de cristianos que presenció aquellos días la Alpujarra[24] y que serán el eterno baldón del Alzamiento de los moriscos.

Estas ferocidades inauditas solo se deben imputar al inhumano tintorero, al demagogo de aquella rebelión, tipo repugnante y harto conocido, por ser igual al que ha deshonrado y deshonrará eternamente todas las Revoluciones, lo mismo en París que en la Alpujarra, lo mismo en el siglo XVI que en el siglo XIX. En cambio, no nos faltarán más adelante ocasiones en que hacer justicia a la clemencia y magnanimidad del que había dejado de ser don Fernando de Valor; el cual, si fue duro y cruel otras veces, extremado por la adversidad y por las bárbaras necesidades de la guerra, no rayó más allá que el duque de Alba y otros venerados capitanes de aquellos tiempos.

y si me equivoco y me lo demostráis, me importará poquísimo; que yo no soy el defensor nato de los infieles.

Con que partamos, y perdonad si ahora sufre una muy larga interrupción la leyenda documentada de Aben-Humeya; —leyenda que es la Historia particular de la Alpujarra como estado autónomo; leyenda mal conocida de la generalidad de las gentes, por la parcialidad de unos escritores, por la ligereza de otros, por las contradicciones que se notan entre ellos y por la escasez de los libros que los ponen en claro; leyenda admirablemente sentida, y sin embargo, desfigurada, en la materialidad de los hechos, por el ilustre Martínez de la Rosa en aquel drama que me atrevo a calificar de Elogio del rey Morisco; leyenda, en fin, que continuaremos y terminaremos nosotros, confundida con la de Aben-

---

24 El señor Florencio Janer, en su erudita Memoria, titulada Condición social de los moriscos de España, premiada por la Academia de la Historia, dice: «...El nuevo Rey era joven de esclarecidas prendas y recomendaba la tolerancia a sus sectarios».

Aboo, cuando recorramos las fragosidades alpujarreñas y la augusta soledad de Sierra Nevada.

Por la presente, reclaman toda nuestra atención misterios de otro orden y curiosidades de otro género... ¡Para algo más que para leer y depurar historias humanas hemos dejado nuestro gabinete de Madrid! —La inmortal Naturaleza nos aguarda amorosamente al otro lado de aquesos últimos cerros de dominio público, dispuesta a hablar a solas con nuestro fatigado espíritu. El arcano geográfico que inquirimos hace tiempo, está para descifrarse a nuestros ojos. La incógnita Alpujarra escucha ya nuestros pasos detrás de esa ondulante cortina. La gran Cordillera va a mostrarnos de un momento a otro sus nevadas espaldas. El Picacho de Veleta, por ejemplo, solo espera para decirnos «Así soy por el revés» a que nos pongamos de puntillas, como hizo el Renzo de Manzoni para descubrir desde la llanura de Pavía la catedral de Milán... El almuerzo y los caballos nos aguardan, en fin, en la Venta (que solo dista dos o tres kilómetros), y tenemos hambre, mucha hambre, y necesidad también de estirar nuestros entumecidos remos...

Partamos, partamos, sí: entre otras cosas, porque ya está enganchado el nuevo tiro, y el mayoral en su trono, y el zagal abriéndonos la portezuela, y el postillón, con la cabeza vuelta hacia nosotros y la corneta en los labios, aguardando impaciente el «¡¡¡Arréeee!!!...» del automedonte para anunciar al mundo, con su trompeteo, que la Diligencia de Motril abandona el lugar de Béznar.

X. El Puente de Tablate. Llegada a la Venta. ¡A caballo! Lanjarón. Adiós al mundo

Al sonar las Ave Marías; esto es, a las doce en punto, salimos de aquel deleitoso pueblo, último de la carretera para nosotros.

El terreno se angostó al poco rato, formando una profunda garganta, y minutos después pasamos el imponente y sombrío Puente de Tablate, cuyo único, brevísimo ojo, tiene nada menos que ciento cincuenta pies de profundidad.

El Tablate, más que río, es un impetuoso torrente que se precipita de la Sierra en el río Grande, abriendo un hondísimo tajo vertical, tan pintoresco como horrible. Aquella cortadura del único camino medio transitable que conduce a la Alpujarra es una de las principales defensas de este país, su llave estratégica, el foso de aquel ingente castillo de montañas.

Así es que con este foso acontece lo que con el llano de Las Navas de Tolosa, lo que con el Guadalquivir por la parte de Alcolea, lo que con el paso de Roncesvalles y demás campos de batalla repetidamente históricos: que se han dado y habrán de darse en lo sucesivo muchas acciones cerca de él y subordinándose siempre el plan de campaña al perpetuo fenómeno topográfico.
Ya dije más atrás que la Historia es esclava de la Geografía.
Ha habido, pues, muchos Puentes de Tablate, quemados unos, volados otros, y todos cubiertos de sangre de fenicios, cartagineses, romanos, godos, árabes, moriscos, austriacos o franceses, y, por supuesto, de españoles de todos los siglos.
Circunscribiéndome al período histórico de que más suelo ocuparme en esta obra, pudiera citar varios hechos de armas ocurridos a los dos lados de aquella sima; pero me limitaré a recordaros uno solo; verdaderamente interesante.

El 10 de enero de 1569: es decir, diecisiete días después de la elección de Aben-Humeya; hallándose ya éste en el corazón de la Alpujarra, y alzada en su favor la mitad del Reino granadino, el marqués de Mondéjar, que había salido de la capital en busca de los insurgentes, con una división de dos mil infantes y cuatrocientos caballos, llegó a la vista del Puente de Tablate...
«Los rebeldes (dice un historiador), en número de tres mil quinientos, capitaneados por GIRÓN de ARCHIDONA, por ANACOZ y el RENDATI se habían atrincherado en la cuesta y colinas que dominan por la parte de Lanjarón, y cortado el Puente de Tablate, que facilita el paso de un barranco profundísimo. El marqués llevaba ordenada su gente en batallones y protegida por una manga de arcabuceros y una vanguardia de corredores.
»Al llegar a los visos inmediatos al Puente, se divisaron las partidas moriscas, formadas bajo banderas blancas y coloradas, con ánimo de defender el paso. El marqués se adelantó con los arcabuceros y rompió el fuego, que fue contestado; pero como los arcabuces cristianos hiciesen estrago en los enemigos cedieron éstos y se alejaron algún trecho, en la persuasión de que era imposible pasar por el puente desbaratado.
»Dio ejemplo a los soldados y terror a los moriscos un fraile francisco, llamado fray CRISTÓBAL MOLINA, el cual, con un crucifijo en la mano izquierda, una espada en la derecha, los hábitos cogidos en la cinta y una rodela a la espalda,

llegó al paso, se apoyó en un madero, saltó, y, cuando todos esperaban verle caer, se admiraron de contemplarle salvo en la orilla opuesta.
»Siguiéronle dos soldados animosos: uno cayó y murió en lo hondo: el otro fue más afortunado. Recompusieron éstos los maderos al abrigo del fuego de los arcabuceros; facilitaron el paso a otros, y, últimamente, rechazados los moros, y consolidado el puente con tablones y piedras, pasó toda la división con caballos, carros y artillería, y se alojó en Tablate. El marqués peleó como soldado en primera línea, y, a no haber sido por la fortaleza de su coraza, que le aplastó una bala, hubiera perecido.»

En cuanto a nosotros, pocos momentos después de pasar, sin peligro alguno, el Puente de Tablate, tuvimos también la dicha de llegar sanos y salvos a la Venta del mismo nombre.
Esta Venta, llamada además de Luis Padilla (no sé si por referencia a su fundador, a su propietario o a su inquilino), ocupa una posición tan estratégica, bajo el punto de vista hostelero, como el Puente bajo el punto de vista militar.
Aquel paraje es un foco de caminos (un fondac, que dirían los moros), donde se cruzan todos los días los viajeros y trajinantes de la costa, los de Granada, los del valle y los alpujarreños.
Para la Alpujarra, sobre todo, la tal Venta es, ya que no su puerta, una especie de aduana o portazgo avanzado sobre las vías oficiales de los hombres.
De allí arranca la senda de lo desconocido.
En prueba de ello, la Diligencia, no bien nos dejó en tierra, siguió adelante hacia el Sur, para bajar como despeñada al Mediterráneo, mientras que nuestro camino amarilleaba hacia el Oriente, al modo de una flotante cinta, y desaparecía luego entre las montañas en busca de Lanjarón...
Pero entremos en la Venta.
¡Líbreme Dios de describirla! ¿Quién habla de ventas después de haber leído el Quijote? ¿Qué pintor se atrevería a tratar de nuevo los asuntos pintados por Velásquez?
Solo os diré que allí encontramos a nuestros respectivos escuderos (granadinos del Albaicín... de pura raza); que éstos nos tenían ensillados los caballos, antiguos conocidos nuestros; que el almuerzo nos aguardaba sobre la mesa, gracias a nuestra previsión, y que almorzamos (a la navaja, por supuesto) como

se almuerza a la una de la tarde, cuando se está viajando desde las ocho de la mañana.

En tan grata operación nos hallábamos (si ustedes gustan, lectores, se mejorará), cuando llegó en busca nuestra, para introducirnos en la Alpujarra (y procedente de aquel florido lugar de Pinos del Valle que nos había parecido a lo lejos un nido de amores), el primero de los distinguidos alpujarreños que habíamos de tener el honor de conocer en nuestra expedición.

Éste era un ilustrado y amabilísimo joven, tan bizarro como discreto, a quien no tardamos en querer muy de veras...

Reciba, pues, el afectuoso saludo que le dirijo en estos renglones... y la paz, que dicen en la Morería.

A las dos en punto montamos a caballo.
¡Oh delicia! —¡Ya estaba bueno!
Disimuladme este ex abrupto. Es como una reminiscencia de la especie de resurrección que sentí entonces. Es un testimonio de agradecimiento y cariño al más ilustre de los animales. Es una debilidad disculpable en un convaleciente. Es una vaciedad más del presente libro —que en nada puede perjudicaros.

Pero, ya que he entrado en materia, elevaré la cuestión y diré que a los simples mortales nos sucede lo contrario que a Anteo. Anteo recobraba su vigor cuando tocaba con los pies en la tierra, y nosotros solemos recobrar la salud y la alegría tan luego como nos vemos a caballo, con la ascética soledad de los montes a nuestra disposición...

y no es aquello de

¡Un caballo! ¡Un caballo y campo abierto...
y déjame frenético correr!...
que dice a gritos el Adán de El Diablo Mundo...

No. Ya no siente nadie la superabundancia de vida del héroe de Espronceda, ni necesidad, como él, de desbravar su alma...

Es pura y simplemente que, al poner el pie en el estribo, parécenos que reivindicamos nuestra libertad, como el pájaro que se evade de su jaula.

¡Ah! No lo dudéis: el hombre nació para centauro, y, por consiguiente, el caballo es su complemento providencial.
En equivalencia, el hombre es el complemento del caballo.
y, si no, decidme: —prescindiendo de la cuestión estética— ¿comprendéis a este noble animal sin un jinete encima? ¿No os parece un ser miserable, como el hotentote sin religión, ropa ni ley? ¿No habéis reparado en la ufanía con que lleva el caballo al caballero, una vez ajustado entre ellos el consorcio, o sea el tratado ofensivo y defensivo? ¿Habéis visto un corcel en la guerra, en la entrada triunfal de un héroe, o pasando por la calle donde vive la novia del jinete... es decir, de su asociado? En los tres casos diríase que el engreído cuadrúpedo procede por cuenta propia.
...
Resultado de todo: que partimos...
Pero ¡con qué emoción! ¡con qué júbilo! ¡con qué entusiasmo!
¡Baste decir que estábamos a media hora de Lanjarón, y a tres cuartos de hora de la Alpujarra!...
Arrancamos, pues, al galope.

La legua que hay entre el Puente de Tablate y Lanjarón tiene todavía honores de camino carretero; y no solo los honores, sino también el ejercicio, puesto que la recorre todos los días, a saltos mortales, un coche especial, que sale de Granada con tan azarosa predestinación. De un modo o de otro, aquel camino se esconde desde luego entre los enormes y adustos contrafuertes de la gran Sierra, como si todo estuviese ya consumado; como si ya hubiera concluido el Valle de Lecrin; como si no debieran reaparecer los horizontes del... siglo; como si ya hubierais tomado el hábito de alpujarreño...
Sin embargo, hay momentos en que se notan indicios de que aún falta que ver algo relacionado con las profanas alegrías que se han dejado atrás. Adivínase (apuremos la anterior metáfora) que aún se tiene que pasar por aquella simbólica ostentación de las glorias de la vida y de los bienes terrenales que precede a la fúnebre ceremonia de ciertos votos monásticos.
Todo esto quiere decir que de vez en cuando encontrábamos en el camino largos convoyes de naranjas y limones, procedentes de aquella presunta austera

soledad —mientras que, a la puerta de tal o cual cabaña o cortijo, alzábanse, al lado de carros vacíos, altísimas pirámides... de más limones y más naranjas.
El criadero debía, pues, de estar muy cerca.
¡No estaba lejos! Repentinamente —como cuando, al acabar una brillante sinfonía, después de una pausa o de un pianissimo, estalla de nuevo la interrumpida stretta finale, y el imponente tutti del graduado crescendo llega al fortissimo y al strepitosso, semejando una tempestad de armonía; —así, pero no así, sino de un modo más sorprendente, que diría un poeta épico; —al revolver de una loma; al esquivar un viso; cuando menos lo esperábamos... apareció a nuestros ojos Lanjarón.

¡Alto y parada! —y procuremos enumerar ordenadamente, aunque sin echar pie a tierra, todos los prodigios que resume esta palabra «Lanjarón», célebre en el mundo por la hermosura, fecundidad y riqueza del edén que lleva tal nombre y por la virtud de las aguas que allí se toman.
Vamos por partes.
Ante todo, descartemos los datos históricos y estadísticos, como muy ajenos al cuadro que me propongo bosquejar.
Por fortuna, mis datos estadísticos se reducen a lo siguiente. Lanjarón encierra 2872 almas, número que se duplica en las temporadas de aguas y baños con los enfermos que acuden de toda la Península en busca de sus fuentes medicinales, particularmente de una magnesiana y de otra acídula ferruginosa, que son las que tienen más nombre.
Comentario:
«El hígado es el lazareto de la bilis», ha dicho lord Byron: es así que las aguas de Lanjarón son prodigiosas contra las afecciones hepáticas; luego Lanjarón es el antídoto de la tristeza, y hubiera bastado por sí solo a darle al Valle su nombre de Valle de la Alegría.
(Para comprender toda la lógica del anterior argumento es preciso ser muy melancólico).
En cuanto a la historia de Lanjarón, está como resumida en dos hechos... que no desmerecen entre sí, y que siempre debieran publicarse como yo los voy a publicar —el uno detrás del otro.

El viernes 8 de marzo de 1500, durante la primera rebelión de los entonces recién conquistados granadinos, el mismo Fernando el católico atacó el Castillo de Lanjarón, defendido por un terrible y célebre capitán negro, quien tenía a sus órdenes nada menos que trescientos musulmanes escogidos.

Los cristianos, con un denuedo heroico, asaltaron el Fuerte bajo una lluvia de balas y saetas, obligando a entregarse a toda la guarnición; pero el capitán negro, por no rendirse, se arrojó desde lo alto de una torre, y murió.

«Con esto (dice un cronista), y con la voladura de la mezquita, de Lanjarón, llena de rebeldes, se sometieron todos, y fueron bautizados»...

Primer hecho.

Segundo hecho:

Era el 28 de diciembre de 1568, o sea el día siguiente al de la proclamación de Aben-Humeya en Béznar...

Pero oigamos a Luis del Mármol:

«Luego como en Lanjarón (dice) se entendió el desasosiego de los moriscos, el licenciado Espinosa y el bachiller Juan Bautista, Beneficiados de aquella Iglesia, y Miguel de Morales, su Sacristán, y hasta dieciséis cristianos, se metieron en la Iglesia; y llegando Aben-Farag les mandó poner fuego, y el Beneficiado Juan Bautista se descolgó por una pleita de esparto, y se entregó luego al tirano, el cual le hizo matar a cuchilladas, y prosiguiendo en el fuego de la Iglesia la quemó, y se hundió sobre los que estaban dentro. y haciéndolos sacar de debajo de las ruinas, los hizo llevar al campo, y allí no se hartaban de dar cuchilladas en los cuerpos muertos: tanta era la ira que tenían contra el nombre cristiano.»

Con que soltemos ya la pluma y cojamos los pinceles. Dejemos a los hombres, y contemplemos a la Madre Naturaleza. Olvidemos las enfermedades físicas y morales que recuerda esa villa, y digamos todas las excelencias del cuadro que acababa de aparecer a nuestros ojos.

En primer lugar, descubrir a Lanjarón implicaba haber descubierto ya también el que tantas veces hemos llamado «revés de Sierra Nevada». No de toda la Sierra ciertamente...; pero sí de una de sus cúspides más importantes, de la segunda en categoría, de la más popular acaso; del Picacho de Veleta, en fin, heredero inmediato de la corona del Mulhacén.

En efecto: estábamos, por la banda del Sur, al pie del afortunado monte a cuyo lado opuesto habíamos dejado a Granada hacía pocas horas... ¡Solo que allá el galante coloso se eleva gradualmente sobre la hechicera ciudad, merced a una serie de transacciones con la llanura, mientras que en Lanjarón lo veíamos levantarse sobre nosotros casi verticalmente, áspero, altivo, abrumador, en toda la plenitud de su tiránica potestad!

Enterados de esto, imaginaos ahora las siguientes maravillas, acumuladas una sobre otra, como una edificación de titanes, desde la hondura del Valle de Lecrin hasta la región que rara vez logran escalar las nubes.

Poned en todo lo alto, destacándose en la inmensidad del cielo, a doce mil seiscientos ochenta pies de elevación, un disforme y atrevido cono de intacta nieve. Es el Picacho, el elegante califa de la Sierra, feudatario del inaccesible Gran Señor de aquel imperio.

Debajo del cono de nieve, colocad, aunque no las veáis, una meseta y unas hondonadas interiores, donde hay misteriosas lagunas, nacimientos de grandes ríos y resguardados ventisqueros. Todo aquello es el famoso Corral del Veleta. Desgajad de esa especie de plataforma otro monte, o sea un nuevo cuerpo de tan inconmensurable edificio. Es Cerro Caballo, magnate del susodicho califato, cubierto también de nieve ante el rey.

Suponed, por último, en medio de este monte una segunda meseta, donde se encuentran mármoles parecidos al ámbar y al nácar, el llamado jaspe verde de Granada (que no es otro que la serpentina)[25] y todos los tesoros que enumeráremos más despacio cuando estudiemos a fondo la próvida Cordillera... De aquella segunda plataforma arranca el Cerro patrimonial de Lanjarón.

Este Cerro, loma o estribo, que todavía principia donde nunca ha reinado la primavera, y termina, debajo de nosotros, donde nunca ha reinado el invierno, no tiene tal vez igual en el mundo. Él solo, independientemente de la inmensa estratificación que acabamos de reseñar, ofrece el aspecto de una ciclópea torre de pisos, por el estilo de esas torres de Babel que se atreven a dibujarnos los ilustradores de la Biblia; o, más bien, simula un descomunal anfiteatro convexo, más alto que ancho, en cuyas gradas ha escalonado la Naturaleza una prodigiosa exposición de todo el reino vegetal.

---

25   De allí son las magníficas columnas de serpentina de las Salesas Reales de Madrid.

Allá arriba, donde un perpetuo frío achica los robles, las encinas y los castaños, se crían el liquen del Spitzberg, la sablina de Noruega, el quebrantapiedras de Groenlandia y los sauces herbáceos de Laponia. Más abajo, donde los castaños y las encinas se agrandan, y aparecen ya los cerezos y manzanos silvestres, con los tejos, el boj, los aceres y los alisos, prodúcense la salvia, una manzanilla especial, la mejorana, el ajenjo, y otras plantas aromáticas y alpinas. Luego siguen los morales, los fresnos y las higueras: después los olivos, las vides y los granados: a continuación los naranjos y los limoneros; y, por último, la africana pita, la higuera chumba, el plátano de América y la palmera de los desiertos de Arabia. Añadid a esto, en ordenada progresión, todos los demás frutales, flores, semillas y cereales de las tres zonas en que se divide la Tierra, pues de ninguno falta allí un ejemplar, y formaréis una leve idea de la riqueza de aquel vergel, tan curioso como productivo.

Pues ¿qué diré de su hermosura?

Contábannos allí (y harto lo adivinábamos nosotros) que cuando dos meses después, en mayo, tienen pámpanos todas las vides y hojas todos los árboles (hasta aquéllos que vegetan en las eternas nieves), Lanjarón es un sueño de poetas...

Lo que yo puedo asegurar es que, en marzo, cuando lo vimos nosotros, parecía un verdadero paraíso; pues, en la base del cerro, todo era ya verdor, y hasta fruto; en su cumbre, abundaban aquellos árboles que no pierden sus hojas en el invierno; y, en la parte intermedia, los almendros, los guindos, los cerezos, los perales y los duraznos, si no tenían hojas, tenían algo mejor: tenían flores —ora cándidas, ora rosadas, ora bermejas, asemejándose a esos árboles fantásticos que creemos inverosimilitudes de la escenografía. Combinad ahora todo esto con infinidad de espumosas cascadas, con las pintas rojas de las naranjas o las amarillas de los limones, con los vistosos matices de las piedras, con el blanco de la nieve y con el azul del cielo; agregad, en primer término, las bruscas líneas de las casas, la torre de la iglesia y el humo de los hogares, sirviendo como de alma humana a aquel portentoso conjunto; figuraos, en fin, al Sol y a la sombra, con sus poéticos pinceles, armonizando colores, dulcificando tintas y estableciendo el pintoresco claroscuro de una composición tan prodigiosa, y tendréis otra leve idea del arrebatador espectáculo que había aparecido ante nuestros ojos.

Podía decirse que aquello era una fusión de las cuatro Estaciones, la síntesis del Valle y de la Alpujarra, un resumen de todas las maravillas de la Madre Sierra, la compendiosa sinfonía de todo nuestro viaje...
y otras muchas cosas más podían decirse; pero nosotros dimos aquí punto a nuestra contemplación, pues nos devoraba la impaciencia por seguir marchando...
¡Cómo no... si ya estábamos a pocos minutos de la Alpujarra!

Fuera ya de Lanjarón, ganamos de una trotada cierto célebre viso, que siento no tenga nombre propio, desde el cual se disfruta la más recomendada vista de aquel delicioso pueblo y se descubre también (por la vez postrera) todo el ameno Valle de Lecrín...
Pero nosotros no teníamos ya ojos, ni tranquilidad, ni tiempo para contemplar con la delectación que se merece aquella extensa y radiante perspectiva; sino para darle, cuando más, un rápido y solemne adiós; para saludar en ella el último asomo del mundo que íbamos a dejar; para despedirnos de los horizontes conocidos, y ver de llamar luego nuestro espíritu a sí propio, a fin de entrar con el debido recogimiento en el horizonte inexplorado, en la tierra misteriosa, en la región de aquellos sueños y curiosidades que enumeré al comienzo de este libro...
Porque (¡loor a Dios, que es digno de loores!) iba a llegar el momento presentido: del lado allá de la altura en que nos despedíamos del Valle... principiaba la Alpujarra: dejar de ver una comarca y empezar a ver la otra, sería una cosa misma: bajar la cuesta, distante pocos pasos, que se encuentra al reverso de aquella loma, equivaldría, en fin, a penetrar en la inexpugnable ciudadela de Aben-Humeya y Aben-Aboo, en el amurallado imperio de Sierra Nevada, en los dominios de la leyenda y de la poesía, en el escenario de las lúgubres tragedias humanas y de las terribles convulsiones geológicas, en el palenque de las catástrofes y los cataclismos.
La escabrosa senda en que habíamos entrado (los caminos de ruedas habían concluido ya definitivamente) parecía, pues, un largo rótulo, trazado sobre aquella crítica eminencia, y que en el rótulo se leía tal o cual imitación del más conocido... digo, del más citado terceto de Dante:

Per me si va...
Per me si va...
Per me si va...

Colocando iba yo mentalmente hemistiquios de mi cosecha en lugar de estos puntos suspensivos, cuando dio una repentina vuelta el sendero, y Lanjarón y el Valle desaparecieron a nuestros ojos.
Estábamos en la Alpujarra.

Fin de la primera parte

Segunda parte. La taha de Órgiva

¡Qué soledad tan melancólica la que encuentra el alma en los pueblos así habitados!

I. Lo que hay donde no hay nada

Delante de nosotros había una reducida cañada, inculta y melancólica, sin más vestigio humano que una ondulante vereda —la cual bajaba a lo hondo, se remontaba luego a la loma de enfrente, y desaparecía en busca de otra cañada y de otra loma.

La segunda cañada estaba tan sola como la primera. Quiero decir que su absoluta soledad excluía hasta la presencia, más o menos remota, de otras montañas u otro cielo que el cielo y las montañas de su limitadísimo horizonte. Era aquello de «a solas, sin testigos», que dice fray Luis de León. Era una soledad sin esperanza, o sea sin perspectivas del mundo.

Aquellas cañadas, y otras que recorrimos sucesivamente; todas olvidadas o desatendidas por la industria del hombre —a tal punto que sus mismos propietarios ignorarían si eran suyas o ajenas o del común de vecinos de Lanjarón (pues todo tiene dueño en Europa lo cual no acontece en el Desierto de Sahara, granja-modelo que se proponen copiar entre nosotros los novísimos filósofos del más ilustrado de los siglos)—; aquellas cañadas, vuelvo a decir, encerraban, sin embargo, sus moradores especiales, y hasta su rústico reyezuelo, unos y otro libres de toda fiscalización política, estadística o geográfica.

Sus moradores eran: primero: algunos pájaros que piaban acá o acullá, como dándonos el ¡quién vive!; segundo: varios pobres matorrales que se habían establecido en aquel terreno; y tercero: tal o cual florecilla silvestre que, sabedora sin duda de que ya había mediado marzo, abría allí los ojos a la luz del Sol, constituyendo por sí sola una primavera en miniatura, como aquellos Alcaldes pedáneos que hacen en su cortijada el pronunciamiento prevenido en el Boletín oficial.

En cuanto al reyezuelo de cada uno de los mencionados parajes, era un arroyillo de agua cristalina, que charlaba si había que charlar con todas las guijas que encontraba a su paso; reía si había que reír con la menuda arena, y se alejaba triscando como un bendito, ignorante, por lo visto, el desgraciado de que moriría de consunción, como todos sus antecesores, no bien llegase la Canícula.

Estos arroyuelos anónimos; aquellos arbustos, no incluidos en el catastro; aquellas flores extraoficiales; aquellos pájaros que no tenían ni la más remota idea de una escopeta o de una jaula, y las innumerables hordas de insectos que ya empezaban a romper sus crisálidas y a invadir el aire (como aquellas razas del Norte o del Sur que alternativamente hicieron su irrupción internacional en nuestra patria Historia, brotando del hielo o de la arena); toda aquella población, en fin, de cada solitario pliegue de tierra que recorríamos... hacíanos pensar a cada instante en el fragoso país de las Batuecas —cuyos antisociales moradores pasaron tantos siglos, al decir del vulgo, en el centro mismo de España, sin que nadie sospechase su existencia ni la de sus escondidos valles, y sin pagar contribución ni entrar en quintas.

Pero por mucho que nuestra pendenciera fantasía se empeñase en animar y poblar aquellas desiertas cañadas, lo cierto es que estaban solas, y que transmitían a nuestra alma la paz y la quietud de los recintos inhabitados, de los parques sin cazadores, de las iglesias sin gente, de nuestra casa en los días de adversidad política, de un coliseo sin público ni gladiadores, o de un monasterio por el estilo del que dio hospitalidad al cantor de Beatriz, cuando erraba por el mundo cercando la pace.

¡Oh! Sí: en la carencia de lontananza de aquellos breves horizontes; en el alto silencio que allí reinaba; en la religiosa austeridad que respiran siempre los países montuosos; en aquella ausencia de toda relación con la vida social, había, en efecto, algo del claustro.

Figurábasenos, pues, que recorríamos la planta baja de un convento campestre a la hora de la siesta. El aislado y sonoro murmullo de los arroyuelos recordaba el sempiterno monólogo del caño de agua que cae allá sobre amplias y repletas tazas de mármol, amenizando con su son el sosiego de patios y crujías. El olor del espliego, del heno y del tomillo suplía por la tufarada de incienso que transciende de la iglesia a toda la santa casa. Píos de aves tampoco faltan jamás ni en los cinamomos del patio de una cartuja, ni en los frutales de su huerta, ni en los cipreses de su cementerio...

La ilusión era completa; y yo no podré olvidar nunca la benéfica tranquilidad que experimenté aquella tarde en un terreno al parecer tan ingrato y fastidioso como el que sirve de compás o de atrio a la Alpujarra.

Ni se crea que he incurrido en contradicción al hablar simultáneamente del silencio de tales sitios y de canto de pájaros y de susurro de agua...

El silencio verdadero no está a merced de los fenómenos que se atreven a turbarlo, sino que es un estado inmanente y esencial de ciertos lugares y determinados momentos. El silencio reside o no reside en el fondo de ésta o aquella situación. Cabalmente, cuando no hay silencio, no se oye nada; a lo menos, de una manera distinta; y, cuando lo hay, por profundo que sea, se oye siempre algo; el vuelo del insecto, el llanto del agua, el beso del aire en la hoja, el latido de vuestro propio corazón. ¡Cuántas cosas se oyen de noche! ¡Cuántas no se oyen de día!

Pues lo mismo digo de la ciudad y del campo. y es que de día, o en la ciudad, los sonidos se destacan sobre el fondo del ruido, y de noche, o en el campo, sobre el fondo del silencio.

Entonces también; cuando todos callan y todo habla, percibe el hombre, si quiere (y esto es lo más importante de mi peroración), tenues voces que bajan de la excelsitud de su espíritu o se alzan de los abismos de su conciencia... ¡Entonces oye, dentro de sí, a poco que escuche, las tácitas bendiciones de su agradecimiento; el gemido apagado de sus recuerdos juveniles; el cuchicheo de los celos, de la sospecha o de la duda; el blando aliento de la esperanza; el vuelo remoto de los amores que se fueron; el roer de las deudas; los pasos de la muerte (más cercanos cada día); el tartamudeo de los remordimientos; la confidencia misteriosa de la Gracia; los ayes de sus víctimas; los suspiros de los menesterosos; el clamor de la opinión; los encargos de los que murieron, y sobre todo, aquella gran voz, cuyos ecos llenan el mundo, denominada ¡Voz de lo Alto!

Por lo demás, a mí no se me oculta hoy que casi todo lo que encontrábamos de particular en aquellas primeras lomas y arroyadas de la Alpujarra procedía principalmente de la circunstancia de haber montado ya a caballo.

La prueba es que en el Valle de Lecrin habíamos pasado por lugares muy parecidos, sin reparar en ellos.

¡El ruido del coche y su inflexible marcha nos habían impedido allí entrar en íntimas relaciones con la soledad, y merecer, como ya merecíamos, toda la confianza de la Naturaleza!

y es que, como dije anteriormente, el caballo nos da la independencia y la libertad al darnos la fuerza: aíslase uno fácilmente con ayuda de él; quédase atrás, o echa delante de la caravana, según le acomoda; apártase del sendero; sube a la cima; desciende a los barrancos; registra todas las fases de las peñas; párase ante los arroyos para verlos correr, ante las aves para oírlas cantar, ante las flores para contemplarlas enamorado... ¡Es uno, en fin, rey del mundo! —Tiene alas. Volemos, pues; y tratemos de llegar temprano a Órgiva —término de nuestra jornada de hoy.

II. Dos encuentros. Llegada a Órgiva

Caminando íbamos en esta dirección, sin hallar otros lances ni espectáculos que más soledad y más silencio (como si no fuéramos a ninguna parte, o recorriésemos un país encantado), cuando la casualidad nos deparó un encuentro... que no lo dispusiera mejor un novelista.

Por lo alto de una gran cuesta que nosotros empezábamos a subir, después de haber atravesado la cuarta o quinta cañada, vimos aparecer mucha gente a pie, en deshilada procesión, precediendo a una cosa cuadrangular, que pronto conocimos ser una silla de manos —en cuyo seguimiento venían después otras personas, montadas en variedad de caballerías y en diferentes posturas.

Imaginaos el efecto que nos produciría semejante cortejo, saliendo de aquel incógnito país en que hasta entonces no habíamos encontrado alma ni vivienda humana... ¿Quién iba tan cuidadosamente encerrado en aquella litera? ¿Era un Santo en andas de viaje, como San Torcuato cuando lo llevan desde la catedral de Guadix a su selvática ermita? ¿Era una princesa mora que trasladaban de un harem a otro? ¿Era el duque de Sesa, que, afligido por la gota, iba a presentar la batalla a Aben-Aboo? ¿O era Aben-Aboo, después de sufrir el más bárbaro tormento?

Como la caravana bajaba la misma ladera que nosotros subíamos, presto nos encontramos; y como todos los criados del universo, habidos y por haber, son confidentes natos unos de otros, supimos enseguida por los nuestros lo que habíamos empezado a adivinar... En la silla de manos iba un enfermo (como en recurso de alzada) a que lo reconociesen y curasen los más célebres facultativos de la capital.

Rico y poderoso, respetado y querido en mayor o menor parte de la Tierra, debía de ser el paciente, a juzgar por su comitiva. Entre los que marchaban a pie, no solo había muchos mozos de labor encargados de relevarse en la conducción de la litera, sino algunas personas más acomodadas (colonos sin duda del sentenciado), que no se separaban de las portezuelas, o miraban dentro de la silla al través de sus pequeños y ovalados cristales. Unos y otros presentaban el más grave continente, con su uniforme traje campesino... ¡de los días de fiesta!

Los jinetes eran dos señores de imponente aspecto, semirural, semiurbano, caballeros en sendas yeguas —y una señorita y una labradora, la primera en mulo y la segunda en jumento, a cuál más circunspecta y más guapa, arrellanadas las dos en amplias jamugas, muy guarnecidas éstas de pontificales colchas y almohadas... dignas de formar parte de una carta dotal.

Finalmente, cerraban la marcha cuatro mulas cargadas de todo lo nacido, aparte de lo que ocultaran sus enormes capachos. Solo por fuera, veíanse baúles, catres, colchones, cestas muy empapeladas, sartenes, ollas de cobre, trébedes de hierro, y hasta una gran jaula de mimbres llena de gallinas y pollos... vivos y cacareando.

La señorita y los dos señores constituían a todas luces la familia del infeliz desahuciado por los médicos de la Alpujarra —el cual debía de ser viudo.

La joven labradora iría en calidad de dama, de la que acaso era su hermana de leche.

El equipaje y las provisiones, custodiados por cuatro escopeteros, iban, en fin, a las inmediatas órdenes de una venerable ama de llaves y directora de cocina, encaramada en lo alto de la carga más voluminosa...

¡Miseria humana! Todo aquello, que era un curioso espectáculo para nosotros y un caso de honra para la familia viajera —el orden etiquetero de la procesión; el silencio y compostura con que caminaban todos; la pesadumbre de que hacían no sé qué enfático alarde, y el ceremonioso respeto que les infundía... la silla de manos —¿qué le importaba al afligido, enfermo, encerrado con sus implacables dolores dentro de aquellas cuatro tablas? ¡Para él, aquella hora y aquella cuesta no eran más que trámites neutros y pavorosos del tremendo litigio en que se ventilaba su vida o su muerte! Para él se reducía ya el mundo a estos solos términos: «¡Granada: los facultativos: su enfermedad: la salud... o el sepulcro!». Del dinero y del amor propio había ya prescindido, como prescinde el náufrago de su equipaje.

Pasó y desapareció la caravana, camino del infinito, donde a la postre van a perderse todos los viajeros, enfermos o sanos; y nosotros llegamos a la altura que tan distante nos había parecido desde lo hondo de la cuesta.
Allí nos esperaba otro encuentro, mucho más grato que el referido.
El horizonte se ensanchó un poco, dejándonos ver las modestas cumbres de algunas lomas sucesivas, que se escalonaban ondulando a nuestro frente, hasta acabar por estorbarnos de nuevo la perspectiva de verdaderas lontananzas...
Pero estas mismas lomas tuvieron por la izquierda dos leves descuidos, casi simultáneos, que nos permitieron divisar, durante algunos momentos, allá, lejísimos, tras los angulosos claros de varias laderas coincidentes, como por los postigos de un balcón, dos triángulos (o dos pañoletas, que dicen los caminantes clásicos) de un azul más oscuro que el del cielo...
Era el mar.
La Diligencia de Motril habría llegado ya a la costa... Nosotros estábamos a la misma distancia del Mediterráneo que cuando dejamos el coche...
Esto fue lo primero que se nos ocurrió al descubrir aquellas vislumbres del húmedo elemento. ¡Tan trivial es algunas veces la expresión del más acendrado cariño, de la más profunda pena, de la admiración más entusiasta!
Luego pensamos en que semejante descubrimiento demostraba la exactitud de nuestras noticias sobre la configuración de la Península Española, idea mucho más fútil que la primera, pero de la cual tampoco éramos responsables. ¿Quién es árbitro de sus pensamientos?
Enseguida nos sentimos casi disgustados. La aparición del mar por aquel punto realizaba brusca y sumariamente nuestro deseo de robarle su secreto a la Alpujarra. Aquel agua era el término, el lindero, el non plus ultra, de nuestras ilusiones. Allí acababa lo que estábamos empezando a ver. El teatro de nuestra peregrinación quedaba acotado ya de Norte a Sur entre el Veleta, que acabábamos de contemplar, y las dos pañoletas azules que a la sazón estábamos contemplando.
Nuestro disgusto era, pues, análogo al del lector que oye referir, a su pesar, el desenlace de una novela que le va interesando mucho, o al del enamorado que se encuentra con que es fácil y obvio el corazón de la mujer que suponía inconquistable...

Pronto nos consoló, empero, devolviéndonos nuestras ilusiones, lo fugitivo de aquel espectáculo, y la veleidosa ligereza con que desapareció.

Entonces cobraron nuevo brío nuestras ansias de explorar en varios sentidos todo lo encerrado entre aquel monte y aquellas olas, y de dormirnos al son de aquellas olas mismas; —como se aumenta el hambre cuando no se ha hecho más que probar el apetitoso guiso, o como redobla el incendio cuando se le echa poca agua, o como... pero sufícit.

y entonces también recobró a los ojos de nuestra imaginación toda su peculiar importancia el mar alpujarreño, y volvieron a nuestra memoria las horribles crueldades de que su oleaje había sido cómplice.

¡Aquél fue (y esto lo dice todo) el más frecuente escenario de las expulsiones de israelitas y moriscos!...

En sus playas, pues, teníamos que redactar una especie de fe de livores, ante los doloridos espectros de aquellas pobres gentes —dado que se nos aparecieran...

Por todas estas consideraciones, no había más remedio que seguir adelante.

Y, en efecto, seguimos; y atravesamos otras dos o tres de las innumerables soledades incultas que cubren la mayor parte de nuestra misma civilizada Europa; y bajamos, y subimos, y tornamos a bajar, y ya principiaba a atediarnos, por no decir a alarmarnos, una tan prolongada ausencia de todo indicio de población humana, cuando llegamos a unos frondosísimos olivares...

Ninguna señal más elocuente de la proximidad del hombre. El olivo es uno de sus primeros amigos y de sus mejores camaradas natos. Así es que, a poco que lo cuidéis, os dará (aparte de la oliva de la paz, las aceitunas aliñadas, etc., etc.) todos los milagros contenidos en una gota de aceite, cantados ya por Pelletan y por nuestro Meliton Martín. Yo no agregaré cosa alguna a sus inimitables panegíricos: solo os diré que, aún después de inventados el gas y el petróleo, una aceituna en su rama sigue pareciéndome el más precioso emblema de la Providencia Divina, y que, al penetrar aquella tarde en los mencionados olivares, representáronseme todos los quinqués, lámparas, velones y candiles con que los hijos de Órgiva prorrogarían diariamente el pleno ejercicio de su vida, a pesar de todas las tinieblas de la noche.

y digo de Órgiva, porque los tales olivos no podían ser sino de aquel renombrado pueblo —que ya debía distar muy poco, a juzgar por lo que llevábamos andado.
Con efecto: algunos instantes después, el grave son de unas hermosas campanas, que todavía (a las tres y media de la tarde) andaban a vueltas con el día de San José, nos avisó que estábamos llegando a la importante villa (cabeza de Partido judicial, de Distrito electoral y de una Taha moruna) en que habíamos de recobrar el uso de nuestras piernas. Enseguida empezó a descorrerse ante nuestros ojos un pintoresco paisaje, que constituía otro oasis de la Sierra, bastante parecido al de Lanjarón. y, por último, en medio de él, sobre una colina, en la confluencia de una rambla y de un valiente río, vimos surgir por grados, primero dos torres gemelas; luego la iglesia a que pertenecían las dos torres, y, finalmente, el apiñado caserío de una extensa población...
Estábamos en Órgiva.

Pero vamos a cuentas, lectores.
Antes de penetrar en esa villa, tenemos que discurrir breves momentos sobre la etimología y verdadero sentido geográfico e histórico de la voz que sirve de título a la presente obra.
No se me oculta ciertamente que semejante digresión a estas alturas va a pareceros muy árida y enfadosa...
Mas ¿qué remedio? Yo la he retardado cuanto me ha sido posible, a ver sí hallaba manera de ahorraros ese disgusto; y si os lo causo ahora, es porque ya me llega el agua al cuello...
¡Qué se diría de un autor que escribiese todo un libro denominado la ALPUJARRA, sin explicar en él lo que esta palabra significa!
Perdonadme, pues; —y, en cambio, yo os ofrezco hacer la vista gorda, si por ventura desairáis esa digresión de mis pecados, pasando por alto (como os lo aconsejo) el capítulo siguiente.

III. ¿Cuál es la etimología de la palabra Alpujarra? ¿Se debe decir La Alpujarra, o Las Alpujarras? ¿Cuáles son los

verdaderos límites de esta región? Historia antigua. Geografía moderna
Discordes andan historiadores y orientalistas acerca del origen y significación de la palabra Alpujarra.
(Creo que este es el tono en que se suele hablar de antigüedades... Pero yo no puedo insistir en él: estoy muy de prisa. Resumiré, pues, desde luego.)
PRIMERA OPINIÓN. Según Luis del Mármol, Alpujarra proviene de la voz árabe abuxarra, que él traduce: la rencillosa, la pendenciera.
SEGUNDA OPINIÓN. Don Miguel Lafuente Alcántara dice lo mismo, como si lo copiara reverentemente, permitiéndose tan solo traducir indomable en lugar de rencillosa, y conservando lo de pendenciera.
FUNDAMENTO de ESTAS DOS OPINIONES. Todos los cronistas antiguos están contestes, principiando por el historiador musulmán Aben-Ragid, en que los Agarenos no lograron dominar las fragosidades alpujarreñas ni reducir a los cristianos que allí vivían, sino pasados siglos de la batalla de Guadalete y de la ocupación de casi toda la Península por las legiones Africanas y Asiáticas[26] y, aún después; si éstas penetraron y reinaron en la Alpujarra, fue por la buena y a condición de tolerar la Religión del Crucificado, cuyo culto siguió, en efecto, siendo libre durante otros dos o tres siglos, hasta que poco a poco, y sin violencia alguna, los más absorbieron a los menos, o los menos se refundieron en los más, al punto de no quedar un solo alpujarreño que se acordase de la fe de sus mayores. Creen, pues, Mármol y Lafuente Alcántara que los calificativos de rencillosa, pendenciera e indomable le venían como de molde a aquella región en los tiempos en que los moros tuvieron la primera idea de ella.
IMPUGNACIÓN de TODO lo DICHO. Es, sin embargo, muy de extrañar que el mismo Aben-Ragid, relator de esos hechos, nunca llame a la Alpujarra sino la Tierra del Sirgo (por la mucha seda que en ella se criaba); y sorprende aún más, que, después de haber publicado Mármol la citada versión, otros filólogos e historiadores hayan continuado poniendo en tela de juicio la verdadera significación del nombre que hoy lleva aquel territorio.
Romey y Mr. Sacy, por ejemplo (TERCERA OPINIÓN), se fijan en que Suar-el-Kaici y otros revoltosos de la Andalucía oriental levantaron por las Serranías de

---

[26] «No solo Asturias, sino esta comarca (dice Florián de Ocampo, refiriéndose a la Alpujarra), quedó por conquistar por Abdalazis, a causa de su aspereza».

Granada algunas fortificaciones llamadas Al-Bord-jela (Castillo de los Aliados), y creen que de este nombre vino a formarse el de Alpujarras.[27]

En cambio (CUARTA OPINIÓN), Xerif Aledrix y nuestro insigne Conde aseguran por otro lado que Alpujarra vale tanto como Al-bugscharra, voz árabe que se interpreta Sierra de hierba o de pastos.

Finalmente, el ilustrado orientalista y literato de nuestros días, señor Simonet, dice (QUINTA OPINIÓN) que no le parece buena ninguna de las traducciones que conoce de Albuxarrat (que, según él, era como verdaderamente llamaban los moros a aquella Serranía), y aventura la idea de si podrá traducirse Alba Sierra, aunque añade modestísimamente a renglón seguido que está muy lejos de creer haber acertado más que los otros.

Ahora... el que leyere, si alguien me está leyendo, puede escoger, entre esas cinco, la opinión que más le guste o le convenga.

Yo no escojo ninguna... por la sencilla razón de que no sé el árabe.

En lo que, a pesar mío, no puedo abstenerme de dar un humilde dictamen (o, por mejor decir, he tenido que darlo anticipadamente, al ponerle título a esta obra), es respecto de si debe escribirse La Alpujarra o Las Alpujarras.

Como habéis visto, precisado a elegir entre uno y otro número, he optado por el singular; pero debo confesaros que no ha sido sin pasar antes por angustiosas vacilaciones.

Figuraos que el plural tenía en su abono estos antecedentes:

Primero: El empleo que hacen de él varios autores antiguos y modernos siempre que hablan de aquel país;

Segundo: El usarlo en la conversación bastantes gentes, bien que fuera de Andalucía;

y tercero, y mucho más importante: La autoridad de la Academia Española, que define así, en su Diccionario de la Lengua Castellana, la voz ALPUJARREÑO, —A: «Adj. que se aplica al natural de Las Alpujarras, y a lo perteneciente a ellas».

Había, pues, harto motivo para decidirse por el plural —y ya lo había usado yo mismo en cierta ocasión, obligado por la fuerza del consonante...

Sin embargo, hacíaseme cuesta arriba escribir Alpujarras al frente de este libro y en la mayor parte de sus hojas, cuando toda mi vida había dicho y oído

---

27   Diccionario geográfico de Madoz.

decir La Alpujarra; y como me pusiera a excogitar razones para mantenerme dentro de mi dulce rutina (¡qué rutina no es dulce en estos tiempos de tantas dislocaciones y extravíos!), encontré en apoyo del singular los tres fundamentos siguientes:
Primero: Que Hurtado de Mendoza, Mármol, Lafuente Alcántara y otros escritores de muchas humanidades y escrupulosa conciencia, en sus Historias relativas a aquella región, la llaman siempre La Alpujarra;
Segundo: Que del propio modo la mientan constantemente casi todos los naturales de la provincia de Granada, empezando por los de su culta capital;
y tercero, y principalísimo: Que así la nombran los mismos alpujarreños.
Perdone, pues, la Academia, solícita guardadora del habla de nuestros padres, si yo, en caso tan dudoso,[28] y por razones de querencia a lo tradicional, me he apartado, a sabiendas, de la respetable norma de su Diccionario; y crea aquella docta corporación (a que siento no pertenecer) que de manera alguna me hubiera lanzado a tal temeridad, si no contara en todo evento con que la indulgencia es compañera inseparable de la sabiduría.
Por lo demás, comprenderéis que a mí me importa un bledo que la Alpujarra se llame de este o del otro modo; —pues, como dice muy oportunamente la Julieta de Shakespeare: «Lo que llamamos rosa embalsamaría lo mismo el aire si tuviera cualquier otro nombre».

También hay varias opiniones acerca de los límites de la Alpujarra; pero en este punto la verdad y el error son más evidentes a mi juicio, y más fáciles, por tanto, de separar.
No sé quién sería el primero (tal vez Méndez de Silva) que escribió la peregrina especie de que «la Alpujarra, mide diecisiete leguas de longitud desde Motril a Almería, por once de anchura, desde Sierra Nevada al mar»... Fuera quien fuese, este deslinde tuvo la fortuna de que lo copiasen al pie de la letra muchos graves autores, y hoy sigue dando la vuelta al mundo, en Diccionarios geográficos, Enciclopedias, Guías, y toda clase de itinerarios pintorescos, como una verdad de a folio.

---

28   El señor Simonet, en su reciente, notabilísima Descripción del Reino de Granada, escribe indistintamente, unas veces La Alpujarra y otras Las Alpujarras.

Sin embargo, nada más inexacto y absurdo que semejante afirmación. La prueba es que los mismos historiadores del siglo XVI, que la transcriben a cierraojos, distinguen luego entre Tierra de Motril, Alpujarra y Tierra, o río de Almería, presentando cada región por separado como cosas muy diferentes. y, por si esto no bastara, esos mismísimos historiadores, al describir en otros pasajes la comarca alpujarreña, la dividen en las tahas o distritos que contenían, resultando de sus propios datos que no abarcaba, ni con mucho, las vertientes orientales de Sierra de Gádor ni las occidentales de Sierra de Lújar. Por último: ningún motrileño ni almeriense (exceptuando a los nacidos en la banda occidental de Sierra de Gádor: que tienen razón en creerse alpujarreños), se ha considerado jamás a sí propio como hijo de la Alpujarra. y a confesión de parte...

Desechados con tan incontestables razones los datos erróneos del geógrafo mencionado, o del que lo engañase a él, voy a ver de fijar ahora los linderos exactos de la Alpujarra, con arreglo a los antecedentes históricos, a la opinión de ilustradísimas personas de aquel país y a lo que dicta el sentido común.

Ya lo he indicado muchas veces (apoyándome en idénticas consideraciones que ahora): por Alpujarra se entiende todo el terreno comprendido entre Sierra Nevada y el mar, y encerrado luego, como en un rectángulo, por las sierras laterales; es decir: todo lo que queda dentro del horizonte sensible que se abarca desde las cimas del Cerrajón de Murtas; todo lo que sería un solo valle, a no existir la Contraviesa; todo lo que, visto desde el mar de Albuñol, mirando al Mulhacén, tiene, en fin, un cielo común...

y esto del cielo común es indudablemente una de las leyes naturales en que se funda esa geografía popular, tradicional, consuetudinaria, que creó o delimitó la Mancha, la Rioja, la Maragatería, la Vera de Plasencia, la Vega de Pas, la Alcarria, la Loma de Úbeda, y otras muchas comarcas tan extraoficiales como la alpujarreña. Cada uno de los países representados por esos nombres, o sea todos los pueblos y despoblados que comprende cada cual, reconocen una especie de común denominador, tan antiguo como la fisonomía actual del Planeta, que sirve para sumarlos y definirlos; —ora un río, ora una cordillera, sea una llanura, sea un valle, aquí la identidad de vegetales, allí la ausencia de ellos, ya el verse reducidos a una misma incomunicación, ya el tener a la vista un mismo horizonte. El común denominador, la razón de ser de la Alpujarra como comarca, es el cinturón de cumbres y olas que la rodea, el pedazo de cielo que la cobija.

Así, pues, la frontera occidental de la Alpujarra principia en el Picacho de Veleta; baja con el río de Lanjarón hasta el río de Órgiva; gana luego la Sierra de Lújar, y corre (por donde mismo va la raya del Partido judicial de Motril) hasta caer al mar entre Castel de Ferro y Torre de Paños. y la frontera occidental empieza hacia Ohánes; busca las crestas de Sierra de Gádor, y va a morir en la Punta de las Sentinas. Dicho se está, por consiguiente, que quedan reducidas a diez u once las famosas diecisiete leguas del consabido geógrafo.

De los límites Norte y Sur no hay que ocuparse: ellos se defienden por sí mismos: son el Mediterráneo y Sierra Nevada. Solo advertiré que, entre Sierra Nevada, y el Mediterráneo, en línea perpendicular, no median nunca las pretendidas once leguas, sino ocho, todo lo más; y esto, solo hacia el Campo de Dalias; que, por los puntos restantes, apenas llegarán a siete —midiendo siempre a vuelo de pájaro.

y ahí tenéis demarcada la tierra que vamos a recorrer en varios sentidos, ya que no completamente, hasta sumar las sesenta leguas a caballo prometidas en el programa o título de esta obra.

Acerca de la estructura interior de la Alpujarra, o sea de aquel pintoresco laberinto de valles y montes en que la convierte la Contraviesa, hablaremos en su lugar correspondiente, desde un punto de vista menos árido y pedagógico que el de la presente digresión.

En cambio, voy a hacer ahora, para dejar completamente servidos a los aficionados a ciertos datos y noticias, un brevísimo resumen de la Historia antigua del territorio alpujarreño, o, por mejor decir, de su Historia anterior a la Conquista de Granada; —historia que hasta la presente no ha compuesto nadie; pero que yo hilvanaré aquí con retazos tomados de varios libros, o sea aprovechándome de los estudios del prójimo; cosa muy corriente en esta clase de trabajos...; —tan corriente, que, con motivo de lo que he tenido que leer para escribir este capítulo, me he divertido lo que no es decible viendo rodar de obra en obra páginas enteras, que cada escritor presentaba como de su cosecha, bien que sin decirlo, pero sin decir tampoco que eran de cosecha ajena, y cuyo primitivo verdadero autor no he podido averiguar hasta ahora...

Con que historiemos. Es cuestión de otros dos o tres minutos de paciencia, amado Teótimo.

La Alpujarra no tiene historia propia o particular desde la llamada Noche de los tiempos hasta la Irrupción de los Sarracenos en España. Muchas y muy eruditas conjeturas se han escrito sobre los aborígenes de aquella región y sobre lo que pudo ser de ella durante la Dominación de los Fenicios, de los Cartagineses, de los Romanos y de los bárbaros del Norte; pero lo mas que resulta de las investigaciones historiales es que corrió la misma suerte que el resto de la provincia de Granada, y fue sucesivamente fenicia, cartaginesa, romana y vandaluza.

De la antigua Bética, llamada ya entonces Vandalucía, componía parte, en efecto, cuando el suelo granadino fue conquistado, ora por el propio Tháric, o Taric, o Tarif, vencedor de don Rodrigo, el mismo año de la batalla de Guadalete (711), ora en 712 por Abdalaziz, hijo de Muza, jefe de la segunda invasión —que lo cierto no se sabe.[29]

Formaban entonces la población granadina, e indudablemente también la alpujarreña, romanos y godos (considerando ya embebidos o fundidos en los romanos a los primitivos iberos), y además un gran número de judíos. Estos últimos conservaron siempre su fe; pero romanos y godos, ya muy cristianizados entonces (aunque todavía divididos por cuestiones de raza y de secta), uniéronse definitivamente bajo la bandera de Jesucristo ante el formidable enemigo común que entraba a sangre y fuego por su tierra, de donde llamóseles a unos y otros mozárabes, que quiere decir cristianos sometidos a los islamitas. Sin embargo, como hemos visto más atrás, los valerosos cristianos de la Alpujarra tardaron siglos en merecer esta calificación.

En otra mucho más cruel (aunque merecida) los incluyó la gente mora cuando, andando el tiempo, olvidaron la fe del Crucificado y abrazaron el mahometismo. Denominolos entonces muladíes, que vale tanto como renegados, o moros bastardos; del propio modo que la gente cristiana había de apellidar en su día mudéjares (hijos del Antecristo) a los sectarios de Mahoma que, sin mudar de

---

29 El orientalista Mr. Reinhart Dozy, en su Histoire des Mussulmans d'Espagne, dice que el conquistador de Granada fue Taric. La mayoría de los historiadores españoles aseguran que fue Abdalaziz. El historiador árabe Ibn-Aljathib se hace cargo de ambas opiniones, sin emitir la suya.

religión, se quedaban en un lugar reconquistado por la Cruz, y moriscos a los moros bautizados.

Son cuatro palabras (mozárabe, muladí, mudéjar, morisco) que compendian novecientos años de guerras civiles; —y digo civiles, admitiendo como artículo de fe la aseveración francesa de que el África principia en los Pirineos.

Pero, aunque los alpujarreños dejasen al cabo de competir en constancia con la inmortal Asturias, y aceptasen primero el gobierno y luego la religión de los invasores, no por eso se sujetaron a la dominación de nadie, sino que, comunicando su espíritu de independencia a los mahometanos que se establecieron allí (o respirándolo también éstos en aquellas encumbradas montañas), unos y otros camparon siempre por su respeto, confundidos ya en una sola raza, y hasta llevaron muchas veces la guerra a los que se consideraban sus señores. Vemos así a los árabes y bereberes de aquel territorio (sumamente poblado, y por gente muy belicosa, según el historiador Ben-Katib-Alcatalami) rebelarse contra el Emir o Sultán de Córdoba, a fines del siglo IX, y salir en su busca, a librarle batalla campal, acaudillados por el que se decía rey de la Alpujarra, SUAR-BEN-HAMBOUN-el-KAISI. El Sultán cordobés envió a su encuentro al Walí de Jaén, Gand-ben-Abd-el-Gafir, y, trabado el combate hacia el Sur de Andújar, la victoria fue de los alpujarreños, que hicieron prisionero al Walí, después de matarle hasta siete mil hombres. La noticia de esta derrota afectó y alarmó extraordinariamente al Sultán, por lo que reunió enseguida un gran ejército y buscó personalmente a los rebeldes, que le aguardaban «en la falda de la Alpujarra» (el historiador árabe no determina en cuál). Allí le tocó al KAISI ser vencido y caer prisionero; y, presentado que fue al Sultán, éste le hizo cortar la cabeza... que por cierto envió a Córdoba, como una especie de parte abreviado de su campaña, más lacónico aún que el «Veni, vidi, vici» de Julio César.

Tal, por lo menos, habían contado hasta hoy nuestras Historias el fin del célebre KAISI; pero, de último estado, y en vista de lo que refieren otras crónicas árabes, cuéntase de un modo muy diferente. Parece ser que SAWAR-BEN-HAMDUN (que es como ahora se escribe el nombre de este mismo personaje) fue muerto en una emboscada, cuando se apercibía a defenderse, no de las huestes del Sultán de Córdoba, sino de las de otro caudillo, rebelado también contra el propio Sultán; esto es, del famoso Omar ben-Hafsun, dueño ya de casi toda Andalucía.

De cualquier modo, treinta años después nos encontramos a los árabes y bereberes alpujarreños dándose otra especie de rey, llamado ADMED-BEN-MOHAMIED el-HAMBDANI —del cual solo se cuenta que añadió muchas fortificaciones artificiales a las que la Naturaleza puso en aquella comarca.

Al poco tiempo volvemos a verlos en armas, levantados contra el nombramiento de Soleiman para Califa de Córdoba.

Y, finalmente, en 1162 los hallamos batallando, bajo las banderas de un cierto MOHAMMED BEN-SAID, no contra Califas cordobeses, como hasta entonces, sino contra los Almohades de Granada.

Era que el Califato de Córdoba se había derrumbado, y formádose, de parte de sus escombros, el primer Reino granadino; era que en este trono se habían sucedido ya tres dinastías, la de los Ziritas, la de los almorávides y la de los almohades, todas ellas de raza africana y tributarias de los Sultanes de Berberia; y era que ni los altivos alpujarreños ni el resto de los que ya se decían moros andaluces (de origen asiático en su generalidad) podían llevar con paciencia semejante estado de cosas.

No descansaron, pues, hasta que formaron un Reino árabe-español, independiente del África, lo cual se realizó a principios del siglo XIII, siendo alpujarreño, o saliendo cuando menos de la Alpujarra, el primer musulmán que ensayó un pensamiento tan atrevido.

Tal fue MOHAMMED BEN-HUD, que otros llaman solamente IBN-HUD.

Este insigne y desgraciado príncipe, árabe puro por la sangre, oriundo de los antiguos Emires de Zaragoza, hízose proclamar rey en Ugíjar (que ya era la metrópoli de la Alpujarra); dominó en Granada algún tiempo; fue obedecido en Córdoba, Sevilla y parte del Reino de Valencia, y murió asesinado en Almería en 1238.

«...La fortuna de este caudillo (dice Simonet) fue breve y no correspondió a sus grandes ánimos, quedando reservada esta empresa a otro príncipe de prendas aún más altas y de más venturosa estrella». Con lo cual se refiere a Alhamar (el Rojo), natural de Arjona, en la provincia de Jaén, esclarecido vástago de la muy antigua y principal familia árabe de los Nazaritas.

Cúpole, en efecto, a Alhamar la gloria de ser el verdadero fundador del Reino moro de Granada, de construir el maravilloso Palacio Real de la Alhambra —lleno todo de su nombre y de su divisa la Ghalib illa Allah (solo Dios es vencedor)— y de inaugurar la renombrada serie de veintiún monarcas de su sangre y dinastía, que ocupó aquel trono durante doscientos sesenta y dos años, y que terminó en el desgraciado Boabdil, destronado por los reyes católicos.

La Alpujarra, formó parte del nuevo Reino granadino, cuyo litoral se extendía desde Gibraltar hasta el río Almanzora, o sea hasta los confines de Murcia, y los alpujarreños vivieron dedicados a las dulces tareas de la paz, fomentando la riqueza de su suelo, hasta convertir en vergeles las más ásperas montañas, y no dando, que se sepa, mucho que hacer a los soberanos nazaritas.

Estos, sin embargo, cuidaron de tomar algunas precauciones contra la indocilidad de aquellas valerosas gentes, y así se explica que la Alpujarra fuese el único Clima de la Cora de Elvira que dividieron en Tahas, edificando castillos en casi todos sus Alhauces.

Explicaré esta jerga a los que no la hayan entendido (como tampoco la entendiera yo, si no me la hubieran explicado alguna vez).

Cora, amelia o waliato son como sinónimos de lo que nosotros llamamos provincia. Elvira es el nombre de la primitiva capital de Granada. Clima quiere decir zona, circunscripción o partido. Táa o taha, equivale a distrito (y también a partido cuando el clima no comprende más que una taha). y alauz vale tanto como término, de donde viene la palabra castellana alfoz, que figura en el Diccionario de nuestra lengua.

Por consiguiente, lo que debí escribir desde luego, en lugar de un párrafo tan revesado, es que la Alpujarra «fue el único Partido de la provincia de Granada que los descendientes de Alhamar dividieron en distritos, edificando castillos en casi todos sus pueblos o jurisdicciones».

Volviendo a lo que hemos calificado de Historia antigua de aquella tierra, y pasando por alto muchos sucesos de menor cuantía que no le atañen peculiar y directamente —diremos, para terminar, que Boabdil entregó la Alpujarra a los reyes católicos en 1490, después que éstos hubieron tomado a Baza; que los alpujarreños se rebelaron al año siguiente; que le costó al rey mucho trabajo reprimirlos, y que, para tenerlos a raya en adelante, se vio obligado a ponerles un Gobernador.

Del célebre y desdichadísimo rey Zagal, precursor de Boabdil en las tristes sendas del destierro, y acerca de su breve y azarosa permanencia en Andarax,

103

cuyo Señorío obtuvo a cambio del trono de Guadix y de Almería, ya hablamos en la primera parte de este libro.

y como además hayamos bosquejado allí, poco después, el período histórico comprendido entre la Conquista de Granada y la proclamación de Aben-Humeya, cátanos al corriente de todos los sucesos que nos importaba saber antes de proseguir nuestro viaje.

No soltaré, empero, la pesada pluma con que he borroneado trabajosamente este insoportable capítulo, sin dar alguna idea de la actual División territorial de la Alpujarra. Seré muy breve.
La comarca de este nombre comprende (según mi ya expuesta teoría):
En la PROVINCIA de GRANADA:
Todo el Partido judicial de Ugíjar,
todo el de Albuñol,
y casi la mitad del de Órgiva.
y en la PROVINCIA de ALMERÍA:
Una mitad del Partido judicial de Berja,
y otra ídem ídem del de Canjáyar,
incluyendo estas dos poblaciones y la muy considerable de Adra —que es el Puerto alpujarreño.
Total: —unos sesenta y cinco pueblos, o cabezas de distrito municipal; otros treinta o cuarenta lugarcillos y aldeas sin Ayuntamiento propio; más de quinientos caseríos y cortijadas (muchas de ellas compuestas de veinte y hasta treinta domicilios); más de dos mil (!) cortijos y casas de campo, y unos cuatrocientos grupos de chozas y cuevas pastoriles, especie de aduares encaramados en lo alto de la Sierra.
Suma, de consiguiente, la población de toda la Alpujarra ciento quince mil almas —poco más, poco menos.

Con lo cual han terminado mis explicaciones. ¡Mentira me parece! —El resto... lo irá juzgando el lector por sí propio en los lugares respectivos.
Entremos, pues, ya en Órgiva, a cuyas puertas nos quedamos al fin del capítulo anterior, y descansemos allí de nuestro primer día de viaje y de la fatigosa

excursión que acabamos de hacer por las regiones de la primera y segunda enseñanza.

IV. En Órgiva (por la tarde). La Posada del Francés. El alcalde de Otívar. Moras y cristianas. Una torre célebre. La tapia de un huerto. Albacete de Órgiva. El río Grande y el río Chico. Los Jamones de Trevélez. La Taha de Pitres

Gratísima memoria conservaré eternamente, y creo que lo mismo mis compañeros de glorias y fatigas, de la tarde y la noche que pasamos en la renombrada villa de Órgiva.

...por las ramblas y barrancos de la despedazada Alpujarra.
Allí encontramos amigos: unos, que lo eran hacía mucho tiempo, y otros, que lo fueron desde aquel día. Figuraba entre los primeros un inspirado poeta, autor de muy conocidos y celebrados romances caballerescos y antiguo Comandante de Artillería, que nos hizo los honores de la población discretísimamente, a fuer de venturoso amante de la Naturaleza y de la Historia, de las Armas y de las Letras. Por cierto que a él le debo más de una noticia sobre aquel deleitoso rincón del mundo, donde vive retirado, en toda la extensión de la palabra, repitiendo sin duda con Horacio: «Hoc erat in volis: modus, agri non itu magnus». Encontramos allí además, o, por decir mejor, llegaron allí aquella misma tarde en nuestra busca, procedentes del riñón de la Alpujarra, otros buenos e inolvidables amigos, que desde aquel punto y hora, y durante algunos días, formaron parte de nuestra expedición —y que ya os presentaré en el momento oportuno. Entre estos obsequiosos recién llegados de Levante (que eran seis) y nosotros los recién llegados de Poniente (que éramos cuatro) compondríamos, cuando menos, agregadas las respectivas servidumbres, unos dieciséis recién llegados; lo cual comprenderéis perfectamente ¡oh madres de familia! que era demasiado recién llegar para que aceptásemos ni por asomos la hospitalidad que, con vivísimos ruegos, nos ofrecían en sus pacíficos hogares nuestros amigos de Órgiva. Nos resistimos, pues, heroicamente, alegando sobre todo la potísima razón de que los diez viajeros de caballería queríamos vivir o morir juntos; esto es, dormir en un mismo cuarto, vigilando a los viajeros de infantería, a fin de que éstos por su parte vigilasen a las bestias; y tan pesados estuvimos, y de tal modo

los embromamos, que los orgivenses hubieron de ceder, dejándonos hacer de nuestra capa un sayo y pasar la noche toledana que apetecíamos.
En virtud de esta capitulación, ocupamos militarmente la Posada del Francés.

¡El Francés! ¡Cómo abunda este posadero en España! Quizás era ya aquélla la quingentésima posada del mismo nombre que visitábamos en nuestro país; todas ellas excelentes, por supuesto... en comparación del purgatorio.
¡Posada del Francés!... ¡y luego dicen allende el Pirineo que los españoles somos salvajes, feroces, inhospitalarios como las hordas del Riff! Pues ¿qué mayor prueba se quiere de la suavidad de nuestro carácter y de nuestras costumbres que esas quinientas posadas abiertas por un francés... o esos quinientos franceses con posada abierta... en otras tantas poblaciones de esta patria de Daoiz y Velarde... y del alcalde de Otívar?

a propósito del alcalde de Otívar:
Nuestra Academia de la Historia prestaría un servicio más a la patria buscando, adquiriendo y dando a luz el libro manuscrito en que se refieren los hechos heroicos realizados por aquel insigne patricio durante la Guerra de la Independencia.
Respecto de este libro, dice así el malogrado Lafuente Alcántara en el catálogo de las obras y documentos que le sirvieron de norte para escribir su Historia de Granada:
«HAZAÑAS GLORIOSAS del alcalde de Otívar, don Juan FERNÁNDEZ. Este guerrillero en la época de la invasión francesa, se valió de algún amigo para redactar una Memoria o relación de sus hechos de armas, en un tomo en folio que conserva su familia y nos ha sido remitido para su examen por un Cura conocido. Sus correrías, sus batallas y aventuras están referidas con una puntualidad notable, y lo que es más, justificadas con testimonios de los Ayuntamientos, con declaraciones de habitantes fidedignos, y hasta con cartas autógrafas de algunos españoles puestos al servicio de los franceses, y empeñados en vencer con halagos al indócil y valiente partidario».
No creo, pues, que sea difícil encontrar el manuscrito.

En cuanto a la oportunidad y pertinencia de esta digresión, que alguien podría suponer traída por los cabellos, consisten en que el terreno de Órgiva fue precisamente uno de los principales teatros de las proezas del alcalde de Otívar (citadas y ensalzadas por el ilustre Conde de Toreno en su monumental Historia de la epopeya española del presente siglo), y en que aquella tarde nos encontrábamos a cinco o seis leguas del humilde lugar que gobernaba en paz y gracia de Dios el buen FERNÁNDEZ antes de salir a medir sus fuerzas con las del primer capitán de todos los tiempos.[30]

¡Ah! La Alpujarra se acordó entonces (¿cómo no?) de lo que había hecho en el siglo VIII y en el siglo XVI para defender su independencia... Sus ásperas montañas y sus indomables hijos fueron, por tanto, seguros escollos en que también se estrellaron una vez y otra las legiones de Napoleón. y así se explica que en los alpujarreños y en la Alpujarra se apoyara de continuo el intrépido alcalde, ora fuera para aumentar y municionar su hueste después de una costosa victoria —ora para lamerse sus heridas en una cueva, como un verdadero león, y volver de nuevo a la lucha, todavía chorreando sangre.[31]

Ni creáis que hoy día de la fecha muéstrome yo tan celoso guardador y panegirista de los recuerdos de 1808 a 1814, con la indigna intención de molestará los honrados posaderos franceses que se ganan la vida en la Península. ¡Oh! ¡No soy tan beduino!

Tampoco me anima el trivial propósito de enardecer el patriotismo de los españoles contra los conquistadores extranjeros... ¿Para qué? Hoy no trata nadie de conquistarnos, que yo sepa. y aunque alguien lo intentara algún día... yo espero en Dios que, sin necesidad de previas excitaciones, hasta las piedras de los caminos se hallarán siempre dispuestas en España a levantarse contra los invasores, por numerosos que fueren y lleguen a donde llegaren nuestras desventuras...

¡Contra quien sí considero urgentísimo inflamar ahora el amor de la patria es contra otra clase de enemigos más terribles, más odiosos, más abominables que

---

30 La Regencia de Cádiz nombró coronel al ALCALDE DE OTÍVAR. Los más célebres generales españoles lo trataban y consideraban como a un igual suyo, procediendo en todo de acuerdo con él, pues era el alma de la tenaz resistencia que encontraron los invasores en el litoral granadino.

31 Histórico.

los conquistadores extranjeros! ¿Sabéis contra quién? ¡Contra los españoles que reniegan de la patria misma; contra los que discuten la legitimidad de ese santo amor; contra los que predican un cosmopolitismo feroz y descastado; contra los que sacrificarían gustosos la nacionalidad en aras de no sé qué individualismo salvaje; contra los filántropos parricidas, en fin, que derribaron ayer la Columna de Vendôme y que hoy hablan de derribar el Obelisco del 2 de mayo!

Pero no olvidemos que estamos en el año pasado y en Órgiva.

Pues bien: una vez zanjada la dificultad de los alojamientos, dimos una vuelta por la población, tarea que resultó muy breve; y luego salimos a contemplar el campo, tarea siempre infinita y que siempre parece nueva.

La población consta hoy de 4.897 habitantes repartidos en las 847 casas de la villa; en una cortijada de 24 edificios, llamada Las Barreras, distante cosa de un kilómetro; en el caserío de Los Carrascos, a tres kilómetros y medio, compuesto de 16 viviendas, y en varios cortijos menores. Todo esto... según el Nomenclátor de la Dirección General de Estadística.

Por lo que a nosotros toca, diré que visitamos la célebre Torre inmortalizada hace trescientos años por GASPAR de SARABIA, quien demostró en ella ser todo un hombre, tan previsor como denodado y tan ingenioso como previsor.

La cosa fue (según nos refirieron sobre el terreno los orgivenses, y confirman los historiadores) que, no bien cundió la noticia de los primeros horrores cometidos por los moriscos contra las Autoridades, Sacerdotes y demás cristianos viejos de otros pueblos de la Alpujarra, SARABIA, Alcaide de Órgiva, hizo recogerse a esta villa (lugar entonces) todos los fieles del Distrito de su mando. Reuniéronse, pues, allí unos ciento sesenta hombres, mujeres y niños, agrupados en torno de doce Curas, Beneficiados y sacristanes, condenados todos, desde el primero hasta el último, a sufrir los más crueles suplicios y al fin la muerte, tan luego como llegase a aquella tierra el huracán revolucionario que la rodeaba por todas partes.

Pero SARABIA no los había llamado para que muriesen tan aina, ni él estaba dispuesto a dejarse matar impunemente; sino que ya tenía formado su plan de defensa, que consistió en apresar a cuantas moriscas notables y moriscos pequeñuelos halló a mano, mezclar esta gente con las familias cristianas, y encerrarse en la mencionada Torre con todo aquel complicado personal, a esperar socorro del Capitán General de Granada o de la Divina Providencia, no sin enviar antes a los padres y maridos de aquellos preciosos rehenes un mensaje por este orden: «Yo no pienso hacer daño alguno a las débiles criaturas que os he arrebatado, y que os devolveré si salgo de aquí; pero tampoco pienso entregar la Torre sino al marqués de Mondéjar, que me confió su custodia: por consiguiente, si los Monfíes le ponen fuego a la Torre, arderán a la vez las mujeres y los niños de ambas castas, y si nos faltan víveres, todos moriremos juntos de sed o de hambre».

Resultado de tan atrevida determinación fue que, cuando los rebeldes, capitaneados por Farag Aben-Farag, entraron en Órgiva, y bloquearon la Torre (bloqueo que duró diecisiete días mortales), los moriscos de la población tuvieron buen cuidado de proporcionar sigilosamente a los CRISTIANOS todo linaje de municiones de boca y guerra, por cuyo medio pudieron resistir un día y otro, aunque sin dormir ni dejar de pelear un momento, los furiosos ataques de millares de Monfíes. Hasta máquinas de las empleadas en la antigüedad construyeron éstos, unas para acercarse a minar y volar la Torre, y otras para asaltarla; pero piedras enormes, aceite hirviendo, aguarrás inflamado, alquitrán, demonios vivos, reemplazaban entonces al arcabuz y la flecha, y destruían todas las trazas de los sitiadores. El valor y los recursos de SARABIA no tenían término. El valor se lo suministraba su corazón animoso: los recursos... los parientes de las moriscas.

Llegó al cabo con muchas tropas el marqués de Mondéjar (a quien nosotros dejamos en el Puente de Tablate, como recordará el lector), y libertó enseguida a aquellos héroes y mártires —quienes no se descuidaron tampoco en devolver a sus respectivos dueños, sanas y salvas (y ¡quién sabe si a disgusto ya de algunas de ellas!) las secuestradas moriscas, ni en entregar a sus respectivos padres aquellos aprendicillos de infieles que tales méritos tenían ya que alegar ante Mahoma.

Por lo demás, la Torre que nosotros estábamos mirando no era precisamente la misma que creíamos mirar; quiero decir, no era la que veíamos con los ojos de la imaginación, sino otra (que forma parte del palacio de Conde de Sástago) edificada sobre los cimientos de la defendida por el buen SARABIA.

Lo de que era otra, ya nos lo advirtieron desde luego los orgivenses, y harto lo acusaban además la materia y la forma de la construcción...

Lo de que ocupa el propio solar de la primitiva, no admite tampoco la menor duda, puesto que en el Libro de Apeo de Órgiva, hecho en 1572 (cuatro años después del secuestro de las moras), se ve, dicen, un croquis de la villa o lugar de entonces, en que la famosa torre árabe aparece escueta, justamente donde mismo se levanta la actual; esto es, al lado de la iglesia, y separada de ésta por un huertecillo...

Pero para nosotros todo era igual. De un modo o de otro, la Torre legendaria hubiera acabado por hundirse y volver a la Madre Tierra, como SARABIA se hundió en el sepulcro cuando le llegó su hora.

El hecho histórico, que era lo importante, subsistía, y subsistirá siempre, en la memoria de los hombres, para eterno loor y fama de aquel héroe y satisfacción de los orgiveños.

Hágoos gracia de los demás recuerdos históricos relativos a Órgiva. Enumerarlos solamente, fuera cuento de nunca acabar.

Figuraos, por ejemplo, las veces que sería tomada y perdida aquella villa, los innumerables combates que se reñirían en sus inmediaciones, y los famosos caudillos moros y cristianos que entrarían alternativamente en ella, hallándose, como se halla, situada a la puerta del laberinto alpujarreño y en la confluencia de dos grandes ríos...

Remítoos, pues, a Mármol, que es el historiador más minucioso de aquella guerra, y continúo.

La actual villa de Órgiva, conserva todo su prístino carácter arábigo, así en la red de sus estrechas, tortuosas y pendientes calles, como en la disposición de sus casas, como en su fisonomía general —que ofrece una pintoresca amalgama de jardines, terrados, azoteas, bajas tapias, erguidas torres, verdes huertos, viejos muros y simétricas fachadas a la moderna— todo esto cuajado de macetas, cajones, toneles y cacharros de varias formas, llenos de diferentes plantas, que esperaban a la sazón una sola caricia del Sol en Aries para cubrirse de gayas flores...

a propósito: recuerdo...
¡y vaya si es delicado lo que voy a decir! —Pero el Arte no reconoce ciertas leyes: el Arte era liberal antes de que hubiese liberales en el mundo.
Recuerdo, digo, que cuando nos dirigíamos al campo por el extremo X de la calle X, vimos un cuadro primaveral que nos dejó parados por un momento a los diez viajeros de Poniente y de Levante —sin distinción de estado, edad, ni circunstancias.
Tal fue la tapia de un huerto, recamada de lujosa hiedra y de otras plantas trepadoras, sobre la cual se alzaba luego, al modo de dosel, una extensa y añosa parra. Asomadas a aquella especie de palco mitológico; departiendo amigablemente; morena la una y rubia la otra; las dos vestidas de luto, y ambas hermosas como una doble bendición de Dios, había...
Creo que no debo decir lo que allí había... Tanto más, cuanto que se quitaron enseguida que nos vieron. ¡No; no es lícito ir por el mundo, con una máquina fotográfica debajo del brazo, retratando a las gentes contra su voluntad!
Ahora: si yo me excediese a tanto; si, con el solo objeto de hacer sentir a mis lectoras la misma respetuosa admiración que nosotros experimentamos entonces hacia aquellas nobles hechuras del Supremo Artífice, indicase yo aquí, cuando menos, el sexo y la edad de las dos personas susodichas; si yo pintara solamente...
Pero bueno está lo bueno. Transeamus.

>Yo, con erudición, ¡cuánto sabría!
>(Espronceda.)

Una vez fuera de la villa, la conversación giró algunos minutos alrededor de un problema histórico, cuyos términos eran éstos:
DADO el hecho (patente en todas las historias) de que los escritores árabes y españoles del siglo XVI, tan pronto nos hablan de Órgiva, como de Albacete de Órgiva, y así hacen mención de Ugíjar como de Ugíjar de Albacete; —y CONOCIDO, es decir, NO CONOCIDO en toda la Alpujarra, pueblo, ruina, tradición ni paraje alguno que lleve el nombre de Albacete —AVERIGUAR qué Albacetes eran aquéllos.

Maldito el resultado que dieron nuestros generosos esfuerzos de aquella tarde por aclarar semejante enigma, y maldito también lo que este resultado negativo tenía de particular, por lo que a mí toca, atendida mi criminal ignorancia en todas las materias que de obligación debía tener al dedillo el autor de una obra titulada la ALPUJARRA...

Pero lo que sí me pareció raro fue que ni el Libro de Apeo ni los demás documentos antiguos del Archivo Municipal de la villa (que los orgivenses nos dijeron haber registrado ya con el mismo objeto) diesen luz alguna sobre el particular.

Propúseme, pues, firmemente desde entonces no dejar ni a Sol ni a sombra, en cuanto regresase a Madrid, a todos los eruditos que tengo el honor de tratar, hasta lograr salir de dudas o perder la esperanza de ponerlas en claro; y habiendo al fin obtenido de su bondad y de su celo la que ellos han juzgado resolución del problema, voy a participársela aquí a mis estimados amigos de Órgiva, como una especie de cariñosa continuación de nuestro coloquio del año pasado.

Dedúcese de los informes que he recibido hasta el día:

Primero: Que antes de existir el pueblo de Órgiva, existía el Castillo de Órgiva (Hisn-Órgiva). Hisn, en árabe, equivale a Castillo.

Segundo: Que al pie de este castillo había un pequeño llano (gran rareza en la montuosa Alpujarra), conocido con el nombre de Al-basath de Órgiva.. Al-basath, en no sé qué dialecto árabe, significa La llanura.

Tercero: Que cerca de esa llanura (la Vega actual) fundaron luego los moros el lugar que hoy es villa, el cual tomó el nombre del propio sitio que ocupaba, apellidándose, por lo tanto, Al-basath de Órgiva (La llanura, de Órgiva).

y cuarto: Que el uso de los mismos moros Andaluces convirtió después a Al-basath en Al-bacete (denominación que ya dieron a toda llanura), acabando de formarse por tal medio la equívoca y endiablada frase de Albacete de Órgiva.

Como se ve, esta lógica explicación le cuadra también perfectamente a Ugíjar, asentada en el único llano del confín oriental de la Alpujarra granadina, y le viene asimismo como de molde al gran Albacete de los desiertos de la Mancha, sito en una planicie inmensa.

Ugíjar de Albacete querría, pues, decir: Ugíjar de la llanura —y el Albacete manchego sería para los moros La llanura a secas; esto es, La llanura por antonomasia.

Permítome, en consecuencia, considerar indudable la versión de mis muy amados eruditos, y les doy las gracias por la señalada merced que me han hecho.

Descargada así mi conciencia, réstame consignar (no como noticia, sino como otra cosa que yo ignoraba también, y que, por consiguiente, me ha cogido de relance) que —según aseguran los arabistas que andan hoy revolviendo las obras del geógrafo Idrisi, de Ibn-Aljathib, de Ibn-Hayyan y de otros escritores musulmanes— la capital del Clima de que formaban parte las Tahas de Órgiva, Pitres y Poqueira residió durante muchísimo tiempo en Ferreirola... en ese lugar tan modesto a la presente, que solo cuenta unos seiscientos habitantes...
No lo olviden los actuales moradores de Albacete de Órgiva, y procuren ver terminada pronto la carretera.
Conque demos punto a la sección de antigüedades, y volvamos en busca de nuestros lectores; pues no está bien, me parece, dejarlos así plantados y solos, en las afueras de un pueblo que les es totalmente desconocido.

Decía, lectores, que orgivenses y forasteros habíamos salido al campo.
Ya engolfados en el campo, todas nuestras observaciones y pláticas contrajéronse al estudio o a la enumeración de las bellezas silvestres en que también abunda aquel privilegiado suelo. Su flora, su fauna, sus montes, sus ríos, sus más célebres paisajes, todo lo trajimos a colación durante un largo, deleitoso, inolvidable paseo por huertas, campiñas, naranjales y numerosísimos ejércitos de alineados olivos... y de lo que allí observamos y platicamos resultan, entre otras cosas, las particularidades siguientes:
Muchos pueblos de los que componían la antigua Taha de Órgiva, hállanse enclavados en una gigantesca loma que se desprende del Veleta, haciendo pendant con la de Lanjarón.
Al Este de la villa hay una descomunal ladera muy pendiente, pero toda ella cultivada, donde, por más señas, verdeaban a la sazón las esperanzas de una gran cosecha de cereales.
y por todos lados, en la Sierra como en el río, en lo llano como en lo escabroso, corresponde al favor de los elementos, amigablemente concertados en obsequio de aquel país, una exposición universal de vegetales, desde el árbol más

corpulento a la hierba más humilde, desde los que sudan goma en el Ecuador hasta los que crujen de frío más allá de los Círculos Polares.
Solo Sierra Nevada y el Sol de Berbería, puestos de acuerdo, producirían tales milagros.

ÍTEM. Como ya indiqué antes, Órgiva, se alza en la confluencia de dos ríos. Estos son: el legítimo de su nombre, que nace encima de ella, muy arriba, en las nieves del Picacho, y baja a buscarla casi de cabeza, como un hijo cariñoso; —y el más importante río de Cádiar, que viene de muy lejos (después de haber serpenteado al través de gran parte de la Alpujarra y de haber sido rey de un largo valle), y pasa orgullosamente por delante de Órgiva, apoderándose de su verdadero río, como de todas las demás corrientes indígenas que le salen al encuentro.
Pues bien: el río de Cádiar, al llegar allí, pierde para el vulgo, y para algunos geógrafos, su primitivo apellido, y se llama río Grande de Órgiva; mientras que al otro infeliz lo dejan reducido a llamarse, por contraposición, el ¡Río Chico!... Esto clama a los cielos, ¿no es verdad?

ITEM. Otras dos o tres corrientes de menor cuantía afluyen a el Cádiar; pero más acreedor que todas ellas a que se le mencione en primer término es el Barranco de Poqueira, especie de sima puesta de pie, que parte de arriba a abajo la Taha de Órgiva.
El mejor punto de vista para contemplar aquella feracísima hendidura, por cuyo negro fondo se despeña espumando un desenfrenado torrente, es, según nos dijeron, el Molino de la Cascada de Pampaneira, situado al promedio de la tajada loma; pero ¡ay! a nosotros nos había sido imposible incluir este molino y toda aquella admirable ladera en la enmarañada red del plan de nuestra expedición; —red tan enmarañada, que, a fuerza de idas y venidas, vueltas y revueltas, multiplicó por el número seis la máxima longitud de la Alpujarra.
En cambio (el que no se consuela es porque no quiere), durante la prosecución de nuestro viaje habíamos de considerar varias veces, a distancia y en conjunto, el mismo, mismísimo espectáculo que se disfrutará por partes y detalladamente desde Pampaneira.

Dejando, pues, para mejor ocasión el dar idea de aquel célebre barranco, diré ahora al lector (¡mucho ojo!) que

Uno de los pueblos del Partido judicial de Órgiva es el nunca bien ponderado Trevélez —la tierra clásica de los más típicos y famosos jamones alpujarreños. Tan especiales son los de Trevélez, que, como recordarán los que hayan leído cierto librejo titulado de MADRID a NÁPOLES, Rossini, el inmortal Rossini, el primer glotón de la glotona Italia, hablaba de ellos con frenético entusiasmo. ¡Creo que es un dato digno de tenerse en cuenta!
Por lo demás, la excelencia de estos perniles proviene de que se curan a la ventilación de la nieve; de que los difuntos (me repugna decir los cerdos) se crían en los riscos de la Sierra (lo cual hace que su carne esté muy trabajada y enjuta), y de que los asesinatos, o matanzas, se perpetran siempre en jóvenes de corta edad. Por eso sus jamones resultan tan dulces, tan magros y tan chicos. ITEM. Trevélez es el pueblo más alto de la ya muy alta Taha de Pitres. De él a la cumbre excelsa del Mulhacén solo hay media legua, en línea oblicua. Reina, pues, allí casi un perpetuo invierno, y los frutos y cosechas maduran mes y medio o dos meses después que en otros lugares de la misma Sierra. En fin, para que se vea si estará elevado sobre nuestro bajo mundo aquel agreste émulo de York y de Westphalia, baste saber que la musa popular orgivense dice con tosco y expresivo lenguaje:

¡Trevélez... donde se oye
los querubines cantar!

No creo yo, sin embargo, que fuera por esto por lo que el egregio autor de El Barbero de Sevilla, Otelo y Semíramis preferiría las magras alpujarreñas a las inglesas y a las prusianas, sino porque su paladar epicúreo habría llegado a advertir lo bien que cae el agrillo del tomate a las ancas del paquidermo de Trevélez —no curadas a fuerza de sal, y, por consiguiente, irreemplazables para fritas de aquel modo.
(Es como se gastan y deben gastarse. Para crudos o cocidos, encontraréis jamones más a propósito en otros muchos puntos de Europa, y también en la

misma Alpujarra. Pero no estarán curados a la ventilación de la nieve. ¡La nieve y el tomate!... Este es el quid: este es Trevélez: así se escribió el Guillermo Tell.)

Finalmente: he nombrado la Taha de Pitres. Así se llamaba antaño un apiñado grupo de pueblecillos (que comprenderán cosa de una legua de terreno) situados a una inmensa altura, en los pendientísimos declives del Mulhacén, y pertenecientes hoy al Partido de Órgiva. Casi todos ellos están defendidos de la fría vecindad de los ventisqueros por una especie de cortina de terreras coronadas de robles, carrascas y castaños, lo cual hace que sean muy ricos en trigo, maíz, centeno, habichuelas y toda clase de frutos y legumbres.

a principios de este siglo producían también muchísima seda, lo mismo que el resto de la Alpujarra; pero esta industria, que les legaron los moros y los judíos, ha venido tan a menos en todo aquel país, que hoy la mayor parte de los opulentos morales que allí quedan, más parecen destinados por Dios a dar dulces moras al hombre que útiles hojas a la primorosa oruga.

¡Volviera a ser Granada, «la Damasco de Occidente», y la Alpujarra, seguiría llamándose la «Tierra del Sirgo»! —Si ya no merece este nombre, la culpa no es de los alpujarreños, de las moreras ni de los gusanos.[32]

Pitres (Petras en latín), la antigua capital de aquella diminuta comarca, duerme el sueño de la Historia entre dos ríos paralelos, el Bermejo y el Sangre (que, como se ve, llevan dos señores nombres de ríos). a mayor abundamiento, al pie de la Taha eleva sus moles de pizarra el Cerro de la Corana, puesto allí indudablemente para impedir que ruede ladera abajo aquel delicioso nido de pueblos. y, por último, sírvele de foso a esta muralla y de nueva defensa a la patria de cierto antiguo amigo mío, ex-Diputado a Cortes por más señas, el pujante río de Trevélez... (de Trevélez, ¿entendéis bien?) —que baja de donde se oye cantar a los querubines, cargado de exquisitísimas truchas. Hay pueblos que tienen estrella en todo: ¡hasta en el río!

Innumerables cosas más hubiéramos visto y oído en nuestro paseo por los alrededores de Órgiva; pero, con éstas y las otras, se había puesto el Sol (este final es Garcilaso puro)... y ya hacía rato que caminábamos hacia la moruna villa —en donde entramos cuando empezaba a cerrar la noche.

---

32   Últimamente se ha establecido en Ugíjar una fábrica de filatura de seda, como ya veremos más adelante.

V. En Órgiva (por la noche). Más de un candil en viga. El Rosario. La taza de Teresa. Entre el día y la noche no hay pared

Mis recuerdos de aquella noche no se parecen en nada a los del día. Es el primero (en el orden cronológico nada más) nuestra comida en la Posada —reunidos los diez viajeros en un grupo digno de Velásquez, o de David Teniers —a la pretendida luz de dos candiles (iy eso que eran dos!) —y celebrando y sellando recientes amistades con el placer de yantar allí juntos... no así como quiera en mesa redonda, sino en sartén redonda, todos a una, con militar franqueza, a fin de que la paella de rigor no perdiese su virginal perfume al pasar por el trámite de la vajilla...

iCuántos banquetes, precedidos de programa de divertirse mucho en ellos, y muy preparados, muy costosos y muy opíparos, no han resultado tan alegres, tan cordiales, tan apetitosos, tan gratos al alma y al cuerpo, como aquel improviso y humilde festín, sazonado de hambre, de novedad, de indulgencia, de cariño, de confianza, de pimientos picantes, y de aquella cortesía del corazón que vale más que todos los primores del ingenio!

Sin embargo, confieso que no nos hubieran venido mal otro par de candiles.

Mi segundo recuerdo se refiere a unas religiosas campanillas, a unas grandes farolas, a unos santos estandartes, a muchas ramas de tejo, y a más de cien indescriptibles caras de chiquillos, cuyas alzadas bocas cantaban en coro y a voz en cuello: «iDios te salve, Reina y Madre!»...

Porque habéis de saber que todo esto, y algo más, penetró de golpe en la Posada, cuando estábamos en lo más profundo del arroz, dejándonos suspensos, atónitos, embelesados, y sin saber a qué atribuir aquella súbita visita de tanta luz, de tanta melodía, de tanta inocencia, de tanta piedad, de tan sencilla y tierna serenata a la Reina y Madre de los desterrados hijos de Eva...

iAh! La voz de los niños tiene algo del cielo; y cuando esta voz canta y reza a un tiempo mismo, cuando, en medio de las borrascas de la vida, óyense sus puros acentos en son de mística plegaria, más que los hijos de los hombres empezando a gemir y llorar en este valle de lágrimas, parecen ángeles que desde la Gloria intervienen por nosotros, repitiendo como suyas nuestras preces. Los que conservéis la buena costumbre de ir a la iglesia, habréis sentido esto mismo oyendo a los seis niños de coro de nuestras catedrales alzar sus francas y agudas voces sobre el concertado estruendo del órgano, de los sochantres y de todos los instrumentos y cantores de la Capilla, como se perciben claros trinos de atribuladas aves sobre el ronco estrépito de majestuosa tempestad. y los que solo vayáis al teatro, habréis experimentado también algo parecido (ya que de manera alguna lo propio), durante el cuarto acto de El Profeta, cuando aquellos otros seises (que por lo regular son los mismos) cantan el grandioso villancico:

> Le voilà le roi Prophète!
> Le voilà l'elu de Dieu!

¡Oh! ¡Los niños!... ¡Los niños!... «¡Lástima que se conviertan en hombres!...» exclamaba Lord Byron. «¡No tenemos padre!» gritan ellos en el místico poema de Jean Paul. «¡No escandalicéis a estos pequeñuelos», dice la Palabra divina.
Por todas estas razones, y porque sí (que es la gran razón de tejas abajo), nos quedamos embebecidos oyendo la fervorosa Salve que cantaban los muchachos de Órgiva.
Por lo demás, pronto supimos que en aquella sublime escena no había nada de insólito, sino que era el mismo Rosario que visita todas las noches, en aquel santo tiempo de Cuaresma, ciertas y ciertas casas de la villa, cuidando de no olvidar las posadas, donde siempre hay fieles transeúntes más necesitados que nadie de los consuelos de la Religión.

> ¡Oh vida segura, la mansa pobreza,
> dádiva santa desagradecida!
> (Juan de Mena.)

¡El Rosario!... Veinte años hacía ya por lo menos que no lo veíamos recorrer a aquella hora y de aquel modo (según la inmemorial costumbre) otras ciudades, villas y aldeas de la proverbial Tierra de María Santísima.
¡y qué veinte años! Durante ellos, los mismos que solíamos felicitarnos de la desaparición del antiguo orden social y político de España, si bien no hayamos llegado, ni creamos posible llegar jamás, a poner en duda la bondad abstracta de las nobles, justas y sinceras ideas de nuestro siglo, hemos venido a recono-

cer, en cambio, a fuerza de crueles lecciones (¡oh desengaño! ¡oh conflicto! ¡oh problema para el porvenir!), que esa libertad y esas ideas, lejos de domesticar, de civilizar, de dignificar más y más cada día a las clases bajas (como nos dignificaron a nosotros), las han hecho retroceder a la primitiva barbarie.

Inútil, ocioso, necio, y sobre todo peligrosísimo (señores del Centro de todas las Cámaras del mundo), fuera cerrar los ojos a esta verdad que palpita en el fondo de la conciencia de cuantos hemos dirigido la voz al pueblo (creyéndonos sus redentores) desde el periódico o desde la tribuna, desde el libro o desde la cátedra... ¡Imposible escapar a nuestros remordimientos! Los espantosos resultados de nuestras bien intencionadas pero imprudentes predicaciones están harto a la vista en todas partes.

Mirad: los ignorantes de ayer se han trocado en los insensatos de hoy. La antorcha de la filosofía moderna, en lugar de iluminar la mente de los desheredados por la fortuna, la ha incendiado, dejándola llena de humo y de cenizas. Quisimos enseñarles mucho, y les hemos hecho olvidar lo poco que sabían. Creían algo, amaban algo, respetaban algo, adoraban algún ideal, y hoy no creen, aman, respetan ni adoran sino lo concerniente a sus sentidos corporales. Tenían fe, paciencia, esperanza, y los hemos exasperado y desesperado. Eran cuando menos seres sociales, y los hemos convertido en enemigos de la sociedad. Eran ya hombres, y los hemos vuelto a hacer fieras.

...

Así pudiera continuar mucho tiempo, a riesgo de que se me considerase neocatólico, ultramontano, retrógrado, oscurantista, persa, carlino y partidario del Tribunal de la Inquisición...

Mas creo haber dicho ya lo bastante para explicar la profunda complacencia que nos causó aquella noche ver al pueblo orgivense, representado por sus hijos, hacer pública profesión de su fe cristiana.

Pero aquí se me ocurre otro orden de lamentaciones.
¡Pobres alpujarreños! Eran cristianos cuando vinieron los moros, y éstos no los dejaron en paz hasta que los hicieron islamitas. Eran ya islamitas en el siglo XVI, y Felipe II los exterminó porque no quisieron hacerse cristianos. Hoy son cristianos otra vez, y ¡Dios sabe las amarguras que les estarán haciendo pasar

los que han convertido la Revolución de 1868 en una conspiración contra la Religión católica!
—Pues usted ¡bien votó la libertad religiosa en las Cortes Constituyentes de 1869...! —me argüirá en este punto alguno de esos conspiradores. —¡Hombre... déjeme usted en paz! ¿Qué culpa tengo yo de que usted sea un majadero? Yo no le mandé a nadie con mi voto que dejase de ser católico apostólico romano. Lo que yo hice con mi voto fue rendir culto a otra libertad mucho más antigua y sacrosanta que la política; esto es, al libre albedrío o libertad de pecar en que Dios dejó al hombre y en que los hombres debemos dejar asimismo a nuestros semejantes para todo aquello que no salga de la órbita de su conciencia individual. Por lo demás, yo sabía que el establecimiento de la libertad de cultos, en una tierra donde no se profesa más religión positiva que la católica apostólica romana —y donde, como en todos los países constituidos, el Gobierno, o sea la propia Nación, tiene que subvenir a todas las necesidades colectivas, así materiales como morales, de los ciudadanos (a la instrucción pública, a la administración de justicia, a la seguridad personal, a la defensa del territorio, a la beneficencia, a la conservación de monumentos, etc., etc., etc.) —no daría otro resultado que hacer ver al mundo, para mengua y confusión de los impíos y de los herejes, que el Catolicismo era la única religión de los españoles, y que éstos lo profesaban y su Gobierno lo protegía, no ya en virtud de una despótica intolerancia, como en tiempos de Felipe II, sino en virtud de la propia libertad política, por aclamación popular, porque tal era la explícita y terminante voluntad de los pueblos.
y en fin, señor mío: si erré también en aquel instante, y llego a conocerlo algún día, lo confesaré públicamente, con firme propósito de la enmienda, como me declaro hoy culpable y arrepentido de haberme propasado a dar lecciones a los que sabían más que yo, o sea a los pobres de espíritu, que dice el Evangelio.

Mi tercer recuerdo de aquella noche revolotea dulcemente, con las flojas alas del cansancio, del sueño y de la pereza, por la sosegada atmósfera del gabinete de estudio de un poeta-soldado, ora posándose en raras y preciosas armas, cristianas y moras, antiguas y modernas; ora acariciando de pasada una variada multitud de interesantes libros; ora viendo elocuentísimas muestras de un religioso, inteligente y entusiasta culto a las flores...

Flota luego mi memoria, sin salir de aquella deliciosa morada, en el luminoso ambiente de un salón presidido por una dama tan amable como ingeniosa; y allí recuerdo una agradabilísima tertulia; —un José, que era el amo de la casa, al cual todos le daban los días; —retazos de conversaciones electorales (era tiempo de elecciones a Cortes) en favor de otro ex-diputado por aquel país y queridísimo amigo mío, a quien los orgivenses aguardaban de un momento a otro; —infinidad de nuevas conjeturas sobre cuál sería la significación del nombre de Albacete de Órgiva; —muchos obsequios y atenciones con que se nos agasajaba a los tertulios; —brindis, anécdotas, paradojas; —unas tazas chicas en que había depositado sus insomnios el haba prodigiosa de la Arabia feliz; —otras tazas más grandes en que brindaba devaneos a la imaginación la hierba aromática de la China —y un tazón monumental, en fin (la Taza de Teresa), en que otra hierba no menos preciosa, la incomparable y especialísima manzanilla de la Sierra, regaló al más humilde de los allí presentes su rica fragancia, su tónica virtud y su savia vivificadora.

    Cada uno tiene su modo de matar pulgas.
    (Frase vulgar.)

Mi último recuerdo de aquella noche es inenarrable, por lo fantástico y sobrenatural. ¡Solamente Hoffmann o Edgard Poe, Flaxman o Gustavo Doré, echando mano de toda su facundia figurativa, acertarían tal vez a darle forma, color, cuerpo, naturaleza artística o literaria! —Mi tosca pluma tiene que limitarse, por consiguiente, a invocar el auxilio de la intuición de los lectores.
Figuraos, pues, como podáis —¡oh vosotros, que me habéis seguido desde Granada hasta aquí, durante esa infinidad de días de San José que hemos pasado en el camino! —lo que sería ver transcurrir toda aquella única noche correspondiente a tantos y tan solemnes días compendiados en uno solo, del modo y manera que la vi transcurrir yo; esto es, en una perdurable vigilia, sin lograr pegar los ojos ni tener adonde volverlos, y reconociendo que efectivamente, como dice el refrán, entre el día y la noche no hay pared.
Figuraos la silla por lecho, la mesa por almohada, el insomnio por pesadilla, el velón, ya extinguido, por compañero, y, por todo recurso y vecindad, el Infierno del Dante, o sea la cama redonda en que mis pobres amigos gritan de vez en

cuando: «¡No hay esperanza!» con la angustiada voz de un horroroso duerme-vela...

y cuando vayáis por aquí en vuestras figuraciones, paraos un rato a considerar el diabólico baile de trajes que armarían dentro de mi cerebro, iluminado a giorno por la fiebre, todos mis recuerdos y emociones de aquel día, todos los personajes históricos con que habla andado a vueltas, todas las quimeras forjadas por mi atrabilis, todos los seres ideales de que había poblado arbitrariamente los más solitarios sitios, y todas las gentes que había matado, resucitado o hecho nacer a mi paso por los pueblos...

Baile de trajes... ¡sí!... Esta pudiera ser la fórmula sensible más aproximada a lo que vi rodar por mi imaginación durante aquellas horas... ¿qué digo? ¡durante aquellas eternidades que permanecí en vela y a oscuras en la sala principal de la Posada del Francés!

Pero, así y todo, ¿cómo daros, idea de aquella galop infernal (divertidísima hasta cierto punto), en que danzaban a un mismo tiempo, o paseaban su gravedad en el centro del vórtice inconmensurable, mujeres y hombres, montañas y ríos, bestias y pájaros, flores o insectos, con la humorística singularidad de haberse usurpado recíprocamente sus vestiduras los Tres Reinos de la Naturaleza? ¿Cómo describiros todas aquellas nuevas fábulas de Esopo, todas aquellas nuevas metamorfosis mitológicas, todas aquellas nuevas alegorías apocalípticas, todas aquellas metempsicosis fehacientes, en que los montes y los edificios tomaban, por ejemplo, el aspecto humano, y los hombres se convertían en árboles o arroyos, y las flores y las frutas en mujeres, y las mujeres en caprichosas nubes, y los irracionales en lo que mejor les parecía (del propio modo que en el presente libro), trocándose por lo general lo inmueble en semoviente y viceversa, y ofreciendo todos estos disfraces, en su misma excentricidad, algún sentido filosófico, alguna paridad remota, alguna lógica íntima, alguna verosimilitud y congruencia, dentro de la ilimitada libertad de la metáfora.

¡Imposible! ¡Imposible!

Básteos, pues, saber (y supla esta árida enumeración por el trasunto pictórico que no me atrevo ni a ensayar) que, entre las cosas creadas que se habían dado cita en mi cabeza para pasar aquella noche de jolgorio, estaban los Pepes y las Pepas del Padul —los Josés y las Josefas de Dúrcal —los Don Josés y Doñas Josefas de Órgiva —Aben-Humeya —LORD BYRON —Felipe II —los Inquisidores

—NAPOLEÓN —el marqués de Mondéjar —MEYERBEER —el alcalde de Otívar —los canarios que gorjeaban en Béznar —los chicos que aquella noche habían cantado la Salve —las voluptuosas laderas de Sierra Nevada —las coquetas olas de la mar —los arroyuelos que hacían de las suyas en las cañadas anónimas —las flores que se adherían al pronunciamiento de marzo —los cristianos que quemaron una mezquita llena de moriscos —los moriscos que quemaron una iglesia llena de cristianos —los puercos de Trevélez a quienes acababa de tocar la quinta —los historiadores árabes que más habían escrito contra el jamón y sobre la Alpujarra —las naranjas, cautivas, haciéndose las suecas, y requebradas por dinamarqueses y rusos —los reyes católicos penetrando por primera vez en la Alhambra —el Picacho de Veleta deseando la muerte del Mulhacén —Boabdil rebelado contra su padre —el mayoral conducido en triunfo por el Postillón y las mulas —el río Grande destronando al río Chico —ROSSINI componiendo la sinfonía de El Valle de Lecrin —MÁRMOL, HURTADO de MENDOZA y PÉREZ de HITA tirándose sus historias a la cabeza —el caballo que se creía el verdadero novio de la novia del jinete —los elementos y las estaciones subordinados a Lanjarón —Chite imponiéndole silencio a Talará —la soledad haciéndole hablar al silencio —AIXA perdiéndose en el desierto —ZORAYA convertida en doña ISABEL de SOLÍS —Granada, enflaqueciendo debajo de su blanco alquicel —Sierra Nevada, armada siempre de punta en blanco —MORAIMA amortajada por Boabdil —el cadáver de Boabdil arrebatado por las ondas —MULEY HACEM enterrado en la nieve —Aben-Aboo colgado cabeza abajo —el enfermo de la litera —Carlos V —el Sol de Aries —la venta —don Quijote —Albacete —los silfos, —las pulgas —los seises —la taza de Teresa —y otra infinidad innumerable de figuras, de entidades, de conceptos, de abstracciones, de fantasmas y de locuras.

Todo esto se hallaba allí conmigo, dentro de mí, alojado en mi ser, bajo formas indeterminables, en imágenes intraducibles y con vestimentas estrafalarias, acosándome sin misericordia en las tinieblas producidas por la extinción de una gota de aceite, en el insomnio causado por el mismo exceso de mis fatigas, y en la soledad resultante del conato de sueño de los demás.

¡y la aurora no venía! ¡El tiempo no pasaba! ¡Los cristales del balcón seguían siempre negros!

Dijérase que se había parado el reloj de la eternidad, y que mi pobre pensamiento, única rueda que había quedado moviéndose en el roto mecanismo de los mundos, estaba encargado de contar por millonésimas los instantes de aquellas inacabables horas.

Fin de la segunda parte

Tercera parte. La contraviesa

Trepaban por lo alto de una vastísima ladera... a orillas del consabido Barranco del Poqueira... tres o cuatro lugarcillos, con sus campanarios..., todos en dirección al mismísimo Picacho (...) aquellos pueblos debían ser Pampaneira, Bubion, Poqueira...

I. Diferentes maneras de amanecer. Segunda campaña contra el mulo

La del aguardiente sería, que no todavía la del alba, cuando quiso Dios que cantara un gallo a lo lejos, al cual le contestó otro más cerca, y luego otro en el corral del Francés; y —como si aquellos tres alertas hubieran sido dados por la trompeta del Juicio Final, a fin de resucitar a los muertos, o más bien por la propia Muerte, a fin de hacerles volver a sus sepulturas antes de que despertasen los vivos— siguiose un silencio muy raro, que no parecía ya el de la quietud, sino el de la acción sin ruido, o sea el del tiempo que echaba otra vez a andar, y, un instante después, principió a sentirse algún movimiento en el piso bajo de la Posada...

Trató de volver a reinar el silencio; pero ya le fue imposible. La fe en que llegaría a amanecer como todos los días, y muy pronto, iba y venía ya con alguien por el establecimiento. Oyéronse, pues, sucesivamente chirridos de llaves y de goznes de puertas que se abrían; trastazos de tropezones; toses vitalicias; pasos remotos; gritos bruscos que solo entienden las bestias; coces sonando sobre tabla; juramentos, relinchos, maldiciones; otros pasos más próximos, recios como trancazos, ganando poco a poco la escalera; y, finalmente, tres furiosos golpes, aplicados a la puerta de nuestro cuarto, y una espantosa voz, semejante a un tiro, que, traducida al cristiano, había querido decir: «¡Arriba!».

Abrí la puerta, y el Día, representado por un candil y por un plato lleno de copas de aguardiente, penetró en aquel calabozo, en aquel hospital de sangre, en aquel campo de batalla cubierto de heridos, o en aquella Sala del Tormento digna de la Venecia de los Dux, anunciando a tanta y tanta víctima como yacía con botas y espuelas sobre un colchón continuo, formado por la yuxtaposición de muchos colchones, que había llegado al fin para todas ellas la hora de la libertad, de la convalecencia, de la misericordia.

—¡Arriba! —contestaron, pues, los nueve compañeros de cama, animándose mutuamente con el ademán, pero sin levantarse ninguno.

—¡Estaría escrito! —añadió uno por lo bajo, consultando su reloj.

—¡Cómo ha de ser! —suspiró otro amargamente, despidiéndose de la almohada.

—Pues, señor —a la noche dormiremos más, dijo de una manera indefinible quien de seguro no había dormido poco ni mucho desde que se acostó y probó a incorporarse.
—¡Vamos a Albuñol! —agregó no sé cuál de ellos, recreándose de antemano en el término de una jornada que no sabía cómo principiar.
y se sentó en la cama.
—¡Pecho al agua, caballeros, que es medio día! —gritó al fin un valiente, dando un brinco y abriendo de par en par el balcón, a fin de que los menos diligentes perdiesen toda esperanza de dormir algo...
y se encontró con que era tan de noche a la parte afuera como a la parte adentro de los cristales.
—¿A quién la pego un tiro? —preguntaba entre tanto, en correcto andaluz, el mozo de la Posada, apuntando con la botella a las copas y con las copas a la asamblea, e indicando de aquel modo que el aguardiente era legítima bala rasa.
—¡Nulla est redemptio! —gimió entonces el más rezagado.
y toda el mundo se encontró de pie.
Eran las cuatro y media de la madrugada; esto es, las cuatro y media de la noche.
...

Pareció, por último, el verdadero día, a la hora prefijada por Dios y combinada por los astros.
Supóngolo así a lo menos; pues, por lo que a nosotros toca, la cosa aconteció, sin que nos advirtiéramos de ella, cuando más ocupados estábamos en el zaguán de la Posada, arreglando las mil y una complicaciones inherentes a la obra de romanos llamada aparejar.
Siempre he admirado a los arrieros en esta operación magna, verificada por lo regular a tientas, a la desatendida voz de «¡Alumbra aquí, muchacho!» cuando el muchacho y ellos están medio dormidos, y el mesón hecho un laberinto de albardas, jáquimas, costales, sillas, bocados, alforjas, capachos, cestas, capas, mantas, sogas y baúles, todo ello completamente igual en apariencia, dentro de su respectivo género... ¡Yo no sé cómo cada uno reconoce, no solo lo suyo, sino también lo ajeno y la infinidad de encargos que lleva; yo no sé cómo todo parece, y cómo, si se pierde algo, se adivina en el acto su paradero; ni tampo-

co sé cómo se las componen a oscuras aquellos dedos de corcho para atar, liar, enganchar, pasar correas, ajustar hebillas, y gobernar al mismo tiempo a los irracionales —que nunca se muestran dispuestos a dejar la cuadra por el camino!

Lo único que he llegado a comprender, por vía de resumen de mis observaciones en la materia, es que cuanto menos saben las criaturas, tanto mejor conocen las pocas cosas que saben. y si lo dudáis, tendeos boca abajo o boca arriba en el campo y estudiad durante horas y horas los prodigios de discernimiento, de sagacidad, de perspicacia, de sutileza y de picardía de que os darán muestras los insectos o las aves.

Pero, aquella mañana, el acto de aparejar se relacionaba con otro problema no menos arduo, que no era ya de la incumbencia de criados y arrieros, sino de la nuestra propia, razón por la cual tuvimos que intervenir en el asunto, privándonos de ver amanecer...

Tratábase de si nosotros, los huéspedes de la Alpujarra, los neófitos en sus caminos, montaríamos en adelante en mulo, o seguiríamos a caballo.

Esta cuestión, que parecía resuelta previamente (y cuyo examen puede seros de gran utilidad práctica a cuantos tengáis que visitar aquel país), se reprodujo en tal instante, en virtud de la serie de razones que paso a manifestar.

Recordaréis haber leído al comienzo de estas páginas que el mulo, según pública voz y fama, era indispensable para recorrer ciertos y ciertos caminos del territorio alpujarreño, y que nosotros, cediendo a la opinión general, habíamos encargado que nos esperasen en Órgiva tres de aquellos tan recomendados cuadrúpedos.

Recordaréis también, los que hayáis tenido la dignación de leer mi viaje por los Alpes, la profunda y razonada antipatía que siento hacia el mulo, según que allí expliqué en una extensa y luminosa disertación que me envidio a mí mismo; y, en cuanto a los que desconozcáis aquella obra, de seguro abundaréis en el propio horror al monstruoso mestizo, viviente columnia de su doble sangre; como abundó, abunda y abundará siempre toda persona bien nacida, y como hallé que abundaban frenéticamente mis dos primitivos camaradas de viaje.

Ahora bien: los tres mulos indicados nos aguardaban desde la víspera en las cuadras de la Posada, muy orgullosos sin duda de vernos pasar por la humillación de entregarnos a ellos como el gran Bonaparte a los ingleses... Pero he aquí que, cuando estábamos ya con un pie en el Bellerophonte, o sea en el estribo, reparamos en que dos o tres de nuestros nuevos compañeros de expedición, procedentes por cierto del Cerrajón de Murtas, es decir, de la región de las águilas y las nubes, habían ido a Órgiva el día anterior, y pensaban ir a Albuñol aquel día, caballeros en sendos corceles...

—¡Ah! —nos dijimos entonces los tres condenados a cantar la palinodia. ¡Con que es humanamente posible recorrer lo peor de los montes alpujarreños sin transigir con el más bárbaro de nuestros enemigos! ¡Con que se puede ir a caballo por el Puerto de Jubiley! ¡Pues a caballo iremos nosotros!
y de aquí surgió el debate.

Nosotros alegábamos, en sustancia, que preferíamos perder un tanto por ciento de probabilidades de no rompernos la crisma a implorar la protección de la bestia por antonomasia. (Señales de aprobación en la izquierda.)

Los alpujarreños de los bancos de enfrente nos contestaban con hidalga resolución que ellos se habían constituido en fiadores de nuestras vidas... (Aplausos. El mozo vuelve a llenar las copas.) y que el casco del caballo era demasiado ancho para los vericuetos que íbamos a escalar aquella mañana. (Rumores.)

A este argumento replicábamos nosotros —retorciéndolo— que: si el peligro era tan evidente, no debíamos, no podíamos, no queríamos (estilo parlamentario) conducir a una muerte segura (Sensación) a aquellos dos o tres amigos que ya se encontraban a caballo.

y éstos, en fin, nos apoyaban entonces elocuentísimamente, diciendo: que la docilidad, nobleza y sentido común del caballo... (Aclamaciones), en oposición a la terquedad, perfidia y estupidez del mulo (Estrepitosas salvas de aplausos), suplían con ventaja el inconveniente que pudiera ofrecer su amplia pisada en los angostos escalones del Puerto; y que, por lo tanto... (Tumulto: confusión. Las voces de «¡a beber! ¡a beber!» impiden que se oiga a los oradores.)

Declarado el punto suficientemente discutido, y puesto el caso a votación, tomose el siguiente acuerdo... contra el dictamen de la mayoría:

Primero: Iríamos a caballo.

Segundo: Dos de los criados pasarían al arma de caballería... en mulo, e irían siempre a las inmediatas órdenes de los más delanteros.

Tercero: El mulo restante sería habilitado de un buen par de capachos (que se compraron incontinenti) con destino a almacén ambulante de provisiones.

Cuarto: Se adquirirían dos jamones añejos, un gato lleno de vino, y todas las naranjas y todo el pan que admitiesen los capachos. (Este artículo se aprobó por unanimidad, y fue también ejecutado sin dilación.)

Quinto: El Criado Mayor, o sea el mayor de los criados, se encargaría, bajo su más estrecha responsabilidad, de este sagrado depósito, con opción a montarse alguna vez sobre los capachos o en las ancas del mencionado tercer mulo.

Sexto: Un hermoso jumento, sumamente simpático y servicial, que había salido de Granada al mismo tiempo que nuestros caballos, cargado con nuestras maletas y con un costal de cebada, sería relevado de hacer un viaje tan penoso; y, en atención a sus distinguidas cualidades, quedaría en libertad de volverse a las plácidas orillas del Genil, muy recomendado a la benevolencia del arriero que lo acompañaba.

Sétimo: El costal y las maletas formarían también parte de la carga del mulo de los capachos, el cual tendría paciencia si le parecía muy pesada.

y octavo: Los otros tres criados seguirían perteneciendo al arma de infantería, y, como muy prácticos en aquellos terrenos, tendrían a su cuidado la constante inspección de vados, torrentes, hoyos, tramos y despeñaderos, a fin de avisarnos por dónde debíamos echar en cualquier caso de apuro para las bestias.

Montamos, pues, y partimos.

II. Tres alpujarreños. El Puerto de Jubiley. Cuesta arriba. En la cumbre. Cuesta abajo

Ya había salido el Sol (eran las seis) cuando bajamos al soi dissant río Grande de Órgiva, desde donde saludamos a lo lejos por última vez a los buenos amigos de aquella villa.

Reducidos entonces a nuestra propia consideración, y antes de lanzar el espíritu en descubierta por el emprendido sendero, nos pasamos revista unos a otros... Ninguna ocasión mejor, por consiguiente, para presentaros nuestros nuevos compañeros de viaje.

Eran, como si dijéramos, tres Jefes de Tribu, acompañado cada cual de alguno de sus deudos.

131

Al mayor de los tres Jefes lo conocíamos de antemano y le profesábamos mucho cariño. Era la persona cuyo nombre figura el primero en la dedicatoria de estas páginas; persona respetabilísima, a quien varias veces habré de mencionar, penetrado de agradecimiento, cuando hable de nuestras reiteradas idas a Murtas, su patria y habitual residencia.

El que le seguía en edad era, y es, y a Dios le pido que siga siendo dilatados años, un hermosísimo Hércules, del género aristocrático y feudal, por el estilo de los Bourgraves del drama de Víctor Hugo; pero dotado de una genialidad tan franca y atractiva, a pesar de su aspecto imponente, que a las pocas horas le hablaba yo de tú... sin darme cuenta de ello.

No vacilo en calificar al menor de los tres como uno de los hombres más cabales que andan por el mundo. a un mismo tiempo era Diputado Provincial, Cura Párroco (de la próxima villa de Albondon), y un bravo mozo del corte físico de Aben-Humeya. Como Diputado, las puertas del sufragio universal (portae inferi) no habían prevalecido contra él: como eclesiástico, había pasado por un crisol de sabiduría; es decir, por el colegio del Sacromonte de Granada; y, como andante caballero, familiarizado con montes y breñas, fue aquel día el alma y la vida de nuestra expedición.

En cuanto a los otros tres alpujarreños, repito que eran parientes de sus Jefes muy amados; y, como donde hay patrón no manda marinero, solo añadiré acerca de ellos (y es su mayor elogio) que ninguno desmentía su casta.

Con que trotemos ya —puesto que lo permite la ancha cuenca de este río— y lleguemos pronto al pie de aquella montaña...

(Trotamos.)

...de aquella montaña, donde nos espera el Puerto de Jubiley, famoso por sus fragosidades...

(Tropezón.)

¡Hombre! ¿Empezamos ya?

Pues, si señor, vamos a subir al Puerto de Jubiley, y a bajarlo, poniendo así a prueba nuestras cabalgaduras.

Pero aún habremos de trepar hoy a una cordillera más elevada...

(Principiamos a vadear el río.)

y esa cordillera más elevada... esa cordillera... ¡Demonio de río! ¡Vaya si es impetuoso! ¡Se marea uno de mirar sus ondas!
(Salimos a la otra orilla.)
...esa cordillera más elevada que tenemos que subir es la célebre Contraviesa, espina dorsal de la Alpujarra...
(No se ve un mulo para un remedio. Todos se han quedado atrás.)
«Trotemos, pues, trotemos»... como se dice en El Desierto de Mr. David; y el que venga atrás que arree, como suele decir el vulgo...
(Trotamos.)
...

—Oye tú, muchacho: canta una copla. ¡Para eso te llevamos a grupas desde el río!...
—Señorito, es Semana de Pasión...
—Dice bien el muchacho: que no la cante.
—Pues no la cantes, muchacho.
—Muchacho, ¿cuántos años tienes?
—Voy a entrar en quintas, señorito.
—Y ¿de dónde eres?
—¿Yo? De aquel cortijo que están ustedes viendo. Vaya... queden ustedes con Dios, y Dios se lo pague. Yo tomo por esta vereda...
(El muchacho se apea, y canta a lo lejos:)

«Dame tu amor o me mato»,
dicen unos ojos negros.
y dicen unos azules:
«Dame tu amor o me muero.»

—¡Espera, muchacho... espera!...
—¿Qué mandan ustedes?
—¿De qué color tiene los ojos tu novia?
—Ya... de ninguno.
—¿Cómo de ninguno?
—¡Ya lo creo! ¡Se murió el año pasado...

—Muchacho, anda con Dios.
Trotemos, sí, trotemos...

Pero os oigo exclamar que, trotando de este modo, vemos muy pocas cosas... Tenéis razón: mas, ¿qué nos interesan ya ni las corrientes que atravesamos, ni las asperezas de menor cuantía en que nos metemos..., si de lo que hoy se trata, como os he dicho, es de subir, primero al Puerto de Jubiley, y después a la cumbre de la Contraviesa, y ver desde allí, de una sola ojeada, todo el ámbito alpujarreño, toda su armazón de montes, y todo lo demás que os oculto ahora para que os cause luego más sorpresa?...
¡Adelante, pues! ¡Adelante!...
Pero ¡ah! ya no se puede correr...
¿Qué digo correr? ¡Ya no se puede siquiera andar como Dios manda...
Llegó el instante de prueba. ¡Ahora o nunca, señores caballos!
En cuanto a nosotros, recemos el Credo...
¡Ha principiado el escalamiento y asalto del Puerto de Jubiley!

¡Bravo! ¡Bravissimo! ¡Bien por los caballos!
Seguimos subiendo... Es posible subir...
¿Qué importa que los escalones sean estrechos? ¿Qué importa que los elegantes cascos de los nobles brutos no quepan en los exiguos hoyos abiertos por el pie ruin de sus enemigos? ¿Qué importa nada? ¡El valor y la inteligencia suplen por todo!
¡Ved, ved, cómo clavan en las escabrosidades de las rocas el filo de las herraduras! ¡Ved cómo tantean la peña hasta encontrar una base plana! ¡Ved cómo saltan cuando no hay otro remedio! ¡Ved con qué precisión caen donde se proponen! —¡Vítor, vítor a los herederos de Pegaso!

Pero no desconozcamos por esto que el Puerto de Jubiley se muestra también digno de su fama.
«Senda, de cuidados y martirios, que solo frecuentan varones de gran abnegación y desprecio del mundo...» llama el gran poeta árabe Ibn-Aljathib a no sé qué camino de la Alpujarra.
Yo debo suponer que lo diría por éste.

«Montaña áspera; valles al abismo; sierras al cielo; caminos estrechos; barrancos y derrumbaderos sin salida...» dice nuestro viril Hurtado de Mendoza, describiendo la región en que hemos entrado.
¡Eso es escribir! ¡Eso es lo que se llama pintar con la pluma!

> Rebelada montaña,
> cuya inculta aspereza, cuya extraña
> altura, cuya fábrica eminente,
> con el peso, la máquina y la frente,
> fatiga todo el suelo,
> estrecha el aire y embaraza el suelo.

¡Por tan alta manera cantó el inmortal don Pedro Calderón de la Barca estos mismos encumbrados breñales, en su drama Amar después de la muerte! y más adelante vuelve a decir:

> Es por su altura difícil,
> fragosa por su aspereza,
> por su sitio inexpugnable
> e invencible por sus fuerzas.

¡Y eso que hablaba de oídas! —Veis, pues, que no hay exageración alguna en mis encomios de la atrocidad de la Alpujarra.
Lo que no haré ahora es añadir ningún rasgo de mi humilde péñola a los inspirados y autorizadísimos que acabo de copiar. La fotografía del Puerto queda hecha.
Diré únicamente que, en lo más terrible y dificultoso de nuestra ascensión, solíamos preguntar a los alpujarreños:
—¿Hay peor que esto en la Alpujarra?
a lo cual nos contestaban de una manera indefinible:
—Hay de todo: mejor y peor.
Es la respuesta sacramental de aquellos desheredados de la... Dirección de Obras Públicas, amantísimos de su tierra, a pesar de tantos rigores como les ofrece.

Decía Tácito, hablando de la Alemania de su tiempo: —«¿Quis porro, praeter periculum horridi et ignoti maris, Asia, aut Africa, aut Italia relicta, Germaniam preteret, informem terris, asperam caelo, tristem cultu aspectuque... nisi si patria sit?».
¡Nisi si patria sit!... Esta frase equivale a un poema.

Llegamos, al fin, a lo alto del Puerto.
Allí volvimos los caballos y nos paramos (operaciones ambas que hubieran sido imposibles durante la subida), ansiosos de contemplar a Sierra Nevada.
La insuperable cordillera, de la cual nos tocaba entonces alejarnos, había ido surgiendo detrás de nosotros, a medida que nos elevábamos, como si, poseída de un legítimo orgullo, nos hubiera querido demostrar que nadie, por mucho que suba, puede llegar a sobrepujarla, y que, si es tolerante con los humildes y se deja tapar allá abajo por cualquier cerrillo sin malicia, es soberbia con los soberbios, y no consiente que ningún monte de sus Estados se dé aires de montaña en su presencia.
Nosotros no lo habíamos dudado nunca. Digo más: precisamente por esa razón (¿quién no ama a los soberbios?) venerábamos tanto y tanto a la que más atrás intitulé la «Madre de Andalucía»... y por eso también, aquella mañana, al par que rezábamos el Credo y aguantábamos como podíamos la frenética irascibilidad del Puerto de Jubiley, no habíamos desperdiciado ninguna ocasión de echar una mirada al indignado Mulhacén..., que avanzaba a caballo por la serena atmósfera, llenando de terror a todas aquellas sierrecillas de mala muerte.
Pero todavía no es tiempo de hacer la pintura del viejo rey de las montañas, ni de sus hijos, ni de su corte, ni del colosal imperio que gobierna...
Día vendrá (y será el de nuestro viaje especial a Sierra Nevada; —viaje que ha de servir de argumento a la última Parte de la presente obra) en que apreciemos en conjunto el sublime espectáculo que llega a ofrecer, más al comedio de la Alpujarra, aquella asamblea de gigantes de hielo, y en que pueda yo haceros su enumeración, medirlos uno por uno, compararlos entre sí, revelaros sus secretos, mostraros sus tesoros y poneros al cabo de todo lo que pasa por allá arriba...

Tened entre tanto paciencia, y haced, como quien dice, la vista gorda ante los prodigios parciales que nos va mostrando poco a poco el que en un tiempo llamábamos «reverso de la Sierra».
Por consiguiente... ¡marchen! —y, al marchar, sírvaos de consuelo que, si ahora no vamos a Sierra Nevada, vamos a otras muchas partes, dignas todas ellas de lo que quiera que hayáis pagado por este libro.

Vueltos otra vez los caballos al Sur, continuamos nuestra jornada.
Ni en aquella dirección, ni a los lados del desfiladero del Puerto, se veía otra cosa que una intrincada maraña de riscos, tajos y matorrales, puestos de acuerdo con bárbara ferocidad para hacer intransitable aquella altura.
La planta del hombre, ora descalza, ora con sandalia, ora con babucha, ora con alpargate, y la herradura de las bestias, ya cóncava, ya convexa, ya triangular, ya en su actual forma de arco árabe, habían necesitado siglos y siglos para trillar el exiguo sendero que nos servía de hilo de Ariadna.
Contentámonos, pues, con haber visto desde aquel cerrajoncillo, más rabioso que elevado, la banda septentrional de la Alpujarra (el resto ya lo veríamos a las pocas horas desde lo alto de Contraviesa), y principiamos a descender...
Al cruzar por enfrente del Peñón del Gallo, nos detuvimos un momento, a fin de oírlo cantar; —e incurro adrede en esta anfibología para que no sepáis si es un peñón o un gallo el que cacarea en aquel sitio.
Los alpujarreños de a pie decían que era un gallo encantado: los de a caballo que un Peñón horadado horizontalmente, enfrente del cual había un eco. Yo solo puedo decir que lo oí cantar dos o tres veces, y que me dio calofrío. ¡Era el cuarto gallo fantástico que me hablaba aquella mañana desde el otro mundo!
En fin: cuando ya distaríamos de Órgiva cosa de legua y media, la Sierra de Jubiley se despidió de nosotros, diciéndonos que no podía continuar más adelante, y nos depositó galantemente y con la mayor suavidad en terreno llano —después de haber hecho todo lo posible por dejarnos sepultados en sus breñas.

III. La nueva primavera. Coronación de Aben-Humeya. La Venta de Torbiscon. Torbiscon y su rambla. Algunos peñones sueltos

Nuestra caminata de aquel día había de ser una continua serie de transiciones y contrastes. Nada más natural, estando, como ya estábamos, enfrascados en la tierra clásica de los accidentes topográficos, de las bajadas y subidas, de las quebradas y los promontorios. La Alpujarra tenía que resultar digna de su nombre.

Por ejemplo: en aquel instante, cuando aún abrumaban nuestra imaginación las escabrosidades del Puerto de Jubiley, recorríamos ya alegremente un apacible vallecillo, en que todo era inocente y delicioso, y donde experimentamos una emoción tan melancólica como dulce.

Hasta entonces, los árboles más subordinados al influjo primaveral; los que sienten correr su savia en febrero; los que ven hinchadas sus yemas en marzo; los que computan las estaciones del propio modo que el hombre, y tienen acaso también su primavera médica; verbigracia, los almendros, los cerezos, los perales, los guindos y demás frutales tempranos, solo nos habían mostrado flores (que, como es sabido, preceden en ellos al follaje); pero allí, en aquel riente vallejuelo, encontramos ya árboles con hojas, o sea las primeras hojas del año. No las ostentaban, es cierto, árboles tan codiciados y preciosos como los que acabo de nombrar... En aquel paraje no se veía vivienda humana, ni había señales de cultivo... Pero había, en cambio, una alameda espontánea, compuesta de alisos, olmos y abedules, muy endebles todavía, retoños sin duda de grandes árboles inmolados por el hacha o arrastrados por el río (pues allí había también un río), y estos retoños, erguidos ya y gallardos como mozuelos de quince abriles, eran los que acababan de arrojar unas hojillas tan verdes, tan tiernas, tan nuevas, tan rizadas todavía, que parecían las primicias del amor, de la ilusión y de la esperanza.

Aquellas plácidas sonrisas de la Naturaleza, aquellos brotes de incipientes encantos, aquellos besos de labios vírgenes, aquellas dulces respuestas de la adolescente tierra a las vivificantes caricias del cielo, probábannos, mucho mejor que las flores del Valle de Lecrin que el Sol había llegado al Ecuador, de camino para nuestro Trópico; que no se había equivocado el almanaque; que estábamos en la estación juvenil de las plantas; que la primavera había entrado aquel día.

¡La primavera! Sea la periódica de la zona en que vivamos, sea la única de la vida del hombre... (y de la mujer), siempre resultará más tristemente patética que el otoño a los ojos nublados por el llanto...

y ¡ay! por poco que se haya vivido, ¿qué ojos humanos podrán permanecer enjutos en presencia de la renovación anual de las campiñas y de los bosques? ¿Quién no echará de menos flores de su alma y frutos de su vida, que huyeron en alas del ábrego para nunca más volver? ¿Quién dejará de llorar —no ciertamente el continuo descaecer de su existencia; no ciertamente este providencial envejecer de cada instante, que nos deja el consuelo de vislumbrar, más allá del sepulcro, otra primavera eterna, en cambio de los ensueños e ilusiones terrenales que nos arrebató la edad— pero sí su amargo destino de sobrevivir un año y otro, como el despojado tronco herido por el rayo, a la muerte de aquellas flores y aquellos frutos, y a la perpetua emigración de las inocentes avecillas que nacieron y anidaban en sus ramas?...
Doblemos la hoja.

Doblémosla, sí, y veamos qué vallejuelo era aquél a que habíamos descendido. Verdaderamente, más que un valle, era una especie de Estrecho que servía de tránsito de un valle a otro.
Porque lo cierto es que estábamos pura y simplemente en un escondido recodo del importante río de Cádiar, que acababa de regar dos leguas más arriba los amplios vergeles de aquella antigua Corte de unos días...
¡Cádiar!... ¡El teatro del drama de Martínez de la Rosa! ¡El lugar aristocrático, donde fue coronado oficialmente Aben-Humeya!... ¡Cuánto deseábamos visitarlo! —¡y cómo hubiéramos querido estar dotados del don de ubicuidad, para echar río arriba, al propio tiempo que de sus orillas nos apartáramos, e ir a hacer noche simultáneamente a aquel histórico pueblo, y a Albuñol, y a otras muchas partes!...
Pero ya que esto no fuera posible, ocurriósenos leer y comentar en aquel sitio los apuntes que llevábamos en cartera, relativos a la gran solemnidad histórica que recuerda el nombre de Cádiar, o sea a la Coronación del reyecillo —que es como casi siempre apellida Pérez de Hita al que había dejado de llamarse don Fernando de Valor.
Aquellos apuntes, extractados de muchas historias, decían así:
(Los viajeros se apean de los caballos, y leen, al par que descansan, muellemente recostados en la verde hierba. Los lectores por antonomasia les prestan atención, o leen también, asomados por encima del hombro del que lleva la voz can-

tante. Los criados, de pie, apoyados en sus escopetas, hacen grandes esfuerzos por entender algo. Las cabalgaduras pacen tranquilamente. TABLEAU.)

Uno de los VIAJEROS (leyendo). «Partido Aben-Farag de Béznar, no tardó en seguirlo Aben-Humeya, acompañado de muchos moriscos; y llegando a Lanjarón, halló que el bárbaro tintorero había quemado la iglesia, llena de cristianos».
Un CRIADO (dirigiéndose a otro). Dime: ¿dónde ha pasado eso?
El OTRO CRIADO. ¡Qué ganso eres! ¿Pues no lo estás oyendo? ¡En Tetuán!...
El CRIADO MAYOR. ¡Callad, zopencos! ¡Qué Tetuán ni qué calabaza! ¿No veis que ha dicho «Lanjarón»? ¡Perros moros! ¡Harto me enteré yo ayer tarde de lo que hablaban los amos sobre sus herejías!...
Un VIAJERO. Pues se enteraría usted también de que los cristianos del mismo Lanjarón volaron una mezquita llena de moros...
El CRIADO MAYOR. Señorito... Dispense usted. ¡No es lo mismo!...
Otro VIAJERO. Ahora es cuando ha dicho usted la verdad... ¡NO ES lo MISMO!
El VIAJERO LEYENTE (continuando). «De allí pasó Aben-Humeya a Órgiva, donde los cercados de la Torre se defendían, y les requirió con la paz; y viendo que no querían oír su embajada, repartió la gente en dos partes: la una dejó en el cerro, y la otra se llevó consigo a Poqueira y Ferreira».
UN ALPUJARREÑO. «Ferreirola» habrá querido decir el autor.
OTRO. Sí; porque Ferreira cae al lado allá de Sierra Nevada...
OTRO. Es verdad. Pero en aquel tiempo Ferreirola se llamaba también Ferreira...
El CRIADO MAYOR. Señoritos, ¿traigo el gato?
Los VIAJEROS. ¿Qué gato?
El CRIADO MAYOR. El del vino...
Los VIAJEROS. ¡Quita allá, hombre!... ¡Vino en ayunas!... Bebed vosotros... y dejadnos en paz.
El LEYENTE (prosiguiendo). «El día de los inocentes estuvo en su casa en Valor, y el 29 de diciembre entró en Ugíjar de Albacete, con deseo, a lo que dijo, de salvar la vida al Abad Mayor, que era grande amigo suyo, y a otros que también lo eran, y cuando llegó ya los habían muerto».
UN VIAJERO. ¿Quién dice eso?
El LEYENTE. Luis del Mármol...

El VIAJERO. Entonces, debe de ser verdad... pues nunca favorece en nada a Aben-Humeya.
El LEYENTE (continuando). «Allí repartió entre los moros las armas que habían tomado a los cristianos, y el mismo día fue al lugar de Andarax... y dio sus patentes a los moros más principales de los partidos y más amigos suyos..., mandándoles que tuviesen especial cuidado de guardar la tierra, poniendo gente en las entradas de la Alpujarra...
»Hecho esto, y dejando por Alcaide de Andarax a BEN-ZIQUÍ, uno de los principales de aquella Taha, volvió a Ugíjar, donde dio sus poderes a MIGUEL de ROJAS, su... suegro, y le hizo su Tesorero general, porque, además del parentesco que con él tenía, era hombre principal, descendiente de los MOHAYGUAGES o Carimes, Alguaciles perpetuos de aquella Taha en tiempo de los moros, a quien, por ser muy rico y de aquel linaje, respetaban mucho los moriscos alpujarreños.
»Aben-Humeya hizo todas estas cosas en un solo día, y aquella misma noche se fue a dormir a Cádiar».

Los LECTORES POR ANTONOMASIA (con indignación). ¡Alto ahí! ¡Esto es un engaño manifiesto! Nosotros no sabíamos...
El AUTOR de este LIBRO. Sé lo que vais a decirme, y tengo preparada la contestación. Lo que me vais a decir es que entre las anteriores noticias figura una relativa al gobierno interior y vida particular del caudillo agareno, que os ha causado tanta sorpresa como disgusto...
Los LECTORES. ¡Sí, señor! ¡Eso mismo!...
El AUTOR. Pues lo peor del caso es que yo la sabía, y que debí participárosla en el Valle de Lecrin cuando encontramos al joven don Fernando de Valor en compañía de aquella morisca tan hermosa, que, al decir de los historiadores, solo era su querida... (los LECTORES se miran con asombro).
Pero (creedme) no procedí de mala fe, sino por olvido: con la gloria se me fue la memoria, y ni por asomos recordé que aquel raptor o robado (fueron mis expresiones) estaba casado con otra mujer, cuya suerte debía de ser bien desgraciada...

y, no habiéndome acordado de pensarlo, mal pude acordarme de decíroslo, ni de condenar (como condeno ahora) todo lo pérfido y escandaloso de aquella manera de viajar... (Los LECTORES principian a calmarse).

Sin embargo, yo no puedo creer que semejante perfidia con la legítima consorte llegase hasta el extremo de haberla dejado abandonada en la capital y expuesta así a crueles represalias de parte de los cristianos... (Todos escuchan con creciente interés.)

y, como las historias se callen sobre este punto, atrévome a suponer que la ultrajada esposa viviría habitualmente en el lugar de Valor, en lo alto de la Alpujarra, donde Aben-Humeya tenía su primitiva casa señorial, y que éste iría aquella mañana en su busca —aunque tan mal acompañado...

¡Desventurada mujer, de cualquier manera!... (Profunda emoción en todos).

¡Mucho más desventurada, sin duda alguna, de lo que nos la presenta Martínez de la Rosa en su célebre drama! —Siquiera allí, en medio de la más horrible catástrofe, aparece muy amada y respetada por su marido, mientras que, como veis, la verdad de las cosas era... (Risas).

Pero consolémonos. Tampoco tenía ya motivos para engreírse la hasta entonces preferida morisca; pues, según refiere Hurtado de Mendoza, el joven héroe, al ceñirse la corona de sus mayores, montó su casa bajo un pie severamente... mahometano.

He aquí las palabras del noble historiador:

«Tomó tres mujeres: una, con quien él tenía conversación, y la trujo consigo (ella): otra del río de Almanzora; y otra de Tabernas, porque con el deudo tuviese aquella provincia más obligada; sin otra con quien él primero fue casado, hija de uno que llamaban Rojas»...

Total... ¡cuatro! (Estupor general. Pausa.)

Ni habían de parar aquí las cosas —como veremos en su día.

¡Ah! El amor fue el talón vulnerable de aquel Aquiles —y por el amor murió efectivamente...

(Al pronunciar el AUTOR estas últimas palabras, dando muestras de hallarse muy conmovido, le dicen afectuosamente.)

Los LECTORES. Perdone usted... Estamos satisfechos... Puede continuar la lectura.

(El AUTOR se tranquiliza: todos se sientan otra vez sobre la hierba, y aquél prosigue de este modo, después de unos instantes de meditación):

Pero la hora de tan justo castigo estaba todavía distante del momento en que dejamos a Aben-Humeya durmiendo en Cádiar.
Recordaréis que aquel momento era la víspera del día de su coronación.
Amaneció al fin este día, y el primer acto del príncipe islamita fue nombrar su Capitán General[33] a aquel don Fernando el ZAGUER, llamado también Aben-Xaguar, de quien ya hemos hablado anteriormente; el cual era tío carnal suyo, hermano de su encarcelado padre, y hombre influyente y acaudalado, que había sido la cabeza y el alma de toda la conspiración...[34]
Mas, pues tenemos a mano a Pérez de Hita, inimitable siempre en la descripción de los cuadros pintorescos de aquella Guerra en que tomó parte como soldado, dejémosle referir a su modo el acto solemne de la coronación de Aben-Humeya. Algo habrá de cierto en su relación.

(Lee). «Cuando Aben-Humeya vido que el negocio de todo punto era roto y que ya no podía hacer otra cosa sino morir o pasar adelante, mandó que la gente que estaba junta, y de guerra, se recogiese en Cádiar, porque les quería dar orden de lo que habían de hacer, y porque con voluntad suya quería ser coronado.
»y ansí, la gente en Cádiar toda recogida, en cierta parte cómoda para el caso (en el campo, porque toda la gente coger pudiese), debajo de una grande y frondosa olivera, se puso un rico estrado, y en él dos sillas ricas puestas, encima de las cuales estaba puesto un rico dosel de seda, reliquia de los pasados reyes de Granada, y en la una silla se sentó don Fernando Muley, y en la otra, a su mano izquierda, su tío Aben-Chochar, el cual tenía alrededor de sí muchos ricos-hombres de aquellos lugares y de otros.

---

33   Yo calculo que esto querrá decir su Ministro de la Guerra; pues Generalísimo de sus ejércitos nombró pocas horas después al Habaquí.
34   «Aben-Chochar» llama defectuosamente Ginés Pérez de Hita a Aben-Xaguar, sin duda por haber tomado su nombre al oído de boca de los moros y no acertar a representarlo mejor en nuestra escritura.

»y viéndolos Aben-Chochar juntos y con ellos una grande tropa de gente armada..., se levantó de la silla, y en voz que todos lo podían oír, comenzó a hablar, mostrando gravedad, lo siguiente».

(Aquí su discurso, que no os leo, porque es largo, y no tan bueno, ni por asomos, como aquél que pronunció en el Albaicin elogiando las cualidades de la raza morisca. Por lo visto, al opulento Aben-Xaguar le daba por la oratoria, como a nosotros; pero sus discursos son mejores o peores según las dotes literarias del historiador que los transcribe. La arenga del Albaicin ha llegado a nuestros días extractada por Hurtado de Mendoza, y así resulta ella de severa, clásica y elegante,[35] mientras que en la oración que aquí omito se echa de ver que el que nos la transmite es hombre de más imaginación que humanidades.)

«Apenas Aben-Chochar (prosigue Pérez de Hita) había dicho estas palabras, cuando todo aquel confuso escuadrón movió un gran alarido, diciendo: «¡Viva el rey don Fernando Muley, a quien escogemos, y queremos que lo sea, para que nos defienda y nos ponga en libertad!».

«y, diciendo esto, muchos de los más cercanos arremetieron a don Fernando, y a él y su silla levantaron en alto, diciendo: «¡Viva el rey de Granada, Muley Aben-Humeya!» —y ansí le tuvieron en alto una gran pieza.

»Luego comenzaron a sonar músicas, dulzainas y chirimías, y trompetas y atabales, con tanto ruido, que parecía hundirse el mundo. Luego le pusieron encima de la cabeza una corona de plata dorada, y rica, que era de una imagen de Nuestra Señora y para aquel caso la tenía Aben-Chochar proveída.

»Después de coronado le fue tomado juramento sobre un libro del Alcorán, que los ampararía y defendería hasta la muerte. Todo lo cual el reyecillo juró (que así le llamaremos de aquí adelante), y, habiendo hecho este juramento, todas las chirimías y dulzainas y otros instrumentos sonaron con gran ruido.

»Luego muchos lugares vinieron a darle la obediencia y a besar las manos...

»Luego mandó hacer bandera y elegir capitanes para que se siguiese la guerra. Los capitanes que se eligieron son éstos:

»el SORRI, de Andarax. ZARCA, de Ugíjar. PUERTOCARRERO, Alcaide de Gergal. el MALEH, de Purchena. HAZEM, de Vélez el Blanco. el GRAVI, de Vélez el Rubio. Aben-BAYLE, de Alcudia. Farag, negro, de Jerque. el JORAYQUE, de Baza. el LALE, Alguacil de Macael. ALHADRA, de Ohanes. ALROCAYME,

---

35   Como imitada de un razonamiento de Tito Livio.

de Guadix. el HAVAQUÍ, de Guadix. el DERE, de Andarax. GIRONCILLO de la VEGA. el DALI. los PARTALES. BERIO. el MELILUZ. el CORCUZ, de Dalias. el GARRAS. el MOHAXAR. el RENTÍO.
»y, sin éstos, otros muchos capitanes, el número de los cuales llegó a doscientos y cincuenta, todos de hidalga sangre, nietos, biznietos de muy principales caballeros que en los pasados tiempos gobernaron a Granada y sus tierras...
»y sobre todos los capitanes fue uno señalado por general de todos, llamado el HAVAQUÍ, varón grave, de buen juicio, valeroso de su persona, de casta de caballeros nobles; era natural de Guadix, o de el Alcudia. a éste le fue dado el bastón de General contra su voluntad»...
Coronado que hubieron los moriscos a su rey, vistiéronle de púrpura (dice Hurtado de Mendoza), y pusiéronle casa, como a los reyes de Granada, según que oyeron a sus pasados».
«Por último (concluye Luis del Mármol), Aben-Humeya, dejando gente de guarnición. en la frontera de Poqueira..., a 30 días del mes de diciembre estuvo de vuelta en el Valle de Lecrin, para si fuera menester defender la entrada de la Alpujarra por aquella parte al marqués de Mondéjar».
...
—¡Vaya bendito de su Dios; que será ir maldito del Dios verdadero!... exclamamos todos nosotros al llegar a este punto.
Y, mientras el insensato entregaba su fortuna y su vida, y las de millares de hombres, al azar de las armas, recogimos los papeles, montamos a caballo y seguimos adelante pacíficamente, en busca del grandioso panorama que nos proponíamos contemplar desde lo alto de la Contraviesa.

A poco de abandonar el frondoso lecho del río de Cádiar, subimos una cuestecilla que nos condujo inmediatamente a la Venta de Torbiscon.
Eran las nueve. Allí almorzamos de lo que llevábamos a bordo, en una alegre plazoletilla que hay a la parte afuera del establecimiento; —establecimiento que nos fue muy útil, sin embargo, puesto que nos proporcionó una mesa del tamaño de una silla, sillas para más de la cuarta parte de los comensales, un agua excelente, y la picaresca cháchara del Ventero y la Ventera, tipos dignos de las novelas menores del Manco de Lepanto.

La identidad de sus caracteres, su ladina bufonería y la continua broma con que se trataban, llamaron vivamente nuestra atención. Pocas veces se habrá visto llevar la cruz del matrimonio con tanto donaire, desembarazo y buen humor como ellos la llevaban... (No habían tenido hijos.) —Con dificultad también se hubiera dado una familia más feliz y alborozada dentro de tanta pobreza... (No tenían hijos.) —Eran ya de cierta edad; no viejos seguramente, pero tampoco jóvenes, y jugaban el uno con el otro como dos muchachos de diez años... (No tenían hijos...) —y, con todo; aquel desmedido júbilo, aquella insustancialidad de su vida, aquel Sacramento practicado en chanza, aquella dicha tan fácil y segura, acabaron por inspirarnos compasión... (¡No tenían hijos!)
—¿Quisiera usted haber tenido cuatro hijos, haber perdido dos, y que le vivieran los dos restantes? le preguntó un día ferozmente a aquella mujer cierto viajero, al tiempo de montar a caballo, procurando que nadie sino ella oyese tan brusca y extravagante interpelación...
y es fama que la risa se heló en el festivo rostro de la ventera; y que sus ojos se nublaron, y que su boca se frunció tristemente, al suspirar de una manera sorda y con una sinceridad que llegaba al alma:
—Sí, señor.

De la Venta de Torbiscon bajamos a la anchurosa rambla del mismo nombre; —lo cual demostraba que nos íbamos aproximando al propio Torbiscon, antigua capital de la Contraviesa.
Pero ¡ay! antes de llegar allí, habíamos de formar juicio de lo que significa una rambla de la Alpujarra... Esto es: habíamos de sufrir todas las fatigas de los desiertos africanos —como acabábamos de saborear en el río de Cádiar, a la bajada del Puerto de Jubiley, todas las dulzuras de los oasis.
Las mutaciones escénicas de aquella jornada no podían ser más bruscas ni más frecuentes.
¡Calor y arena!... He aquí resumida la hora interminable (de las diez a las once) que pasamos subiendo la Rambla de Torbiscon.
No corría un pelo de aire... Se respiraba fuego... ¡Ni un palmo de sombra por ningún lado!... Hubiérase dicho que viajábamos por el mismo globo del Sol, o que el Sol había incendiado la Tierra.

¡Arena, y calor siempre..., o, a lo menos, hasta agotar nuestro sufrimiento!...
Aniquilado todavía mi espíritu, solo con el recuerdo de aquella marcha, no encuentra mejor manera de definirla. ¡y eso que estábamos en marzo!
No diré, pues, más. Añadid vosotros ahora toda la arena y todo el calor que os dé la gana.
Quiso, al fin, Dios... (Pero ¿qué digo al fin? ¡Aquel fin fue solo de la primera, parte!) —Quiso Dios, de todas maneras, que Torbiscon apareciese a nuestros ojos, anclado en la rambla, y sirviendo como de cobertera a un aplastado cerrete...
—¡Bendito sea el hombre, que ha inventado los pueblos para que descansen los caminantes!... pudimos exclamar en aquel momento, plagiando al Luciano del siglo XVIII.
Ello es que pusimos la proa a Torbiscon, en busca de unos minutos de respiro, no sin darnos cuenta de una particularidad muy rara: y era: que no habíamos encontrado en todo el día ni un solo caminante en ninguna de las sendas que habíamos recorrido.

A pesar de la meseta que sirve de asiento a la noble y vetusta villa en que íbamos a entrar, diz que sus habitantes recelan verla sepultada bajo olas de arena, o arrancada de cuajo, el día que menos se lo figuren, por los espantosos aluviones que la Contraviesa envía frecuentemente a aquella endemoniada rambla. Profesan, pues, los torbisconenses cierto linaje de cariño y de agradecimiento a un enorme y hermoso peñón enclavado en medio de ella, un poco más arriba del pueblo, precisamente en el puesto de mayor peligro —el Peñón de Pinos recuerdo ahora que se nombra— del cual esperan que seguirá protegiéndolos como hasta aquí contra una furiosa acometida de las aguas.
Hacen bien en confiar en él... ¡Se lo digo yo! (Así se debe hablar en este mundo.) Aquel rudo monolito, rodado de la próxima montaña durante algún terremoto contemporáneo de Matusalén, y donde quiebra y tuerce visiblemente la primitiva proyección de las avenidas, es y será inconmovible..., mientras no ocurra otro cataclismo como el que le hizo establecerse allí; y, para tales contingencias (de que Dios libre ya a nuestro planeta; pues bueno está como se halla; sobre todo para el poco tiempo que permanecemos en él ahora los mortales:

—¡Matusalén vivió novecientos diecinueve años!), fuera un exceso de lujo tomar ningún género de precauciones.

Torbiscon, donde paramos una media hora, nos recordó aquellas ciudades, favoritas del Sol, que tan prodigiosamente describe Eugenio Fromentin en su libro Un eté dans le Sahara. ¡Tan grato nos fue el sosiego de siesta que respiraba la villa! ¡Tan sabrosa nos resultó la sombra de sus calles! ¡Tan intensamente meridional encontramos todo su aspecto! ¡y tan inestimable don del cielo nos pareció allí el agua fresca!
Aparte de esto, la discreción y afabilidad de aquellos de sus moradores con quienes cruzamos la palabra; el aire grave y circunspecto que conserva aquella antigua residencia de poderosos Corregidores y cabeza luego de un juzgado de primera instancia; el sentimiento de respeto que no pudo menos de inspirarnos, como toda desgracia inmerecida, su decadencia oficial; las noticias que teníamos de su actual riqueza agrícola y de lo preciados que son sus frutos en España y en el extranjero; y, finalmente, la consideración, que ya he apuntado antes, de que aquella era la tradicional metrópoli de la Contraviesa,[36] fueron otras tantas razones para que la imagen de Torbiscon, siquier entrevista tan ligeramente, se grabase en nuestra memoria con indelebles rasgos, y hacen que me complazca hoy de este modo en su agradabilísimo recuerdo.

A la salida de Torbiscon nos esperaba otra hora de angustias semejantes a las que sufrimos a la entrada.
Es decir, que desde las puertas de la villa hasta el pie de la Contraviesa, caminamos siempre por aquella perdurable rambla, circuida de cerros, privada de toda ventilación y cada vez más encendida.
Por eso nunca olvidaré el amor que nos inspiraron otros dos o tres peñones, semejantes al de Pinos, que encontramos de pie, enteramente solos, en mitad de la arena, y escalonados a larga distancia uno de otro, como gigantescas estatuas del dios Término, o más bien como Estaciones o Ventas colocadas allí por el verdadero Dios para hacer posible la travesía de aquel desconsolado erial...

---

36 Torbiscon tiene 2.422 habitantes, comprendidos los ochenta y tantos cortijos y caseríos de su extensa jurisdicción.

Sobre todo, uno de ellos, más alto que los demás, cuadrado y erguido como una torre, y algo cóncavo por la cara que miraba al Septentrión, nos enamoró de tal modo y obligó tanto nuestra gratitud que, si yo fuera rey, lo volvería a colocar sobre la montaña de que se desprendió contra su gusto.

Porque habéis de saber que, entre la escasa sombra exterior (llamémosla así) que el Peñón proyectaba hacia el Norte a aquella hora, y la sembra interior, hija de su concavidad, resultaba, en medio del reverberante y abrasado desierto, un espacio oscuro, fresquísimo, recamado de húmedas hierbas, y hasta de flores salvajes, capaz de contener, como contuvo, y de consolar, como consoló, simultáneamente, a media docena de caballeros y algunos peones —por más que el Sol pasara a la sazón por aquel meridiano.

Allí nos guarecimos, sí, los que íbamos a vanguardia, y allí estuvimos como unos príncipes, hasta que llegaron nuestros compañeros y nos relevaron, como era justo; quedándose ellos entonces de guarnición, por otros breves instantes, en aquella umbrosa isla rodeada por un océano de fuego. Todos a la vez no habríamos cabido.

Partimos, pues, nosotros en busca de otro peñón; —pero ya no encontramos ninguno; visto lo cual, y como prenda de cariño, bautizamos a aquél desde muy lejos con el nombre de Peñón de Zorrilla, en conmemoración de estos dos gráficos versos del príncipe de los trovadores:

      al ronco son de bárbara guitarra,
      debajo de un peñón de la Alpujarra.

Pero, si no encontramos otro peñón, en cambio pusimos los caballos al galope (a riesgo de que se asfixiasen), con tal de salir de una vez de aquella insoportable rambla...

y, en efecto, gracias a un remedio tan heroico, pocos minutos después nos vimos al fin libres de ella, arrimados a una altísima montaña y guarecidos a la sombra de dos o tres corpulentos árboles.

Allí principiaba una cuesta, que se encaramaba desde luego de roca en roca con dirección a las nubes...

—Por ahí tenemos que subir... —nos dijo un alpujarreño.

—¡Mejor! —contestamos los demás, hartos de arena y de llanura.

Era la famosa Cuesta de Barriales.
Estábamos al pie de la Contraviesa.

IV. Subida a la Contraviesa. Historia de una uva

Estábamos al pie de la Contraviesa... es decir: había llegado el momento solemne de trepar a la gran montaña interior del amurallado recinto alpujarreño —de la cual el cerrajoncillo que salvamos aquella mañana, nieto suyo e hijo de Sierra de Lújar, no había sido más que un prólogo, o, por mejor decir, un destacamento de caballería ligera, comandado por el impetuoso Jubiley.

Desde lo alto del Puerto de este nombre habíamos contemplado la línea del Norte de la Alpujarra... esto es, una octava parte de los misterios que anhelábamos descifrar... ¡Desde lo alto de la Contraviesa, o sea desde el eminente Cerro Chaparro, contemplaríamos, como a vista de pájaro, toda la Alpujarra, absolutamente toda, de la frontera del Norte a la del Sur, de la del Este a la del Oeste! Así nos lo prometía, por lo menos, en elocuentísimas arengas el joven Cura de Albondón complacido hasta lo sumo al ver el entusiasmo que nos inspiraba aquella poderosa naturaleza de él tan querida. Hubiérase dicho que era Pedro el Ermitaño, describiendo a los cruzados la hermosura de Jerusalén, a fin de animarlos a sufrir con paciencia las penalidades del camino.

Emprendimos, pues, la subida.

—Ésta fue asunto de dos horas de reloj, repartidas en mil cuatrocientos metros de desnivel[37] (un verdadero asalto); pero, así y todo, no nos pareció tan ruda como la ascensión al Puerto de Jubiley. O ya nos íbamos haciendo, como suele decirse en aquella provincia, o la expectativa de las grandes revelaciones topográficas que nos aguardaban en la cumbre aumentó nuestras fuerzas en aquel otro sendero de palomas.

Confieso, sin embargo, que más de una vez nos causó horror considerar el aspecto que ofrecía nuestra larga caravana, trepando, arañando, gateando ladera arriba, en redoblado zigzag o receñidas eses, como una culebra de desmesuradas proporciones.

Imaginaos, si no, la cosa en su prosaica realidad.

---

37 La Rambla de Torbiscon estará a unos 1.300 pies sobre el nivel del mar. La cumbre de la Contraviesa (Cerro Chaparro) se halla a 6.387: —exactamente la mitad de la altura del Mulhacén.

Si (pongo por caso) ibais de los últimos, solo veíais sobre vuestra cabeza, a muchos metros de elevación, lucientes herraduras y cinchadas barrigas de mulos o caballos; suelas de colgadas botas, apoyadas en estirados estribos, y tal vez las ventanas de las narices de algún amigo del alma, o la parte inferior de las alas de su sombrero...

—¡Espeluznante escorzo, vive Dios! —os decíais llenos de espanto—. ¿En dónde se apoyan las bestias para ir subiendo de ese modo por una pared casi vertical? ¿Qué nos pasaría a todos los que marchamos aquí abajo, en esta retorcida deshilada, si por evento cayera uno de los que cabalgan allá arriba?

—¡Todos —os respondíais—, todos iríamos rodando a los profundos infiernos, empujado cada cual por su vecino!

y, en prueba de ello, de vez en cuando, sentíais caer sobre vosotros menudas chinas (afortunadamente eran menudas), desprendidas por los apurados cuadrúpedos que hacían equilibrios en lo alto.

Ahora: si, en virtud de haber tomado individualmente por algún breve atajo, creyéndolo menos peligroso, caminabais por ventura entre los más delanteros, y os ocurría mirar por encima del hombro hacia aquella reata de jinetes escalonados a vuestros pies —todos de perfil, el uno vuelto a la izquierda, el otro a la derecha, y así alternadamente hasta el remate de la procesión— no podíais menos de reíros en medio de vuestro saludable miedo; pues os parecía que cada uno de los de atrás iba colgado de la cola o de las patas del caballo del de adelante, formando en suma una de aquellas escalas vivas por medio de las cuales bajan los monos a beber agua a los pozos de los desiertos de África.

y en los dos casos, fueseis a la zaga o la cabeza, no comprendíais cómo habíais subido por donde la retaguardia estaba subiendo, o cómo habríais de subir adonde ya se encontraba la vanguardia.

Todo lo cual declaro asimismo (y también lo hubierais declarado vosotros) era todavía preferible al llanísimo arenal de Torbiscon...

¡Siquiera allí, en la Cuesta de Barriales, en los escalones de la Contraviesa, hacía algún fresco a ratos, corrían ráfagas de aire al embocar con éste o aquel gollizo remoto, y encontraba uno tal o cual árbol o desgajada peña a cuya sombra encender un cigarrillo!

«Tal o cual árbol» he dicho; y no era así seguramente como me cumplía expresarme con relación a la Contraviesa, sino de modo y forma que se entendiese que aquella cordillera está casi toda cubierta de árboles... y de árboles muy productivos por cierto.

Rectifico, pues, y digo (aunque limitándose todavía a la falda que íbamos subiendo —la cual es la menos rica, por ser la que mira al Septentrión—) que sus lomas y barrancos ostentaban por doquier, entre otros vegetales menos preciados, dilatadas viñas, extensos bosques de almendros e infinidad de blanquecinas marañas de seculares higueras.

Uvas, almendras, higos... He aquí las principales cosechas de aquella zona, al parecer salvaje. Pero ¡qué higos, qué almendras y qué uvas! —«¡De la Alpujarra!» —se dice en toda Andalucía, como suprema recomendación, al ofreceros esos tres frutos. y, para los inteligentes, no hay más que decir.

Cuando vayamos a Turón, discurriremos especialmente acerca de los higos. En Murtas tendremos ocasión de juzgar las almendras. Aquí me toca hablar de las uvas.

La uva peculiar de la Alpujarra, cuyo prototipo lleva el nombre de la villa de Ohanes, es grande, oblonga, dura..., y pálida y transparente como la cera.

Esta uva no es nunca hollada por el pie brutal del hombre, ni se ve compelida, por consiguiente, a reventar para dar de sí la gran maravilla del mosto... Tampoco va desde la cepa a los mercados de la provincia, en fresco y apretado grumo que penda luego de la mano de un cualquiera, para que este cualquiera lo desgrane poco a poco, por vía de postre, hasta dejarlo reducido a un esqueleto o escobajo... Menos aún se transforma en arrugada pasa... como acontece con las uvas de la vecina costa... Ni tan siquiera es su destino figurar en eso que se llama un kilo (como si se dijese un kilo de perlas), para pudrirse de impaciencia, colgada meses y meses del techo del harem de un metódico sibarita, empapelada o sin empapelar, y dando origen a este decir de mi pueblo: «¡Anda... que eres más tonto que un hilo de uvas!».

No, señor, no; la legítima uva alpujarreña no llega nunca a ser madre... (del vino); —ni viene a parar en fácil bacante que solo dure lo que los festines de otoño; —ni acaba en solterona que se pase y acartone, como la Eugenia Grandet de Balzac, y solo sirva a la vejez para sazonar, vestida de oscuro, tal o cual especie de pouding; —ni es, en fin, jamás emparedada odalisca que espere vez entre otras frutas en la despensa de un goloso, del modo y manera que refiere Lord Byron en el Canto VI de su Don Juan...

La uva de la Alpujarra cumple una misión más noble. La uva de la Alpujarra se mete monja, vive cenobíticamente, y muere virgen.

¿Cómo así?

Vais a saberlo.

El vendimiador de la Alpujarra principia por construir muchas cajas de madera. Sube luego a lo alto de su montaña, donde se crían unos magníficos alcornoques, y les arranca la piel... quiero decir, el corcho. Muele este corcho hasta pulverizarlo, y con aquella materia, que es el mejor preservativo que se conoce contra la corrupción... de las uvas, llena las cajas susodichas. Enseguida coge unas tijeras, y va cortando de cada racimo, una por una, las bayas más perfectas, limpias y sanas, separándolas para siempre de las otras. Consumado esto, procede a esconder entre el corcho pulverizado, también una por una, y en riguroso orden, las uvas elegidas, procurando que estén incomunicadas entre sí y con el aire atmosférico. y, por último, cierra y clava las cajas con el mayor esmero posible, y échase a dormir completamente descuidado, como quien sabe que aquellas reclusas pueden pasar allí años y años sin ninguna clase de detrimento.

Lo que sucede después no es culpa mía, ni tampoco de las uvas alpujarreñas. Es culpa del vendimiador y del grado de locura a que ha llegado nuestra pobre Europa.

Yo, como liberal y como católico, estoy por que haya conventos. Para mí, la mayor de las tiranías es privar a los mortales del derecho de escoger sus compañeros de peregrinación por este valle de lágrimas y de encerrarse con ellos, lejos del vano tumulto de una sociedad atea, a conferenciar con Dios sobre el quia de la vida y sobre el quare de la muerte, sobre el quid de todo lo criado y sobre el esse, fuisse, fore, que dice uno de los Santos Libros.

Pero, amigo: el vendimiador, después de haberse esmerado tanto en la construcción y disposición de sus conventos de uvas, los saca luego a pública subasta...; y como aquellos ingleses, rusos y alemanes de que hablamos en Béznar son todos herejes; como además de herejes, son muy ricos, y como, a pesar de ser tan ricos, no se crían uvas en su país... ¡ni respetan clausura, ni respetan votos, ni respetan nada!

Vese, pues, a estas vestales españolas (pálidas y transparentes como la cera, que dije más atrás) morir mártires en las más abominables metrópolis del Norte, devoradas por una especie de osos protestantes, o cuando menos cismáticos, cuyos dientes, ennegrecidos y desportillados por el escorbuto... ¡Ah! ¡Qué horror!

—No puedo continuar...[38]

Resumiendo: las uvas de la Contraviesa se exportan por Almería, Adra o Motril con destino a las naciones septentrionales de Europa..., y yo he aprovechado gustosísimo esta nueva ocasión de hacer la causa de la raza latina contra sus rivales del Continente, a fin de que mi libro tenga su lado trascendental. No quiero que se me tache de autor frívolo y sin sustancia en unos tiempos en que tanto abundan los filósofos.

Por lo que respecta a nuestro viaje o escalamiento, dicho se está que proseguía sin interrupción... posible —mientras que yo me esforzaba de aquel modo por encerrar el universo en una uva.

Tocábamos ya, pues, casi a la cima de la Contraviesa, y veíamos debajo de nosotros muchas de sus fértiles cañadas, llenas de cortijos y casas de labor; bien que no extensos y remotos horizontes... En cuestas como aquélla, no se va descubriendo terreno a medida que se asciende; sino que hay que llegar a lo alto para descubrirlo todo de un golpe.

Nuestra ansiedad era, por consiguiente, extraordinaria cuando, a eso de las dos de la tarde, comprendimos que nos faltaba muy poco para salir a la plataforma de Cerro Chaparro.

—¡Prepárense ustedes a la gran emoción! —nos decía desde lejos el buen cura con su voz de misionero y su gran instinto dramático—. ¡Desenvainen lápices y carteras! ¡Estamos llegando a la cumbre!

---

38 I write this perfectly aware that England is the country of beautiful teeth, and above all of clean teeth. I have also seen german, danish, polish, swedish and russian teeth could be compared to a pearl necklace. Putting aside every consideration I am obliged to be a party man, and must write what suits my feelings and those of my race. (To what race do I belong?).

y nosotros sacábamos fuerzas de flaqueza, y se las hacíamos sacar a los caballos, para ganar los últimos escalones de la montaña...

¡Llegamos al fin!...
El cielo avanzó por encima de nuestras cabezas, como un mar que rompiera sus diques, e invadió un inmenso espacio circular, anegando y sepultando bajo sus olas todos los montes que hasta allí nos habían parecido insuperables...
Solo nosotros quedamos flotando en el general diluvio... Solo nosotros dominamos entonces, en muchas leguas a la redonda, la vacía soledad del aire.
La Alpujarra entera estaba a nuestros pies.

V. Mapa de piedra y agua
Realizábase, pues, en aquel momento mi deseo de toda la vida. La revelación era completa. ¡Todo el ámbito de la inexplorada región se hallaba descifrado ante nuestros ojos!
Sí: desde allí descubríamos todo el suelo alpujarreño... orográficamente considerado; esto es, la misma Sierra Nevada, toda la Sierra de Gádor, toda la Sierra de Lújar, y toda la costa, toda la orilla del mar... ¡Las cuatro fronteras, en fin, de la comarca de mis sueños!

¡El mar! —¡Calle todo ante su grandeza!
¡Salud al mar, siempre nuevo, siempre joven, siempre el mismo!
¡Salud al mar eterno, indiferente a los estragos que los siglos y los hombres hacen en esta caduca tierra, patria de los calendarios y de los mortales!
¡Salud al mar, que no entiende de razas ni de civilizaciones, y que así acaricia con sus olas el litoral de África como el litoral granadino, y del propio modo se encoge hoy de hombros ante nuestra República ateísta, que ayer se encogía de hombros ante... Aben-Humeya!
¡Salud al mar!...

Pero he exagerado un poco al decir que se veía toda la costa, cuando precisamente lo que había allí de más notable era: —que se divisaba una gran extensión del líquido elemento, sin descubrirse por eso sus playas.

Más claro: los oteros australes de la Contraviesa se destacaban sobre la bóveda del mar —en vez de destacarse, como los otros montes, sobre la bóveda del cielo.

Y digo la bóveda del mar, porque desde aquella suma eminencia (¡oh maravilla!) veíamos el Mediterráneo..., no debajo de nosotros como una llanura, sino colgado del firmamento como un telón; no tendido en semicírculo horizontal, como resulta cuando se le mira desde sus riberas, sino levantando un enorme arco, o más bien un enorme disco, sobre la línea del horizonte, cual si fuese una inconmensurable sierra de agua.

Nunca había reparado yo hasta entonces en aquel sorprendente efecto de óptica —que, si no me engaño, se debe, entre otras causas, a la redondez (tantos siglos desconocida) del planeta en que escribo estos renglones...

Por cierto que detrás de aquel arco o mitad de disco, o sea por encima de él, se percibían vagamente, a pesar de esa redondez de la tierra, algunas cumbres del gigantesco Atlas, rey de los montes africanos... ¡Tan elevadas se hallan sobre el nivel del mar!...

Pero, como nos constaba que en la prosecución del viaje habíamos de distinguir varias veces, y mucho más claramente que aquella tarde, la que ya hemos llamado Sierra Nevada del Imperio de Marruecos (pues de algo habría de servirnos trepar, como treparíamos el Miércoles Santo, a la Sierra Nevada de la Península Española), aplazamos para entonces todas las consideraciones a que se prestaba aquella exótica lontananza... aún a los ojos de los que no teníamos parientes moros, judíos, renegados, presidiarios, ni de guarnición en Melilla.

Reduzcámonos, pues, también ahora a la contemplación de la Alpujarra, dejando en paz el vecino continente. Miremos, sí (ya que, gracias a Dios, la tenemos ante la vista), la célebre tierra por que tanto hemos suspirado, y no seamos como los ambiciosos o los amantes, que matan, al mismo tiempo que el deseo, la cosa deseada, y enseguida se ponen a llorar por lo que queda.

y bien: desde lo alto de Cerro Chaparro se veía lo siguiente...
Pero digamos antes lo que no se veía.

No se veían ni los pueblos, ni las vegas, ni las playas, ni las puntas, ni las torres (iunas de carabineros y otras de faros!) que bordan, según descubrimos más adelante, las solanas y el zócalo de aquellos colosales cerrajones.
No se veían tampoco (sino vagamente indicados por las curvas y vueltas de un redundante laberinto de cerros y gargantas) los valles interiores de aquella entrecortada tierra —todos los cuales quedaban ocultos (como en una especie de subsuelo, que dicen las leyes de minas) bajo el recio oleaje formado por tantas sucesivas eminencias.
Menos aún se veían (aunque se adivinara su trayecto) los prolongados ríos de Cádiar, de Yátor y de Adra —cuyos hondos lechos seguía la imaginación leguas y leguas, sin más ayuda que el continuo paralelismo con que serpenteaban ciertas y ciertas lomas.
No se veían, en fin, ni tan siquiera los mismos pueblos de la Contraviesa, a pesar de encontrarnos encima de casi todos ellos.
iTanto influye la más leve oblicuidad del punto de vista en la perspectiva del dédalo de escarpaduras y derrumbaderos que constituye la Alpujarra!... como, en el orden moral, influye también mucho en nuestras ideas y sentimientos el punto de partida del rayo visual de nuestras apreciaciones, o sea el aspecto más o menos escorzado que nos ofrecen el mundo y la vida.

Pero, aún así, icuán revelador y cuan interesante era aquel desmesurado mapa de piedra y agua que nos exhibía, en escala natural, el efímero Reino de Aben-Humeya! iCuán imponente resultaba aquel panorama de ochenta leguas cuadradas de tierra firme y de no sé cuántos centenares de leguas cuadradas de flotantes olas, del cual nuestras pupilas sacaban una descompasada fotografía, iluminada y colorida por el pincel de la Naturaleza! iCuán grandioso era, en una palabra, todo lo que se veía!
Digo más: considerando bien las cosas, veíamos con los ojos del espíritu aún aquello mismo que no se veía; —como se contemplan imaginativamente todas las calles, casas y personas de una vasta población cuando, desde su más empinado campanario, se pone uno a tirar líneas y echar cálculos sobre un piélago de tejados y azoteas...
Ni ¿qué otra cosa era el revuelto océano de montes que dominábamos desde allí, sino los tejados y azoteas de la Alpujarra, debajo de los cuales estaban sus

valles, alias sus plazas; sus ramblas, alias sus calles; sus barrancos, alias sus callejones, y sus pueblos, alias sus gentes?
Ochenta leguas cuadradas, vuelvo a decir, ocupaban aquellas cordilleras sucesivas, aquellas encrespadas olas inmóviles (semejantes a las que el hielo petrifica en los mares del polo), aquellos ejércitos de cerros, aquellas cumbres amotinadas; verdes unas; pardas otras; blancas éstas; rojas aquéllas; cuáles erizadas de cenicientas rocas; cuáles dentadas de negros riscos; dónde vestidas de aterciopeladas siembras; dónde coronadas de oscuras encinas; aquí dibujándose en el azul del cielo, que resultaba de color de esmeralda comparado con el azul de Prusia del mar; allí destacándose sobre las limpias nieves de Sierra de Gádor, o sobre los amarillos arenales del Campo de Dalias...
Verdaderamente, tal espectáculo tenía mucho de extraordinario y maravilloso.
¡Qué soledad tan engañadora! —Aquel suelo, que no era suelo, sino la techumbre de la Alpujarra (escondida allí debajo, como una nación de trogloditas), podía compararse a la espesa capa de ceniza y tierra vegetal que disimuló durante diecisiete siglos la supervivencia de Pompeya.
Así es que nuestra curiosidad. de conocer los pueblos y valles alpujarreños subió más y más de punto al ver la tenacidad con que se ocultaban, y sobre todo al oír a nuestros compañeros de viaje hacernos su enumeración y señalándonos con el dedo el lugar en que caía cada uno.

Solo en la Cordillera cuya cima coronábamos hacía una hora —siempre a caballo, a fin de ganar otro metro de altura y de ir buscando los miradores más eminentes—, escondíanse catorce pueblos, ora colgados de sus cumbres, ora guarecidos en lo profundo de sus barrancos, ora asomados al mar por las ramblas y laderas de la costa. Dichos pueblos se llaman Mecina-Tedel, Murtas, Turón, Albondon, Albuñol, Sorvilan, Polópos, Rubite, Oliar, Bárgis, Alfornon, Fregenite, Jalcázar y Torbiscon.
Por éste último ya habíamos pasado aquella mañana. a Alfornon y Albuñol los veríamos aquella misma tarde. Murtas, Mecina-Tedel y Turón formarían parte de nuestra inmediata excursión al cerrajón de Murtas y a la costa. Albondon sería objeto de un viaje especial, e inolvidable por todo extremo. a los demás lugares de la Contraviesa no habíamos de llegar a ir, si bien pasaríamos por la jurisdicción de casi todos ellos al abandonar la Alpujarra.

En cambio, nuestra ansía investigadora no perdonó (como veréis en su día), ni siquiera uno de los pueblos de Sierra Nevada correspondientes al Distrito de Ugíjar...
y es que estos otros pueblos y la Taha de Andarax (enclavada ya en la provincia de Almería; pero de la cual veíamos claramente la descubierta entrada), tenían para nosotros el encanto de haber sido el teatro de las más célebres hazañas y aventuras de Aben-Humeya y Aben-Aboo —de quienes seguíamos acordándonos a todas horas.

Pero concluyamos ya, diciendo algo de la Contraviesa en sí, o sea de su propia configuración.
La Contraviesa, es una cordillera secundaria, paralela a Sierra Nevada, y al mar; lo que quiere decir que, mientras los demás hijos del Mulhacén corren de Norte a Sur, ella corre de Poniente a levante. De aquí su particularidad y el llamarse como se llama.
La Contraviesa es, por consiguiente, el gran contrafuerte o antemural del Mulhacén por la parte del Sur, como Sierra Arana., en el partido de Iznalloz, lo es por la parte del Norte. El río de Fárdes responde al río de Cádiar.
Para los principales geógrafos españoles (y también en mi humilde opinión), el Cerrajón de Murtas y la Sierra de Lújar, forman parte integrante del sistema de la Contraviesa. La Contraviesa, tiene, pues, once leguas de longitud.
El corresponsal del señor Miñano en la Alpujarra (corresponsal que debió de ser un hombre muy ilustrado), le dijo que «las puntas de Carchuna y de Guardias Viejas parecen dos áncoras arrojadas al mar por la Contraviesa para afianzar su estabilidad en el punto que ocupa en la península». Yo, por decir también algo gráfico, añado: que la Contraviesa parece una pantera enorme, de remendada piel, cuya cabeza es la Sierra de Lújar; cuyas manos se llaman la Punta de Carchuna, y la Sierra de Jubiley; cuyas patas forman los Montes de Adra y los Cerros de Cojáyar, y cuya cola se extiende tanto como el Cerrajón de Murtas.
Finalmente: la cadena de la Contraviesa es la espina dorsal de la Alpujarra; el eje de su esqueleto; lo que la quilla en un barco, vuelto lo de abajo arriba; lo contrario de lo que sería la misma Contraviesa, vuelto lo de arriba abajo (!!!).

VI. Singularidad de las montañas alpujarreñas

No bien nos convencimos de la gran verdad con que termina el capítulo anterior, echamos pie a tierra y nos sentamos al pie de unas robustas encinas que, en unión de los susodichos desollados alcornoques, sirven allí de penacho a la Contraviesa.

Serían las tres de la tarde. Para bajar a Albuñol, término de nuestra jornada, nos bastarían dos horas. Podíamos, por consiguiente, descansar en aquella altura, donde hacía fresco, pero en la que, sin embargo, no venía mal la sombra de los árboles...

Salieron entonces a relucir las naranjas, el vino y las sabrosas pláticas propias de las amistades recientes, todo lo cual revestía una poesía inmensa en aquella región, más frecuentada por las nubes que por los hombres...

Entre tanto; sumando ya en nuestra imaginación todo lo que acabábamos de ver en globo desde allí y todo lo que llevábamos visto más al por menor desde que salimos de Órgiva, principiamos a caer en la cuenta de la verdadera singularidad de la Alpujarra —singularidad que la hace diferenciarse esencialísimamente de los demás países montuosos de Europa...

Entonces uno de nosotros pidió la palabra; y, bien que no tomando un puño de bellotas en la mano como don Quijote (pues las encinas no daban más que sombra en aquella estación); pero sí tendiéndose a la larga sobre un lecho natural de seco musgo, y fijando los ojos en aquellos árboles seculares que tantas bellotas habrían criado —enderezó a la reunión (tendida también boca arriba en aquella azotea del globo terrestre) el siguiente elocuentísimo discurso... que os aconsejo leáis, puesto que os servirá de clave para entender todas mis pasadas y futuras descripciones de la comarca alpujarreña:

«Pues, señor, está visto; y se equivoca el que se figure lo contrario: —no basta, ni por asomos, haber recorrido la cadena de los Alpes o la de los Pirineos (entre las cuales ocupa el término medio, como elevación, la cadena de Sierra Nevada); digo más: no basta tampoco haber contemplado la faz septentrional de esta misma Sierra, para poder figurarse de manera alguna la fisonomía general de los montes y valles que van apareciendo a nuestros ojos.

Los Alpes y los Pirineos, y todas las montañas de nuestra zona, ofrecen a la vista un mismo carácter... más o menos pronunciado, según su altura barométrica y su latitud geográfica... pero siempre idéntico en sus rasgos, en su entonación pictórica, en su género poético, en su influjo sobre la imaginación. Nebulosas cimas, húmedas laderas, espumantes cascadas, brumosos lagos; un ambiente empapado de frescura; un cielo lleno de fantasmas; arroyos por todas partes; misteriosas quebradas, asilo de eternos crepúsculos; esponjadas hierbas, cabañas grises, valles melancólicos, muchas vacas, mucho humo, muchos puentecillos de madera... y algo, en fin, de yerto, de rugoso, de aterido, de huraño, de atormentado, en la austera vegetación que allí lucha a brazo partido con el inclemente Boreas... Tales son comúnmente los obligados distintivos de las montañas europeas, así en Santander como en la Toscana, así en Segovia como en el Tirol, así enfrente de Pau como en Suiza, así en la Auvernia como en las provincias vascongadas... Tales al menos os las representaréis, como yo, en este instante, recordándolas amorosamente, y poblándolas (con la propia inspiración bebida en ellas) de mil creaciones suaves, lánguidas, indecisas, vaporosas, impalpables...

La Alpujarra, como veis, es absolutamente distinta. Verdad que aquí hay también nieves (en lo alto de aquella Sierra...), y valles, y ríos, y peñascos, y derrumbaderos, y hasta alguna vez nubes... pero ¡cuán diferentes todas estas cosas! —El tono, el color, la luz, el ambiente, todo varía aquí por completo. Un cielo, casi siempre despejado, y de un azul puro, intenso, rutilante, empieza por servir de fondo a todas las decoraciones, disipando con su viva refulgencia vaguedades, misterios, nebulosos contornos, indeterminadas fantasmagorías. Una tierra cálida y enjuta nutre con la sangre de sus entrañas, y no con el lloro de sus peñas, esos manantiales de luz y fuego que se llaman el olivo y la vid, o los elíseos frutos que roban sus más vistosos colores al iris. Aquestos valles no contrastan con lo petrificado por el frío, sino con lo calcinado por el Sol. Aquestas rocas, lejos de sudar agua, funden y acrisolan metales. Las flores son fragantes y valientes, a pesar de la vecindad de los viejos ventisqueros, y el arroyo que baja de las regiones muertas se asombra de encontrarse con las adelfas silvestres o con las ferozmente grandiosas higueras chumbas, orladas de arrumacos verdes y pajizos, como las princesas etíopes. ¡Ah! La influencia de la Sierra es casi siempre vencida por la de los vientos de África. El Sol puede aquí más que la nieve.

Pero, en medio de todo, hago mal en acalorarme tanto; pues ni estoy defendiendo a la Alpujarra contra ningún injusto agresor; ni tengo deseo de malquistarme con otros montes, que también amo mucho; ni se trata de probar que el reverso de Sierra Nevada sea el más bello país montuoso de Europa; sino pura y simplemente de discernir una diferencia y de explicar en qué consiste.
Pues bien: concluiré haciéndoos notar que, así como todas las montañas de nuestra zona parecen hijas del invierno, la Alpujarra parece hija del verano. En lo hondo de los valles de los Alpes y de los Pirineos, se ven, por ejemplo, a la puerta de las chozas, témpanos de hielo rodados de la altura, o algunas pobres piñas desprendidas de la ladera... a la puerta de los cortijos alpujarreños veis montones de almendras nacidas cerca de las nubes, o naranjas sin dueño que se han escapado del terromontero vecino. Allí se sueña a la luz de la lámpara... Aquí se duerme a la luz de la Luna. Allí se esculpen, en septiembre, al fulgor de una tea, baratijas de palo... Aquí, en octubre, se pasan uvas e higos al calor del Sol. Los bardos de aquellas montañas las personifican siempre en deidades de ojos azules... La Alpujarra es una montaña de ojos negros. «Montaña» suele implicar la idea de maga, de sílfide, de oréada, de ser quimérico, errante, vaporoso como la niebla... La Alpujarra es una saludable odalisca, o, cuando más, una peri, una hurí, una divinidad, en suma, de carne y hueso, prometida por El Corán a los méritos de los musulmanes»...

Terminó el orador, y quedose asombrado al ver que nadie aplaudía ni le contestaba...
Entonces reparó en que todos sus compañeros se habían dormido.
y, por cierto, que (según le contaron después) cada cual estaba soñando una cosa diferente...
El uno soñaba que lo habían hecho rey, pero que no sabía serlo; —por lo que se alegró mucho cuando despertó y se vio libre de aquel cuidado y de aquella esclavitud...
Otro soñaba que se había encontrado, en el mes de julio, un tesoro de innumerables miles de millones, a pesar de lo cual seguía viviendo como cuando era pobre, pues no se le ocurría en qué gastar el dinero; pero que, llegado que hubo el invierno, sintió frío, y encargó que le hiciesen, para su exclusivo uso, trescientas sesenta y cinco capas.

Otro soñaba que se había muerto y estaba ya camino de la gloria; de cuyas resultas se apesaró luego extraordinariamente cuando despertó y vido que se hallaba todavía en este mundo...

Soñaba otro que estaba leyendo un libro titulado la ALPUJARRA, muy parecido al presente, y que al llegar al punto por donde vamos, se había hartado ya de Orografía, Hidrografía, Topografía y demás ramos de la Geografía; —por lo que suplicó al autor no volviese a hablarle de montes y breñas con tanto detenimiento y procurase que la cuarta parte de su obra resultara más variada y entretenida que la tercera... y el autor se lo prometió solemnemente.

Otro soñaba que Aben-Humeya, el marqués de Mondéjar, el de los Vélez, Aben-Aboo, don Juan de Austria y el duque de Sesa lo llamaban desde lejos con grandes voces, para que fuese a presenciar los dramáticos lances, recias batallas y amorosas escenas en que estaban interviniendo; —y que él les ofreció correr en su busca tan luego como descansase en Albuñol.

Otro soñaba que todos los respetables curas párrocos de los pueblos de Sierra Nevada, correspondientes al partido de Ugíjar, nos habían enviado a decir con sus sacristanes que la Semana Santa iba a empezar, y que si no nos dábamos prisa en recorrer los pueblos del Gran Cehel, se frustraría nuestro propósito de conmemorar los Misterios del Jueves y Viernes Santo en las iglesias de la región de las nieves...; —a lo cual habíamos contestado nosotros que descuidasen; que llegaríamos a tiempo.

Soñaba, en fin, no sé cuál de los durmientes, que un pobre soldado, tenido por medio loco, se estaba examinando de ética ante un tribunal compuesto de El Valle de Lecrin, La Contraviesa, La Costa, y Sierra Nevada, y que, habiéndole preguntado esta última:

—¿Quién le parece a usted más grande y quién preferiría usted ser: Alejandro Magno, o don Quijote de la Mancha?

—¡Don Quijote de la Mancha! —contestó sin vacilar el soldado.

Miráronse los examinadores, inclinando la cabeza en señal de asentimiento, y dieron al soldado la nota de nemine discrepante; pero el público que presenciaba los exámenes se reía entre tanto a mandíbulas batientes.

Irritose con esto Sierra Nevada, hasta ponerse más roja que cuando reverberan en su faz los últimos resplandores del ocaso, y, levantándose tan alta como es, prorrumpió en este brillante apóstrofe:

—¡Reíd, almas frías! ¡Reíd! ¿Qué entendéis vosotras de moral? ¡Reíd, mientras que los Quijotes os compadecen de tal manera que, por listos y aprovechados buzos que seáis, nunca lograréis medir las profundidades del mar de su desprecio, ni menos robarles las riquísimas perlas, tamañas como nueces, con que Dios se sirve hermosear y consolar el alma de los deshacedores de agravios!
...
Con que terminemos.
Visto que todos dormían, el orador, lejos de enfadarse, se durmió también...
Y poco después se durmieron los criados...
Y así se realizó lo que estaba escrito, de que fuese en lo alto de aquella montaña donde,

> sin más testigos que el vecino cielo,
> y a la sombra de encinas y alcornoques

(estos dos versos los hice yo al tiempo de dormirme), descabezáramos todos aquel sueño que habíamos sacado íntegro de la inolvidable Posada del Francés. Quedaron, pues, únicamente de pie, aunque también inmóviles, en la solitaria cumbre de la Contraviesa nuestras silenciosas cabalgaduras..., que, vistas desde abajo, harían el efecto de aquellos grupos de caballos de bronce que en la antigüedad romana coronaban algunos Arcos de Triunfo.

Fin de la tercera parte

Cuarta parte. El gran Cehel

...descubrimos a nuestros pies las casas..., unas debajo de otras, como los peldaños de una escalinata...

I. De cabeza al mar. Las eternas moriscas. Alfornon. Recuerdos de África. Dos tradiciones. Albuñol a lo lejos. Llegada a Albuñol
A las cuatro de la tarde montamos a caballo y emprendimos la bajada a la costa. ¡Veleidad humana! —Veinticuatro horas antes, no deseábamos más que escalar montañas, medir derrumbaderos, atravesar soledades agrestes, perdernos en inexploradas regiones, y hacer, en fin, todo lo posible por incomunicarnos con la llamada sociedad...

Ya, nuestro anhelo y nuestra impaciencia eran por bajar a terreno llano y expedito, a comarcas fértiles y cultivadas, a la orilla del mar (camino de todas partes)... y por ponernos en íntima comunicación con el mundo de los hombres, de las mujeres y de los niños.

Albuñol, el rico pueblo costeño, en que habíamos de hacer noche, empezaba a sonreírnos como expectativa... Palmeras, flores, frutos, templadas brisas, cómodas viviendas, trato social, Alcaldes, camas, periódicos, comida caliente... y, a lo lejos, velas en el Mediterráneo, hablándonos de la universalidad de la vida humana y del movimiento del siglo...: —tales habían llegado a ser nuestros dorados sueños —que, por cierto, se convirtieron pronto en realidades.

¡Muy pronto, sí!... La bajada era allí tan pendiente como áspera había sido la subida por el otro lado. Aquello era ir ya de cabeza a la playa. Así es que, a los pocos minutos, en la cuesta llamada de Alfornon, empezamos a ver otra vez hojas en los árboles, otra vez olivares y viñas, y otra vez blancos cerezos y colorados guindos...

(Esto de blancos y colorados lo digo por las flores de que estaban cubiertos.)

Pero hubo más. En los abrigados barrancos de aquellas vertientes, adonde no pueden llegar nunca los aires fríos de Sierra Nevada, pero en donde tienen libre acceso los cálidos vientos africanos, nos salieron al encuentro las primeras golondrinas de 1872.

Quince días llevaban ya de estar allí, procedentes de la Costa del Moro, sin que todavía se hubiesen atrevido a salvar la Contraviesa, y mucho menos el Mulhacén, para invadir el resto de España...

Así nos lo dijo el señor Cura —el cual añadió luego:

—Todos los años hacen lo mismo, y, algunos, hasta se vuelven a África, si la primavera alpujarrena se presenta demasiado inclemente. Ya hace dos semanas que las estoy viendo revolotear por aquí, entregadas a sus observaciones meteorológicas o a sus reconocimientos militares.

—Eso demuestra —observó uno galantemente toda la benignidad del clima de esta costa—. A Guadix nunca llegan las golondrinas antes del día de San Felipe y Santiago...

—Es cuando generalmente pasan la Sierra por aquella parte —replicó el Sacerdote—. A Granada, que es tierra más baja y menos fría que Guadix, llegan mucho más temprano, en busca de sus antiguos nidos.

—¡Nobles viajeras, padre Cura! —exclamó el otro—. Son las eternas moriscas... ¿no es verdad?

—¿Cómo he de quitarle yo la razón a un poeta? ¡Pero no olvide usted que también son las que arrancaron las espinas de las sienes del Redentor!

—¡Justamente! y por eso no las matan nunca los cazadores. ¡Ah! Yo adoro las golondrinas.

—Y yo también —dijo un tercero, gran labrador por mas señas, interviniendo en aquel diálogo.

—A mí me recuerdan siempre —continuó el poeta— aquel Último Abencerraje de Chateaubriand que vino a visitar religiosamente el que había sido Reino mahometano.

—Pues a mí —repuso el labrador— me limpian la siembra de muchos bichos dañinos.

—Es un tercer mérito de estas preciosas aves, se apresuró a exclamar discretísimamente el señor Cura.

Hablando así, llegamos a un Barrio, denominado Alfornon, anejo de un lugar, distante de allí tres kilómetros, que se llama Sorvilan.

En las 122 casas de aquel barrio no había casi nadie cuando nosotros pasamos. Solo algún niño que todavía no sabía andar sino a gatas, o algún viejo que ya se encontraría otra vez en el mismo caso, vimos sentados al Sol, en el tramo de tal o cual puerta, como encargados de custodiar la aldea durante la ausencia de sus moradores...

Esto trajo a nuestra imaginación aquellos aduares que encontró el ejército del difunto General O'Donnell en las estribaciones de Cabo-Negro, el día de su paso al llano de Tetúan. ¡La misma soledad, más triste aún que la de los despo-

blados! ¡El mismo silencio melancólico! ¡El mismo aparente aislamiento y olvido del resto del mundo!
La única diferencia que existía entre los aduares africanos y el barrio alpujarreño, era que los habitantes de aquéllos los habían abandonado para guerrear, y los de éste para cultivar las laderas de los montes circunvecinos.
—Pero ¿y las mujeres? me diréis.
¡Pobres mujeres! —Las de los aduares estarían escondidas durante aquel sangriento combate en las fragosidades de Sierra Bermeja. Las de Alfornon habrían ido a Sorvilan por avío, a algún arroyo a lavar, o a los cerros de las cercanías a llevarles la comida a sus maridos, padres y hermanos.

Todavía tuvimos que volver a subir a las regiones del perpetuo invierno antes de bajar definitivamente a las del perpetuo verano; pero, una vez salvada aquella última defensa de los agonizantes montes, tornamos a complacernos en la creciente hermosura y progresiva templanza del terreno a que descendíamos. Las doradas flores de la áspera y punzante abulaga, que solo abren en mayo en la que desde allí podíamos llamar Andalucía del Norte, cubrían ya los cerros y las lomas con su brillante y escandalosa vestimenta. La pita, gradación anterior a la higuera chumba en el termómetro vegetal, brotaba otra vez enérgicamente en las laderas de los precipicios, mientras que el olivo y la vid volvían a proclamar en todas partes el absoluto imperio del Sol.
Sin embargo, lo que más nos distrajo y entretuvo en aquel rápido descenso (por la gráfica y material idea que nos dio de la variedad de climas y temperaturas que íbamos atravesando), fue la gradación de higueras que recorrimos con la vista en el espacio de dos o tres kilómetros. Primero las encontramos sin asomo alguno de vida, deshojadas y secas, como blancos esqueletos, o más bien como fósiles de una antigua vegetación. Más abajo, las higueras tenían ya yemas; más abajo, las encontramos cubiertas de breves y rizadas hojillas; más abajo, vestidas de amplias y lujosísimas hojas, y, por último, cerca ya de la Rambla de Albuñol, estaban cuajadas de adolescentes higos, cuando no de maduras y ya comestibles brevas.
Mas no hablemos todavía de aquella apetecida rambla; que, antes de llegar a ella, aún hemos de bajar muchos escalones, y la menor distracción pudiera costarnos una celebridad... a que no aspiramos de manera alguna.

Dígolo, porque a nuestra izquierda se halla el célebre Tajo del Veredon, desafiado, si es permitido hablar así, por una de las sendas más atrevidas que hayan abierto las abarcas de los pastores...

Encima de aquella estrechísima vereda se levanta un desmesurado monte vertical, llamado el Cerro de Álvarez. Debajo, se descubren las tinieblas de un espantoso abismo, que muchos suponen llega a los antípodas.

Pues bien (y ya... no de cuento, sino de sucedido): en lo más escarpado e inaccesible de la ladera de aquel cerro, se ven todavía las estacas que clavó ÁLVAREZ para subir a robarles su miel a unas abejas. La subida le fue posible; pero, al bajar, colgado de una soga que sujetó en lo alto, rompiose ésta... y el infeliz desapareció en la sima —¡camino de la Nueva Zelanda!

Un trozo de la soga rota, pendiente de una de las estacas a modo de resto del dogal de un ahorcado, fue el único indicio que quedó de aquella desventurada empresa...

Pero esto solo bastó para que el nombre de Álvarez se hiciese tan inmortal como el de Chéops, yendo como va ya unido a la existencia de aquel cerro —monumento de su gloria, no menos alto y sólido sin duda alguna que la gran pirámide de Djizeh.

¡y todo por haber muerto cometiendo un robo!

¡Cuán fácil es pasar a la posteridad!

Ni paran aquí las historias del Tajo del Veredon.

Más allá del Cerro de Álvarez., se ve el de las Covezuelas, que sirve de asiento al Cortijo del Padre Francisco.

Dirigíase a este cortijo una viejecita con un saco de lentejas, y, habiéndose despeñado, nacieron y fructificaron las lentejas antes de que el cuerpo de la viejecita llegase al fondo del Tajo.

Señores: ¿estará profundo?

Comentando íbamos éstas y otras consejas populares, cuando a todo lo largo de nuestra cabalgata resonó el suspirado grito: «¡Albuñol!» en el mismo tono con que los cruzados debieron gritar: «¡Jerusalén!» desde lo alto de los montículos que la dominan, o como los compañeros de Colon gritarían: «¡Tierra!»

la madrugada del 12 de octubre de 1492 o como los soldados de O'Donnell gritaron «¡Tetuán!» desde las susodichas alturas de Cabo-Negro.

Reconozco que estas tres comparaciones son demasiado superiores a la cosa comparada; pero la verdad es que Albuñol, visto, como nosotros lo veíamos, muy a lo lejos aún y todavía desde una grande altura, no era, materialmente considerado, menos bello, seductor y atractivo que con cuyo general aspecto tenía un extraordinario parecido.

La blanca villa alpujarreña, iluminada por el Sol Poniente, parecía un puñado de mármoles rotos, restos de una titánica edificación, arrojados en la combada pendiente de una loma. Esta loma relacionábase luego en apariencia, por ingentes peldaños sucesivos, con el Cerrajón de Murtas, detrás del cual asomaba todavía Sierra de Gádor su encanecida cabeza.

El mar dista de Albuñol cerca de una legua; pero desde Albuñol hasta él se puede ir de paseo por una especie de calle natural, muy llana y anchurosa, que termina en el puerto, castillo y lugar de La Rábita.

La Rábita es, por consiguiente, el Grao de Albuñol.

En cuanto a la que hemos llamado calle natural, no es otra cosa que la rambla a que da nombre aquella villa; arenosa faja de llanura que penetra desde la playa hasta el corazón de la Contraviesa, ondulando entre las montañas de uno y otro lado.

Nosotros bautizamos, pues, desde luego a la Rambla de Albuñol con el dictado de Boulevard de la Alpujarra; dictado muy merecido, si se atiende a que en ella desembocan otras calles (vulgo ramblas) de segundo orden; a que es lo más desahogado y transitable del país (exceptuado el terreno de Ugíjar); a que está formada por amenísimas huertas y valiosos cortijos; y a que ha sido (dicen) recorrida (no se sabe fijamente cuándo) por cierto aparato con ruedas (¡ruedas en territorio alpujarreño!), que conducía bañistas a la Rábita... «Carruaje» quiere decir este circunloquio.

Pero mañana hablaremos de tales cosas. Contentémonos a la presente con haber acabado ya de bajar y no tener por hoy que volver a subir: contentémonos con encontrarnos en la Rambla de Albuñol, que es como aquí se llama todavía la que más abajo es Rambla de Albuñol: contentémonos, finalmente con estar ya casi al nivel del mar, en plena primavera, casi en plena África, y en la hora más dulce y apacible de una hermosa tarde.

Serían las cinco y media.
El Sol había desaparecido para aquel valle, aunque todavía doraba las alturas.
La tierra, libre ya de la abrumadora presencia del astro rey (que allí es un rey tan absoluto como inexorable), principiaba a respirar y desentumecerse, inundando el aire de balsámicas esencias y placidísimos rumores.
Por la rambla corría, dividido en dos o tres brazos, un arroyo de agua cristalina, que difundía por todas partes amenidad y frescura...
¡Delicioso término de jornada!
Los caballos sacudían las crines alegremente, saludando el fresco de la brisa, la reaparición de la llanura y la proximidad del pienso...
y nosotros abusábamos de su entusiasmo, poniéndolos a galope, a fin de llegar a Albuñol antes de que acabase de oscurecer.
Llegamos al fin... —pero ya era noche completa; por lo cual solo os puedo decir que fuimos recibidos con los brazos abiertos por nuevos e inolvidables amigos, y que en aquel punto y hora tuvimos la dicha de conocer al buen caballero cuyo nombre figura el segundo en la dedicatoria de este libro, y con quien muy luego había de ligarnos un cariño del alma que durará tanto como nuestra vida. ¡Tal y tan grande hubimos de encontrar bien pronto, en gravísimos sucesos ajenos al argumento de la presente obra, aquel corazón de león, que me honro y honraré siempre de haber estrechado contra el mío!
Con que buenas noches, lectores. Vamos a acostarnos; que tiempo tendremos mañana de estudiar la villa de Albuñol.

II. Albuñol pintoresco, histórico, geográfico, estadístico, agrícola, poético. y otras muchas cosas

Habíamos dejado abiertas las maderas de los balcones para despertarnos en cuanto fuera de día. y, en efecto; no había salido el Sol, cuando los pájaros vinieron a llamar con sus alas a los cristales de nuestros dormitorios, o más bien a almorzar en las macetas que aquellos balcones adornaban, y cuyas verdes hojas y pintadas flores, coronadas de luz y de rocío por la risueña aurora, fue lo primero que vimos al abrir de nuevo los ojos a este mundo. ¡Qué despertar tan apacible y tan sabroso, y de tan buen agüero para el resto del día!

Gracias al sumo Alá, que tan ricos y espléndidos hizo a nuestros patrones, y gracias a nuestros patrones, que tan cariñosa hospitalidad nos acordaron, habíamos dormido aquella noche como antiguos reyes; y, al reaparecer entonces en nuestra mesocrática vida, hallámosnos alojados en un gracioso departamento, más parecido a una confortable habitación de París o Londres que a todo lo que podíamos prometernos encontrar en el fondo de la Alpujarra...

¡Dios se lo pague a nuestro huésped! —Alá le pague, digo, a aquél su gran servidor, y a su noble y santa esposa, y a sus adorables hijas, y a sus angelicales pequeñuelos, todo lo que disfrutamos en su casa las muchas veces que demandamos en ella asilo y probamos el pan y la sal, al regreso de nuestras continuas peregrinaciones por los montes y valles alpujarreños!...

¡Auméntele la misericordia divina sus bienes de fortuna, hasta que sean tan largos de contar como las arenas de los Dos Zeheles!...

¡Prolongue sus días, para que vea las buenas acciones de los hijos de sus nietos!...

¡Defienda la sombra de su techo, en la ciudad, y la de su tienda, en el desierto, de la presencia de huéspedes ingratos!...

¡Conserve clara su vista, despierto su oído y fino su paladar, para que siga distinguiendo el hongo de la seta, el canto de la alondra del silbo de la serpiente, y el café de moka del indiano caracolillo!...

¡Déle, en fin, gratas ilusiones por el día y deliciosos ensueños por la noche!...

Y la paz.

Hecha nuestra oración matutina, que no se diferenció mucho de la precedente, cogimos nuestros historiadores, geógrafos y poetas relativos a la Alpujarra; abrimos de par en par los balcones, que por cierto daban a la mismísima rambla; nos instalamos en ellos por lo pronto, y, ora valiéndonos de la lectura, ora de nuestras propias observaciones, emprendimos un doble estudio de la bienhadada villa de Albuñol.

La mañana estaba hermosísima. El Sol, que salía en aquel momento, doraba únicamente, como la tarde antes, las crestas de los montes. La rambla, solitaria y silenciosa (pues no había para qué hacer alto en los pajarillos que revolaban y cantaban acá y acullá), tenía algo de exótico y ajeno a nuestro continente o a nuestra zona, algo de valle tropical, algo de África o de América. ¡Tanta era la templanza del aire, a pesar de ser las seis de la mañana de un día de marzo; tal la lujosa vegetación de las huertas; tan peregrina la índole de las plantas; tan ricos y penetrantes sus aromas!

Baste decir a buena cuenta (pues más adelante hemos de hablar hasta de botánica...) que en el propio arenal de la rambla crecía la caña de azúcar, mientras que por encima de las tapias de los huertos (que tanto abundan en aquel extremo de la villa) coloreaban las naranjas, amarilleaban los limones y verdegueaban las anchas hojas de los plátanos.

La intensa luz del Sol, como una inundación descendente, amenazaba anegar muy pronto con sus olas de fuego aquella honda calle de montañas, a la sazón tan húmeda y deliciosa... Pero, entre tanto, respirábase allí no sé qué paz de los sentidos, que se convertía en paz del alma, y que traía a la imaginación los ideales de silencio, de reposo y de ventura de los poetas árabes. La sombra es la alegría del africano, como el Sol es la alegría del europeo.

Ninguna casa más a propósito que la en que nos encontrábamos para apreciar y sentir todas las ventajas poéticas de la situación geográfica de Albuñol. Recuéstase esta villa en una especie de cabo o promontorio determinado por la confluencia de la Rambla de Ahijon con la de Aldáyar, las cuales, al juntarse, forman un ángulo casi recto, y constituyen la Rambla de Albuñol. Pues bien: aquella casa está edificada en el vértice de dicho ángulo, en la punta del promontorio, en el encuentro de las dos primeras ramblas —sobre las cuales dan ora éstos, ora aquéllos de sus balcones.

Pero la verdad es que la fantasía del viajero menos soñador solo se preocupa ya allí del que hemos calificado de boulevard alpujarreño, o sea de la gran Rambla, que pone en comunicación a Albuñol con la mar y sus pescados.

Si este boulevard fuera recto, se vería el líquido elemento hasta desde los balcones bajos de aquella casa; pero, como la Naturaleza solo ama la línea curva, y la rambla, hace, por lo tanto, muchas eses, hay que subir a los balcones altos para persuadirse de que está uno, aunque disimuladamente, en la mismísima costa.

Desde allá arriba, esto es, desde el primer piso, descúbrese, sí, de un modo claro, entre el matizado verdor de la tierra y la diafanidad del horizonte, una ancha faja de azul mucho más turquí que el del cielo (cuando la reverberación del Sol no hiere la vista), o (en el caso contrario) una bruñida lámina de acero,

cuya refulgencia añade algo de sobrenatural y olímpico a tan espléndido paisaje...
Es el agua que media entre la Alpujarra y el Riff.
y aquí debo explicaros el «aunque disimuladamente» que subrayé hace pocos renglones.

Un célebre historiador, haciendo la pintura de estas tierras, escribía en 1570: «Todo lo que cae hacia la costa de la mar es muy despoblado, y por eso es muy peligroso; porque acuden de ordinario por allí muchos bajeles de cosarios turcos y moros de Berbería».
He aquí sencillamente expuesta la razón de que Albuñol y otros pueblos de su litoral, en vez de haber sido edificados en la misma playa, al lado de sus respectivos fondeaderos, estén escondidos tierra adentro, entre enmarañados montes, a tres o cuatro kilómetros de las olas. Así se ocultaban, por una parte, a las codiciosas miradas de los piratas berberiscos, y así era fácil, por otra, a sus moradores tener tiempo de armarse y de reunirse si por acaso los rapaces nautas se atrevían a desembarcar y a adelantarse por aquellos misteriosos terrenos...
Albuñol, pues, es una población marítima, aunque con cierto disimulo: —con el mismo disimulo que lo es también Tetuán, edificado por igual razón a tres cuartos de legua de su rada. Solo que en Tetuán eran berberiscos los que temían, y alpujarreños los temidos. España no ha sido nunca menos aficionada a la costa de África que África a la costa de España.[39]

---

39 «...Sin necesidad de otras milicias ni armas, los mismos paisanos (de la Alpujarra) han defendido sus costas de los enemigos de la Corona... particularmente a principios del siglo pasado. Las milicias del país fueron varias veces a Almería, Motril, Adra y Málaga: el año 1706 acudieron a sostenerla contra los moros. En toda la costa había atalayas para descubrir los enemigos en el mar, daban aviso con hachones encendidos y con humadas a los pueblos vecinos, donde se tocaba a rebato, y salía la gente de guerra a la playa... En atención a éstos continuados servicios, expidió el Rey un decreto, dado en el Buen Retiro a 11 de agosto de 1716, que dice así: "Teniendo consideración al continuo servicio que ejecutan las compañías de milicias del partido de las Alpujarras, y de toda la costa de Granada, asistiendo a su socorro en los arrebatos que ocasionan los insultos de los moros, que penetrarían tierra adentro si faltase esta oposición y defensa..., he resuelto que a los capitanes y oficiales de estas compañías se les conceda y mantenga el fuero militar en lo criminal... etc."» (Diccionario de Madoz).

175

Por aquí íbamos en nuestras investigaciones, cuando tuvimos la dicha de ver entrar al joven Alcalde Primero de Albuñol, a quien habíamos conocido hacía algunos años... no creáis que en ningún bazar, mezquita o kiosco de Oriente, sino en lo alto de la Columna de Vendòme de la capital de Francia, y el cual sabe de Bellas Artes, de Arqueología, de Numismática, de Cerámica y de otras muchas cosas bastante más de lo que es lícito saber en estos tiempos a todo un señor Alcalde Constitucional...

Hablamos largamente su merced y las nuestras (su merced tiene la sal de Dios, y nos hizo reír lo que no es decible) acerca de los tiempos presentes, de los históricos y de los prehistóricos (sobre todo acerca de éstos en que está muy versado, como puede verse en el famoso libro de don Manuel de Góngora y Martínez, titulado Antigüedades Históricas de Andalucía): paseamos luego por la villa y por la rambla; y, con lo que él nos dijo, con lo que nosotros mismos observamos y con lo que leímos en muchos autores, resultamos a la hora de almorzar sabiendo todo lo siguiente:

Albuñol se llamaba en tiempo de los moros Hisn Al-bonyul.
Hisn, según dijimos en otra parte, significa castillo; y al es el artículo árabe.
En cuanto a Bonyul, que es lo principal del caso, no sé lo que quiere decir.
Advertencia: el castillo de la Rábita lo nombran aparte los geógrafos islamitas.
La región en que se asienta Albuñol denominábase el Sehel o Cehel, que significa costa.
(De esto estoy segurísimo; pues todavía llaman los argelinos «el Sahel» a la marina de su comarca, como puede verse en el admirable libro Une année dans le Sahel de Eugenio Fromentin, que recomiendo a los que no lo hayan leído.)
En la Alpujarra había dos Ceheles, o sea dos Tahas con este nombre: El gran Cehel, cuyas más importantes poblaciones eran Albuñol y Jubiles; y el pequeño Cehel, o Suaihil, que otros llaman Zuayhel, y que es la parte occidental de la costa, donde están Rubite, Alcázar, Sorvilan, Polópos, etc.
Porque las Tahas de los Dos Ceheles comprendían, no solo la marina alpujarreña, sino todos los pueblos de la Contraviesa, y del Cerrajón de Murtas.
«Esta tierra (decía el mencionado escritor del último tercio del siglo XVI) es de grandes encinares y de muchas hierbas para los ganados. Cógese en ella cantidad de pan».

¿No es verdad que parece que habla de una región acabada de descubrir en las Indias, en vez de hablar de un pedazo de la Península Española? «Todos los vecinos de estos lugares (añade luego, refiriendo cómo fue secundada en los Dos Ceheles la insurrección iniciada por Farag Aben-Farag) se alzaron viernes en la tarde; destruyeron y robaron las iglesias, captivaron y mataron todos los cristianos que había entre ellos; y, dejando sus casas, se subieron otro día a la aspereza de las sierras con sus mujeres, hijos y ganados, y la mayor parte de ellos se metieron en unas cuevas muy grandes y muy fuertes, que están media legua encima del lugar de Xorayrata.»
y ya no sé más de la historia de Albuñol, sino que, desde la expulsión de los moriscos hasta fines del siglo XVII, estuvo la villa, como tantas otras, casi totalmente despoblada; —que, en tiempos de Felipe V, comenzó a animarse de nuevo, bajo la dependencia administrativa de la de Torbiscon, muy superior entonces a ella en importancia (naturalmente, Torbiscon, más próxima a la capital, y defendida por la Contraviesa de las correrías de los piratas berberiscos, tardaría mucho menos en repoblarse y volver a florecer); —que a principios del siglo presente, ya había recobrado por su parte la antigua prepotencia, y llegó a ser cabeza de partido judicial, de que a su vez dependió Torbiscon; —y que hoy día de la fecha continúan las cosas en tal estado, constituyendo la vieja Al-bonyul uno de los mayores centros de riqueza de la Alpujarra, granadina, en su múltiple calidad de pueblo industrial, comercial, agrícola, marítimo y minero.

La población de la villa de Albuñol ascendía hace poco tiempo (a la fecha del Nomenclátor General de la Dirección de Estadística) a 8.078 habitantes, repartidos en: —La villa propiamente dicha: —Diez aldeas, denominadas El Bajo, Los Colorados, La Hermita, Casa Fuerte, La Haza de la Mora, Los Morenos, El Palomar, Los Pelados, El Pozuelo y Los Rivas: —Veintiséis cortijadas grandes: —Un lugar (la Rábita) compuesto de 219 casas; —y muchos cortijos, molinos, caseríos, etc.
Total: 1.712 casas, 800 de ellas esparcidas por el campo.

y basta ya de arideces, de guarismos y de antiguallas.

Eran las dos de la tarde, y estábamos en una deliciosa huerta del Conde de Santa Coloma, situada entre las últimas casas meridionales de la villa y la extensa Rambla de Aldáyar.

Un distinguido moro bautizado, tan discreto como afectuoso, abogado de los Tribunales Nacionales, hermano del joven Alcalde que ya conocemos, e hijo de un venerable anciano, administrador del dicho Conde y respetado Néstor político de la comarca... (a todos los saludo cariñosísimamente: ¡fueron todos ellos tan buenos con nosotros!...) —un distinguido moro bautizado, vuelvo a decir, nos hacía los honores de los naranjos y limoneros a cuya sombra nos habíamos sentado.

Hacía mucho calor, y la deslumbradora llama del astro-sultán, si no abismaba todavía a la Naturaleza en los letargos febriles del estío alpujarreño, iluminaba tan enérgicamente casas, huertas, arenales y montes, que una vez más creímos encontrarnos, no en el Reino de Granada, sino en el Bajalato de Tafilete, en el Valle de la Orotava o en la feraz Isla de Cuba. a lo menos, la pintura, la fotografía y los libros nos habían hecho concebir, acerca de estas regiones tropicales, el ideal que veíamos allí realizado ante nuestra vista.

Otras huertas como aquélla formaban una especie de zócalo de verdura al pie de la morisca Albuñol. Luego se dilataban, amarilleando como en el desierto, las tostadas arenas de la Rambla de Aldáyar. Después se veía, en el ángulo formado al Sur por esta rambla y por su heredera, una infinidad de nuevas huertas, extensos plantíos de caña de azúcar, un laberinto de alamedillas y de enmarañados setos, y, donde quiera y por donde quiera, árboles frutales originarios de las otras cuatro partes del mundo. Al término de todo se adivinaba siempre el mar, pie forzado de la especie de poesía de descubrimiento y de colonia que respiraba para nosotros aquel paisaje.

Difícil me sería hacer la enumeración puntual de las plantas que crecen precisamente en aquella parte de la costa; pero, en cambio, me será fácil, con ayuda de mis libros, daros una idea de los productos más extraordinarios de la costa, en general, para que vengáis en conocimiento del asombro y la veneración que causa al observador menos botánico una tierra tan privilegiada.

Manos a la obra.

«Dios (dice El Corán, recomendando la contribución del Diezmo) ha criado las legumbres y los árboles que hermosean nuestras huertas; hace brotar las olivas, las naranjas, los dátiles, las diversas frutas de forma y sabor infinitamente vario: usad de estos dones».

y dice Abu-Zacaría, en el prólogo de su Libro de Agricultura:

«Todo aquél que plante o siembre alguna cosa y con el fruto de su simiente proporcione sustento al hombre, al ave o al fiera, ejecutará una acción tan recomendable como la limosna».

«El que construya edificios o plante árboles, sin oprimir, a nadie ni faltar a la justicia, recibirá premio abundante del Criador, Misericordioso».

y añade Abu-Harirat, citado por el mismo Abu-Zacaría:

«Cuida con esmero y vigilancia de tu pequeña posesión, para que se haga grande; y no la tengas ociosa cuando grande, para que no se haga pequeña».

Abu-Sofian escribe, en fin, estas hermosísimas palabras:

«La heredad dice a su dueño: 'HAZME VER TU SOMBRA'.»

Los moros que se establecieron a ambos lados de Sierra Nevada cumplieron religiosamente estos preceptos y máximas de su libro santo y de sus grandes escritores.

«Los Granadinos (dice Lafuente Alcántara) aclimataron en los valles templados de la costa, en la serranía, en la Alpujarra y en las Vegas de Granada, de Guadix y Baza, los frutos que la Naturaleza había creado en los bellos climas del Oriente, y en las abrasadas praderas del África...

»La seda había sido una mercancía reservada en tiempo de los romanos a los pueblos del Oriente... Las colonias de árabes españoles iniciados en secreto de esta granjería, encontraron en los valles andaluces un clima acomodado a ella, y poblaron el terreno con los árboles que alimentan a la más útil de las orugas. Concentrados los moros en el territorio granadino, y animados por un saneado lucro, multiplicaron las moreras, perfeccionaron las fábricas de seda, y mantuvieron una ventajosa competencia con Pisa, Florencia y demás ciudades de la escala de Levante. El Zacatin y la Alcaicería ostentaban toda suerte de ropas, tafetanes, sargas, ricos terciopelos y otras manufacturas del gusto persiano y chinesco... Años después de la Conquista se contaban en Granada 5000 tornos...

»La caña de azúcar fue también conocida y su plantación esmerada entre los moros de la costa. Miles de ingenios destilaban el precioso líquido, y era tal la abundancia de miel y de azúcar, según los historiadores árabes, que bastaba para el consumo y sobraba para hacer rico el comercio...
»Cuantas frutas, legumbres e hilazas son conocidas hoy (concluye el ameno historiador), eran por ellos cultivadas con singular conocimiento... y les somos deudores de la introducción de nuevos árboles, entre los cuales merecen citarse la higuera chumba, el níspero, el algodón, el membrillo, el naranjo, la palma, el madroño y el azofaifo, y muchas plantas aromáticas y medicinales».

Interrupción importantísima:
Además de todo lo que acabamos de leer, la costa tenía sus correspondientes viñas durante la dominación de los sectarios del profeta; pues, si bien éstos no bebían vino (o no podían beberlo, según el Alcorán), comían muchísimas uvas y amaban la sombra lujosa y transparente de los parrales.
Hay más: según Al-Katib, conocían la elaboración del vino, del vinagre y del aguardiente, cuyos líquidos (añade) aplicaban a medicinas o vendían a los cristianos».
Conste.
Y no es esto todo: Abu-Zacaría refiere que en tiempo de los califas de Córdoba, hubo ejemplos de altos dignatarios destituidos o burlados por sus excesos en la bebida. «El rey Abul Walid Ismael de Granada (añade luego) promulgó una ley para reprimir a los consumidores de vino, y su hijo Jusef mandó en sus ordenanzas que en reuniones familiares no incurriesen los convidados en embriaguez.»
Conste de igual manera.

Con que vengamos a tiempos más recientes. Dice el geógrafo señor Miñano: «Las faldas meridionales de la Contraviesa y de Sierra de Gádor, presentan el cuadro más variado y delicioso que la Naturaleza puede ofrecer al hombre para morada suya... Cerca de la costa prospera el algodón, y la caña dulce, y han llegado a connaturalizarse un gran número de vegetales de la zona tórrida, como las ananás, el café y el añil. Son muy pocas las plantas que no pueden cultivarse al aire libre...»

Otro geógrafo, el erudito señor Carrasco, enumera de este modo los productos tropicales del litoral alpujarreño:
«Allí se ven el plátano, la caña de azúcar, el café, el añil, que da el hermoso azul, el chirimoyo, las ananás, el algodonero y el nopal, que cría el precioso insecto de la cochinilla».
Pero lo que dicen que hay que leer, respecto de la flora alpujarreña, es lo que escribió el ilustre botánico Rojas Clemente, comisionado por nuestro gobierno, en 1803, para describir las producciones —naturales del Reino de Granada—. Él formó, a lo que parece, la primera escala vegetal detallada que se ha hecho hasta el día acerca de aquel país, como parte principal de su Geografía Botánica Bética, y la Ceres Española.
Estos interesantes trabajos originales no se han publicado, que yo sepa; mas sin duda se refieren a ellos los escritores contemporáneos que nos cuentan cómo y de qué modo crecen en las playas granadinas «las períplocas, los áloes, las estapelias, las leiseras, notóceras, y casi todas las especies de la flora atlántica, muchas todavía inéditas, y aún géneros enteramente nuevos»...
En fin, lectores: yo —que rara vez sé cómo se llaman las cosas que más me gustan, y que si os he suministrado los anteriores datos botánicos ha sido bajo la responsabilidad de mis libros, que no bajo la mía— concluiré esta larga disertación repitiéndoos que, por lo que toca a su fisonomía poética y a su aspecto pictórico, el litoral de la Alpujarra trae a la imaginación del viajero presentidas imágenes de África y de América; que estas imágenes le hacen soñar con patios marroquíes sombreados por cortinajes de seda y plata, o con lascivas hamacas sombreadas por el plátano y el caobo; y que, en tal situación de ánimo, no puede uno comprender que, a cinco leguas de allí, aguarden su visita los eternos hielos y las plantas hiperbóreas de la virginal Sierra Nevada.

Como población urbana, Albuñol es Guadix, es Loja, es el Albaicín de Granada, es cualquiera de tantas poblaciones moriscas como aún ostenta aquel antiguo reino, edificadas todas en anfiteatro sobre pendientísimas laderas. El mismo gracioso apiñamiento de casas; las mismas retorcidas y pendientes cuestas; la misma planta árabe en los edificios; el propio animado y pintoresco conjunto. Calles en que nunca entra el Sol: huertos más altos que las azoteas colindantes:

mucha maceta en los balcones: mucha tertulia en la puerta de las tiendas; y un poema de amor o de odio en todas las miradas...
En cuanto a las costumbres, vicios, virtudes y vestimentas de los albuñolenses que habitan dentro de la villa, son iguales a los del resto de los granadinos.
De los cortijeros y cortijeras y gentes de mar, ya tratarémos en ocasión más oportuna...

Porque habéis de saber que, según indiqué antes, no fue aquella la última vez que estuvimos en Albuñol, y que, si por entonces nos limitamos a descansar allí un día, consistió en que nos solicitaban o soliviantaban las siguientes cosas notables, que sabíamos encerraban los Dos Ceheles y que deseábamos visitar antes de emprender nuestra gran excursión final a Sierra Nevada:
La prehistórica Cueva de los Murciélagos:
Las célebres Angosturas de Albuñol:
La renombrada Encina Visa:
El famoso Cerrajón de Murtas:
Las reputadas Higueras de Turón,
y las nunca bien ponderadas Olas del Mar.
Que tal era la índole de aquel viaje, y tal tiene que ser por ende la naturaleza del presente libro: —buscar y describir unas peñas, un árbol, un monte o una playa con el propio afán y la misma delectación que si se tratase de la Basílica de San Pedro, de la Venus de Milo o de las ruinas de Pompeya.
y eso y no otra cosa es la Alpujarra: —un rincón del mundo que sirvió de teatro a grandes y memorables tragedias, pero de donde la intolerancia y el miedo de los vencedores de un día arrancaron de cuajo la población, arrasando palacios y castillos, poniendo fuego a villas y aldeas, arando hasta los cementerios, y no dejando en pie otros monumentos u otros testigos de la dominación de la raza vencida y expulsada, que algún hueco en las rocas, algún árbol que se salvó del hacha, los montes inconmovibles, los ríos de históricos nombres, el mar eterno, y los miles de fantasmas que la imaginación del caminante pueda ir evocando en el mudo imperio de tanta soledad y tanta muerte.
Ni ¿a qué más? El arqueólogo podrá necesitar vestigios reales y fehacientes de lo pasado para enriquecer colecciones y museos; pero el poeta solo necesita verificar los sitios históricos para sentir en ellos la infinita melancolía de los

destinos humanos. Las sabanas de arena que cubren hoy los antiguos campos de Babilonia no impiden que el peregrino se detenga en ellos, con reverente tristeza, a evocar y restablecer por medio de su fantasía las escenas en que figuraron Nemrod, Sardanápalo y Baltasar.

...

Quedó, pues, acordado que a la mañana siguiente saldríamos hacia el Norte con dirección a Murtas y Jorairátar: que desde aquí retrocederíamos luego al Sur hasta bajar al mismísimo mar por la parte de Adra, y que de esta villa regresaríamos a Albuñol, recorriendo para ello todas las playas del Gran Cehel. Formado este plan, que sumaba unas dieciséis leguas, repartidas entre caminos por las nubes y caminos por los abismos, pasamos el resto de aquella tarde empapando nuestro espíritu y nuestro cuerpo en el dulce reposo oriental que el cielo y la tierra brindan en Albuñol.

¡Ay! En Albuñol hubiéramos podido repetir lo que dijo de Berja (distante de allí cuatro leguas a vuelo de pájaro) un poeta árabe llamado Abulfadhl-ben-Xafat-Alcairawani:

«Cuando llegues a Berja dispuesto a marchar, detente en ella y deja el viaje.»
«Porque todo lugar es en ella un paraíso, y todo camino hacia ella un infierno».
O, lo que dijo el antiquísimo poeta Abulatahia, favorito del Califa Harum Arraxid:
«El mundo procura nuestra seducción. ¡Dios sea loado!»

III. Sesión nocturna. Noticias de la Guerra

Aquella noche, previa la venia de nuestros huéspedes, nos retiramos temprano a nuestro departamento; pero, en vez de acostarnos, como parecía prudentísimo, habiendo de madrugar al otro día, citamos a cabildo a don Diego Hurtado de Mendoza, Luis del Mármol Carvajal, Ginés Pérez de Hita y don Miguel de Lafuente Alcántara, y allí, a puerta cerrada, celebramos con ellos una importantísima sesión, relativa a los sucesos de la Guerra.

He aquí lo que averiguamos.

La cosa marchaba. El fuego de la insurrección se había extendido, como por regueros de pólvora, por todas las serranías meridionales de España, desde Vera hasta Gibraltar, penetrando tierra adentro por la parte de Levante hasta el Marquesado del Cenet y la jurisdicción de Huéscar.

«Los moros (díjonos Pérez de Hita, el valeroso poeta soldado) continuaban haciendo grandes apercibimientos de armas, poblando muchas cuevas seguras y ásperas (que jamás pudieron ser ganadas) de mucha harina de trigo y cebada, miel y aceite, y de otros diversos mantenimientos, y todo esto para más de seis años. y ansimismo ponían sus riquezas, sedas, oros, paños, en silos debajo de tierra, y otras partes, para que de los cristianos no pudiesen ser halladas».

Los martirios de cristianos seguían también en toda la tierra levantada, sin que el naciente poder del rey morisco bastase a tener a raya la ferocidad del execrable Farag Aben-Farag y de sus hordas de Monfíes. Suplicios, torturas, degüellos en masa, sacrilegios inauditos, crueldades mayores que las de Nerón y Diocleciano; nada omitían aquellos monstruos. Comunidades enteras de religiosas habían sido inmoladas entre los tormentos más atroces. Los agustinos de Huécija (por ejemplo) habían perecido todos, unos mutilados, otros quemados, y otros enterrados vivos.[40]

En cuanto al móvil de tamañas iniquidades, no era otro que el fanatismo musulmán, vivo aún y ardiente en aquellas almas, a pesar de los ochenta años que los descendientes de los moros acababan de pasar fingiéndose cristianos.

«Lo primero que hicieron (refirionos a este propósito el iracundo Mármol, que por lo visto no podía olvidar sus ocho años de cautiverio en África) fue apellidar el nombre y seta de Mahoma, declarando ser moros ajenos a la Santa Fe Católica que tantos años había que profesaban ellos y sus padres y abuelos. Era cosa de maravilla ver cuan enseñados estaban todos, chicos y grandes, en la maldita seta».

Aben-Humeya (los cuatro historiadores convenían en ello) había ido sabiendo la mayor parte de estas atrocidades algunos días después de ocurridas, y tratado de refrenar a los Monfíes (como después vimos en Ugíjar y otros puntos); pero, convencido luego de que no podía sujetarlos, y con ánimo de defenderse de ellos al mismo tiempo que las tropas cristianas, acababa de enviar a África a su

---

40 El Papa Clemente X declaró Mártires de la Fe a los millares de víctimas sacrificadas aquellos días en la Alpujarra y tierras limítrofes. Para ello tuvo a la vista Su Santidad una Carta, o más bien un Libro, que le escribió el arzobispo de Granada, don Diego Escolano, en 1671 (un siglo después de los sucesos), y que se imprimió el mismo año con este título: Ad SS. D. D. Ciemenctem Divina Providentia Papam decimum, consultiva epistola erga christianos veteres in sublevatione sarracenica in regno Granatensi, anno 1568, in Alpujarrensibus populis aliisque locis in defensionem fidei occisos, a Didaco Escolano ejusdem diocesis inmerito Archiepiscopo.

hermano Abdalá con un presente de cautivos, pidiendo socorro de hombres y armas al Gobierno de Argel y al Emperador de Marruecos. «De este modo (observó Pérez de Hita) libraba de paso a aquellos cautivos de la muerte tan segura como inmediata que les amenazaba en poder de los Monfís».

Respecto del campo cristiano, adquirimos también curiosas noticias en nuestra plática con los historiadores.

Ya vimos en la primera parte de este relato cómo el insigne marqués de Mondéjar, Capitán General de Granada, salió contra los rebeldes con dos mil infantes y cuatrocientos caballos; cómo pasó el cortado Puente de Tablate bajo el fuego y las flechas del enemigo, y cómo socorrió enseguida la renombrada Torre de Órgiva...

Pero lo que no supimos entonces fue que los moriscos habían alcanzado antes una victoria sobre DIEGO de QUESADA, que mandaba la vanguardia del ejército cristiano, obligándole a retroceder al Padul; y que el mismo marqués no se atrevió a pasar de Dúrcal hasta que le llegaron grandes refuerzos procedentes de Úbeda y Baeza. ¡Tan formidable era la insurrección!

Mondéjar había avanzado después con toda esta gente, sin darse descanso alguno ni reparar en la crudeza de la estación, desde Órgiva, donde lo dejamos, hasta los confines de Andarax, reduciendo a su paso la Taha de Poqueira, los lugares de Pitres y Jubiles y la entonces ciudad de Ugíjar, todo ello a costa de varias escaramuzas muy sangrientas, reñidas desde el 10 al 18 de enero, pero sin conseguir habérselas de un modo formal con el grueso del ejército rebelde.

Aben-Humeya, fiel a la tradición de los guerrilleros españoles, empezando por VIRIATO y concluyendo por Abdalá el Zagal, se había propuesto desde luego, como plan de campaña, evitar los grandes encuentros y multiplicar las emboscadas y sorpresas, por medio de un continuo movimiento de partidas.

Así las cosas, había acontecido en Jubiles este trágico episodio, digno ciertamente de la apasionada fantasía de Lord Byron. a la llegada de Mondéjar, los trescientos moriscos sin armas y las mil trescientas mujeres que allí habían quedado (pues toda la gente de combate se había ido con Aben-Humeya) rindieron el castillo y se entregaron prisioneros. El marqués dispuso que aquellos cautivos fueran muy vigilados, y, no cabiendo todos en la iglesia y casas principales, ocupadas por sus tropas, mandó que unas mil mujeres acampasen fuera del lugar, cercadas por un cordón de centinelas...

Pero oigamos a Mármol, que fue el que nos refirió el hecho con más pormenores:

«Sería como media noche (dijo), cuando un mal considerado soldado quiso sacar de entre las otras moras una moza: la mora resistía, y él le tiraba reciamente del brazo para llevarla por fuerza, no le habiendo aprovechado palabras; cuando un moro mancebo, que en hábito de mujer la había siempre acompañado (fuese su hermano, o su esposo, u otro bien queriente), levantándose en pie, se fue para el soldado y con una almarada que llevaba escondida le acometió animosamente, y con tanta determinación, que, no solamente la moza, mas aun la espada le quitó de las manos, y le dio dos heridas con ella, y, ofreciéndose al sacrificio de la muerte, comenzó a hacer armas contra otros, que cargaron luego sobre él.

»Apellidose el campo, diciendo, que había moros armados entre las mujeres, y creció la gente que acudía de todos los cuarteles con tanta confusión, que ninguno sabía dónde le llamaban las voces, ni se entendían, ni veían por dónde habían de ir con la oscuridad de la noche. Donde el airado mancebo andaba, acudieron más soldados; y allí fue el principio de la crueldad: haciendo malvadas muertes por sus manos, y, ejecutando sus espadas en las débiles y flacas mujeres, mataron en un instante cuantas hallaron fuera de la iglesia...

»Hubo muchos soldados heridos, los más que se herían unos a otros, entendiendo los que venían de fuera que los que martillaban con las espadas eran moros, porque solamente les alumbraba el centellear del acero y el relampaguear de la pólvora de los arcabuces... Duró la mortandad hasta que, siendo de día, los mesmos soldados se apaciguaron, no hallando más sangre que derramar (los que no se podían ver hartos de ella) y conociendo otros el yerro grande que se había hecho».

Este yerro era mucho mayor de lo que ellos podían imaginarse. Precisamente aquellos días, el marqués de Mondéjar (abundando en el espíritu conciliador y benévolo que su abuelo el conde de Tendilla mostró siempre a los vencidos mahometanos) andaba en tratos y negociaciones con algunos moriscos de importancia, a fin de llegar a un acomodamiento pacífico, sobre la base de que los alzados se sometiesen al rey don Felipe II y el rey don Felipe II a las Capitulaciones pactadas entre los reyes católicos y Boabdil. Apresurose, pues, Mondéjar, no bien ocurrió la catástrofe de Jubiles, a castigar con pena de horca a los soldados que parecieron más culpables y dar Cartas de Salvaguardia a todos los alpujarreños de origen moro que se hubiesen rendido sin pelear, logrando, al fin, ponerse, en comunicación epistolar con Aben-Humeya. Pero, por más cartas que le dirigió a éste su pariente, y amigo don ALONSO de GRANADA VENEGAS (quien, a pesar de ser nieto del famoso príncipe CID-HIAYA, seguía fiel a su Majestad y militaba contra los moriscos a las órdenes del marqués), no se consiguió cosa alguna; pues Aben-Humeya (díjonos Lafuente Alcántara) «rehusó rendirse —después de tanta sangre vertida— y se obstinó en aventurar su fortuna a la suerte de las armas».

Semejante determinación era tanto más audaz de parte del joven agareno, cuanto que no tenía que habérselas ya solamente con el ejército de Mondéjar. El célebre don LUIS FAJARDO, marqués de los Vélez, sin esperar la orden de su Majestad, y «ateniéndose (según la curialesca observación de Mármol) a lo que dice la Ley 3.ª, Título 19, Partida 2.ª, que deben hacer los vasallos por sus reyes en caso de rebelión»; sabedor de que los moriscos del río Almanzora estaban en armas, había reunido gente por su cuenta y por la de sus deudos y amigos, entrado a sangre y fuego en territorio de Almería, sembrado el terror en los rebeldes, y pacificado a su juicio todos aquellos pueblos; con lo que ya se encontraba a las puertas mismas de la Alpujarra por el lado de Levante, ganoso de penetrar en ella y de enseñar (decían sus soldados) al de Mondéjar cómo se debía tratar a los sectarios de Mahoma.

Habían, pues, estallado entre ambos MARQUESES aquellos celos, emulación y rencillas (tradicionales entre sus respectivos antepasados) que habían de hacer preciso a la postre el que Felipe II enviase a su propio hermano don Juan de Austria a poner paz entre los partidarios de uno y otro guerrero, y término a la Rebelión de los moriscos.

Por cierto que ya se nos había alcanzado a nosotros algo, y aún algos, acerca de tales desavenencias al ver cómo se producían dos de los historiadores allí presentes...

y es que el uno de ellos (don Diego Hurtado de Mendoza) era tío carnal del de Mondéjar, mientras que el otro (Ginés Pérez de Hita) era soldado y cronista del de los Vélez; y aunque el noble don Diego, en virtud de su carácter austero e inquebrantable energía, llegaba a veces hasta maltratar a su propio sobrino, siempre se echaba de ver en el lenguaje de ambos un fondo de irritación y apasionamiento.

Como quiera que fuese, a la fecha de las últimas noticias que leímos aquella noche, la situación de Aben-Humeya y de su improvisado ejército antes resultaba ventajosa que desfavorable; pues, con el buen acuerdo que tuvo el Caudillo ismaelita de contramarchar a Poniente por la Contraviesa en tanto que Mondéjar marchaba a Levante por Sierra Nevada, había vuelto a hacerse dueño del Puente de Tablate y de casi todo el resto del Valle de Lecrín, dejando así incomunicado con Granada al ejército cristiano.

Por eso, sin duda, el malogrado Lafuente Alcántara, apreciando imparcialmente el verdadero estado de las cosas, nos decía, sin ambages ni rodeos, que «el desaliento y la confusión reinaban en Granada con el Levantamiento de los moriscos y la audacia y energía de Aben-Humeya», y que «hasta los más acérrimos partidarios de medidas severas mostrábanse va arrepentidos de haber provocado tantas desgracias y una Guerra tan cruel».

A todo esto, era ya muy tarde y nos caíamos de sueño.
Levantamos, pues, la sesión, no sin asegurarnos antes de que los cuatro historiadores continuarían teniéndonos al corriente de todas las vicisitudes de la comenzada Guerra: dímosles y nos dimos las buenas noches; y nos acostamos con la cabeza llena de fantasmas de cronistas difuntos, entre los cuales el que más agitó mi sueño fue el adusto espectro de don Diego Hurtado de Mendoza, de aquel «hombre de grande estatura y feo de rostro» que tan magistralmente nos retrata el Comendador de León, Don Baltasar de Zúñiga.

IV. La Cueva de los Murciélagos
Al ser de día estábamos a caballo.
—¡Hasta el Domingo de Ramos a las ocho de la noche! —nos dijeron por vía de recuerdo nuestros bondadosos huéspedes.
—¡Basta el Domingo de Ramos a las ocho de la noche! —contestamos nosotros con toda solemnidad.
Y partimos.
...
Un nuevo compañero se había agregado a la caravana.

Érase un nobilísimo hijo del lugar de Turón (adonde también nos dirigíamos), y pertenecía a la misma tribu que aquel bizarro joven que nos introdujo en territorio alpujarreño, a la misma que el simpático Hércules que nos acompañaba desde Órgiva, a la misma que nuestro espléndido huésped de Albuñol.
Dicha tribu es, sin duda alguna, la principal de la Alpujarra —lo cual no niegan sus propios adversarios: —ha dado Ministros a la Nación y Prelados a la Iglesia: cuenta Representantes de su nombre y de su fibra en muchísimas localidades de la comarca, y, en todas ellas, el que nació de tal sangre es objeto del amor o de la pugna de sus convecinos, pero jamás de su indiferencia, y siempre de su respeto.
Considero tan esencial y característico de la Alpujarra contemporánea lo que acabo de decir, que no he creído deber callarlo. Aquella familia no es ya solamente política: cuarenta años de victorias o reveses la han elevado a histórica. En cuanto al insigne individuo de ella que había ido de Turón a Abuñol a incorporarse a nuestra cabalgata, tenía un título especial a mi cariño, y este título era: que veinticinco años antes nos tuteábamos ya en la Universidad de Granada...
Vinum novum, amicus novus: veterascet, et cum suavitate bibes illud, dicen las Sagradas Letras.

A la salida de Albuñol nos despedimos del señor cura, —que se marchó a su feligresía (no sin arrancarnos antes palabra formal de visitarlo en ella) —y nosotros tomamos por la Rambla de Aldáyar, a tiempo que asomaba el Sol por el Oriente.
Era Viernes de Dolores. La mañana se presentaba hermosísima. Teníamos a nuestra disposición un día entero para andar las tres leguas que dista Murtas de Albuñol, y el camino, según nuestros informes (de que ya os he dado cuenta más atrás), estaba lleno de curiosísimos accidentes y pintorescas perspectivas. Por todas estas consideraciones acordose viajar muy despacio, o más bien ad libitum, y cada uno por los vericuetos que prefiriese, aunque sin perdernos nunca de vista.
Pero, me diréis: «¿Qué tenía que ver el que fuese Viernes de Dolores con semejante determinación?».
¡Oh! ¡Tenía que ver y mucho! —Figuraos, en primer lugar, que los caminantes pueden comer jamón en día de vigilia.

Nota. El mulo de las provisiones no nos abandonaba.

Media hora después, parte de los expedicionarios subíamos penosísimamente por unas quebradas peñas en demanda de la Cueva de los Murciélagos, mientras que algunos de nuestros compañeros, que por lo visto ya conocían los breñales en que íbamos a engolfarnos, seguían por la rambla arriba, tan campantes y satisfechos como si no hubiese tal cueva en el mundo, y gritándonos desde lejos que nos esperaban «a la salida de las Angosturas».

Dominamos al fin, subiendo por el pedregoso lecho de un torrente, la empinada montaña que nos habíamos empeñado en asaltar, y dimos vista a las Majadas de los Campos, cerca de las cuales hállase la entrada de la famosa Cueva, en el último tercio de la pared de un escarpadísimo monte que forma con otros fronterizos un espantoso despeñadero, o más bien un verdadero tajo.

Bájase desde la cima de la cordillera a aquella especie de alta ventana abierta sobre el abismo, por una angosta vereda de cornisa, cuya posición colgada e inclinación sobre el derrumbadero produce vértigo y espanto. Los que no hayáis andado, cuando niños, por las estrechas repisas exteriores de un campanario, saliéndoos al efecto por debajo de una campana, y dado así la vuelta a los cuatro lados de la torre, entre sus repelentes muros y la aterradora soledad del aire, no podéis formaros idea de lo que es bajar (a pie, por supuesto) por donde nosotros bajamos aquel día.

y todo ello ¿para qué? ¡Para nada! Para ver más de cerca la tenebrosa boca de la gruta, y para percibir el fortísimo olor a nitro que salía de aquella cavidad, tan negra y pavorosa como el infierno.

Porque lo más singular del caso es que nosotros no íbamos provistos de ninguno de los útiles necesarios para penetrar convenientemente en la Cueva —como son linternas, planos, bastones, medicinas contra la asfixia, testamento, etc., etc. ¡Ni era menester! Según nuestras noticias, no se trataba de una gruta bella y fantástica por sí propia, como las que ya habíamos visto en el Monasterio de Piedra de Aragón, en la Isla de Capri y en otros varios puntos; ni tampoco existían ya dentro de aquella caverna los curiosos objetos que le han dado celebridad. y lo que es como peregrinación, ¡me parece que bastaba y sobraba con haber llegado hasta su misma puerta, a riesgo de no poder contarlo!

No entrarnos, pues, en la Cueva de los Murciélagos (llamada así tradicionalmente por los muchísimos que en ella habitan, y cuyo guano la alfombra, dicen, de un extremo a otro (—iuff!)...
No; no nos atrevimos a entrar; y, como no nos atrevimos, lo declaro así con franqueza. Proceder de otro modo fuera estafar al público y abusar de la confianza de los lectores.
Sin embargo, creo interesante, y hasta necesario, poneros aquí al corriente de todo lo que significa aquella cueva.

Su verdadera fama data del año de 1868, en que mi amigo don Manuel de Góngora y Martínez, Catedrático de la Universidad de Granada, publicó su notable libro titulado Antigüedades prehistóricas de Andalucía. Hasta entonces solo había sido famosa dentro de la Alpujarra, si bien hacía ya algún tiempo que hablaban mucho de ella los anticuarios de la provincia, y tal cual otro de Madrid.

...y aquellos honrados labradores volverían a la otra mañana a sus acostumbradas faenas.
Según el citado libro, en el año de 1831, un tal Juan Martín, propietario de las próximas Majadas de Campos, logró penetrar el primero en la Cueva de los Murciélagos, a fuerza de arrojo y de paciencia, y avanzando por las hendiduras y filetes de la roca. Una vez dentro, vio que formaba un recinto semicircular; que varios peñascos obstruían el paso a otro boquete interior, y que el suelo estaba cubierto con espesa capa de guano, acumulado allí por los murciélagos durante muchos siglos. Juan Martín aprovechó para sus tierras aquel fecundo abono; y, como viniesen poco a poco a ensanchar la senda que al antro conducía las continuas visitas de amigos y conocidos, llegó éste a servir para encerrar ganados.
«En este tiempo (continúa el señor Góngora) se hubo de encontrar en la Cueva alguna muestra de mineral plomizo, cuya abundancia y riqueza se fantaseó a gusto del deseo, en alas de la afición que tienen aquellos naturales a exploraciones mineras; lo cual bastó y sobró para que en el año de 1857 se formase una compañía, al intento de beneficiar la Cueva, como depósito de minerales.
»Diose principio a las exploraciones despejando la entrada interior de los peñascos que la obstruían; cuando de repente se ofreció a la vista de los mineros un anchurón, y antes de llegar a él, en una corta mina y en un sitio especial y

como privilegiado, tres esqueletos, uno de los cuales, de hombre seguramente, ceñía ruda diadema de oro puro de veinticuatro quilates y peso de veinticinco adarmes, cuyo valor intrínseco es el de sesenta escudos».

Sigue luego el señor Góngora refiriéndose a los magníficos planos y láminas que acompañan a su obra, por lo que tengo que tomarme el trabajo de extractar su interesantísimo relato. Resulta de él que la caverna consta de varias estancias o anchurones sucesivos, puesto que aquella vasta concavidad se reduce o se agranda en irregulares formas con la libertad propia de las construcciones naturales; que todos estos antros suman una longitud de ciento treinta metros por veinte de anchura máxima, y que en unos u otros se han hecho los descubrimientos siguientes:

Otros tres esqueletos, puesto el cráneo de uno de ellos entre dos peñones y al lado un gorro de esparto, y doce cadáveres más, colocados en semicírculo, alrededor de un esqueleto de mujer, admirablemente conservado, vestido con túnica de piel, abierta por el costado izquierdo y sujeta por medio de correas enlazadas, mostrando collar de esparto, de cuyos anillos pendían sendas caracolas de mar, excepto el anillo del centro, que ostentaba un colmillo de jabalí labrado por un extremo.

«El precitado esqueleto de la diadema (dijeron al señor Góngora) vestía corta túnica de tela finísima de esparto; asimismo los otros, aunque algo más toscas; sendos gorros de la propia materia, cuáles doblado su cono, cuáles de forma semiesférica; y el calzado, también de esparto, alguno primorosamente labrado.

«Había junto a los esqueletos cuchillos de esquisto; instrumentos y hachas de piedra; cuchillos y flechas con puntas de pedernal pegados a toscos palos con betún fortísimo, hasta el punto de romperse antes el asta que el betún; muy bastas, pero cortantes armas de guijarro y otras guardadas en bolsas de esparto; vasijas de barro, como el que se encuentra en otras sepulturas del Reino granadino...; un gran pedazo de piel extremadamente gruesa; cuchillos y punzones de hueso y cucharas de madera, trabajadas a piedra y fuego, con el cazo ancho y prolongado y el mango sobremanera corto y con agujero para llevarlas colgadas.

»En diferentes parajes de la cueva... encontraron los exploradores sobre cincuenta cadáveres, todos con sus calzados y trajes de esparto, a estilo de las cotas de malla, sendas armas de piedra y hueso como las ya descritas, y un alisador de piedra...

»Cerca de sí tenía cada cual de los esqueletos tal y tal... (aquí se hace referencia a una lámina de la obra) un cesto o bolsa de esparto, cuyo tamaño variaba de seis a quince pulgadas, dos llenos de cierta como arenosa tierra negra, que tal vez fueran alimentos carbonizados por la acción del tiempo, y otros varios cestillos o bolsitas con mechones de cabellos, o flores, o gran cantidad de adormideras y conchas univalvas».

Repito que todo lo preinserto se lo contaron al señor Góngora, el cual dedujo que «la sequedad del lugar, el nitro de que estaban revestidas las paredes u otro agente difícil de señalar había conservado perfectamente los cadáveres, trajes y utensilios», y les calculó desde luego más de cuatro mil años de antigüedad, advirtiendo de paso que los esqueletos estaban cubiertos de carne momia, y las vestiduras y cestos conservaban sus primitivos colores.

Refiramos ahora en breves palabras, no ya lo que le contaron a mi excelente amigo, sino lo que él mismo vio con sus propios ojos en la visita que hizo a la Cueva en marzo de 1867.

Halló en primer lugar que la empresa minera, desesperanzada de hallar plata y oro, se había contentado humildemente con beneficiar el nitro que tanto abunda allí dentro: halló también a la puerta de la gruta (donde oportunamente se había formado a fuerza de barrenos una plazoletilla) los pilones en que se elaboró esta sal, y, cerca de ellos, el depósito del agua y una caldera; y halló, en fin, que en todos estos puntos se veía una espesa capa formada por los residuos de los trajes y por las cenizas de los esqueletos que los mineros habían machacado para obtener la mayor cantidad posible de nitro.

Con el entusiasmo, la laboriosidad y la inteligencia que distinguen al señor Góngora, armose de brújula y cinta de medir, penetró en la gruta, sacó el plano de todas sus cavidades, y hasta tuvo la fortuna de encontrar algún resto más o menos conservado de huesos, de trajes y utensilios de esparto y de vasijas de barro cocido, convenciéndose de paso de lo peligroso que era permanecer allí mucho tiempo: —¡a poco más, las emanaciones del nitro asfixian materialmente al voluntarioso anticuario!

No contento con lo que recogió y observó entonces, e imposibilitado de detenerse en la Alpujarra, muchos días, envió muy luego a su hijo mayor don

Fernando a hacer excavaciones en lo hondo del despeñadero, en busca de los objetos que los primeros descubridores de la Cueva pudiesen haber arrojado a él; y el joven Góngora, mozo de gran instrucción, talento y valentía, a quien también tengo el gusto de conocer,[41] llevó a su padre una gran cantidad de barros antiguos, hechos pedazos, pero sumamente curiosos.

y todo ello confirmó a éste en la idea de que la Cueva de los Murciélagos había sido el enterramiento de una raza primitiva, prehistórica, que habría cruzado por la Alpujarra Dios sabe cuándo; o una morada de los aborígenes de aquella tierra; tribus trogloditas, que, por lo que él calcula, ignoraban hasta el cultivo de los campos...

Es decir, ique, según el señor Góngora, los objetos apuntados tendrían sobre cuarenta siglos de fecha!

No era mucho, ciertamente, para tratarse de pueblos prehistóricos: los indios y los chinos giran contra el pasado con más denuedo... Pero yo —pobre poeta que, cuando ignoro una cosa, podré no ser muy crédulo, pero tampoco soy muy rebelde, sino dulcemente escéptico, ecléctico e indeciso, al par que muy respetuoso hacia los que están seguros de algo bajo el Sol—; yo, digo, sin meterme a examinar ninguna cuestión de hecho, hubiera preferido que la cerámica, la indumentaria y los demás ramos de la Geología de la Historia (frase que acabo de inventar), me hubiesen dejado campo para suponer que los cadáveres de la Cueva de los Murciélagos eran de moriscos o de judíos que se refugiaron allí cuando los expulsaron los cristianos, o de cristianos perseguidos por los Monfíes.

Esto nos habría servido mucho para el drama romántico relativo a Aben-Humeya que íbamos entretejiendo con nuestras excursiones por la Alpujarra; mientras que aquellas razas anteriores a la Historia, aquellas gentes inmemo-

---

41 El Papa Clemente X declaró Mártires de la Fe a los millares de víctimas sacrificadas aquellos días en la Alpujarra y tierras limítrofes. Para ello tuvo a la vista Su Santidad una Carta, o más bien un Libro, que le escribió el Arzobispo de Granada, don Diego Escolano, en 1671 (un siglo después de los sucesos), y que se imprimió el mismo año con este título: Ad SS. D. D. D. Ciemenctem Divina Providentia Papam decimum, consultiva epistola erga christianos veteres in sublevatione sarracenica in regno Granatensi, anno 1568, in Alpujarrensibus populis aliisque locis in defensionem fidei occisos, a Didaco Escolano ejusdem diocesis inmerito Archiepiscopo.

riales, aquellos hombres de la Edad de piedra, no nos interesaban de manera alguna. ¿Qué teníamos nosotros que ver con ellos?

Pero reparo que estoy plagiándome a mí mismo; pues ya hace muchos años que, refiriéndome a unas momias egipcias (¡y cuenta que aquello era ya menos extraño a mi imaginación y al mundo de mis ilusiones!), expuse esta misma teoría.

«Cuando los testimonios del tiempo pasado —dije entonces—[42] se refieren solamente a tres, a doce, hasta a veinte siglos, producen en el alma poéticas vibraciones; pero cuando se extienden más allá de la historia de nuestra raza; cuando nos hablan de civilizaciones anteriores a la nuestra; cuándo nos revelan un mundo completamente extraño a nuestra genealogía histórica, lo que despiertan en el espíritu es una glacial filosofía, una ráfaga de muerte, que aniquila y barre todas las imágenes que son vida de la vida y sustancia de la imaginación. Un sepulcro de la Edad Media, por ejemplo, se contempla por todo latino con amor, con devoción, con reverente melancolía... Diríase que a él nos une un sentimiento filial y religioso... Pero las ruinas de Palmira, una sepultura pelasga, un jeroglífico de Tebas, nos inspiran graves y áridos pensamientos y una indiferencia estoica muy semejante a la misantropía.»

Por consiguiente, transeamus.

V. Las Angosturas de Albuñol. La costumbre de vivir. Lontananzas, perspectivas, panoramas alpujarreños. La Encina Visa

Desde la escarpada cumbre a que habíamos subido para buscar la entrada de la Cueva de los Murciélagos, nos hubiera sido fácil (posible he querido decir: en la Alpujarra no hay camino fácil)... enderezar nuestros pasos hacia la Encina Visa, sin necesidad de volver pies atrás; pero nosotros preferimos hacer esto último con tal de recorrer de un extremo a otro las Angosturas de Albuñol, de que tanto nos habían hablado, y a fin también de reincorporarnos a aquellos de nuestros amigos que, más sabios que nosotros, se habían excusado de acompañarnos a la dichosa gruta.

Tornamos, pues, a bajar a la Rambla de Aldáyar, y pusimos la proa en la misma dirección que éstos siguieron dos horas antes.

---

42 De Madrid a Nápoles, cap. III.

No nos pesó ciertamente el haber dado este segundo rodeo. Al contrario, quedamos tan enamorados de lo que en las Angosturas vimos, que, por lo que a mí toca, no fue aquélla la última, ni la penúltima, ni la antepenúltima vez que crucé, ora acompañado, ora solo, ora con buen tiempo, ora con malo, por tan maravilloso paraje.

Quisiera yo que os lo figuraseis tal cual es, y voy a ver si excogito alguna comparación tan adecuada y gráfica que os lo ponga materialmente ante los ojos...

Figuraos... un túnel sin techo, o sea un angosto y profundísimo desmonte de desmesuradas y paralelas paredes, tajado verticalmente por los siglos con el hacha de las aguas desde la cumbre hasta la base de una altísima cordillera.

Allá arriba (hacia donde alzáis recelosamente la vista, como desde lo hondo de un pozo, para persuadiros de que aún sigue existiendo el mundo) los hendidos peñascos o las partidas mesetas parece que sirven de sostén al velarium azul del radiante firmamento; mientras que abajo, en el piso del hondo callejón que recorréis, reinan una semioscuridad fantástica; un ambiente fresco y sosegado en que no respiráis la vida de la tierra, sino una paz, una soledad y un silencio que recuerdan los patios árabes o los claustros de las cartujas; algo, en fin, de subterráneo y delicioso a un tiempo mismo, como en los palacios encantados a que se baja por una escalera de caracol... en los cuentos de la niñez.

Aquel inesperado pasadizo, que se diría abierto por el tránsito de la estatua del Comendador, y cuyos rectos muros miden cuatrocientos cincuenta pies de altura, tiene unas seis varas de ancho y más de un cuarto de legua de longitud. El ingeniero a quien se debe semejante obra se llama la Rambla de la Alcaicería. Los siglos que ha empleado para hacerla no se pueden calcular. ¡Aquello sí que es prehistórico!

La Rambla de la Alcaicería, antes de llegar a las Angosturas, recibe el poderoso refuerzo de la Rambla de los Puñaleros, y, al salir de ellas, va a fenecer, como un atleta fatigado, en la anchurosa Rambla de Aldáyar. Caminábamos, pues, nosotros contra la corriente de unas aguas tan pujantes que habían abierto brecha en un muro de mil trescientos metros de espesor!...

Sin embargo, no arrostrábamos ningún peligro en aquel momento. La Rambla de la Alcaicería estaba a la sazón completamente seca, del propio modo que la de Aldáyar y otras circunvecinas. En cambio, así que llueve en la Contraviesa, cada una de ellas es una catarata que arrolla cuanto encuentra en su camino.

Hínchense entonces las Angosturas hasta una elevación enorme, como un canal cuyas exclusas se hubiesen alzado...; pero, pasada la avenida, aquella calle vuelve a quedarse enteramente enjuta, y alfombrada de una finísima arena...
Semejante fenómeno debe de consistir, a mi juicio, en la excesiva pendiente de todo el territorio alpujarreño (bien que esta inclinación se advierta poco en aquel sitio), y en la calidad caliza y cavernosa de las peñas que encajonan allí la Rambla de la Alcaicería; como también se me ocurre que la formación de la Cueva de los Murciélagos puede datar del tiempo en que esta rambla trabajaba por aquellas alturas, época en la cual habría probablemente un lago entre el Cerrajón de Murtas y la Contraviesa... y si me equivoco en estas suposiciones, y los geólogos me excomulgan, bien empleado me estará, por haberme metido a hablar de lo que no sé.
Ahora: lo que sí sé, pues salta a la vista, es que, durante la apertura de aquel hondo camino, los aluviones encargados de tan lenta operación fueron rellenando de tierra vegetal (y de un fango cuyo aspecto me recordó el tuff o toba volcánica de Nápoles) todas las anfractuosidades de las rocas; de cuyas resultas (¡y aquí ya estoy en mi terreno!) causa asombro y maravilla ver salir a lo mejor, de aquellas lisas y áridas paredes, bien a una altura intermedia, bien a una extraordinaria altura, como de los balcones llenos de macetas de una verdadera calle, tal o cual inopinada y brusca masa de vegetación; ora opulentos recamados de verdes hierbas, ora elegantísimos lirios silvestres, ora adelfas en flor, ora grandes higueras... que primero crecen en sentido horizontal, y luego retuercen sus ramas para mirar devotamente al cielo...
Todo lo cual acontece dentro de la misma caja de las Angosturas, o, como si dijéramos, en el subsuelo de la montaña, en aquel escondrijo de encantamientos, en aquel edén troglodita; mientras que allá arriba, allá fuera, en los limbos de la superficie natural del globo terrestre, floridos almendros festonean del modo más gracioso los altísimos bordes del tajo, destacándose en la harto conocida claridad del día, en el mundo exterior, en la vida real, en la Alpujarra de los hombres... y la verdad es, aunque parezca mentira, que aquella remota vislumbre de la faz de la tierra, y aquel nunca probado reposo que encontráis en su seno, inspiran por último no sé qué especie de plácido pavor, semejante al que experimentan los tristes las noches que sueñan que al fin se han muerto.
...

Embebidos en estas observaciones y reflexiones, atravesamos muy despacio y en cosa de veinte minutos las umbrosas Angosturas de Albuñol —que al fin comenzaron a ensancharse poco a poco, hasta convertirse en una rambla como cualquiera otra, con lo que nos hallamos de nuevo en plena luz y pleno calor del Sol..., y ciertamente gustosos de haber regresado a la superficie del planeta. No hay costumbre mas arraigada que la de vivir.

Al remate de las Angosturas nos esperaban, fieles a su promesa, nuestros compañeros de viaje, entusiasmados como nosotros con lo que acababan de ver en aquella región infra-natural.
Juntos, pues, ya todos, atravesamos a galope la parte prosaica, o anchurosa, de la Rambla de la Alcaicería, y, a eso de las diez, cuando el rubio Febo principiaba a ser insoportable en ella, llegamos al pie de los altos montes que separan el Partido de Albuñol del de Ugíjar. Había que emprender un nuevo viaje por las nubes.
a poco que subimos, reapareció el mar a nuestra derecha... ¡El mar, de cuyas orillas teníamos que volver a alejarnos por entonces!...
¡Lástima ciertamente! ¡Estaba tan cerca en aquel instante! ¡Se hallaba tan tranquilo y tan hermoso! ¡Hacía tanto tiempo que no nos arrullaban sus olas! ¡Encerraban para nosotros tales recuerdos!... Pero ya volaríamos en su busca al cabo de dos días; y, por lo pronto, aunque retirándonos siempre de él, no dejaríamos de verlo en toda aquella jornada.
No bien subimos un poco más (girando ya hacia el Norte), aparecióse nos otro antiguo conocido, solo en su solo cabo, como nunca lo había yo visto en parte alguna, y como únicamente él pudiera presentarse a tanta distancia...
Era el Pico del Mulhacén; pero el pico solamente, saliendo, blanco como un fantasma, por detrás de las oscuras lomas que se destacaban todavía en nuestro cielo.
Ningún otro coloso de Sierra Nevada; ni tan siquiera el arrogante Veleta, atrevíase a hombrearse con él en aquel momento. ¡Todos quedaban allá atrás, sumidos bajo el horizonte, mientras que el viejo rey se asomaba de aquel modo a vigilar por sí mismo toda la Alpujarra —a la manera (y va de símiles) de don Pedro el Cruel, cuando se escabullía solo y embozado hasta las cejas a estudiar el verdadero estado de su pueblo...

Por lo demás (y salva la irreverencia), aquella blanca cúspide, bastante roma por cierto, y cuya silueta tiene algo de ensilladura; al campear tan solitaria y exótica sobre las pardas cimas de la Contraviesa, lo que más verdaderamente parecía era un inmenso oso blanco, escapado de las regiones polares, que se había detenido en lo alto de los montes de la Alpujarra al encontrarse con que allí se acababa el continente.

Formulando íbamos éstas y otras comparaciones, cuando, llegado que hubimos al Cortijo del Collado, desde donde se alcanza a ver muchísima más tierra, uno de los alpujarreños exclamó:

—¡Ánimo, caballeros! ¡Ya se descubre la Visa!

En efecto: a media legua de distancia, y sobre la cumbre de otro monte, más elevado todavía que el que acabábamos de subir, veíase una gran pinta negra, red onda, inmóvil, que se destacaba sobre el cielo a la manera de un astro eclipsado.

Indudablemente, era un árbol; pero uno nada más; tan solitario y escueto en aquella altura, como el Mulhacén lo estaba sobre la Contraviesa. Lo uno parecía la sombra de lo otro.

La primera impresión que nos produjo aquel árbol tan aislado y tétrico, fue de lúgubre desconfianza; pues hízonos pensar en el venenoso upas de la India, que no deja crecer ninguna planta bajo su sombra... Pero esto era calumniar a la Encina Visa; encina benéfica si las hay; de donde procede su gran popularidad por mar y por tierra.

Porque es el caso que aquella encina debe el nombre que lleva a la circunstancia de ser una especie de faro de día para los navegantes que cruzan por delante de la Alpujarra. Descúbresela, dicen, desde enormes distancias, merced a lo conspicuo de su situación y a la energía con que su negra copa se dibuja sobre el cielo; y, en tanto que los pilotos se orientan por ella, tomándola como punto de marcación, cuando no como punto de enfilación, los viajeros alpujarreños que regresan a sus hogares aguardan a columbrarla para decir con toda seguridad y la consiguiente alegría: —«Ya diviso mi tierra».

Lo mismo acontece cuando se discurre a pie, a caballo o en mulo por aquel laberinto de montes y valles, con poco conocimiento del país. Encina Visa es la estrella polar que consulta el viandante para saber fijamente dónde se halla, y hacia dónde tiene que enderezar sus pasos, si por ventura ha perdido su camino...

...

—Debajo de la Encina se ve gente... —observó en esto un criado.
—Y no poca... —añadió otro.
—Y miran para acá... —agregó un tercero.
—¡Dios Santo! ¿Serán moriscos? —exclamamos nosotros, como si estuviésemos en el año de gracia de 1569.
Y entonces, aquel árbol adquirió a nuestros ojos una gran importancia histórica. Ya nos habían dicho que era viejísimo, inmemorial, contemporáneo sin duda alguna de los tatarabuelos de Aben-Humeya...
—Encina Visa ha existido siempre —fue la fórmula de que se valió uno de los alpujarreños.
Natural era, pues, imaginarse, como nosotros nos imaginamos, las muchas horas que Aben-Humeya pasaría al pie de Encina Visa, mirando al extendido mar, a ver si asomaban por la parte de Argel o por la de Marruecos ciertos misteriosos navíos, con una vela colorada como contraseña, portadores de los auxilios que su hermano Abdalá había ido a buscar al africano continente.
¡Aquellas velas tardaron en aparecer!... y, si al cabo pintaron en el horizonte, como manchas de sangre, más le valiera al reyecillo que hubiesen desaparecido de nuevo...
Pero esto es ya demasiado hablar... Todavía no hemos llegado a Encina Visa. ¡Quién sabe las noticias que allí nos esperan! —Apretemos a los caballos... ¡Y Dios sobre todo!

Efectivamente: aún estábamos a dos kilómetros de la Encina Visa.
Sin embargo, habíamos subido tanto en aquellos últimos minutos, que ya veíamos en lontananza, no solo al Mulhacén, como hasta entonces, sino a todos los príncipes y dignatarios de su imperio, empezando por el ínclito Veleta.
Es decir; que, el blanco fantasma de la Sierra, y las gallardas sombras de los moriscos reaparecieron simultáneamente ante nuestros ojos, cual si obedeciesen a un mutuo conjuro, poblando de quiméricas visiones el horizonte alpujarreño...

y siempre ocurre lo mismo, en virtud de no sé qué ley poética... Siempre ocurre que, al contemplar aquellas nítidas montañas, todo el mundo resucita en su mente a los mahometanos andaluces. Diríase que Sierra Nevada es la Niobe agarena, petrificada por el espanto, para eterno testimonio de la triste suerte de sus hijos.

Por eso, sin duda, cuando Aben-Xaguar, el tío de Aben-Humeya, excitaba a los moriscos a la rebelión, les decía «que se habían visto apariencias extraordinarias de gente armada en el aire, a las faldas de la Sierra, SEÑAL de LIBERTAD para los MOROS»...

Por lo demás, ¡qué cuadro tan grandioso el que abarcaba en aquel momento nuestra vista! ¡Qué sencillez y qué magnificencia en las cuatro grandes masas de color que lo formaban!...

De una parte, el terso Mediterráneo, brillando como un espejo: a nuestros pies, la montuosa Alpujarra, con los pardos matices propios de la tierra: al otro lado, toda la cordillera de Sierra Nevada, deslumbrante de blancura; y, encima de todo, la bóveda azul del firmamento, coronada por el Sol de la primavera!

Reverberación de agua, claroscuro de montes, candidez de nieve, turquí de cielo...: he aquí las contrastadas tintas de aquel variado panorama, que parecía resumir toda la creación.

Y luego ¡tanta luz! ¡tanta soledad! ¡tanta alegría y tanto misterio juntos! ¡Tanta juventud en la indiferente Naturaleza, y tan funestas historias, tan lúgubres recuerdos en todo lo que se veía!...

¡Ah! Si no hubiera Dios ni muerte, el alma de los hombres sería el alma del mundo; —¡alma tristísima, que acabaría por hacerlo inhabitable!

Pero, afortunadamente, hay muerte y Dios, y las casuales tristezas que las criaturas adjudicamos a nuestro globo durante los breves días que moramos en él, pasan al cabo con nosotros, sicut nubes, quasi aves, velut umbra.

Vendrá un día en que nadie se acuerde de los moriscos al recorrer la Alpujarra, como nosotros no sabemos hoy qué memorias humanas evocar cerca de aquellas ruinas de México, de Egipto o de la Etruria que ya carecen de historia conocida...

Nuestros libros de papel no han de ser eternos.

Llegamos, al fin, a la Encina Visa.

La gente que allí nos aguardaba eran algunos parientes y amigos de los dos caballeros de Murtas que iban entre nosotros.

Contrajimos, pues, en aquel momento nuevas amistades; y, dado a Dios lo que era de Dios, nos apresuramos a dar al César lo que era del César.

Quiero decir que, después de abrazar a las personas, abrazamos también a la Encina, coetánea y amiga de todos aquellos moros y cristianos que nos traían sorbidos los sesos.

y entonces reparamos, no sin pesar, en lo muy decrépita y pelada que se iba quedando la pobre...

Indudablemente, Encina Visa está en el último siglo de su existencia.

Es el triste sino de nuestro tiempo: acabar con todo lo tradicional y legendario.

—¿Quién o qué —nos dijimos— reemplazará a este Árbol cuando deje de alzar sus ramas hacia el cielo? ¿Quién o qué servirá de guía o llamará con sus brazos abiertos a los que crucen los mares de la Alpujarra?

Uno de los dueños de la Encina (o sea uno de los dos propietarios del Cortijo de la Negra, a que pertenece aquel monte) encontrábase allí presente. No le aconsejamos, sin embargo, que fuese criando una chaparra en aquella altura, para que con el tiempo heredase y sustituyese a la Visa en su nobilísimo ministerio...

y es que nosotros la consideramos desde luego irreemplazable. Una nueva encina que allí se plantara no valdría más que un árbol de lienzo pintado de los que figuran en los teatros...

Hay cosas que no se heredan... como hay otras que no se improvisan.

VI. Noticias de Constantinopla y de otros puntos. El Peñón de las Guájaras. Llegamos a Murtas

El caserío del Cortijo de la Negra dista de allí poquísimos pasos, y está como escondido detrás del cerro que sirve de pedestal a la Encina Visa.

Ya he dicho que en la Alpujarra toda vivienda humana se oculta, en lugar de exhibirse.

Pero ¿por qué se llama aquella heredad el Cortijo de la Negra? Esta Negra ¿es la propia Encina Visa? ¿La apellidarían así algunos, refiriéndose a su oscura proyección sobre el cielo? ¿o el cortijo no debe su nombre a la Encina, sino a alguna Negra, de carne y hueso que lo poseyó o lo labró en tiempo de los moros?

Cuestión es ésta que inútilmente tratamos de poner en claro; y no por su opaca naturaleza; ni porque era la hora de tomar las once; ni porque, en efecto, las tomamos en aquel cortijo (en una hermosa y fresquísima bodega que más parecía una pagoda); sino porque nadie sabía lo cierto —cosa frecuente en este mundo.

En cambio, nos enteramos allí (por medio de nuestros amigos los historiadores) del verdadero resultado de la embajada que el hermano de Aben-Humeya llevó a Argel...

Porque es de advertir que los tales historiadores llegaron al Cortijo de la Negra, casi al mismo tiempo que nosotros —muy bien acomodados en los capachos de las provisiones, que era donde acostumbraban a viajar...

He aquí las noticias que nos dieron:

El joven Abdalá (don LUIS de Valor, el menor de los hermanos del reyecillo) tuvo que ir a embarcarse a Vera, en la provincia de Almería, no sin grave riesgo de ser cogido por los cristianos.

Llevábale al que entonces era, no rey —como dicen unos cronistas, ni Bey, como dicen otros, sino Dey, o Gobernador de Argel, AL-UCH-ALÍ (el «Ochalí» le llaman algunos), un presente de cautivos y una carta de su hermano, en que éste le daba parte de su elección, le demandaba socorros para la causa del profeta, y se sometía a la obediencia del Gran Señor de todos los reyes agarenos, o sea del Sultán de Constantinopla.

«Recibió el rey de Argel a Abdalá como a hermano de rey (díjonos Hurtado de Mendoza); regalole y vistiole de paños de seda, y enviole a Constantinopla, más por entretener al hermano con esperanzas que por darle socorro».

En el ínterin, AL-UCH-AU, que había escrito con anticipación a Constantinopla, recibía la siguiente contestación del Gran Turco —que a la sazón lo era SELIM II el Borracho; aquél cuyas galeras debían de conquistar al año siguiente la isla de Chipre y ser derrotadas luego en Lepanto por don Juan de Austria:

«Para el OCHALÍ rey de Argel.

»Recibí tu carta con la de los moriscos de Granada. Me avisas del aparato y junta de armas que tienes hecha para su socorro. No te dispongas sin haber buena causa. Envía doscientos soldados de nación turcos, y no más, y éstos sean valerosos. y según fuere el suceso de la guerra, así te dispongas. y me

darás aviso. y si tal fuere, que se puede tomar tal empresa, pediré los puertos necesarios al francés, y yo con gran poder entraré en Italia, y daré aviso al de Fez y Marruecos que entre por la parte del Poniente. y si acaso la guerra no saliere a nuestro gusto, se dará de mano. No más. Destambor.
»SELIN SOLIMAN».

Al transcribir aquí esta carta, de que nos dio conocimiento Pérez de Hita, sé muy bien que no será ni con mucho una traducción puntual de la del Gran Señor. Conozco a Pérez de Hita. Pero hasta como documento apócrifo en la forma (o más bien, por serlo), resulta curiosísima su letra. Hay en ella una travesura y una inocente presunción de orientalismo que valen un imperio.

En cuanto a su espíritu, completamente auténtico, como lo testifican muchas historias, despierta consideraciones algo más serias. El plan de SELIM II confirma aquella gran verdad de que no hay enemigo despreciable, haciéndonos ver hasta qué extremo la aventura de Aben-Humeya pudo convertirse en un verdadero peligro para España, enredada entonces en guerras con Francia y otras naciones. Una acción común de otomanos, franceses, argelinos y marroquíes, atacándonos a un mismo tiempo por mar y por los Pirineos, cuando todo el antiguo Reino de Granada, desde Vera hasta Gibraltar, estaba alzado al grito de ¡Viva Mahoma! y se temía otra sublevación semejante en los Reinos de Valencia y Murcia, hubiéranos puesto en indudable apuro. ¿Se hallaban acaso tan lejos aquellos días en que África y Asia enviaban periódicamente a nuestra tierra centenares de miles de guerreros?

Por fortuna para la cristiandad, los soberanos musulmanes no dieron gran importancia a la rebelión de los moriscos alpujarreños, mientras que el sagaz Felipe II se la dio muy luego en altísimo grado, como veremos más adelante.

...

Tardaban, pues, en venir a la Alpujarra los socorros acopiados en Argel, a pesar de haberse ya obtenido el beneplácito del Emperador de Turquía; e, impaciente cuanto necesitado de ellos Aben-Humeya, despachó en su busca a Fernando el Habaquí, su Generalísimo (natural de Alcudia de Guadix por más señas), mientras que Abdalá se dirigiría, creo yo, desde Constantinopla a Marruecos, a desempeñar la segunda parte de su comisión.

El Habaquí empleó ocho días en cruzar el agua, y llegado que hubo a Argel (lo que sigue nos lo refirió Mármol) «hizo instancia con ALUCH ALÍ (tercer modo de escribir este nombre) para que le diese socorros de navíos y gente, poniéndole por intercesores algunos morabitos que le moviesen a ello por vía de religión: el cual mandó pregonar que todos los turcos y moros que quisiesen pasar a socorrer a los andaluces, que así llaman en África a los moros del Reino de Granada, lo pudiesen hacer libremente. Mas después, viendo que a la fama de este socorro había acudido mucha y muy buena gente, acordó que sería mejor llevarla consigo al Reino de Túnez: y así lo hizo,[43] dejando indulto en Argel para que todos los delincuentes que andaban huidos por delitos y quisiesen ir a España en favor de los moros andaluces, fuesen perdonados.

»De estas gentes recogió Hernando el Habaquí cuatrocientos escopeteros debajo la conducta de un turco sedicioso y malo llamado HUSCEYN; y, embarcándose con ellos en ocho fustas, donde metieron algunos particulares mucha cantidad de armas y municiones para vendérselas a los moros, vino con todo ello a la Alpuxarra. Con este, socorro, y con el de otras fustas, que vinieron también de Tetuán con armas y municiones, que traían mercaderes moros y judíos, los enemigos de Dios tomaron ánimo para seguir en su maldad, y...»

Pero lo que siguió diciéndonos Mármol no viene a cuento ahora.

Conservemos en la memoria el nombre de ese HUSCEYN, turco sedicioso y malo, a quien hemos de ver figurar, acompañado de un hermano suyo peor que él, en la escena mas dramática que registran los anales alpujarreños, y aprovechemos los minutos que aún hemos de permanecer en el Cortijo de la Negra para enterarnos de un tremendo combate que hubo por entonces entre cristianos y moriscos.

Dejamos a Aben-Humeya contramarchando hacia Poniente con todos sus secuaces, en tanto que el marqués de Mondéjar llegaba a los confines orientales de la Alpujarra sin encontrar en su camino más que ancianos y mujeres, y nunca aquellas falanges de moriscos armados que se disipaban ante él como la niebla.

La presencia inesperada del reyecillo, con su ejercito casi intacto, precisamente cuando más se temía recibir la noticia de que había sido deshecho por Mondéjar en el fondo de la Alpujarra, inflamó de entusiasmo a todos sus parciales del Valle de Lecrin y de las Serranías limítrofes...

---

43   Y con gran fortuna, por cierto; pues conquistó todo aquel Reino en una sola batalla.

Sobre todo, hacia el lado de Salobreña, se acumuló un gran número de rebeldes, los cuales se establecieron en el famoso Peñón de las Guájaras, especie de ciudadela natural, situada en la cumbre de un monte escarpadísimo, circuido de tajos por todas partes, y que no tiene más acceso que una estrecha senda de un cuarto de legua de largo, mientras que dentro de sus breñas, y al amparo del Peñón, hay un llano en que pueden acampar hasta cuatro mil hombres, tan seguros como en la plaza de armas de una fortaleza.

Mil moriscos escogidos, a las órdenes de MARCOS el Zamar, Alguacil de Játar, guarnecían aquella formidable posición, a la que se habían refugiado con sus riquezas muchas familias principales de los pueblos comarcanos, particularmente las mujeres y los niños, y donde se había reunido además gran cantidad de víveres, pólvora y balas.

Para Aben-Humeya, que había ido a visitar el Peñón, y dispuesto que se aumentaran algunos reparos y parapetos artificiales a sus defensas naturales, era aquélla una excelente base de operaciones, teniendo, como tenía, una exagerada idea de la firmeza del ZAMAR. Así es que, seguro de encontrar allí refugio y apoyo en cualquier aprieto, se enseñoreaba de nuevo de todo el Valle de Lecrin, llegando en sus audaces correrías hasta las mismas puertas de Granada e interceptando cuantos convoyes de municiones y vituallas salían de la capital con destino al ejército cristiano.

Noticioso Mondéjar de aquel estado de cosas, y visto que en Ugíjar perdía el tiempo y el crédito en vanas negociaciones de paz con tal o cual magnate morisco de los muy pocos que aún no se habían alzado en armas, contramarchó a su vez lleno de enojo y de vergüenza y saliose de la Alpujarra por donde mismo había entrado, decidido a apoderarse del Peñón y escarmentar allí a la morisma beligerante.

Avistado que hubieron los cristianos aquella pavorosa altura, empeñose en acometerla de frente y sin pérdida de momento el célebre don Juan de VILLAROEL, hidalgo muy ganoso de gloria, que no quería ceder a nadie el lauro de aquella empresa. Opúsose el marqués, creyéndola irrealizable de aquel modo; por lo que mandó hacer alto y acampar en Guájar de Alfaguit. Pero VILLAROEL no desistió de su intento, bien que ya disimulándolo; y, concertado secretamente con los caballeros don Luis Ponce de León, don Agustín Venegas, don Juan Velásquez Ronquillo, don Gonzalo Oruña y don Jerónimo de Padilla, abandonó de pronto a Guájar, y, seguido de éstos y de cuatrocientos arcabuceros que entre todos traían a soldada de sus respectivas tierras, se encaminó resueltamente hacia la codiciada posición, coronada de vistosos estandartes.

Lo escarpado del terreno obligó muy luego a apearse a los que iban a caballo y a continuar a pie tan fatigosa subida; pero, sin embargo, no hallaron al principio la gran resistencia que aguardaban. Los de arriba parecían indecisos y amedrentados, aunque no dejaban por eso de tirotearse alguna vez, desde sus altos parapetos, con los impertérritos asaltantes.

En esto, y cuando VILLAROEL y sus amigos, que iban a la cabeza, se encontraban ya a media ladera del monte, precipitáronse del Peñón, como un torrente desencadenado, el ZAMAR y cuarenta mancebos moriscos, cayendo sobre los nuestros con la velocidad y el brío del descenso y de la carrera... La lucha fue espantosa, cuanto inútil por parte de los cristianos... Casi todos los arcabuceros emprendieron la fuga y muchos lograron salvarse; pero el resto de ellos, y todos los caballeros mencionados, empezando por VILLAROEL, pagaron allí con la vida su temeridad y su desobediencia.

El único de éstos que se salvó, aunque malamente herido, fue don Jerónimo de Padilla, «y acabárale un moro que le iba siguiendo, si no le acudiera un esclavo cristiano: el cual (dice un cronista), apretándole reciamente entre los brazos, y echándose a rodar con él por una peña abajo, no paró hasta dar en el arroyo, donde fue socorrido».

De buena gana copiara yo aquí ahora todo lo que las historias de aquel tiempo refieren acerca de las operaciones que en los siguientes días se llevaron a cabo para ver de rendir el Peñón; pero esto no cabe en los límites de mi modesta obra, y habré de contentarme con aprovechar el sucinto resumen que otro historiador hace de tan memorables acontecimientos:

...«Este suceso (dice), que había previsto Mondéjar oponiéndose al ardimiento de VILLAROEL y le hizo adoptar medidas prudentes para emprender el asalto. Distribuyó sus tropas en varias compañías; cercó el monte, y dispuso avanzar con fuerzas concéntricas hacia la altura. Los moros y moras se defendieron bravamente en la ladera con tiros y piedras, y causaron muchas bajas en las filas cristianas; mas no pudieron conservar sus posiciones avanzadas, y se replegaron a la sombra.

»Acercados los asaltantes, embistieron tres veces la entrada y fueron rechazados otras tantas. Viendo el marqués que se aproximaba la noche y que estaba indecisa la victoria, mandó retirar sus tropas y difirió el ataque postrero para el alba siguiente.

»Durante la noche, el ZAMAR... hizo ver a los suyos la imposibilidad de resistir el ataque que esperaban, y los inclinó a abandonar la cumbre. Los caudillos, sus voluntarios y muchas mujeres salieron calladamente, y, bajando por despeñaderos y sendas de cabras, se retiraron hacia las Albuñuelas. Al amanecer ocuparon las tropas del marqués el Fuerte, degollando a los pocos viejos y mujeres tímidas que en él habían quedado, confiadas en la clemencia del vencedor.

»La caballería cristiana se lanzó en pos de los fugitivos y alcanzó y alanceó muchos moros y moras. El ZAMAR peleó heroicamente defendiendo una hija suya de trece años, desmayada con el cansancio de la huida. Herido en un muslo, fue cautivado y conducido a Granada, donde el conde de Tendilla, que gobernaba en ausencia del marqués, su padre, le condenó a morir atenaceado.»

Costosa y dolorosísima fue para los moriscos la debelación del Peñón de las Guájaras; pero inútil sin duda alguna para el éxito de la Campaña de Mondéjar. Aben-Humeya y su gente, aprovechándose con singular acierto de aquella poco meditada expedición del marqués, habían vuelto a penetrar en la Alpujarra, verdadera llave estratégica de la Rebelión. Resultaba, pues, estéril cuanto el General cristiano había hecho trabajar y padecer un mes antes a sus tropas para ocupar aquellos ásperos terrenos, tan fácilmente recobrados por el enemigo. Es decir, que la sangre de las flacas mujeres y pobres ancianos sacrificados en las Guájaras había valido al reyecillo la reconquista de lo mejor de su Reino. Cualquier batalla le hubiese costado más.

Así lo comprendió el marqués y lo murmuraron sus émulos. Aumentaron, por tanto, su despecho y su rabia contra Aben-Humeya, y dio la vuelta a Órgiva, decidido a acabar de una vez, no ya con las huestes, sino con la persona de aquel joven caudillo, tan emprendedor, tan sagaz, tan valeroso, y cuya incansable actividad centuplicaba sus fuerzas y sus recursos.

Cruzó entonces por la mente del noble General, encanecido en las virtudes y el heroísmo, un pensamiento aleve, oscuro y tortuoso... Determinó, digo, emplear el dinero, el espionaje y la traición para deshacerse de Aben-Humeya.

Lo mismo hizo Cepión con Viriato.

—¡A caballo, señores, a caballo...; que se hace tarde, y nos esperan en Murtas! ¡Ya no calienta tanto el Sol, y corre una brisa fresca!
Así exclamó en aquel momento, interrumpiendo la lectura, el que había de ser nuestro bondadoso huésped en el lugar a que nos dirigíamos.
—¡A caballo! —respondimos todos.
y partimos, llevando los más gratos recuerdos de nuestra estancia en el Cortijo de la Negra.
No menos viva conservo la memoria de los alegres trotes, y hasta galopes, que entonces se siguieron, interrumpidos por largas paradas a fin de contemplar ésta o la otra perspectiva, y siempre a lo largo del empinado lomo del Cerrajón de Murtas.
Y es que aquella tarde se desarrollaron ante nuestra vista muchos de aquellos redoblados pliegues de terreno que comparé en la cumbre de la Contraviesa a los tejados de una ciudad mirados oblicuamente desde un campanario.
Sí: durante aquella especie de viaje aerostático, vimos el interior y hasta el fondo de gran número de valles, cuajados de cortijos y de arbolado, de ya verdes viñas y de crecidas siembras: —vimos... de cuerpo entero... la famosa Sierra de Gádor, llamada en otro tiempo la Sierra del Sol (como la Contraviesa se llamaba la Sierra del Aire):[44] ¡Sierra de Gádor, El dorado de los almerienses, y aún de los granadinos, y albergue de pintorescas villas y lugares!... ¡Sierra de Gádor, cuyo pico eminente, el Sabinar, mide la respetable altura de seis mil novecientos pies!... —vimos, entre aquella sierra y la cordillera que nosotros seguíamos, la honda y extensa cuenca del río de Adra, frontera allí de la provincia de Almería: —vimos a lo lejos, y, dejándonosla atrás, la hechicera sombra de Berja, que dos días después casi habíamos de tocar con la mano; y, más al Sur la costa de Adra, marcándonos el sitio en que se escondía esta graciosa nereida del litoral alpujarreño; —y vimos, en fin, la punta de Roquetas, y muchas playas y promontorios, dibujándose o recortándose sobre el azul del mar... «como en los mapas de relieve», que diría cualquier retórico irreflexivo.

---

44 De aquí ha provenido una gran confusión entre los geógrafos con Solair o Xolair, nombre que daban los moros a Sierra Nevada, llamada, en efecto, Solario o Mons Solis por los Romanos, pero nunca Montaña del Sol y el Aire, como pretenden algunos escritores. Más adelante volveremos a hablar de este asunto.

Por lo demás, y fuesen cualesquiera los paisajes amenos y deliciosos que divisábamos en lontananza, lo cierto es que nos habíamos encaramado a un terreno áspero y adusto, donde era todavía pleno invierno, y donde hacía, en consecuencia, un frío de todos los diablos; —por lo cual nos alegramos muchísimo de llegar, como llegamos, a Murtas... antes que el Sol al Occidente.

VII. En Murtas. Una noche a la antigua española. Catalina de Arroyo

Murtas es la antítesis o reverso de Albuñol.

...y ver desde allí, de una sola ojeada, todo el ámbito alpujarreño, toda su armazón de montes, todo lo demás que os oculto ahora para que os cause luego más sorpresa.
a Albuñol se le distingue desde muy lejos: a Murtas no se le ve hasta que se está dentro de sus calles. Albuñol se encuentra en el fondo de una rambla, casi al nivel del mar: Murtas se halla en todo lo alto de su Cerrajón, aunque dominado y abrigado por el morro en que remata la cordillera. En Albuñol, con estar tan bajo, tuvimos que entrar subiendo: en Murtas, con estar tan alto, entramos por encima de las chimeneas. En Albuñol era ya verano: en Murtas era riguroso invierno. Albuñol es blanco, alegre, risueño, luminoso: Murtas es pardo, grave, tétrico, sombrío. Allí se huye del Sol: aquí se busca la lumbre. El uno respira voluptuosidad y molicie: el otro esquivez y austeridad. Aquél recuerda las ciudades del Oriente: éste las poblaciones de Castilla la Vieja. Albuñol es un pueblo moro: Murtas, un pueblo cristiano.
Todo tiene su poesía especial cuando se principia a ser viejo, y yo se la encuentro muy grande a estos pueblos de tan lúgubre fisonomía, que viven azotados por las inclemencias del cielo, oyendo a todas horas el mugir de los aquilones, ora abrumados de nieve, ora envueltos en la niebla, y donde, sin embargo, o por lo mismo, reina tan íntimo contento en los hogares, es tan amable la vida de familia, están tan excitados todos los afectos, todas las creencias y todos los temores.
En esos pueblos tristes, probados de continuo por el rigor celeste como las almas de los escogidos, reina una gran actividad en las imaginaciones, y la fe en Dios es más viva, el deseo de la gloria eterna más apremiante, y el miedo al

demonio, y aún a otros espíritus que no reconoce la Iglesia, tanto mayor, cuanto más justificado se halla.¿Quién ha de creer en duendes y aparecidos, por ejemplo, en una riente población tendida en verde llanura, entre pájaros y flores, o reclinada frente al azul Mediterráneo, en el perfumado seno de una perpetua primavera? ¿y quién ha de dejar de sentir todo linaje de terrores allá en la región de las nubes, rodeado de sombras, entre los elementos desencadenados, y sin más consuelo ni refugio contra la hostilidad de la Naturaleza que el amor de la esposa, la piedad de los hijos y las dulces promesas que manan de los labios del señor cura?

Por eso, hace muchos años, hablando de esto mismo, exclamé fervorosamente: «¡Benditas sean las montañas!» y por eso sin duda aquella noche, la noche de nuestra llegada a Murtas pasamos horas de inefable delicia y de verdadera unción cristiana, muy más sabrosas que cuanto ofrece el Corán a la morisma, sentados al amor de la lumbre, en casa de nuestro respetable huésped y antiguo amigo (el primer caballero que os presenté a la salida de Órgiva), recibiendo merced de su hidalga obsequiosidad y espléndida cortesía, y disfrutando de la grata sociedad de su noble esposa y distinguida hija, émulas suyas en el bondadoso afán con que nos agasajaban.

Sí, señor: en aquella inolvidable casa, de aspecto señoril y solariego; en el carácter serio y cordial de la tertulia que allí se reunió; en lo que, del pueblo habíamos visto; en lo áspero y tempestuoso de la noche; en lo repuesto y clásico de la mesa a que nos sentamos; en las tradicionales complacencias que allí compartimos; en lo que se hablaba, en lo que se callaba, en lo que se sentía, en todo, finalmente, había un sabor tan latino, tan católico, tan español, tan castellano, tan castizo, que acabó por olvidársenos que estábamos en la morisca Alpujarra, y que jamás hubiese habido árabes en la Península, y que hubiera existido en la Meca un impostor llamado Mahoma...; para no acordarnos más que de condes y obispos, de ricos-homes y ricas-hembras, de catedrales y castillos góticos, de conventos y abadías, de yelmos y lanzas, de gregüescos y gabanes, de ropillas y ferreruelos, de capas y espadas, de casacones y sombreros de tres picos, de morriones y petis, de ponchos y roses...; de España, en fin, limpia de sangre mora ni judía.

Por lo demás, y descendiendo a hechos reales, en mi cartera de viaje encuentro hoy los siguientes datos relativos a Murtas, recogidos aquella tarde, y aquella noche, y otras noches y otras tardes que más adelante pasamos allí:
Murtas es el mayor centro de población del juzgado de Ugíjar, sin exceptuar a la cabeza del partido.
Tiene 3798 habitantes, casi la mitad de ellos domiciliados en los 107 cortijos y caseríos de su jurisdicción, encerrando, por consiguiente, el lugar propiamente dicho unas dos mil almas.
La Santa Cruz, o sea la Cruz de mayo, es la patrona de Murtas, y el día 3 de dicho mes se la celebra con función de iglesia, toros y bailes.
Murtas es muy rico; sobre todo en vinos y almendras.
Las almendras tienen fama muy merecida en toda la provincia, por lo gordas, finas y dulces, y por lo tierno y delgado de su corteza leñosa.
El vino es excelente, aunque un poco dus, como todo el de aquellas tierras, y se exporta en gran cantidad, ora por el Puerto de la Ragua con destino al Marquesado del Cenet, ora por el Llano del Laujar con destino al río de Almería.
La arriería de Murtas no reconoce rival en toda la Alpujarra, por lo activa y numerosa. ¡Asombro causa ver las interminables recuas que salen de aquel pueblo o vuelven a él, llevando o trayendo cuanto figura en la vida material de su poblada comarca y de otras circunvecinas!
Pero la principal riqueza de Murtas, y uno de los ramos más importantes de la producción alpujarreña, consiste en la fabricación de aguardiente.
Piérdese la cuenta de los alambiques que hay establecidos en el lugar y sus cercanías... ¡Baste decir que ellos y los del próximo pueblecillo de Mecina Tedel abastecen casi por sí solos de un líquido tan apetecido y solicitado... a la mitad de la provincia de Granada!...
Lo cual no quita que las aguas potables de Murtas sean celebérrimas, y a justo título, por su abundancia, limpidez, exquisito gusto y eficacia digestiva.
Debido acaso a esto, y a lo muy ventilado, a lo demasiado ventilado, de la eminencia que ocupa, es un pueblo sumamente saludable, que produce hombres del tamaño y del temple de los de Homero, aficionadísimos a la caza, si bien con hurón o con reclamo, y muy dados al jamón y a los dulces.
La mayor parte de sus famosos cortijos están abrigados en los pliegues del Cerrajón, con exposición al mediodía. Algunos tienen, pues, honores de quintas

de recreo, según lo rodeados que se ven de naranjos, flores y feracísimas huertas, y sirven de habitual morada a familias ricas y de elegantes inclinaciones, que prefieren aquella vida libre y solitaria a la que se llevan en el lugar.
Por señas que el amo de uno de estos cortijos, hombre de felicísimas ocurrencias, cuando se cansa de estar solo, toca una bocina o caracol marino, cuyo son y significado, o sea cuya música y letra, conoce ya toda la comarca.
—Esta noche hay baile en el Cortijo de Los M... —dicen al oír aquella señal los moradores de los más apartados caseríos.
Y todo el mundo se viste de fiesta; prepáranse cabalgaduras, y pocas horas después el Cortijo de Los M... se viene abajo de reales mozas, de arrogantes mancebos y del correspondiente Estado Mayor de padres y madres.
En cuanto al fandango que se baila en Murtas y sus cortijos, supera con mucho al de todos los pueblos inmediatos...
Primero: Por las bellas y complicadas mudanzas que se hacen durante la copla:
Segundo: Porque se baila, acompañándose con castañuelas, cosa rara en aquella región:
y tercero: Porque la orquesta se compone casi siempre, no solo de guitarra, bandurria y platillos, como en el resto de aquellas tierras, sino también de violín...
El violín es tan familiar a los murteños como los alemanes del Norte.
Finalmente: las mujeres de Murtas tienen fama de limpias y lujosas, y de no menos esforzadas y dispuestas que los hombres.
Lo que yo puedo asegurar es que abundan las de aspecto varonil, si bien moderado por cierta apasionada languidez, esencialmente femenina, que las hace tan seductoras como imponentes. Melpómene hubiera podido ser de Murtas, y Medea, y Norma, y Safo, y hasta Doña María Coronel...
y de Murtas fue la célebre Catalina de Arroyo, morisca por todos cuatro costados; pero madre del beneficiado Ocaña; la cual, el día que los Monfíes asesinaron a éste y a los demás cristianos de aquel pueblo, pidió a gritos la muerte, alegando que ella también era cristiana.
y mujeres fueron asimismo quienes se encargaron entonces de quitarle la vida...
Por cierto que la historia recuerda que cuando la llevaban al lugar de la ejecución (que era el cementerio de la iglesia), Catalina de Arroyo «iba rezando la oración del Anima Christi, y murió invocando el dulce nombre de Jesús».
¿Conocéis tragedia más sublime?

Terminada aquella noche la tertulia, a la cual asistieron, entre otras muchas personas, dos respetables sacerdotes, hermano el uno[45] y sobrino el otro de nuestro noble huésped de la arábiga Albuñol (que así están hoy de barajadas las cosas alpujarreñas, ni más ni menos que cuando las moriscas parían allí Beneficiados), hicimos y publicamos el programa del día siguiente, en virtud de cuyo primer artículo todo el mundo tenía que estar a caballo antes de que saliera el Sol.

Retirose, pues, enseguida cada cual a su cuarto, a fin de aprovechar las contadas horas destinadas al sueño; pero la crítica situación en que aquella tarde habíamos dejado a Aben-Humeya tenía demasiado excitada mi curiosidad para que pudiese dormirme sin averiguar qué había sido de él.

¿Llevó adelante el marqués de Mondéjar su menguado propósito de deshacerse del reyecillo por medio del soborno y de la traición?

¿Lo consiguió efectivamente?

La contestación a estas dos preguntas la leí estando ya en la cama, y no me dejó pegar los ojos en toda la noche; o si los pegué, fue para seguir viendo lo mismo que causara antes mi desvelo.

He aquí lo acontecido.

VIII. Asechanza contra Aben-Humeya. Aparece en escena Aben-Aboo. Bárbaro tormento

Había vencido el infierno.

No bien regresó a Órgiva el despechado marqués, pregonó la cabeza de Aben-Humeya, tasándola en diez mil ducados; y fuese codicia vil de aquella suma, fuese por odio personal al joven caudillo, como ellos dijeron, el caso es que a los pocos días presentáronse a Mondéjar un tal Miguel Aben-Zaba, de Valor, y otros parientes suyos, y le hicieron la siguiente confidencia:

Que Aben-Humeya y su tío don Fernando el Zaguer andaban de día por las vecinas sierras de Los Bérchules, en cuyas famosas cuevas, casi inaccesibles, estaban los almacenes de la insurrección, y que por la noche solían bajar a dormir a Valor, a las casas patrimoniales del reyecillo, o a Mecina de Bombaron, a casa de DIEGO LÓPEZ...

---

45 Ya ha muerto.

Pero no debo continuar sin deciros antes quién era este personaje.

DIEGO LÓPEZ, primo hermano de Aben-Humeya, y descendiente, como él del mismísimo profeta Mahoma, era, en la época a que nos referimos y según opinión del grave Hurtado de Mendoza, «un hombre tenido por cuerdo, animoso, de buena palabra, comúnmente respetado, usado al campo, y entretenido más en criar ganados que en el vicio del lugar». No recuerdo ahora dónde he leído que más parecía negro que blanco; y, por lo demás, de toda su historia se deduce que estaba dotado de gran fortaleza física, y que tendría unos treinta y cinco o cuarenta años cuando lo presentamos en escena.

Entre los moriscos llamábase Abdalá Aben-Aboo. La Historia lo reservaba el puesto de segundo y último rey de la rebelada Alpujarra.

Este hombre singular, cuyo fanatismo islamita y cuyo ardor guerrero hemos de ver rayar muy pronto en verdadera fiereza, habíase mostrado hasta entonces como indiferente y neutro en medio de la rebelión que ardía en todo el Reino granadino. Pero es más: refiere Mármol que una mañana que el ejército cristiano marchaba de Cádiar a Ugíjar, acudieron espontáneamente algunos moriscos a someterse al marqués, y que entre ellos «vino DIEGO LÓPEZ Aben-Aboo..., y trajo consigo al sacristán de la iglesia de Mecina de Bombaron, donde era vecino, para que certificase al marqués de Mondéjar cómo había defendido que los Monfís no quemasen la iglesia, y le había tenido escondido a él y a su mujer y hijos en una cueva hasta aquel día, porque no los matasen. El marqués holgó mucho con la relación del sacristán, y loó al moro delante de los otros, diciendo que no todos los de la Alpujarra se habían rebelado con su voluntad; y le mandó dar luego una salvaguardia muy favorable para que nadie le enojase, y pudiese reducir todos los vecinos de aquel lugar y de fuera de él que quisiesen venir al servicio de Su Majestad».

¿Por qué había procedido hasta entonces Aben-Aboo de aquella manera? ¿Cómo seguía, sin embargo, tan respetado y querido de los moros? ¿a quién era traidor? ¿A los defensores de su abuelo Mahoma, apartándose de ellos para favorecer realmente a los cristianos; o a los cristianos, fingiéndose su amigo para apoderarse y abusar de su confianza en beneficio de la causa del profeta? Indudablemente a los unos y a los otros. La falsedad y la perfidia estaban en la masa de su sangre: su vida constituye un tejido de felonías, y ¡cosa rara! una vez, una sola, que no fue traidor, costole muy caro, como vamos a ver...; tan

caro, que ya renunció para siempre a la virtud, complaciéndose hasta en neutralizar las consecuencias de su único acto de lealtad...
Tal era el hombre cuya casa había sido señalada al marqués por los espías moriscos como uno de los albergues nocturnos de Aben-Humeya.
La tempestad comenzaba a amontonar sus torvas nubes.

En virtud de aquella confidencia, Mondéjar envió una noche a cincuenta soldados, conducidos por los viles delatores, con orden de ir primero a Valor y luego a Mecina de Bombaron, sorprender dichas casas antes de que amaneciese (pues de día podrían juntarse muchos enemigos y ser la operación peligrosa), y traerle muertos o vivos a Aben-Humeya y al ZAGUER.
Partieron los expedicionarios con el mayor sigilo, en medio de las sombras, y treparon a Sierra Nevada...
«No hallaron en Valor el Alto rastro de Aben-Humeya (dice Hurtado de Mendoza); pero en el Bajo oyeron chasquido de jugar a la ballesta, músicas, canto, y regocijo de tanta gente, que no la osando acometer, se tornaron a dar aviso».
Enterado de ello el marqués, dejó pasar dos o tres días, y al cabo de este tiempo (dice Luis del Mármol) «hizo llamar a los capitanes ÁLVARO FLORES y GASPAR MALDONADO y les mandó que con seiscientos soldados escogidos, llevando consigo las espías, que les habían de mostrar las casas sospechosas, fuesen a los dos lugares, y los cercasen, y procurasen prender aquellos dos caudillos, o matarlos si se defendiesen, y traerle sus cabezas...; advirtiéndoles que lo primero que hiciesen fuese cercar la casa de Aben-Aboo, donde había más cierta sospecha que estarían»...
Pero a los capitanes les pareció «que si todos juntos llegaban a Mecina, y acaso no estaban allí, antes de pasar a Valor, corría peligro de ser avisados. Con este acuerdo, aunque no era bastante razón para pervertir la orden de su Capitán General, repartieron la gente en dos partes, ÁLVARO FLORES fue a dar sobre Valor con cuatrocientos soldados, y GASPAR MALDONADO con los otros doscientos, que para cercar la casa de Aben-Aboo bastaban, caminó la vuelta de Mecina de Bombaron.
»Sucedió, pues, que aquella noche... Aben-Humeya y el ZAGUER y otro caudillo de aquel lugar, llamado el DALAY, no menos traidor y malo que ellos, acerta-

ron a hallarse en casa de Aben-Aboo: los cuales, habiendo estado todo el día escondidos en una cueva, en anocheciendo se habían recogido al lugar, como inciertamente y a deshora lo habían hecho otras veces, confiados en que no irían a buscarlos allí, por estar de paces Aben-Aboo y tener salvaguardia.

»GASPAR MALDONADO llegó lo más encubiertamente que pudo, haciendo que los soldados llevasen las mechas de los arcabuces tapadas, porque con la escuridad de la noche no las devisasen desde lejos: mas no bastó su diligencia, ni el hervor del cuidado que le revolvía en el pecho, para que un inconsiderado soldado dejase de disparar su arcabuz al aire...

»Estaban los moros bien descuidados; la casa llena de mujeres y criados; y la mayor parte de ellos durmiendo...

»El primero que sintió el golpe fue el DALAY, que como más recatado y astuto, estaba con mayor cuidado: el cual, temeroso, sin saber de qué, recordó con gran priesa al ZAGUER; y, corriendo hacia una ventana no muy baja, que respondía a la parte de la sierra, entre sueño y temor se arrojaron por ella, y, maltratados de la caída, se subieron a la sierra antes que los soldados llegasen.

»Aben-Humeya, que dormía acompañado en otro aposento aparte, no fue tan presto avisado; y cuando acudió a la fuga, ya los diligentes soldados cruzaban por debajo de la ventana; por manera que, si se arrojara como los otros, no pudiera dejar de caer en sus manos. Turbado, pues; sin saberse de terminar; dando muchas vueltas por los aposentos de la casa, y acudiendo muchas veces a la ventana, la necesidad le puso delante un remedio que le acrecentó la perdida confianza...

»Había llegado GASPAR MALDONADO a la puerta de la casa, y, viendo que los de dentro dilataban de abrirle, procuraba derribarla, dando grandes golpes en ella con un madero, cuando Aben-Humeya, no hallando cómo poderse guarecer, llegó muy quedo a la puerta, y, poniéndose disimuladamente enhiesto, igualado entre el quicio y la puerta, quitó la tranca que la tenía cerrada, para que con facilidad se pudiese abrir: la cual abierta, los soldados entraron de golpe, y él se quedó arrimado, sin que ninguno advirtiese lo que allí podía haber: tanta priesa llevaban por llegar a buscar los aposentos.

»Mientras esto se hacía... Aben-Humeya tuvo lugar de salir de tras de la puerta; y, arrojándose por unos peñascos que caen a la parte baja, se fue, sin que lo sintiesen».

Veamos ahora de referir qué había sido entre tanto de Aben-Aboo.

MALDONADO y su gente lo hallaron en uno de los aposentos de su casa, y con él a otros diecisiete moros; y, preguntándoles si sabían de Aben-Humeya o del ZAGUER, dijeron que no los habían visto, y que, en cuanto a ellos, estaban reducidos a la obediencia del rey don Felipe, en virtud de la salvaguardia que Aben-Aboo había recibido del marqués de Mondéjar.

y como no pudiese averiguar de ellos otra cosa; conociendo GASPAR MALDONADO que no le decían verdad, hizo dar tormento a Aben-Aboo, mandándolo colgar... cabeza abajo de la rama de un moral que había a espaldas de su casa.

«Y teniéndole colgado, que solo se sompesaba con los calcañales de los pies (continúa Mármol); viendo que negaba, llegó a él un airado soldado, y, como por desden, le dio una coz, que le hizo dar un vaivén en vago, y caer de golpe en el suelo.

»No debió de ser tan pequeño el dolor, que dejara de hacer perder el sentido a cualquier hombre nacido en otra parte; pero este bárbaro, hijo de aspereza y frialdad indomable, y menospreciador de la muerte, mostrando gran descuido en el semblante, solamente abrió la boca para decir: —¡Por Dios, que el ZAGUER vive y yo muero! —sin querer jamás declarar otra cosa.

»GASPAR MALDONADO dejó a Aben-Aboo en su casa como por muerto (los soldados se habían ocupado ya en robarla), y se llevó los diecisiete moros presos: con los cuales y con otros que después prendieron en el camino, y más de tres mil y quinientas cabezas de ganado que recogieron de aquellos lugares reducidos (los soldados que habían ido a Valor con ÁLVARO FLORES no habían conseguido otra cosa), se volvieron unos y otros a Órgiva, donde, siendo reprehendidos por su Capitán General, les fue quitada la presa por de contrabando, mandando poner en libertad a los moros que tenían su salvaguardia».

Tal había sido el bochornoso resultado de aquella indigna asechanza, concebida en mal hora por el ilustre marqués de Mondéjar.

Había triunfado el infierno, como ya dije más atrás; y su triunfo consistía en que tan insigne y generoso guerrero hubiese caído en la tentación de dejar durante algunos días la espada de Tendilla por el puñal de Vellido Dolfos; en que, aún hecho este sacrificio de honra, el golpe hubiese fallado, quedando vivo y libre Aben-Humeya, el enemigo de Cristo; y en que luego se perpetrase aquel crimen de lesa humanidad en la persona de Aben-Aboo, convirtiéndolo para en adelante, de un disimulado y tibio auxiliar de los moriscos, en un monstruo sañudo, en un campeón infatigable, en una furia armada, espanto de su raza y de la nuestra, azote de la cristiandad y abominación del género humano.

Sí: Aben-Aboo, que acaso envidiaba y aborrecía a Aben-Humeya desde que lo vio en el trono; Aben-Aboo, que ignoraba y no podía concebir que el reyecillo hubiese logrado escaparse de aquella manera tan atrevida y milagrosa; Aben-Aboo, que habría podido deshacerse de él entregándolo a los cristianos; Aben-Aboo, que era malo y avieso y traidor por naturaleza, acababa, sin embargo, de ejecutar el primer acto noble y piadoso de su vida, arrostrando una muerte segura por salvar a dos seres que detestaba, o sea por respetar en ellos las sagradas leyes de la hospitalidad...

No la muerte, sino el tormento más infame, había sido la consecuencia de tamaño heroísmo...

Renegó, pues, para siempre del bien, del honor, de la paz y de la dicha, y declarose enemigo irreconciliable de todos sus prójimos, de toda virtud, de toda ley, ¡del mismo Dios! —El infierno había hecho más que triunfar: había encarnado en un hombre: tenía ya un representante en aquella guerra de exterminio.

Siquiera Aben-Humeya, en medio de su iracundia, de su soberbia, de su intemperancia, de todos los vicios que pronto lo asemejaron a Sardanápalo, había procedido hasta entonces, y procedería siempre, impulsado por pasiones activas y positivas, por el afán de vengar a su padre, por ambición de gloria, por sed de mando, por un amor desenfrenado a las mujeres...

Pero detrás de aquella figura, que aún los más fanáticos escritores cristianos nos presentan gallarda, amante, fúlgida, poética (aunque indudablemente peligrosa para la moral), levantábase ya otra figura que parecía como su sombra, como su negación, como su infernal contrasentido; la figura de Aben-Aboo, animada por el odio, flotando en las tinieblas, ganosa de destrucción y de infortunios.

Resumiendo:

Aben-Aboo tan luego como estuvo curado, empuñó las armas contra los cristianos, poniéndose para ello a las órdenes de Aben-Humeya; esto es, del hombre que más detestaba en el mundo; pero jurándose al propio tiempo perder y exterminar a este hijo mimado del amor y de la fortuna.

La tempestad relampagueaba sobre la cabeza de los moriscos.

IX. Toque de Diana. Orden del día. Mecina Tedel. Los caballos no quieren matarse. El Castillo de Juliana. Jorairátar. Recuerdos asesinato. Una soirée en Cojáyar. Casta Diva

Sabéis ya, pacientísimos lectores, que, según el primer artículo de nuestro programa para el día siguiente, todo el mundo tenía que estar a caballo antes de salir el Sol...

(Pero ahora caigo en que no os he dado los buenos días. ¡Buenos días nos dé Dios, lectores! —Lo digo porque ya debe de estar amaneciendo... ¡Qué frío hace! ¿no es verdad? ¡Cómo se conoce que no estamos en la costa, sino en Murtas! —Afortunadamente, encontráis ardiendo en la chimenea una carga de leña. ¡A ver! ¡Nostramo! ¡Patrón! ¡Queridísimo huésped! ¡Más caridad con los forasteros! ¡Mande usted que echen una lágrima de cualquier cosa a estos pobres lectores!... ¡Aunque sea una gota de aguardiente sin rebajar! —¿Quién se para en grados cuando el termómetro marca uno bajo cero! —y, por lo que hace a nosotros, queremos desayunarnos con gachas... ¿lo oye usted?... con gachas de las que comen los pastores; con gachas de caldo colorado y muy picante, que nos caliente el estómago antes de ponernos en camino. El chocolate es bueno para las monjas.)

Con que volvamos al programa.

Los restantes artículos decían así:

«A las seis se pasará por el lugar de Mecina Tedel.

A las ocho se estará en el lugar de Jorairátar, donde nos esperan a almorzar a las nueve.

A las dos se saldrá de Jorairátar.

A las cuatro se llegará al lugar de Cojáyar, donde tenemos una cita.

A las cinco y media se pasará otra vez por Mecina Tedel.

Y a las seis de la tarde se estará de vuelta en Murtas, a fin de comer y hacer noche».

Es decir, que aquel día recorreríamos hasta su extremo la parte septentrional del Gran Cehel; pero que, en vez de pasar más allá y saltar a los pueblos de Sierra

Nevada, volveríamos pies atrás, con objeto de trasladarnos al otro día a la orilla del mar y concluir así nuestro estudio de la costa. ¡Con tal arte íbamos aislando y dejando para lo último la expedición a la Gran Sierra y a Cádiar y a importantísimos pueblos asentados a sus plantas, en las márgenes de sus bulliciosos ríos!...
El método es la mitad del encanto de esta clase de viajes.

No creáis, sin embargo, que la excursión del día a que me refiero dejó de ser interesante y que su relato no merezca vuestra atención más cuidadosa... Al contrario: por poco apego que nos hayáis tomado a los que la llevamos a término, os interesará muy mucho ver los grandes trabajos que nos costó, los atolladeros en que nos metimos, cómo escapamos de ellos, y las preciosas caras que contemplamos en medio de todo, a guisa de providencial recompensa de nuestros afanes. fue un verdadero día de prueba.

Pero ya nos hemos comido las apetecidas gachas, y los caballos piafan de miedo, más que de impaciencia, presintiendo sin duda los malos pasos en que los vamos a meter...

¡En marcha, caballeros! —y hasta la noche, gentilísimas damas.

De Murtas a Mecina Tedel —llamado también Mecinilla, por ser, o haber sido, el menor de los Mecinas de la Alpujarra (Mecina Fondáles, Mecina Alfahar, Mecina de Bombaron...) —hay menos de un cuarto de legua; y es que Mecina Tedel está agarrado a las espaldas, y como colgado, del mismo cerro en cuyas crestas se esconde Murtas.

Así fue que a los pocos minutos de ponernos en camino, y al asomarnos a la tajada ladera que sirve de brusco remate al Cerrajón, descubrimos a nuestros pies las casas de Mecinilla, unas debajo de otras, como los peldaños de una escalinata, sin que por eso se nos alcanzara la posibilidad de bajar adonde empezaban los tejados.

Pero los caballos se ingeniaron a su modo, y fueron descolgándonos lentamente por una serie de trancos esculpidos en la roca (los cuales constituyen una especie de vereda retorcida, trocada luego en ondulante callejuela, que pasa por delante de la puerta de todas las casas, después de haber pasado por encima de todas las chimeneas, y que enseguida deja otra vez de ser calle para volver a convertirse en sendero), hasta que al fin quiso Dios que llegásemos a todo lo hondo, o sea al Arroyo de Mecinillas, donde los animales lanzaron un relincho de triunfo...

Respiramos también nosotros, aunque menos militarmente, y entonces pudimos hablar algo acerca de Mecina Tedel.

Cuatro fueron las noticias que adquirí allí acerca de su historia, estadística y costumbres:

Primera: Que a Mecina Tedel le faltaban el año pasado dos habitantes para tener mil.

Segunda: Que allí murió de una fiebre maligna, después de reñir las batallas que veremos más adelante, don Fernando el Zaguer, o sea Aben-Xaguar, el tío y protector de Aben-Humeya; fallecimiento ocurrido a los pocos meses de haber exclamado Aben-Aboo: —«¡Por Dios, que el ZAGUER vive y yo muero!» (¿Habría hierbas de por medio en aquella fiebre maligna?)

Tercera: Que el patrón del lugar es San Fernando, rey de España, cuya fiesta se celebra allí, no el 30 de mayo, como determina la Iglesia, sino el 8 de septiembre, unida a la de la Natividad de la Virgen.

y cuarta: Que en tan solemne día hacen los vecinos una función de moros y cristianos, y corren la pólvora como los actuales marroquíes (supongo que todo esto será allá abajo, en el arroyo), saliendo a relucir con tal motivo algunas antiguas armas y vestimentas, entre las cuales no es raro ver, dicen, más de una prenda morisca de pura raza.

¡Todavía! —¡y eso que la Alpujarra ha sido objeto de mil escrupulosos expurgos, no solo de parte de los inquisidores del siglo XVII, sino de los anticuarios y coleccionistas del siglo XIX, representados por sagaces prenderos, vulgo baratilleros, granadinos!

¡Ah! Los pueblos son como el mar: a lo mejor se halla en su fondo tal o cual mísero resto de antiquísimos naufragios.

El camino que seguimos (¡a cualquier cosa se le llama camino en la Alpujarra!) para ir de Mecinilla a Jorairátar, es el más imaginario y menos real que recuerdo haber andado en toda mi vida. Básteos una muestra:

Llegó el caso de tener que, pasar, no ya por una estrecha repisa tallada sobre un abismo, como cuando bajamos a la Cueva de los Murciélagos; sino por

donde no había repisa siquiera, entre una altísima pared cóncava y un espantoso derrumbadero...
y digo que ni siquiera había repisa, porque la senda que se destacaba ligeramente de aquella pared, más como pintada que como esculpida en ella, era una especie de chaflán vaciado hacia la hondura en transversal pendiente, que apenas interrumpía la oblicuidad general de la ladera...
Me parece estar viendo todavía aquella vereda puesta de canto, de treinta o cuarenta metros de longitud, trazada en un resbaladizo muro de color de ceniza; y recuerdo el asombro con que los forasteros nos detuvimos, exclamando:
—¡Por aquí no se puede pasar!
—Sí se puede. ¡Adelante! —contestaron los alpujarreños—. Nosotros pasamos todos los días.
—Nos apearemos entonces...
—Fuera peor. Se les iría a ustedes la cabeza... No hay más que dejar a los caballos que se las compongan a su modo.
—Pero ¿dónde van a poner los pies los caballos? ¿Han de andar por la pared, como las lagartijas?
—Los caballos no quieren matarse. Entréguense ustedes a su instinto. Cuando ellos conozcan que no deben seguir, no darán un paso más.
—¿Y entonces? ¿Cómo retrocederemos?
—¡Ah! Entonces... entonces... Pero, ¿a qué hablar de lo que no ha de suceder? Miren ustedes cómo se pasa por aquí...
Y el que así dijo, metió espuelas.
El caballo vaciló antes de echar a andar. Luego marchó con mucho tiento, cruzando las manos y los pies cual si fuera zopo, y sosteniéndose sobre el filo de las herraduras; pero llegado que hubo a la mitad del mal paso, o sea a lo más grave del peligro, se paró con la mayor calma y asomó la cabeza al despeñadero, como para medir su profundidad... Hecho esto, siguió andando, y pasó.
Excusado es decir que todos los caballos y mulos fueron pasando lo mismo. No hay cosa peor que un mal ejemplo.
...
A la otra banda del Arroyo de Mecinilla, cruzamos por delante del llamado Castillo de Juliana, del que solo quedan en pie tres o cuatro ángulos sueltos de otras tantas hundidas torres.

Nadie sabe a la presente, o a lo menos yo no he podido averiguar, qué Castillo ni qué Juliana fueron aquéllos.

«Periit memoria eorum cum sonitu», dice la Sagrada Escritura. Pero es aún más triste y miserable, que el sonido, el nombre, sobreviva a la memoria. y esto acontece con la tal Juliana, a pesar de haber tenido por cenotafio toda una fortaleza.[46]

Cuando nosotros pasamos por allí, algunos perales en flor alegraban con su juventud aquellas melancólicas ruinas, despojadas por el tiempo hasta de historia...

Es cuanto puedo declarar y la verdad, advirtiéndoos que, según mis cálculos, las cosas continuarán ya así indefinidamente: los escombros del castillo expuestos a la indiferencia pública, como un cadáver insepulto que la justicia humana no consigue identificar, y los perales dando peras, a falta de noticias, al dueño de tan romántico paraje.

...

Entregados íbamos a estas y otras consideraciones filosóficas, cuando renovadas dificultades del camino llamaron nuestra atención a más próximos cuidados; entre ellos, al de no perecer por el momento, bien que a la postre tuviésemos que morir algún día.

Nos acercábamos a Jorairátar, y Jorairátar, está metido en los mismísimos infiernos. Allí se arremolinan, antes de espirar al pie de Sierra Nevada, las últimas estribaciones de la Contraviesa y del Cerrajón de Murtas, formando una especie de reducto de agrias y rotas peñas, cuyo aspecto tiene algo de terremoto en acción. Hondas grietas, negros tajos, quebrantados riscos, desgajados peñones, todo se ve allí confundido, dislocado, acumulado, superpuesto, como en una derruida obra de titanes. ¡Nada más terrible y majestuoso!

---

46 Hurtado de Mendoza cree que este Castillo recuerda la memoria del traidor Conde don Julián, que poseía en este terreno algunos Estados.
Mármol no hace siquiera mención del Castillo de Juliana.
Según me informa en carta particular un ilustre escritor contemporáneo, «este nombre parece aludir a una villa Juliana: pero también pudo ser de una iglesia visigótica, erigida para guardar alguna reliquia de aquel Mártir de Bitinia que tanta devoción inspiró a España desde el siglo VI».
Resultado: que no se sabe cosa alguna sobre el particular, como tampoco se sabía hace ochenta años, cuando el cura de Torbiscon, don José Dionisio Granádos, enviaba datos al Académico de la Historia, don Tomás López, para el mapa del Reino de Granada, entre los cuales solo venía una mención muy vaga del tal Castillo.

Sobre el mismo pueblo hay un enorme peñón desprendido, suelto, amenazante, próximo siempre a caer y aplastarlo todo... Los alpujarreños llámanle antonomásticamente, y como en son de lúgubre vaticinio, el Peñón de Jorairátar. ¿Quién lo subió a aquella altura? Yo quiero creer que Sísifo en persona, y que la inmensa mole no tornó a rodar a lo hondo, según su costumbre, porque en aquel crítico instante los dioses se fueron... y Sísifo quedó indultado ipso facto —como todos los demás penados del paganismo.
Pero todavía no me explico cómo Jorairátar fue fundado, a sabiendas, debajo de aquella espada de Damócles...
¡Verdad es que en las faldas del Vesubio se reedifican hoy pueblos siete veces aniquilados por la lava!
Por lo visto, puede aplicarse al temor lo que Horacio dijo de la esperanza:
Vitæ summa brevis spem nos vetat inchoare longam.

Jorairátar, adonde al fin llegamos con vida, tiene 1900 habitantes.
Su riqueza principal consiste en la cosecha de aceite, del cual hay allí varios molinos —cuyo nombre propio es almazaras.
Produce además bastante vino, y tiene muchísima arriería, aunque ni lo uno ni lo otro hasta el extremo de competir con el poderoso Murtas...
Y aquí terminan mis datos estadísticos.
Encima del pueblo se ven aún las ruinas de un castillo moro. Así nos lo contaron, al menos. Nosotros no las visitamos.
Y, a propósito de moros: en Jorairátar, hay también función de moros y cristianos el día de la fiesta del pueblo; —lo cual quiere decir que allí se juega con recuerdos históricos como éste:
Cuando se alzaron los moriscos de aquel lugar, y los Monfíes tenían ya reunidos en la iglesia a todos los cristianos para matarlos, el beneficiado FRANCISCO de NAVARRETE, varón muy estimado por sus virtudes, aún entre la misma gente agarena, pidió la gracia de doce horas más de vida, tanto para él como para sus infelices compañeros.
Accedieron a ello los moriscos, aplazando la ejecución para la siguiente mañana, y el beneficiado aprovechó aquellas doce horas para confesar a sus fieles y disponerlos, por medio de un sermón, a una muerte cristiana. «El tiempo que

le sobró de la noche (añade la historia) estuvo de rodillas, puesto en oración, pidiendo al cielo misericordia de sus culpas».

Llegado con el día el momento del sacrificio, los verdugos, queriendo dar otra muestra de afecto y reverencia a tan digno Sacerdote, preguntáronle qué clase de muerte prefería.

—Degollado —contestó el noble mártir.

Y degolláronlo efectivamente.

Con el Sacristán no fueron tan considerados.

«Al Sacristán (dijeron), que con muncho cuidado apuntaba la falta de los que no íbamos a misa los domingos y días de fiestas, y castigaba a los muchachos que no querían aprender la Doctrina cristiana, cuando estaba borracho, quitadle asimesmo la cabeza y echadla en una tinaja de vino, y entregad después el cuerpo a los muchachos para que le den tantas pedradas como él les dio azotes.»

«Dicho esto (concluye Mármol), los enemigos de Dios ejecutaron luego la inicua sentencia.»

También era aquello jugar a moros y cristianos.

El nombre de Jorairátar, áspero y feroz como el terreno convulso que lo lleva, despertó aquella mañana profundos ecos en mi memoria y en mi corazón; no solo por haber nacido en aquel pueblo cierto insigne Prelado a quien mucho amo y reverencio, y un ex-Diputado a Cortes con cuya amistad me honro, sino porque trajo a mi mente un lúgubre recuerdo de los primeros años de mi vida.

Era yo, en efecto, muy niño, cuando una noche triste, la Noche de Todos los Santos, víspera del día de Difuntos —allá, en lo alto de Sierra Nevada, a mitad de camino entre la Alpujarra y Guadix, en la Venta del Puerto de Ferreira, donde estaban detenidos varios trajinantes, a causa de la mucha nieve que caía— un hombre terrible, aceitero de oficio, llamado El Tuerto de Jorairátar (así lo nombraba el vulgo), había matado malamente, de una puñalada alevosa y atroz, a otro de los pasajeros que cenaban con él, dejándolo clavado en la mesa...

Aquel asesinato fue muy sonado en Guadix, donde se siguió el consiguiente proceso, y sobre todo en mi casa, por ciertas razones especiales. Pasé yo, pues, mucho tiempo oyendo hablar a todas horas de tan bárbara escena; y aquella fúnebre y clásica noche; aquella venta solitaria, incomunicada con el resto del mundo por la nieve; aquel matador, aquel cadáver y aquellos testigos que siguieron allí encerrados y juntos otros dos días; —aquella circunstancia de ser tuerto el asesino, y aquel salvaje nombre del pueblo de su naturaleza..., todo aquello excitó de tal modo mi imaginación infantil, que la palabra Jorairátar, parecíame sinónima de infierno.

Pero es más (y ved cómo se compaginan y forman a la postre una sola novela los incongruentes episodios de la vida humana): por entonces llegó a Guadix un distinguido caballero alpujarreño, joven y brioso, natural de Jorairátar, a fin de amparar en su triste situación al encarcelado reo, ahijado y antiguo servidor de su familia; y estuvo en mi casa; trabó amistad con mi buen padre; negociáronse perdones; impetráronse gracias, y con todo ello se logró que el Tuerto, en lugar de ser ajusticiado, fuese a presidio por diez años con retención —que era en aquel tiempo la pena inmediata a la de muerte.

Pues bien: al cabo de más de treinta años de no haber vuelto a parecer por Guadix aquel caballero ni sabídose más de él en mi casa, y cuando ya hacía cerca de diez que mi buen padre cerró los ojos a este mundo; al llegar yo a Jorairátar, en virtud de una serie de contingencias de mi propia vida, y preguntarle al respetable anciano en cuya casa estábamos convidados a almorzar «si tenía idea de un joven (de cuyo nombre no me acordaba) que en tal año fue a Guadix a interesarse por un reo, etc., etc., etc.», encontreme con la siguiente contestación, que me llegó al alma:

—Aquel joven... soy yo; y yo sé que usted es hijo de un amigo mío de quien no tengo noticias hace más de treinta años.

...

Enterado que lo hube de la melancólica parte que correspondía a la eternidad en aquel período de tiempo..., recayó luego la conversación en el sangriento drama de la Venta de Ferreira.

—¿Y qué fue del Tuerto? —pregunté.

—Estuvo muchos años en presidio —respondiome nuestro anfitrión—; y al cabo de ellos, vino a Jorairátar: dedicose a las labores del campo, dando muestras de arrepentimiento y hombría de bien: pero no le favoreció la suerte; y este año pasado ha muerto sumamente viejo, pobre y desdichado... Ya llevaba algún tiempo de vivir de la caridad pública.

Yo respiré, cual si despertara de una pesadilla.

Y desde aquel momento Jorairátar, me pareció menos lúgubre y espantoso.

Mucho contribuyeron también a ello las cariñosas atenciones de nuestro huésped, la dulce presencia de sus hijas, la alegría que reinó en el almuerzo, y la riente hermosura de aquella mañana de primavera que inundaba de luz y perfumaba con su aliento la gozosa estancia en que tan claros habían reaparecido a mis ojos los distantes días de la niñez...

Por lo demás, nuestro huésped de Jorairátar, era el hermano mayor, en armas y en edad, de nuestro huésped de Albuñol, lo cual explica también nuestra presencia en aquella casa. El caudillo de la costa nos había enviado al caudillo de la montaña, escribiéndole antes alguna de aquellas cartas a lo Pérez de Hita, medio árabes, medio españolas, con que los alpujarreños de una misma sangre se confieren y delegan el alto ministerio de la hospitalidad respecto de unos determinados peregrinos.

Lo mismo hacían los frailes en la añeja España: por lo que las personas aceptas a una orden religiosa podían recorrer toda la Península de convento en convento, sin necesidad de ir a dar con sus huesos en ninguna posada de mala muerte...

y lo mismo pasa en el desierto de Sahara, donde es muy frecuente que las caravanas vayan precedidas de un emisario del jefe dominante en cada región, a fin de disponerles lo más difícil o imposible de hallar por el dinero así en el África de siempre como en la España de ayer, como en la Alpujarra de hoy: un alojamiento soportable.

En la Alpujarra, pues, el viajero tiene que vivir, o recibiendo merced de sus hospitalarios hijos, o como nosotros vivimos en la Posada del Francés de Órgica. De todo lo cual se deduce que la moderna propagación de buenos hoteles, fondas y restaurants traerá consigo la desaparición absoluta de los santos placeres de la hospitalidad activa o pasiva.

Es la triste ley de estos tiempos. Nuestra época parece encargada por el Antecristo de acabar con las más puras satisfacciones del alma humana.

«¡Dad posada al peregrino!»... decía ayer el catecismo cristiano... y el moro.

«¡Que se vaya a la fonda!»... contestarán mañana en todas partes.

y tendrán razón los que esto digan.

a las cuatro de la tarde; es decir, dos horas después de lo establecido en el programa del día, salimos de Jorairátar, totalmente reconciliados con aquel fiero lugar, donde tan bien lo habíamos pasado todos... y yo particularísimamente. Es muy dulce poder reír de corazón después de haber llorado dentro del alma..., y es más dulce todavía heredar amistades de nuestros padres, ¡herencia bendita, que parece un legado de su honra!

Decía que salimos de aquel pueblo con dos horas de retraso. Resultó, pues, que, por mucho que apretamos a las cabalgaduras, ya oscurecía cuando dimos vista a Cojáyar —lo cual consistió también en que rodeamos mucho, a fin de pasar por el Cortijo de los Naranjos.

Cojáyar, es un lugarcillo de 579 habitantes, dependiente de Jorairátar en lo eclesiástico, y famoso por sus riquísimos higos, que constituyen su principal cosecha. El patrón del pueblo es San Antonio, pero se celebra el 9 de septiembre.

No puedo decir más de Cojáyar, pues mientras subimos desde la estrecha rambla de su nombre al alto cerro en que está situado, hízose noche completa, y por cierto una noche tan oscura como boca de lobo.

En cambio, mucho y muy bueno pudiera contar de la agradabilísima velada que pasamos en casa del excelente amigo con quien estábamos citados.

(y digo velada, porque fueron cerca de tres horas las que estuvimos allí, en medio de su familia, esperando a que saliera la Luna para continuar nuestro viaje...)

Pero me contentaré con meras indicaciones de los componentes de aquel cuadro, tal y como en este momento se lo representa mi memoria.

Figuraos todas las tinieblas nocturnas sobre los misteriosos montes de la Alpujarra: figuraos en uno de los negros pliegues de esos montes un pueblo solitario, casi desconocido del mundo, sin alumbrado ni sereno, y sumergido en el silencio más hondo, cual si fuesen ya las dos o las tres de la madrugada: figuraos una casa de ese pueblo, cerrada y muda como todas las demás, y al parecer invadida, si no por la muerte, por su hermano el sueño; y figuraos, en fin, dentro de esa casa una tertulia como las del mundo civilizado: su camilla con su brasero, su alegre quinqué, una amabilísima señora, cuatro señoritas a cuál más guapa y más discreta, un afortunado novio (que hoy ya es marido), delicadas labores, libros modernos, chispeantes conversaciones, amor en unos

ojos, en otros melancolía, en otros jubilosa indiferencia, sonrisas en todos los labios, buenas ausencias hechas a personas queridas, y, en el fondo del cuadro —unos viajeros que aguardan la salida de la Luna para seguir su peregrinación a través de espantosos breñales y del frío desamparo de la noche...
Así fue: a cosa de las nueve nos avisaron que la Casta Diva había aparecido en el humilde horizonte de Cojáyar...; y, acompañados de ella, o más bien acompañándola nosotros en su melancólico viaje; después de darnos muchas veces por muertos en los malos pasos que ya conocéis, y sobre todo en la famosa vereda puesta de canto y en las cuestas de Mecinilla, llegamos al fin a Murtas sanos y salvos y muy satisfechos de nosotros mismos, aunque yertos de frío, rendidos de cansancio y cayéndonos de sueño.
Eran las once y media de la noche.
...
—¡Orden del día para mañana! —díjosenos entonces, más militar que parlamentariamente:
Levantarse al romper el día.
Oír misa de alba (era domingo, y Domingo de Ramos por más señas).
Montar a caballo al salir el Sol.
Viaje a Turón. Almorzar allí.
Excursión a Adra.
Caminata por la orilla del mar.
Llegada a Albuñol..., etc., etc., etc.
Total: —ocho o nueve leguas de camino.
Pero ¡qué leguas tan bien empleadas! ¡Qué seductora perspectiva! ¡Al fin íbamos al mar! ¡Cómo deseábamos que amaneciera!
¡y cuánto, y cuán a poca costa, va a divertirse y a gozar y a aprender ahora el que leyere, si sigue abandonando sus más sagradas obligaciones por acompañarnos en nuestro viaje!
...

Fin de la cuarta parte

Quinta parte. La orilla del mar

...respirábase allí no sé qué paz de los sentidos, que se convertía en paz del alma, y que traía a la imaginación los ideales de silencio, de reposo y de ventura de los poetas...

I. Cortijeros y cortijeras. De Murtas a Turón. Acerca de los higos. De cómo mi primo clavó clavos

Asomó al fin por las doradas puertas del Oriente, que se decía en mejores tiempos, el día de nuestro viaje al mar. Llegó, sí, aquel día tan suspirado; —y transcurrió; —y desapareció muy luego para siempre, como todos los de nuestra falaz existencia... Pero en verdad os digo, aunque ello os parezca inverosímil, que, si grande es el entusiasmo con que lo vimos amanecer, mayor es aún la satisfacción con que lo recuerdo en este instante. ¡Tan lejos estuvo de defraudar nuestras esperanzas, y de aventuras tan honrosas (para nuestros caballos especialmente) es hoy la memorable fecha!

Mas procedamos con el debido orden; a cuyo efecto, volvamos a principiar este capítulo.

...

Cuando salimos de Murtas, que no fue tan temprano como se había dispuesto la noche anterior, entraban en el lugar numerosas bandadas de hombres, mujeres y niños, ora a pie, ora en mulos, jumentos o caballos, y todos vestidos con esmero. Era la población de los 107 cortijos antes mencionados, que acudía a la Función de las Palmas o Misa de los Ramos, como allí se dice. (Nosotros habíamos oído otra menos solemne.)

En aquellas alturas hacía un frío espantoso. Las campesinas llevaban, pues, echada sobre la cabeza, a guisa de manto, la falda del zagalejo; y como quiera que los tales zagalejos estén todos forrados de bayeta verde, amarilla o encarnada, y debajo de ellos aparezca otra saya de la misma tela, y por lo general del mismo color, aquellas mujeronazas, airosas y gallardas de suyo, resultaban sumamente bellas y elegantes... suponiendo que se las considerase desde el punto de vista artístico... y desde lejos, por añadidura. Ya que no la estatuaria gentil, traían a la imaginación la pintura mural cristiana, o sea aquellos grandes frescos en que tan frecuente es ver vestidas de un solo color las épicas mujeres de la Biblia. En cuanto a los cortijeros, llevaban una especie de tabardo con esclavina y un sombrero de extensas alas. Con semejante equipo, más parecían soldados de Felipe II que descendientes de los moros y a la verdad, su abolengo era aquél y no éste, como ya demostraremos en su día...

Pero tampoco va ahora la relación a mi gusto. Principiemos por tercera vez.

...

El camino de Murtas a Turón se reduce casi todo a una pendientísima cuesta, de tres cuartos de legua de longitud, que termina en la rambla de este último nombre.

Nosotros, previo el oportuno acuerdo, anduvimos a pie aquellos tres cuartos de leguas, a fin de entrar en calor; lo cual no fue maravilla que consiguiéramos al poco rato; pues, a medida que descendíamos, subía la temperatura, adelantaba la Estación, cambiaba la flora y se enriquecía la fauna...; de modo y forma que, cuando llegamos a lo hondo, nos vimos rodeados de tropicales pitas y otras plantas costeñas... ¡y de moscas de 1872!

(¡Ahora es cuando va esto en regla!)

Una vez en aquella calorosa rambla, montamos a caballo; y, en una trotada, recorrimos un buen trozo de sus arenas; en otra, bastante más difícil, subimos a un empinado monte; y, ya en lo alto de él, descubrimos que, a la parte opuesta, es decir, a la parte del mediodía, estaba hendido de alto a bajo por una frondosísima cañada, llena toda de verdura, de árboles en flor y de seculares higueras...

Eran las ilustres higueras de Turón; las madres de los higos que han hecho célebre aquel lugar.

Nosotros no pudimos menos de saludarlas con profundísima veneración. ¡Llevábamos tantos años de admirar sus productos, sus obras, sus hijos... (sus higos quise decir)! —Sentimos, pues, al verlas una emoción análoga a la del viajero que visita en escondido villorrio a los modestos padres de un grande hombre público.

Por lo que toca a los higos en sí, su reputación no puede ser más merecida, y yo espero que con el tiempo salve los Pirineos y se extienda por toda Europa. Son más chicos que los de Smirna y mayores que los de Cosenza; y, por su delicadeza y dulzura, recuerdan los de Tusculum, tan celebrados por el Cónsul M. T. Varron, en su libro De re rustica, y muy apreciados todavía en los mercados de Roma con el nombre de Higos de Frascati. Sabido es que Frascati ocupa el mismo lugar en que existió la antigua Túsculo. En cuanto al paladar de los hombres, se ve que siempre es el mismo.

Macrobio, Præfectus cubiculi de Teodosio el Joven, hace notar, en sus curiosísimas Saturnales, que la higuera es el único frutal que no echa flores, y luego clasifica a la higuera blanca entre los árboles de buen agüero y a la higuera negra entre los árboles fatídicos protegidos por los dioses del Averno.

Afortunadamente para Turón, allí se dan lo mismo los higos blancos que los negros y por consiguiente, sus habitantes no se hallan indefensos del todo, sino, a lo sumo, en la llevadera situación en que el maniqueísmo nos suponía a todos los humanos.
Mucho más cómodo fuera, sin duda alguna, para los moradores de Turón no tener que habérselas sino con higueras blancas; como los maniqueos se habrían alegrado de que el principio del bien reinase sin rival en el mundo; pero ¡ah!... el bien absoluto es imposible aquí abajo —y hasta sería inconveniente, según nuestra misma Sagrada Teología. Continuemos, pues.

Aquella fértil y deliciosa cañada sirve como de triunfal avenida a Turón, y desde que se entra en ella, forma uno completo juicio de la riqueza del lugar a que conduce, como las hileras de monumentos y sepulcros de la Vía Apia anunciaban antiguamente al viajero toda la gloria y la importancia de Roma.
Turón, adonde llegamos a las diez (cuando, según el programa del día, debíamos de haber llegado a las ocho), tiene 2.903 habitantes, inclusos los de la Cortijada de Guarea, que consta de veintiuna casas, y los del caserío de Diétar, que se compone de catorce. Es un pueblo sumamente alegre, de apacible temperatura, defendido a un propio tiempo de los vientos del Norte y de los de África por los cerros que lo rodean, y más costeño ya que serrano. Además de sus clásicos higos, produce almendras, trigo y cebada. Beneficia minas de plomo; y, en fin, su nombre tiene el alto honor de ser de origen latino: —TUROBRIGA, diz que se llamaba antaño.
Debido quizás a esta etimología, los moriscos turonenses se singularizaron entre todos los de la Alpujarra por la benignidad con que trataron a los cristianos el día del Alzamiento de aquel lugar. «...Los del lugar de Turón (dice la Historia) recogieron dieciocho cristianos que allí vivían, y, porque los —Monfíes no los matasen, los acompañaron hasta Adra y los pusieron en salvo con todos sus bienes muebles». Ahora: si más adelante los moriscos de aquel pueblo quitaron la vida al famoso capitán DIEGO GASCA, ya hemos visto que se les dio harto motivo para ello; y bien caro les costó; pues (según la Historia añade) «los soldados que se hallaron presentes mataron luego al matador y a los que con él estaban; y se airaron tanto viendo el desdichado suceso de su capitán, que sin otra consideración tocaron arma a gran priesa, y, dando, igualmente en

los vecinos armados y desarmados, mataron ciento veinte de ellos, y robaron el lugar, captivaron todas las mujeres y niños, y, dejando ardiendo las casas, volvieron a su alojamiento y repartieron la presa...».
Mal año para las higueras blancas.

Los honores de Turón nos fueron hechos (todo esto es francés puro) por aquél mi antiguo condiscípulo y noble amigo que nos acompañaba hacía tres días, y por otro respetabilísimo caballero, cuyo hijo primogénito figuraba ya también entre los expedicionarios. Ambos querían llevarnos a su respectiva casa; y, para transigir tan generosa contienda, dividímosnos en dos secciones, tocándome a mí recibir merced de mi condiscípulo, o, por mejor decir, de sus venerables padres —¡que Dios le conserve muchos años!
Admirablemente lo pasamos unos y otros convidados: tan admirablemente, que, cuando nuestra sección, que era la más ejecutiva, cayó en la cuenta de buscar a la otra, a fin de emprender la marcha, eran ya las dos de la tarde... ¡¡¡Las dos de la tarde... y, según el programa primitivo, debíamos haber salido de Turón a las diez o las once de la mañana!!!...
Los verdaderamente perjudicados por un retraso tan considerable, éramos mi primo y yo. a los demás expedicionarios les sobraba todavía tiempo para realizar sus planes y cumplir sus compromisos, reducidos a trasladarse directamente de Turón a Albuñol, distante de allí unas tres leguas, y a llegar a esta villa antes de las ocho de la noche. Así es que los encontramos fumando tranquilamente, arrellanados en sendas butacas.
¡Pero nosotros teníamos necesidad, capricho, voto hecho, palabra comprometida, resolución formada, en fin, de ir a Adra aquel mismo día, y tanta obligación como los demás de estar en Albuñol a las ocho en punto, si no queríamos ser los últimos de los huéspedes, de los comensales, de los amigos, de los caballeros y de los hombres!
Es decir, que nosotros, para acudir a ambas partes, y suponiendo que solo nos detuviéramos una hora en Adra, tendríamos que andar ocho leguas en cinco horas... ¡por caminos alpujarreños!
—¡Imposible, señores, imposible! —nos dijeron los hijos del país. No les queda a ustedes más remedio que renunciar a una de las dos cosas: o a ir a Adra esta tarde, o a estar en Albuñol a las ocho de la noche.

—¡Cómo imposible! —prorrumpí lleno de asombro y de despecho—. ¿Nos creen ustedes unos mandrias porque hemos nacido en terreno llano?
—Completamente imposible; a menos que hubiesen ustedes nacido águilas.
—¡Con que es imposible! —volví a exclamar desesperadamente—. ¡Y me lo decís ahora!
Aquellos crueles se encogieron de hombros, sin poder disimular la risa. Mi desesperación era para ellos un triunfo. Desde por la mañana temprano habían estado prediciendo que los novicios acabaríamos por renunciar a aquel descabellado proyecto de ir a Albuñol pasando por Adra.
—¡Estoy perdido!... —me dije, pues, con desconsuelo.
y miré en torno mío, como buscando un rincón del mundo en que ocultar mi vergüenza.

Entonces observé que unos ojos estaban fijos y como clavados en mí desde lo hondo de la sala, con una expresión indefinible.
Eran unos grandes ojos moriscos, llenos de luz y de energía, que indudablemente me interpelaban, me reconvenían, me pronunciaban un discurso, protestaban, en suma, contra todo lo que allí se estaba hablando...
Eran los ojos de mi primo; —de aquel primo mío, más semítico que jafético, que me acompañaba desde las orillas del Genil, y a quien ya califiqué, en la primera parte de esta obra, de «camarada tradicional e indispensable de mis reiteradas excursiones a caballo por aquella provincia».
Eran los ojos de mi primo PEPE; —más que primo mío por el corazón, según que también expuse entonces, y acerca del cual añado ahora que, si llego a sobrevivirle, no volveré nunca a montar a caballo sin rezar un Padre Nuestro por su alma mora...
Eran, sí, sus ojos los que relucían en el fondo de la sala.
Tan luego como reparé en aquella mirada fulgurante, me acerqué a él con cierto disimulo; hícele seña de que me siguiese, y, llegado que hubimos a la pieza inmediata, le hablé y me contestó en estos términos:
—José, tú tienes algo que decirme...
—Sí.
—Y lo que tienes que decirme es que tú y yo podemos ir a Adra esta tarde...
—¡Sí!

—Y estar en Albuñol a las ocho de la noche...
—¡¡Sí!!
—Probando de este modo a los hijos de la Alpujarra...
—¡¡Sí!!! ¡¡¡Sí!!!
—Que aún hay hombres capaces de hacer marchas como las de Aben-Humeya...
Mi primo se contrajo como un epiléptico al oír estas palabras; volvióse rápidamente hacia una pared; dio en ella dos o tres golpes con el puño, cual si clavase un clavo, y repitió, con el acento de un entusiasmo arrebatador:
—¡Eso! ¡Eso! ¡Eso!
—Pues calla, y sígueme.
Siguiome sin rechistar.
Cuando mi primo clava clavos, todo está dicho.
Bajamos a la cuadra, y nos pusimos a arreglar nuestros caballos por nosotros mismos.
Pero en tal instante se nos presentó aquel viejo del Albaicin que desempeñaba el alto cargo de Criado Mayor de la expedición, y nos dijo, medio riendo y medio llorando:
—Yo quiero ir con ustedes...
—¿Adónde?
—A Adra y ¡al fin del mundo! Yo sé el camino de la costa.
—Pues ¿quién le ha dicho a usted que nosotros vamos a Adra? —exclamó mi primo.
—Yo que me lo he figurado.
—¡Mal hecho!
—No lo he podido remediar, don José.
—A propósito, Pepe —díjele entonces—: ¿conoces tú el camino?
—No tiene pérdida... En bajando siempre, de fijo legaremos al mar...
—Eso es indudable... —repuse yo equívocamente.
—¡A lo menos, así viajan los hombres de nuestra hechura! —añadió él con toda la gracia que Dios le ha dado.
—Y el camino de la costa, desde Adra a la Rábita. ¿Lo conoces?
—¡Tampoco! Pero, en siguiendo la orilla del mar hacia Poniente...
—No me digas más. ¡Comprendido!... Veo que los años no pasan por ti...

—Sin embargo —observó el criado— hay puntas muy malas que evitar, y hace falta conocer las sendas que las cortan... máxime viajando de noche, como ustedes viajarán desde la Torre de Guarea en adelante. Pero yo he sido carabinero, y conozco toda la costa.
—¿Carabinero, o contrabandista? —preguntó mi primo.
—Las dos cosas, don José.
—Pues a caballo, abuelo —exclamé yo— y no diga una palabra a nadie. Nosotros, Pepe, saldremos por la puerta del corral, como don Quijote.
—Me parece muy bien; pero antes debemos dejar un recado a esos infames.
—Es verdad. Así no detendrán su marcha por esperarnos. Lo mejor es escribirles.
y, diciendo y haciendo, escribimos con lápiz en una tarjeta las siguientes líneas: «Son en Turón las dos y diez minutos. Salimos para Adra. Procuren ustedes estar en Albuñol antes que nosotros».
Como veis, el desafío era horrible. Teníamos que morir o vencer.
Entregamos la tarjeta a otro criado; montamos a caballo, y partimos.
Cuando ya íbamos andando, oímos la voz de los alpujarreños, que nos gritaban desde un balcón:
—¡Hasta mañana, caballeros! ¡Buen viaje! ¡Que duerman ustedes bien en Adra!
—¡Hasta esta noche a las ocho! —contestamos nosotros melodramáticamente.
Y metimos espuelas.

II. Viaje aéreo. Vista de Berja

No hay hombre cuerdo a caballo.
(Adagio español.)

Una vez fuera de Turón, nuestro primer cuidado fue repartir el tiempo de que podíamos disponer.
—De aquí a Adra —dijimos— hay tres leguas de montaña, con muchas más cuestas abajo que cuestas arriba, lo cual es un gran inconveniente para correr a caballo... No podremos, pues, andarlas en menos de tres horas; y eso, apretando muy de veras. Pongamos tres horas menos cuarto. De Adra a Albuñol hay cuatro leguas, casi todas de playa o rambla, con algunas puntas o promontorios

que bajar y subir... Supongamos que las andamos en dos horas y media, aunque en la arena se camina detestablemente... Nos quedan treinta minutos que dedicar a Adra, a fin de ver al amigo que nos espera, documentar nuestro paso por allí y dar algún descanso a los caballos... ¡Poco es! Necesitamos ganar otro cuarto de hora desde aquí hasta Adra, yendo en dos horas y media...

—¡Imposible! —exclamó el antiguo carabinero—. ¡Todo lo que han dicho ustedes es imposible!

—¡Anciano! Eso... ya nos lo advirtieron en Turón —contestó mi primo. ¡Pero precisamente se trata de hacer imposibles!—. Son las dos y cuarto... ¡a las cinco menos cuarto... en Adra!

—¡Encomiéndese usted a Dios, abuelo! —añadí yo, por vía de resumen.

Y pusimos los caballos al galope.

Afortunadamente, éstos eran ya muy maestros en punto a caminos de la Alpujarra. De lo contrario, no hubiéramos podido, o habría sido peligrosísimo para ellos y para nosotros, hacerles trotar y galopar por donde trotaron y galoparon aquel día; que fue (para decirlo de una vez) por todas partes; cuesta abajo, cuesta arriba, sobre peñascos, entre breñas, por las cumbres y por las laderas de los más espantosos derrumbaderos...

Sin embargo, pronto nos dimos cuenta de que no adelantábamos todo lo que queríamos, todo lo que necesitábamos... En primer lugar, a lo mejor, teníamos que bajar trancos o peldaños de escaleras naturales que conducían a los profundos infiernos, y por las que no se podía menos de ir al paso... En segundo lugar, nos perdimos una vez, tomando la senda de un cortijo por el camino de Adra... y en tercer lugar, hacía mucho viento, lo llevábamos de cara, y su violencia era horrorosa en las desamparadas cimas de —aquellos montes, últimos ya del continente, y, como tales, entregados a toda la saña de los vendavales marinos.

Pero nosotros no cejábamos por eso... Quiero decir, nuestros caballos no cejaban. Antes parecían poseídos de un vértigo, o enterados de lo que ocurría. Así es que volaban materialmente.

Algunas veces, y a causa de las revueltas del camino, les cogía el aire de flanco... Entonces corrían de bolina, como los buques; esto es, medio tendidos hacia el flanco opuesto, con una rapidez y violencia indescriptibles.

No lo iba tan bien al pobre criado. Su caballo valía menos que los nuestros. Así es que empezó por quedarse atrás... Luego vimos volar un sombrero, arrebatado por el aire... Enseguida desapareció el jinete, sin duda en busca del sombrero, y ya no divisamos más que el caballo, atado a una chaparra... allá... en una loma que nosotros habíamos pasado hacía algunos minutos.

Después... no volvimos a saber más ni del sombrero, ni del jinete, ni del caballo; —hasta que, al día siguiente por la tarde, presentose en Albuñol el antiguo carabinero, a pie, con un pañuelo atado a la cabeza y llevando a remolque al pobre animal, que se había quedado cojo para toda su vida.

Pero volvamos a nosotros. Nosotros corríamos, como digo, en lucha con el viento, a una altura inmensa sobre el nivel del mar, y ya muy próximos al fin de la Tierra... ¡No se concebía que hubiera medio humano de bajar de donde estábamos adonde teníamos que bajar efectivamente! Parecía más bien que nos preponíamos lanzarnos a los ámbitos del aire cuando se nos acabara la Península, alta por allí como una inconmensurable ciudadela...

Ello es que marchábamos, casi rectamente ya, por las elevadísimas mesetas de una serie de lomas, con dirección al Mediterráneo, cuya soledad azul se dilataba a nuestros pies, como una campiña sin límites vista desde las murallas de una ciudad...

¡El mar! ¡El mar! Su olor, sus brisas, su frescura, su movimiento, su ruido... ¿a qué deciros más? ¿No encierran estas palabras un poema?

y, sin embargo, aún el demonio de la poesía tentaba mi imaginación, mostrándole en otros lados nuevos reinos para el deseo, nuevas lontananzas seductoras...

De todo ello lo que más me enamoró y atrajo mis miradas, en medio de aquella vertiginosa carrera, fue una hermosísima población que estuvimos viendo sin cesar a nuestra izquierda, al otro lado de un hondo barranco, como a una legua de distancia en ocasiones, amorosamente guarecida en el seno de Sierra de Gádor y rodeada de oscuros bosques, de verdes siembras, de relucientes aguas, de todos los encantos de una naturaleza propicia.

Era la acaudalada Berja,[47] la antigua Virgi de los Romanos, la Medina Barcha de los moros, aquélla de quien se decía hace siglos que cada casa tenía un jardín, lo cual acontece también hoy; aquélla a quien el gran poeta árabe Ibn-Aljathib

---

47 Nombre de un puerto de la Arabia en el Golfo Pérsico, por donde se hacía gran comercio de aromas. (Nota del señor Simonet.)

llama «sitio risueño para el placer de la vista y lazo de seducción para el pensamiento; nube fecundante, Darain[48] de preciosos aromas, campo rico, harem seguro, hermosura manifiesta y oculta».
—Pepe —le dije yo a mi primo, corriendo como íbamos— ¿ves aquel delicioso pueblo, que blanquea y reluce a la luz del Sol, entre densas masas de verdura, como una joya medio escondida en un canastillo de olorosas hierbas y gayas flores?... Pues es Medium Barcha, a cuyas puertas se riñó aquella sangrienta batalla entre el marqués de los Vélez y Aben-Humeya en que ambos ejércitos quedaron destrozados, teniéndose que retirar éste a Valor y aquél a Adra... ¿No te parece ver todavía correr por aquellos cerros al temerario morisco, al descendiente del PROFETA, al rey de la Alpujarra quien, según dice Hurtado de Mendoza, era fácil distinguir entre todos en lo recio de los combates, por ir siempre vestido de colorado y precedido de su Estandarte Real?
—Pedro: yo no tengo ojos más que para mirar al Sol —contestó mi primo—: yo no veo más sino que se inclina mucho a Poniente: yo no veo más sino que hay que estar en Albuñol a las ocho, o ir a esconder nuestra vergüenza en un monasterio.
—Pepe —repliqué yo, poniéndome de pie en los estribos, para mayor solemnidad—. Esas tus nobles palabras pasarán a los siglos venideros. Yo las escribiré en letras de molde, ya que no de oro, con la historia de estas descomunales hazañas que estamos realizando; y además, para que tu gloria sea completa, te dedicaré el capítulo. No puedo hacer más por ti.
Mi primo soltó... primero la carcajada y luego las riendas; quitose el sombrero, y, con él y con ambos brazos, dirigió un saludo al firmamento, como haciéndolo testigo de mi generosa promesa.
Entre tanto, su caballo, viéndose libre del freno, salía enteramente desbocado, y el mío detrás de él, sin que por eso se cuidase Pepe de recobrar las bridas;

---

48 Aquella promesa hecha por mi a mi primo, y aceptada por él en un momento de buen humor, es la causa de que yo quebrante aquí, de la manera que estáis viendo, respecto de su amadísima persona, una regla de conducta que me tracé desde el comienzo de este libro; cual fue no poner en escena individual y determinadamente a mis compañeros de expedición, temeroso de ofender su modestia, puesto que ellos no están avezados a este oficio mío, que me obliga a hacer habilidades ante el público. Pero yo cumplo todas mis palabras; hasta las que doy en broma... Tenga, pues, paciencia mi primo y resígnese a correr mi misma suerte en la posteridad, como tantas veces la corrió esta vida.

pues tenía de antiguo esa costumbre de abandonarlas en los momentos de gran entusiasmo y de regir entonces su cabalgadura con las rodillas y los talones, como los jinetes marroquíes.
Yo no sé de qué modo me arrebata más mi primo; si haciendo esto, o clavando clavos.
...
Las tres y media eran cuando trepamos al fin a la última cadena de montes, y empezaron a aparecer ante nuestros ojos, quiero decir, a nuestros pies, las playas alpujarreñas y las almerienses... rematadas todas en unas amarillas fajas de arena, a lo largo de las cuales corría la movible orla de blanca espuma en que a su vez concluía o empezaba el mar... ¿Empezaba o concluía? Yo no sé discernirlo.
El Cabo de Gata, a lo lejos; más acá la Punta de Roquetas, la de Balerma, y la de Dalias; barquichuelos pescadores en el undoso piélago; grandes buques cruzando en lontananza; la costa de África allá enfrente, como una vaga sombra, velada a la sazón por una tenue bruma; una inmensidad azul abajo; otra inmensidad azul arriba; el Sol eterno, transponiendo del Mediterráneo al océano, en busca de la remota América... he aquí un resumen, tan rápido como las circunstancias lo exigen, de lo que vimos desde aquellas postrimeras cumbres...
Pero la verdad es que nosotros no pensábamos por el momento más que en Adra, en verla aparecer, en llegar a ella, en llegar a tiempo... Sabíamos que estábamos materialmente sobre sus tejados, aunque todavía a media legua de distancia, o más bien de elevación; pero hasta que la viésemos con los ojos no habíamos de descansar. ¡Podía haber cambiado de sitio; podíamos habernos equivocado nosotros y hallarnos a muchas leguas de donde creíamos; podía no haber existido nunca Adra sino en nuestra imaginación!
Asomámosnos finalmente a la misma playa que servía de base al encumbrado último cerro de aquella erguida sierra, y Adra no pudo ya por menos de dejarse ver...
Sí; allí estaba; a solas con el mar; debajo de nosotros; en un pequeño arenal amarillento; con sus grandes fábricas de fundición, cuyas altísimas chimeneas parecían obeliscos del tiempo de Sesostris; con sus ingenios de azúcar; con su empinado barrio antiguo; con su llano barrio moderno; con sus casas de un solo piso; con sus campos plantados de caña dulce; con su opulento río a lo lejos,

donde se encuentra la histórica Alquería en que se bañaban los aristocráticos moros de Berja; con algún vaporcillo y otros buques de menor cuantía en su desabrigado puerto; con su aspecto, en fin, mixto de ciudad cubana, inglesa y berberisca...
—¡Loado sea Dios, que nos ha permitido ver a Adra! —dijimos, deteniendo los caballos para que respirasen un poco.
Eran las cuatro menos cuarto.
Habíamos andado más de lo convenido, más de lo imaginable...
Pero aún faltaba lo peor; que era bajar, y bajar de prisa. ¡Aquella última media legua (que apenas resultaría un kilómetro a vuelo de pájaro) podía entretenernos una hora, y, entonces, ¡adiós todo lo adelantado!
—¡Pie a tierra! —dijimos, por consiguiente, después de aquel corto respiro—. ¡Ayudemos a los caballos a bajar!
Nos apeamos, en efecto, y nos precipitamos de cabeza por aquel cerro abajo; quiero decir, nos precipitamos de pies, sin hacer caso alguno de senderos y veredas, buscando siempre la línea más recta posible, ora deslizándonos como los torrentes sobre las penas, ora brincando de una en otra como las cascadas, y arrastrando detrás de nosotros a los caballos —que acabaron también por cerrar los ojos al peligro y dar todos los saltos que les exigieron nuestros imperiosos tirones. Indudablemente, tenían ya en nosotros una fe ciega.
Resultado: a las cuatro y media entrábamos en Adra.
Habíamos andado las tres leguas de sierra en dos horas y cuarto.
Habíamos ganado un cuarto de hora sobre nuestros últimos cálculos, a pesar de la avaricia con que los hicimos.
Podíamos vencer.

III. Una hora en Adra

En Adra, como en Murtas, era Domingo, y los marineros y pescadores estaban tan aseados y compuestos a la orilla del mar, como los labriegos y pastores que habíamos encontrado aquella mañana en lo alto del Cerrajón. Pero el traje variaba mucho. Los hijos de la calurosa Adra vestían, si aquello puede llamarse estar vestidos, anchos y blanquísimos zaragüelles, llevando sobre los hombros una anguarina de paño negro con su correspondiente capucha. Parecían moros de Levante.

Todos se hallaban de asueto y holganza... ¡y nosotros, por puro gusto, nos habíamos impuesto aquel día la ruda faena de tan fatigosa expedición! —Los miré, pues, con envidia, y tuve lástima de nosotros.
Tal es el perpetuo contrasentido de la naturaleza humana.
También sentí como una especie de recrudecimiento de amor hacia el mundo abierto, público y conocido, hacia el siglo XIX, hacia la civilización moderna, cosas todas que no veíamos hacía algunos días, y de las cuales nos hablaban aquella villa tan industriosa, aquel olor a carbón de piedra, aquellos barcos en que se podía ir a todas partes, aquellas olas que surqué tantas veces...
Causame, sí, cierta tristeza pensar que a la noche volvería a esconderme en el montuoso laberinto de la Alpujarra para poner de nuevo entre mí y el mundo redobladas barreras de montes y abismos, y todas las tinieblas de la incomunicación y el misterio...
Mas luego pensé en nuestros amigos de allí; en Albuñol, donde nos esperaban; en aquella apuesta que íbamos a ganar sin remedio; en el proyectado viaje a Sierra Nevada; en lo que sería pasar la Semana Santa en aquellas alturas; en el desenlace de la tragedia morisca...; y, acto continuo, resucitaron todos mis entusiasmos anteriores, enojome Adra, como la ciudad al cortijero, causáronme tedio y fastidio todas las perspectivas del mundo civilizado, y suspiré más que nunca por las soledades de la Alpujarra.
...
Barajando en mi imaginación tan encontrados pensamientos, y mi primo no sé cuáles en la suya, atravesamos al trote casi toda la villa, hasta llegar a cierta posada que nos habían dicho encontraríamos a lo último de la Carrera.
Una vez en aquel establecimiento, cuyo nombre no recuerdo ahora, nuestro primer cuidado fue encargar (del modo que se encargan las cosas cuando se quiere que se hagan) que tratasen a nuestros caballos a cuerpo de... caballos de rey, marcando al mozo el riguroso método con que había de refrescarlos, pensarlos y darles agua —todo ello en el preciso término de tres cuartos de hora.
Enseguida fuimos a casa de un excelente y discretísimo amigo que nos había esperado toda la mañana, y que ya no contaba con vernos aquel día; el cual nos dio una carta para nuestros amigos de Albuñol, certificándoles que habíamos estado aquella tarde en Adra. Su digna esposa tuvo por su parte la amabilidad

de poner unos barboquejos a nuestros sombreros, a fin de que no se los llevase el aire de las playas... (Aquella señora ha muerto ya, cuando escribo estas líneas...) y habiendo tomado allí vino muy caliente con azúcar, medio eficaz de restaurar nuestras fuerzas, nos despedimos de la que nunca más habíamos de volver a ver en este mundo.

a continuación nos llegamos al telégrafo (!) y pusimos varios despachos, recogiendo cuidadosamente los recibos, a fin de mostrarlos también a la noche en Albuñol. Si hubiera habido telégrafo hasta esta villa, ¡qué de cosas habríamos hecho decir a los alambres!

Finalmente, por consejo reiterado de nuestro buen amigo, tomamos un guía (muy andarín, según nos dijeron, aunque hombre de mar, como era del caso), para que nos indicase las puntas que debíamos evitar, impidiendo así que nos metiéramos en ciertos parajes, al parecer respetados por las olas, donde repentinos golpes de mar han hecho perecer a algunos viajeros imprudentes.

Arreglado todo esto, nos dirigimos a la posada en busca de los caballos...

¡Maldición! —¡Los caballos no estaban en la posada!

...

Pero no había por qué asustarse de tal modo. En aquel mismo instante los vimos asomar por lo alto de la Carrera.

Los habían llevado a ponerles algunos clavos que les faltaban en las herraduras; —oficiosidad del mozo, digna por cierto de aplauso y recompensa...

—¡Quién sabe —dijimos— si este pequeño retraso nos habrá evitado una completa derrota!...

Eran las cinco y cuarto largas.

a las cinco y media estábamos ya a caballo.

Habíamos perdido el cuarto de hora ganado en el camino. Nos quedaba el tiempo tasado (según nuestro primitivo presupuesto) para llegar a Albuñol a la hora de la cita...

—Mucho tienen ustedes que correr... —exclamó nuestro amigo con penosa desconfianza.

—¡Ca! ¡No llegan! —le había dicho ya por lo bajo el posadero.

—Espero llegar antes —contesté yo, metiendo espuelas.

—¡O antes... o nunca! —añadió mi primo, arrancando detrás de mí.

El guía iba corriendo a lo lejos, por la playa en que desemboca la Carrera, haciéndonos señas de que lo siguiéramos.
¡Desgraciado! ¡No sabía él en la que se había metido!

IV. Playas y puntas ¿Llegamos o no llegamos?

Tan luego como salimos de Adra, enderecé a mi primo el siguiente discurso, al compás del galope de nuestros caballos:
—Pepe: Acabamos de estar en la antigua Abdera, importante colonia fenicia... Acabamos de hollar la primera tierra que pisaron SAN TORCUATO y los demás Varones Apostólicos, discípulos de SANTIAGO el Mayor, cuando desembarcaron en Andalucía, a fin de propagar la fe de Cristo... Desde aquí penetraron en la Alpujarra, y, pasando el Puerto de la Ragua, se encaminaron a Guadix, nuestra ciudad natal, desde donde se repartieron por otras comarcas, y de este modo, según habrás leído, u oído leer, en la Lección Sexta del Oficio de San Torcuato, que con tal solemnidad se celebra en la catedral de nuestro pueblo, CECILIO llegó a ser obispo de Granada (Illiberi), TESIFON de Berja (Virgi), Segundo de Avila (Abulæ), INDALECIO de Almería (Urci), ESIGNIO de Cazorla (Cartejæ) y EUFRASIO de Andújar (Illurturgi), quedándose TORCUATO en Guadix (Acci), que es, por ende, la silla episcopal más antigua de toda España.
—Antójaseme —dijo mi primo— que eso de Ávila debe ser Abla, la villa de la provincia de Almería en que estuvimos hace años...
—Lo mismo he pensado yo alguna vez; pues, en efecto, parece raro que todos los Varones Apostólicos se quedasen en Andalucía la Alta, y que Segundo se fuese solo a Castilla la Vieja. Pero la verdad es, querido primo, que en Ávila hay una célebre, antiquísima iglesia de SAN SEGUNDO, y que SAN SEGUNDO, según todas las historias, fue el primer obispo de aquella ciudad...
—Yo no he estado en Castilla —replicó mi primo.
—Ya lo sé, Pepe. Pues, como te iba diciendo, o como te pensaba decir, esta playa en que nos encontramos es además la última tierra de España que pisó Boabdil el Chico... Aquí se embarcó para África el desventurado rey; y de aquí salieron también luego millares de moriscos, expulsados del suelo que habían cubierto de flores... Pero otro día hablaremos de la expulsión... Te contaré, en cambio, ahora la tremenda aventura del DAUD, de que todavía se acordarán las arenas que recorremos en este instante. El DAUD, Pepe, era uno de los jefes

de los Monfíes, el cual, antes de la rebelión de Aben-Humeya, pensó ir a África en busca de auxilios para principiarla por cuenta propia. Vino, pues, a Adra, a fin de embarcarse, y siguiéronlo algunas mujeres, que decían tener prisa de ser moras en libertad... Viendo que no pasaba ningún barco, el DAUD alquiló el de un pescador morisco, llamado NOHAYLA: pero éste le avisó a su amo, que era cristiano, y se llamaba GINÉS de la RAMBLA, si mal no recuerdo. GINÉS hizo entonces agujerear la barca y tapar los agujeros con cera...
—¿Y qué? ¿Se ahogaron todos?
—No; ninguno; porque los agujeros se destaparon a muy poca distancia de la orilla, y a los gritos de las mujeres acudieron lo mismo cristianos que moros y salvaron a todos los náufragos. Lo que se ahogó por entonces fue el proyecto de insurrección, pues el DAUD, en su fuga por la playa, perdió una bolsa de papeles que ponían en descubierto todos los planes de los moriscos.
...
Durante este coloquio, nuestros caballos traían entre manos una cuestión no menos interesante, que nos estorbaba adelantar todo lo que deseábamos.
La mar estaba algo revuelta, y sus olas, después de llegar a la rompiente de aquella playa tan suave, se extralimitaban, por decirlo así, extendiéndose tierra adentro en dilatadas sábanas de hirviente espuma que pasaban a veces bajo los pies de los nobles brutos.
Veíanse, pues, éstos a lo mejor metidos en medio del mar, rodeados por todas partes de un agua que rugía, que los golpeaba y que les olía de distinto modo que la de los ríos...
Los pobres eran del interior de la provincia, y no habían visto nunca a aquel monstruo inconmensurable que parecía pugnar por tragárselos. No era mucho, por consiguiente, que, a pesar del dominio que ya ejercíamos sobre ellos, de su noble condición y de la confianza que les inspirábamos, temblasen, se retemiesen, marchasen contraídos, sin quitar ojo de las olas, y que, al verlas venir, diesen unas bruscas huidas de costado, que nos hacían perder mucho tiempo, ya que de manera alguna los estribos.
Para allanar semejante dificultad, tuvimos que acometerla de frente, obligando a los caballos a caminar algunos segundos, no ya a lo largo de aquella ancha orla de espuma, sino mar adentro, de cara al enemigo, como si pretendiésemos que vadeasen toda la extensión del Mediterráneo con dirección a la costa de África.

Ellos se resistieron al principio por la buena, y como dándonos razones; pero nuestros halagos y nuestra autoridad acabaron por convencerlos, y entraron en el agua hasta que les llegó a las corvas. Entonces los paramos, y cuando hubieron resistido dos o tres de aquellos envites, muy desmayados por cierto en una playa tan mansa y tan reciente (el Mediterráneo se ha retirado de Adra cerca de un kilómetro en los últimos cincuenta años), respiraron con satisfacción y como diciéndonos que ya estaban tranquilos.

Los habíamos curado de espanto efectivamente, y, en adelante, lo mismo les importó galopar sobre espuma que sobre arena.

...

a todo esto, el marinero que habíamos tomado como guía, y que recuerdo era un hombre muy alto (circunstancia rara en los andarines), nos llevaba todavía alguna delantera... gracias a lo poquísimo que hasta entonces habían andado nuestros caballos.

Revolaban acá y acullá algunas gaviotas, indicio de borrasca, y el guía, corriendo, volando materialmente por la orilla del mar, con sus anchurosos zaragüelles y su anguarina de flotantes mangas, blancos aquéllos y negras éstas, parecía a lo lejos otro pájaro marino, mensajero de desventuras.

Los caballos, libres ya de todo miedo, no tardaron en recobrar el tiempo perdido, y volaban a su vez en demanda de una fragosa punta, o prolongación de las sierras alpujarreñas, que se adelantaba al remate de aquel angosto arenal, para luchar cuerpo a cuerpo con las olas, cerrándonos completamente el camino. Los pobres animales creían sin duda que iba a terminar allí nuestra jornada.

En cambio, el guía principió a flaquear... De vez en cuando se paraba, volvía la cabeza hacia nosotros, se limpiaba el sudor y tornaba a salir corriendo.

En tal momento, vimos que una mujer bajaba, o, mejor dicho, se precipitaba de roca en roca desde lo alto de aquella punta, como para atajarnos el paso, levantando los brazos al cielo con la mayor angustia o cruzando las manos con desesperación...

Ninguna actriz, ningún pintor ha imaginado nunca actitudes más dramáticas y conmovedoras. Parecía aquella mujer el numen de los peligros, el genio de los náufragos, la divinidad de aquel promontorio, deplorando con anticipación todos los desastres que la tempestad traería consigo...

El guía, tan luego como la hubo visto, torció su rumbo y encaminose hacia ella con redoblada celeridad, dándole grandes voces, como si a su vez quisiese prevenir alguna desgracia...
Nosotros arrancamos también a todo escape en la misma dirección y llegamos al propio tiempo que él al pie de la enhiesta punta, en cuya ladera se había detenido la aparecida, atajada por una cortadura de las rocas.
El hombre del mar no estaba menos aterrado y afligido que la mujer de la montaña.
—¿Qué sucede? —gritó él desde lo hondo.
—¿Qué pasa? —gritó ella desde lo alto.
—¿Qué tienes, mujer? ¿Qué tienes? —añadió aquél, trepando por las peñas.
—¿Y el niño? ¿Qué le pasa a mi hijo? —preguntó ésta con desgarrador acento.
—¡Malhaya seas, mujer! —exclamó entonces el hombre—. ¡Buen susto me has dado!
y se sentó en el suelo, reventado, jadeante, bañado de sudor.
—El niño viene detrás de mí... —añadió enseguida—. Míralo por dónde asoma...
En efecto, allá, lejísimos, se veía un puntillo blanco que corría por la arena de la playa.
—¿Lo ves?
—Sí: lo veo. ¡Ay! ¡Dios me perdone! —exclamó la pobre madre, poniéndose en cruz—. Al verte venir de esa manera creí que el mar se había tragado al chiquillo.
—¡Ca!... —repuso el marinero—. Yo voy de guía. ¡Mira! Aquí te dejo el capote. Baja por él sin matarte... ¡y hasta mañana, si Dios quiere!
Así diciendo, se levantó con gran trabajo, y echó a correr como un autómata.
El supuesto andarín estaba destrozado.
—¡Alto! —le dijimos entonces nosotros, que ya subíamos también el promontorio arriba—. Usted se queda aquí con su mujer y con su hijo. ¡Demasiado han padecido ustedes ya hoy por nuestra causa! De todos modos, ni usted, ni la misma Atalanta, podrían seguirnos al paso que vamos a tomar ahora.
El hombre se resistió, lloró, nos suplicó que le permitiéramos continuar acompañándonos; pero, vista nuestra tenacidad, hubo de reducirse a especificarnos, magistralmente por cierto, qué puntas podían doblarse sin peligro, siguiendo la orilla del agua, y cuáles había que cortar, pasándolas por encima.

Enterados de todo, nos despedimos de él y de su mujer, que al fin había logrado incorporárseie; y escapamos hacia la cumbre, provistos, a falta de guía, de una infinidad de bendiciones muy dulces, muy tiernas y muy baratas.

—Aunque ya no lleguemos a tiempo, no me importa —murmuré cuando estuvimos solos.

—¡Hay que llegar, sin embargo! —exclamó mi primo con más energía que nunca. Pero creí notar que me ocultaba alguna cosa...

Puede que fuera una lágrima.

...

Dominada aquella punta, descubrimos a nuestros pies otra playa sumamente angosta, pero larguísima, a cuyo remate había un nuevo promontorio, coronado por una torre.

Era la Torre de Guáinos.

En un tiempo fue torre de moros: hoy es de carabineros... ¡Siempre el hombre preparándose contra el hombre!

En un abrir y cerrar de ojos bajamos a aquella playa, la recorrimos de un extremo a otro y llegamos al pie de la torre.

Entre el cerro que la sostiene y el alborotado mar quedaba en seco una estrecha faja de arena.

Ya nos lo había anunciado el guía...

Pasamos, pues, por aquella especie de istmo, y salimos a otra playa.

Al comienzo de ella estaba el caserío de Guáinos, consistente en una sola hilera de casas, delante de las cuales había un largo porche, que les servía de soportal a todas, cubierto de zarzas y sostenido por enormes pilastras blancas.

Ni en las casas, ni en el porche, ni en parte alguna, se veía alma viviente. Sin duda por ser domingo; y Domingo de Ramos, los pescadores que allí habitan se habían ido a Adra a oír misa y a echar una cana al aire. Éramos, pues, en aquel momento (¡oh melancolía!), dueños absolutos de la costa.

Pero nosotros nos bastábamos y sobrábamos a nosotros mismos, como suele decirse...

Pepe: ¿te acuerdas? Al cruzar a escape por debajo de aquel cobertizo, cuya elevación sería lo menos de seis metros, agachaste la cabeza cuidadosamente; y yo, que corría detrás de ti, solté una ruidosa carcajada.

—¿Por qué te agachas? —te pregunté.

—Porque esta tarde —respondiste— me parece que voy a dar con la frente en el mismo cielo, y me creo capaz, si me lo mandas, de descolgar el Sol y traértelo para que lo apagues.
—Lo de traérmelo —contesté yo— estaría bien hecho, José mío; pero lo que es de apagarlo guardárame muy mucho. Precisamente estoy observando que él va a tardar muy poco en apagarse por sí mismo, dejándonos a oscuras en estos arrabales del planeta.
Así dije, viendo que, en efecto, el Sol principiaba a descender al occidente.
—Podemos impedir que se nos ponga —replicó mi primo—. ¿No marchamos en su misma dirección? ¡Pues corramos tanto como él!
—Pepe: el Sol anda sobre la tierra setecientas cincuenta y cinco leguas por hora. Lo único que podríamos hacer, fuera pedirle a Dios que lo parase en nuestro obsequio, como lo paró en obsequio de Josué; pero ni nuestro viaje ni nosotros somos dignos de merced tan señalada.
—¡Pues entonces... metamos espuelas!
...
No sé qué más espuelas quería mi primo que metiésemos. Los pobres caballos no podían portarse mejor. El terreno huía bajo sus pies como la sombra de una nube... y, a pesar de las detenciones qué sufrimos al principio, habíamos andado una legua en menos de media hora.
a los pocos momentos (cerca de las seis en el reloj de mi primo: el mío se había parado tenazmente) se puso el Sol detrás de la Sierra de Guálchos...
Al verlo desaparecer, sentí que me abandonaba la esperanza de triunfar. Quedábannos tres leguas de tierra desconocida que recorrer entre las sombras de la noche, sin más guía, camino ni sendero que las revueltas olas del mar, de las cuales teníamos que alejarnos muchas veces para enfrascarnos en las breñas de los promontorios...
Entonces comprendí toda la temeridad de nuestra empresa. De día hubiera sido difícil: de noche era mortal, desesperada, irrealizable.
Pero ya no había más remedio que seguir marchando.
El crepúsculo fue largo aquella tarde, y, durante él, corrimos espantosamente; mas, cuando cerró la noche, los bramidos del viento, el rugido del mar y la oscuridad absoluta llegaron a imponer también a mi primo.
Lo digo porque callaba mucho y arreaba poco.

—¿A qué hora salió anoche la Luna en Cojáyar? —preguntó al fin con voz desapacible.
—A las nueve. Lo cual quiere decir que saldría a las siete para estas playas. Tú sabes que en los breves horizontes de aquellos barrancos no se ve el Sol ni la Luna hasta que ya están casi en el cenit...
Mi primo volvió a callar.

...

Poco después, y en el momento en que íbamos a pasar una punta por la parte de abajo, creyendo que era de las que se prestaban a ello, oímos una voz que gritaba sobre nuestra cabeza:
—¿Adónde van ustedes? ¡Por ahí no se pasa!
Levantamos los ojos, y, a los reflejos del mar, vimos el brillo de un fusil entre las rocas de aquel promontorio.
—Pues ¿por dónde se pasa? —preguntamos nosotros.
—¡Por aquí arriba! —contestó otra voz más lejos—. ¡Ahí no hay camino! ¡Ahí no hay más que agua!
—¿Y quiénes son ustedes? —gritó mi primo con tanto recelo como osadía.
—Esa es otra conversación... —repuso el primero que había hablado.
Y sonó un pito.
—Estoy —dijo la segunda voz.
La oscuridad era densísima.
—Son carabineros —advertí yo a mi primo.
—¡Poco pitar! —exclamó entonces éste con mucha sorna—. No somos contrabandistas.
—Aunque fuesen ustedes el mismo diablo, lo primero es que no se ahoguen —dijo una tercera voz detrás de nosotros.
Y luego agregó, cambiando de tono como un ventrílocuo, y con acento de bajo profundo:
—Buenas noches, caballeros.
Era un carabinero del Reino, y pronto fueron cuatro los que nos rodeaban en las tinieblas.
—¿Adónde se va tan tarde? —nos preguntaron afectuosamente.
—A Albuñol. ¿Nos queda mucho?

—Dos leguas y media. a las nueve estarán ustedes allí. Pero ¡cuidado con las puntas! Esta noche hay que evitarlas casi todas. La mar está muy mala, y como no se calme a la salida de la Luna, las olas llegarán a lo alto de nuestras torres.
—¡A las nueve! —pensé yo, con la angustia que podréis imaginaros.
—Vengan ustedes por aquí —añadió otro de aquellos buenos hombres.
y nos condujeron a una vereda que pasaba por encima del promontorio.
Luego que nos hubimos despedido de ellos.
—¿Has oído? —le pregunté a mi primo.
—¡Adelante! —contestó éste, sacando fuerzas de flaqueza, o confiando en algo que no se me alcanzaba.
Corrió él, pues, a toda brida, sin saber por dónde, y yo lo seguí maquinalmente, sin más aliento que el que me prestaba su tenacidad inquebrantable, muy parecida al fatalismo mahometano.
...
Y así cruzamos playas, doblamos puntas, saludamos torres, cortamos promontorios, durante no sé cuánto tiempo, en medio de la orfandad de la noche, entre los bramidos del viento y el estruendo de las olas, entregados al instinto de los caballos, aunque sin dejarlos descansar un momento, y esperando a cada instante que un tropezón en las cuestas arriba, un resbalón en las cuestas abajo, o un hundimiento de la floja arena que a veces atravesábamos entre golfos de espuma, pusiese fin a aquella insensata carrera.
Yo había perdido la conciencia de la hora que podría ser.
Una vez se la pregunté a mi primo, y éste me contestó en unos términos tan grandiosos, que diome vergüenza de volver a preguntársela.
—La que sea es —me dijo—. Nosotros no podemos andar más de lo que andamos o llegamos o no a la hora de la cita. El resultado dirá. Lo que haya de suceder... ¡está escrito!
No hubiera hablado mejor un árabe.
Pero pronto se encargó el cielo de sacarme de dudas, o sea de acabar con mis esperanzas...
El horizonte empezó a blanquear hacia Levante... Es decir... ¡iba a salir la Luna!...
—Suponiendo —pensé— que anoche saliera a las siete, esta noche le toca salir a las ocho menos cuarto. Es así que aún no hemos llegado a la Rábita, y que desde la Rábita a Albuñol hay una legua; luego... ¡imposible llegar a Albuñol

a las ocho! ¡Imposible... imposible... como nos dijeron en Turón! ¡Imposible, como nos lo dijo también el antiguo carabinero, antes de que se lo llevara el aire!. ¡Llegaremos a las nueve, como nos anunciaron los carabineros en activo servicio!

En aquel momento apareció la Luna, plena, hermosa, rutilante, indiferente a todas las inquietudes humanas, y, por lo tanto, sin reparar siquiera en la mía.

Pero el mar se calmó a su vista como por arte de magia, y empezó a jugar mansamente con sus luces y a devolverle sus cariñosos besos... El mar y la Luna se entienden hace muchos siglos.

...

—¡Entramos en la Rambla de Albuñol! —gritó en esto mi primo, que corría siempre delante...—. Pero ¿dónde está la Rábita?

—Ésta no es la Rambla de Albuñol: éste es el Barranco del Muerto —contestó una voz en los aires, o sea en lo alto de una roca.

Era la voz del carabinero encargado de guardar aquel portillo o callejón de la Alpujarra, que mi primo había tomado por la desembocadura de la gran rambla o boulevard que ya conocéis.

—¿Y cuánto hay desde este respetable barranco a la Rambla de Albuñol? —pregunté yo tímidamente.

—Media legua —contestó el carabinero.

¡Media legua más! ¡Es decir, que nos faltaba legua y media de camino! ¡y ya eran las ocho, a juzgar por la Luna!

—¡Pepe! ¡Pepe! —grité, una vez echada aquella cuenta, al parecer infalible.

Pero mi primo no me oía. Mi primo volaba de nuevo por la orilla del mar adelante.

—Se ha vuelto loco —dije—. ¿Adónde va ya de ese modo?

y continué gritándole, al par que lo seguía:

—¡Pepe! ¡Pepe!

—¿Qué quieres? —respondió él desde muy lejos.

—¡No corras! ¡Ya hemos perdido la apuesta!

—¡No se sabe! ¡Sígueme! ¡Allá veo la Rábita!

—¡Pepe! ¡Son las ocho y cuarto!

—Sígueme, te digo... ¡Estamos en la Rambla de Albuñol!

...

Aquella vez no se equivocaba...
La naciente Luna alumbraba el torreón árabe de la Rábita, sus casas, sus iglesias y los barquichuelos de los pescadores, mientras que a nuestra izquierda se extendía, negra y misteriosa, la mayor de las ramblas alpujarreñas.
De allí hasta Albuñol apenas había una legua, toda por terreno llano, expedito y no sujeto a equivocaciones ni riesgos de ninguna especie.
—Descansemos aquí un poco —dijo mi primo parando su caballo a la entrada de la Rambla.
—Podemos descansar cuanto quieras —respondí tristemente—: de todos modos, ya ha pasado la hora.
—¿Pues qué hora crees que es? —replicó él con indiferencia.
—¡Mucho más de las ocho! ¿No ves la Luna?
—Sí que la veo. Pero ¿no me has dicho tú mismo que en Cojáyar sale mucho después que aquí?
—Sí; pero esta noche sale aquí y en todas partes tres cuartos después que anoche.
—Pues figúrate que no fuesen dos horas, sino tres, las que tardara anoche la Casta Diva en llegar al cielo de Cojáyar...
—¿Qué estás diciendo?
—¡Ni yo mismo lo sé! —contestó mi primo, descubriendo al fin una emoción extraordinaria—. ¡Me he propuesto no mirar la hora hasta que lleguemos a las puertas de Albuñol, y aunque me muera no la miro antes! Pero sé que hemos corrido muchísimo: sé que el tiempo se nos ha hecho muy largo: sé que la noche aflige y que la Luna engaña... ¡Me da el corazón que todavía vamos a llegar a tiempo!
—¡Pues en marcha, Pepe, aunque revienten los caballos!...
—¡En marcha, sí! Este es el último galope.
...
El último fue; pero bueno.
Diríase que los caballos se alegraban de huir del mar, o que pronto reconocieron aquella rambla, cuyas aguas habían bebido tres días antes...
Ello es que sus fuerzas parecieron renovadas, y que corrieron como exhalaciones por aquel arenal arriba.

Minutos después apareció a nuestros ojos Albuñol, reclinado en su cerro, argentado por la Luna, y tachonado de mil puntos de oro...
Eran las luces de sus calles... y de sus casas... No podía ser muy tarde.
—Mira el reloj, Pepe... Estamos llegando...
—Tómalo, y míralo tú mismo —dijo con acento supersticioso.
Yo lo cogí con mano trémula: volví su esfera hacia la Luna, y lancé un grito de admiración y de alborozo.
¡No eran más que las siete y media!
—¡Las siete y media! —exclamé frenéticamente—. ¡Hemos triunfado!
—Me lo figuraba —respondió Pepe—. ¡Somos los primeros hombres del mundo!
Y saludó al cielo con su ademán acostumbrado.
Mas entonces di yo otro grito espantoso.
—¿Qué es eso? —exclamó mi primo, viniendo hacia mí.
—¡Pepe, somos los últimos hombres del mundo! ¡Tu reloj está también parado!
Mi primo no replicó al pronto una palabra. Cogió el reloj; se lo llevó al oído; conoció que en efecto no andaba; se lo metió en el bolsillo; quitose el sombrero; se encaró con la Luna, y la insultó malamente.
...
Pero en aquel instante oímos un lejano ruido a nuestra izquierda, esto es, hacia la Rambla de Aldáyar, que, como sabéis, confluye allí con la de Albuñol...
—¡Calla! —pronunció sordamente mi primo, tendiéndose sobre el cuello del caballo para oír mejor—. ¡Son ellos!
—¿Cómo ellos?
—Sí: nuestros compañeros, que llegan ahora de Turón... ¿No los oyes hablar? ¿No sientes las pisadas de sus caballos? ¡Por cierto que no se dan ninguna prisa!
—¡Entonces, es muy temprano! Por lo visto, tu reloj se paró aquí mismo al propio tiempo que nosotros.
—Temprano o tarde, nos cabe al menos la gloria de entrar antes que ellos en Albuñol...
—Eso no tiene duda; pero, por si acaso, no entremos hasta cerciorarnos de que son ellos, y no otros caminantes, los que por allí vienen...
—Cerciorémonos —repitió mi primo.
Y, penetrando algunos pasos en la Rambla de Aldáyar, gritó resueltamente:

—¿Quién vive?
Confusas voces nos contestaron al principio, y luego se oyeron grandes risotadas.
—¿Qué gente? —volvimos a preguntar.
Una mezcla de aplausos y silbidos fue entonces la única respuesta.
—¿Oyes, Pepe? La injusticia humana empieza a dudar de nuestra gloria. Ésos que silban creen que no hemos pasado por Adra...
—Lo que yo oigo es que aprietan el paso para cogernos la delantera y entrar en Albuñol antes que nosotros. ¡Sígueme! ¡Sígueme! Esa gente sabe mucho.
Y mientras esto decía mi primo, galopábamos ya hacia la moruna villa.
...
Un minuto después estábamos en brazos de nuestro amadísimo huésped.
—¿Qué hora es? —le preguntamos con un ansia febril.
—La que quiera que sea... ¿Qué nos importa? —contestó él bondadosamente. El caso es que lleguen ustedes bien... ¿y los compañeros?
—Ahí vienen... Pero ¿qué hora es? ¡Necesitamos saberlo!
—Las ocho menos diez minutos —respondió nuestro huésped, mostrándonos su reloj.
Mi primo y yo nos abrazamos, locos de alegría.
En aquel momento sonó ruido de caballos a la parte afuera...
¡Eran nuestros amigos, que llegaban después que nosotros!
...

Que explicamos en plena tertulia todo lo ocurrido; que nuestros compañeros de viaje empezaron por poner en duda que hubiésemos estado en Adra; que los documentos que llevábamos acabaron por convencerlos plenamente; que entonces nos celebraron y felicitaron con la mayor nobleza; que los hijos del país nos admiraron y elogiaron también muchísimo, diciendo que no había ejemplo de una caminata semejante; que mi primo y yo no cabíamos de orgullo en el pellejo; que comimos como ogros, que no nos acostamos sin abrazar y besar a nuestros caballos, y que aquella noche dormimos como Napoleón después de la batalla de Austerlitz, o como Castaños después de la batalla de Bailén, son cosas que se caen de su peso y que no tengo para qué contaros...

Pero lo que sí me cumple referiros, a riesgo de que no lo creáis, es que no me dormí sin reunir antes en torno de mi lecho a los historiadores y celebrar con ellos una nueva consulta...

Érame absolutamente indispensable estudiar a fondo aquella misma noche la gran campaña del marqués de los Vélez contra Aben-Humeya, o por mejor decir, de Aben-Humeya contra el marqués de los Vélez, en que ambos compitieron en heroísmo, y que cierra brillantemente la historia militar del reyezuelo de la Alpujarra...

Pues bien: he aquí el rápido y sustancioso resumen que el más joven de los escritores allí congregados me hizo de todo lo que sabían los demás acerca de aquellos seis meses de continuas batallas, últimos de la vida del que fue bautizado con el nombre de don Fernando de Valor y murió con el nombre de Muley MAHOMET Aben-Humeya...

No dejéis de leerlo, por mucha prisa que tengáis. Considerad que alguna razón me asistirá para insertarlo íntegro, cuando no reparo en su extensión, a pesar de lo muy sobrado que estoy de materia para completar este volumen.

V. Historia pura. Felipe II acuerda dar el mando del ejército granadino a su hermano don Juan de Austria. Ferocidades de los cristianos. Ferocidades de los moriscos. Crece la insurrección. Don Juan de Austria en Granada. Sus primeras medidas. Preparativos de Aben-Humeya. Ventajas de éste. El marqués de los Vélez lo rechaza delante de Berja. Retrato del marqués de los Vélez. Recobra el reyecillo el terreno perdido. Proscripción de los moriscos de la capital y de su vega. Carta de Aben-Humeya a don Juan de Austria, quejándose de lo que en Granada se hacía con su padre don Antonio de Valor. Nuevas victorias del reyecillo. Es llamado a la corte el marqués de Mondéjar

Habla don Miguel Lafuente Alcántara (Historia de Granada, tomo IV, cap. XIX).

«Las ventajas de los cristianos eran efímeras, y solo contribuían a exasperar más y más el ánimo de los rebeldes y de los que habían depuesto las armas bajo la buena fe de un salvoconducto. El gobierno de Felipe II conocía el rápido vuelo de la insurrección, y vacilaba sobre los medios de reprimirla, por las relaciones diferentes que le eran elevadas sobre su origen, y la conducta de las autoridades civiles y militares. Hubo quien opinase por la venida del mismo rey a Granada; otros consideraron este viaje indigno de su grandeza, y entonces se acordó enviar al célebre don Juan de Austria y reforzar el ejército con tropas más disciplinadas y numerosas.

»No bien cundió entre los cristianos que hacían la guerra la noticia de que iban a ser acaudillados por el gran Príncipe, faltaron a los respetos de sus jefes y se lanzaron a cometer inauditos excesos en el país que era teatro de la guerra. Saqueaban aldeas; asesinaban a cuantos habitantes hallaban; violaban las doncellas, y, sin respetar los seguros concedidos, obligaron a muchos a tomar las armas para vengar estas afrentas. Para mayor deshonra, ciento diez moros principales (los que dijimos haber sido presos como rehenes en Granada) fueron acometidos en mitad de la noche por los mismos cristianos que los custodiaban en la cárcel de chancillería, y aunque se defendieron con palos de los corredores y con ladrillos, fueron asesinados (17 de marzo de 1569).

»Los lugares de la Alpujarra, pacíficos y asegurados, por cartas especiales, eran indignamente saqueados, y sus vecinos muertos o reducidos a esclavitud. Agraviados de estos ultrajes inicuos, los moriscos más dóciles y sumisos corrían a las armas y peleaban hasta morir o vengarse. Así ocurrió en Valor, donde los mismos vecinos, tranquilos el día antes, derrotaron ochocientos hombres, la flor del ejército, acaudillados por los capitanes ÁLVARO de FLUES y Antonio de ÁVILA, y pasaron a cuchillo a estos dos jefes y a casi toda su tropa. En Turón mataron también al capitán de Adra, NEGO de GASCA.

»Estos desórdenes acrecentaron el espíritu de rebelión y proporcionaron mayores fuerzas a Aben-Humeya, el cual organizó nuevas compañías, las armó con los mismos arcabuces apresados a los vencidos, extendió sus correrías por todo el distrito de la Alpujarra y Almería hasta el río Almanzora, y condenó a muerte, no solo a cuantos cristianos pudo prender, sino también a los mismos alguaciles y regidores moriscos, tibios en la defensa o sospechosos de alianza con los cristianos. Al propio tiempo envió mensajeros a Berbería a que publicasen sus victorias y lo proporcionasen gente, armas y dinero.

»Sabido en la corte de Felipe II el nuevo rumbo de la insurrección, se acordó que don Juan de Austria acelerase su viaje a Granada. En efecto, despedido el

Príncipe en los jardines de Aranjuez por el rey su hermano, y asistido por LUIS QUIJADA, llegó a Iznalloz (12 de abril).

»Con esta noticia el pueblo de Granada mostró extraordinario regocijo, y las autoridades se prepararon a festejar a un Príncipe tan célebre y gallardo. El marqués de MONDEJAR, que había regresado días antes a Granada, salió a Iznalloz con una compañía lucida de capitanes, caballeros y deudos y permaneció con don Juan aquella noche. Al día siguiente vinieron juntos hacia la ciudad, y en Albolote se presentó el conde de Tendilla con doscientos jinetes aderezados a la morisca y a la usanza castellana, y armados de capacetes, corazas, adargas y lanzas; de manera que hacían, según Mármol, hermosísima y agradable vista entre guerra y paz. El Presidente y el Arzobispo, que habían recibido de Madrid el aviso del ceremonial con que debían tratar a don Juan, reuniéronse en el Pilar del Toro, y salieron al encuentro junto a la Rambla del Beiro.

»Don Juan recibió a ambos personajes con sombrero en mano con singular afabilidad; y por último llegaron a saludarle los Oidores, los Alcaldes, las Dignidades eclesiásticas, el Corregidor, los Veinticuatros y muchos ciudadanos y caballeros principales. El Presidente decía quién era cada uno, y el mancebo los recibió con tanta benevolencia que todos quedaban satisfechos. Acabado este recibimiento, el conde de MIRANDA, que venía al lado de don Juan, se adelantó, y el Presidente a la derecha y el Arzobispo a la izquierda, le tomaron en medio.

»Así caminaron hacia la puerta Elvira, con increíble concurso y entre las filas de diez mil hombres alineados y cuya arcabucería hacía salvas incesantes. En medio del Triunfo se detuvo con otro espectáculo industriosamente preparado. Más de cuatrocientas mujeres cristianas, de las maltratadas por los moriscos en la Alpujarra, viudas y huérfanas, se presentaron en traje humilde, llorosas y con los cabellos esparcidos, pidiendo venganza contra los autores de su desgracia. Don Juan les dirigió palabras consoladoras, y entró en la ciudad por la calle de Elvira.

»Las ventanas estaban entoldadas con paños de oro y seda, y muchas damas y doncellas, ricamente ataviadas, admiraban la hermosura y gentileza de su persona. Hospedado en el Palacio de Chancillería, despidió al conde de Tendilla, al Arzobispo y Presidente, y se entregó al reposo.

»Apenas don Juan hubo descansado, dio audiencia a una comisión de los moriscos, los más ricos y principales, quienes se quejaron de los agravios de las Autoridades cristianas y de los insultos y desmanes con que la soldadesca ultrajaba a todos los de su raza. Recibiolos el Príncipe con su acostumbrada benevolencia, prometioles pronto remedio, y amenazó a los conjurados y díscolos. Enseguida comisionó al licenciado LÓPEZ de MESA para oír e informarle de las quejas de los moriscos, y a los Oidores VÁZQUEZ de ÁRIAS y MONTENEGRO para la administración de los bienes confiscados a los rebeldes.

»Mientras llegaba el duque de Sesa, que era uno de los consejeros que habían de asistirle, reconoció los muros y puertas de la ciudad, estableció una rigorosa policía, refrenó la tropa y visitó los establecimientos más notables, acompañado del marqués de Mondéjar y de LUIS QUIJADA. Llegado el duque, celebró varios consejos, y entre los jefes militares, asistieron el Presidente DEZA, el Arzobispo y otras autoridades civiles.

»Hubo contestaciones acaloradas sobre la terrible medida, propuesta por DEZA y por el duque de expulsar incontinenti del Reino de Granada a todas las familias moriscas que permanecían bajo la fe de los Tratados. Oponíase a esta proscripción general el benigno marqués de Mondéjar; y don Juan, que vio discordes los ánimos, y que era poco propenso a adoptar resoluciones fecundas en infortunios sin la debida madurez, excusó dar su voto sobre la despoblación, y se limitó por entonces a organizar su ejercito: nombró capitanes, reforzó las guarniciones de los pueblos que aún ocupaban los cristianos en torno de la Alpujarra, y para cortar las comunicaciones y el espionaje de los insurgentes de Güéjar, Dúdar y Quéntar, que por estos días se sublevaron, mandó que los moriscos de Pinos y de Monachil abandonasen sus lugares y se trasladasen a la llanura de la vega.

»Mientras don Juan se apercibía para salir a campaña, y asistía a las deliberaciones lentas de su consejo, Aben-Humeya, situado en el riñón de la Alpujarra, hacia Ugíjar, con numerosos destacamentos rebeldes, se preparaba, no solo para resistir, sino también para tomar la iniciativa en el ataque.

»Para ello mantenía frecuentes comunicaciones con los alcaides y alfaquíes de la corte marroquí y de Argel; les halagaba enviándoles regalos de dinero y esclavos, y recibía en torno refuerzo de aventureros y armas de buena calidad.

Para animar a los suyos, circuló una proclama en que aseguraba que su amigo ALUCH-ALÍ, gobernador de Argel, y Abdalá el Jerife, preparaban una poderosa escuadra, con cuyo socorro era infalible la victoria. Para dar impulso a la guerra y satisfacer la ambición de los fogosos guerrilleros que militaban bajo sus banderas, organizó una especie de gobierno civil y militar.

»Al MALEH encomendó el Marquesado del Zenete y la frontera de Guadix, Baza y Río Almanzora; a Aben-Aboo, sano ya de la mutilación bárbara que antes referimos, el partido de Poqueira y Ferreira; al XAVA la Taha de Órgiva; a Aben-MEQUENUN las de Lúchar y Sierra de Filábres y Gádor, a GIRÓN de ARCHIDONA y al RENDATÍ el Valle de Lecrín y Costa de Motril y Almuñécar, y a otros, diferentes partidos, entregándoles patentes con sello real. Les dio instrucciones para que esquivasen batallas campales y fatigasen al enemigo con marchas rápidas y con una continua movilidad; les encargó que sublevasen de grado o por fuerza cuantos lugares pudiesen recorrer, y nombró como consejeros y administradores de recursos de guerra a su tío don Hernando el Zaguer, al DALAY, a MOCARRAF, vecino de Ugíjar, y al Habaquí. Solo Aben-FARAX quedó excluido, porque aspiraba a destronar a Aben-Humeya, y este deseaba haberle a las manos y ahorcarle.

»Bien pronto comenzaron los cristianos a experimentar las consecuencias de las medidas adoptadas por el sagaz e incansable Aben-Humeya. Sus fieros partidarios abandonaron las guaridas de la Alpujarra (mayo); dominaron completamente en la Ajarquia de Málaga y Sierra de Bentomiz, en los Distritos de Baza, y en los orientales de la provincia de Almería, y saciaron el rencor que les devoraba pasando a cuchillo los débiles destacamentos sorprendidos en sus marchas veloces. Una compañía cristiana, que trataba de construir trincheras en el puerto de la Rawa, que pone en comunicación a la Alpujarra con Guadix, fue cruelmente derrotada. El MALEH amagó a Finaña, y los vecinos de Competa, de Frigiliana, y todos comarcanos a Vélez Málaga, se proclamaron independientes, y mostraron sin rebozo la aversión que abrigaban contra sus opresores cristianos. El corregidor de Vélez, ARÉVALO de SUAZZO, reunió gente del territorio de su jurisdicción, de Málaga y de las principales villas de esta provincia, y trató de perseguir a los alzados y de ganarles el Peñón de Frigiliana, en cuya fortaleza natural se apoyaban los moriscos. Batido en el primer encuentro, con pérdida de muchos soldados y capitanes valerosos, tuvo que replegarse a Vélez para ser testigo de los progresos de la insurrección.

»Hubiera sido ésta de una gravedad extraordinaria, si el marqués de los Vélez, que había sentado sus cuarteles en Berja, no hubiese logrado un triunfo sobre Aben-Humeya...»

Pero interrumpamos un momento a Lafuente Alcántara, y, por vía de ilustración a su reseña histórica, intercalemos aquí el retrato de cuerpo entero que del famoso don LUIS FAJARDO, marqués de los Vélez, nos ha legado Ginés Pérez de Hita, soldado suyo, como ya sabemos. Es una obra maestra, digna ciertamente del original:

«El marqués don Luis (dice) era muy gentil hombre; tenía doce palmos de alto; era de recios y doblados miembros; tenía tres palmos de espalda y otros tres de pecho; fornido de brazos y piernas; tenía la pantorrilla gruesa, bien hecha; al modo de su talle, el vacío de la pierna, delgado de tal manera que jamás pudo calzar bota de cordován justa, si no fuese de gamito de Flandes: calzaba trece puntos de pie, y más: era tan bien trabado y hecho, y tan doblado, que no se echaba de ver lo que era de alto. Era de color moreno cetrino, los ojos grandes rasgados, lo blanco de ellos con unas vinzas de sangre, de espantable vista. Usaba la barba crecida, y peinada: alcanzaba grandísimas fuerzas: cuando miraba enojado, parecía que le salía fuego de los ojos: era súpito, valiente, determinado, enemigo de mentiras... Era grande hombre a caballo; usaba siempre la brida; parecía en la silla un peñasco firme. Cada vez que subía a caballo, le hacía temblar y orinar. Entendía bien cualquier clase de freno. Su vestido de monte era pardo y verde y morado. Las botas que calzaba habían de ser blancas, abiertas, abrochadas con cordones. Era larguísimo gastador. Tenía cuatro despensas de grande gasto, una en Vélez el Blanco, otra en Vélez el Rubio, otra en las Cuevas y otra en Alhama. Era muy sabio y discreto; en burlas y en veras extremado. Tenía de costumbre oír misa a la una del día, y a las doce, de suerte que los capellanes no lo podían sufrir. Comía una vez al día, y no mas, y aquella comida era tal que bastaba a satisfacer cuatro hombres, por hambre que tuviesen. En la comida no bebía más que de una vez, mas aquélla buena con agua y vino muy templado, y esto era acabando de comer. De noche era su negociar, y así, se iba a dormir cuando los otros se levantaban. Siempre andaba

con su capa, cobijado solamente las espaldas, ceñida espada y daga, y esto era de noche. De día se ocupaba solo en tirar al blanco, ora con escopeta, ora con ballesta, y en cuerpo: si era verano, siempre sin gorra; y si era invierno, con un sombrero de monte muy pespuntado... La lanza que él llevaba era tal, que harto liaría un criado suyo que llevarla al hombro, y el marqués la meneaba cual si fuese un junco delgado... Tenía muchos perros y aves de volatería... Cuando había de ir a monte, aguardaba que hiciese mal tiempo, que nevase o lloviese, o hiciese grande aire; y esto por haber a sus gentes robustas, como él lo era».
Tal era el guerrero cristiano con quien a la sazón tenía que habérselas Aben-Humeya.
Dejemos ahora a Lafuente Alcántara continuar su relación.

«Reunió Aben-Humeya diez mil hombres, la flor de su ejército, y asistido por el ZAGUER, por el MALEH, el GIRONCILLO, Aben-MEQUENUN y otros guerrilleros valientes, acometió a la villa de Berja por tres puntos a la vez. El de los Vélez, que sabia los propósitos de Aben-Humeya por unos espías moros sorprendidos dos días antes y condenados al tormento, estaba apercibido para la defensa. Fue, sin embargo, tan furioso el ímpetu de los moros, y mayormente el de unos aventureros berberiscos (que llevaban en la cabeza guirnaldas de flores para significar que pelearían hasta morir mártires de su secta), que arrollaron a fuego y hierro una compañía de manchegos mandada por un capitán de nombre BARRIONUEVO, y estuvieron casi al alcance de la persona misma del marqués.
»Saltó éste atropelladamente sobre su caballo y marchó a la plaza de armas. Aquí se defendieron bravamente quinientos arcabuceros a las órdenes de los capitanes don Rodrigo de MORA, don Juan y don FRANCISCO FAJARDO. Aben-Humeya recargó con fuerzas que rompieron la posición de estos valientes. En este conflicto, el marqués de los Vélez salió por un portillo y llamó la atención de los enemigos por retaguardia. Este lance amilanó a los agresores y los hizo aflojar en el ataque. Los cristianos recobraron su posición, y atacando con nuevo ímpetu rechazaron a los moros y les hicieron retirarse hacia Dalias y Andarax con pérdida de mil quinientos hombres.
»A pesar de este triunfo, el marqués consideró falsa su posición y se replegó a Adra.

»Aben-Humeya se retiró hacia Cádiar y Valor a rehacer su gente y reponerse del anterior descalabro.

»Otro suceso próspero ocurrió por estos días e inspiró no poco desaliento a los moriscos. El Comendador Mayor de León arribó a la Costa de Vélez con una escuadra de veinticinco galeras, traídas de Italia, para favorecer la empresa de la reducción.

»Cerciorado de la desgraciada tentativa de ARÉVALO de ZUAZO contra el Peñón de Frigiliana, resolvió acometer nuevamente esta empresa antes que la insurrección tomase mayor incremento. Para obtener el beneplácito de don Juan de Austria despachó a Granada a su primo don MIGUEL de MONCADA, y recibió la debida autorización. Asistido por el mismo corregidor, por don Juan de REQUESENS, marino ilustre, y por otros capitanes y señores de Málaga, desembarcó con los tercios de Nápoles en Torrox, y recibió refuerzos de la misma ciudad y de otras villas. Ordenado su campo, practicó un reconocimiento y dispuso acometer por tres puntos simultáneamente; por la loma de Puerto Blanco, por la cumbre y por la cuesta (11 de junio).

»Era la subida agria, y la resistencia de los moros tenaz y ventajosa: hasta las moriscas peleaban con aliento varonil. Casi todos los veteranos de Italia, acaudillados por don PEDRO de PADILLA, fenecieron en la vanguardia. Otros muchos capitanes esforzados hallaron la muerte en la penosa subida, hasta que, esforzándose los capitanes de Vélez, CEREZO y VOZMEDIANO, y el Alférez malagueño CARAVEO, penetraron en el fuerte, donde los enemigos tenían un vasto campamento de chozas y tiendas. Este suceso hizo desmayar a los moros y abandonar sus enriscadas posiciones: muchos escaparon por derrumbaderos y sendas estrechísimas; otros fueron pasados a cuchillo. Quedaron cautivas hasta tres mil personas de ambos sexos. El despojo de seda, oro y plata, perlas, granos y bestias fue considerable. La gente de Loja, Alhama y Alcalá la Real, acaudillada por el corregidor don Gómez de Figueroa, y la de Archidona por el ilustre poeta, amigo de CERVANTES, don LUIS BARAHONA de SOTO, se presentaron en número de ochocientos hombres a pie y a la gineta momentos después de conseguida la victoria; y como su presencia era ya innecesaria, recorrieron los lugares comarcanos saqueando y matando.

»Aben-Humeya se propuso alentar a sus soldados y hacerles olvidar los anteriores sucesos acometiendo empresas de mejor éxito. Despachó al MALEH con cuatro mil hombres hacia el río Almanzora; puso en insurrección completa todos los lugares de esta comarca y se hizo dueño de los castillos y peñas bravas que aún se conservaban del tiempo de la conquista. Los destacamentos cristianos de los castillos de Oria, Las Cuevas y Seron opusieron alguna resistencia; pero esta última plaza, la más importante de aquella tierra, se rindió después de ser derrotado don ENRIQUE ENRÍQUEZ, que acudió de Baza con socorro, y de ser preso el alcaide defensor DIEGO de MIRONES por las fuerzas del MALEH y de un capitán intrépido llamado el MECEBE.

»Las ventajas de los moriscos y la soberbia y perseverancia de Aben-Humeya en hacer la guerra lastimaban profundamente el amor propio de don Juan de Austria. El animoso príncipe permanecía en Granada devorado de impaciencia por la tardanza de los refuerzos que consideraba necesarios para emprender una campaña de cuyo éxito dependía su porvenir glorioso. No siéndole dado salir al campo con la celeridad que apetecía, dictaba las órdenes oportunas, a fin de guarnecer las fortalezas más débiles y conservar las posiciones más favorables para sus planes ulteriores. Con estas miras reforzó las guarniciones de Oria y los Vélez, y encomendó este partido a don Juan de HARO.

»Entre tanto, se agitaba entre los consejeros de Granada la cuestión de si era o no conveniente expulsar sin tregua ni dilaciones a las familias moriscas que permanecían tranquilas en la ciudad, aunque propicias a la insurrección. El Gobierno de Felipe II sancionó esta medida terrible, y encomendó a don Juan su rápida ejecución.

»En efecto, el 23 de junio amanecieron puestos sobre las armas todos los batallones de la guarnición de Granada y los destacamentos de los lugares de la vega. Enseguida se promulgó bando general mandando a todos los moriscos acudir a sus parroquias respectivas. Las familias enteras obedecieron llenas de terror y persuadidas de que les amenazaba un infortunio extraordinario, y quizás la muerte. El presidente DEZA, a quien se comunicó el recelo que aquejaba a los infelices proscriptos, les dio seguridades de vida, y comisionó a don ALONSO de GRANADA VENEGAS para que los tranquilizase.

»Permanecieron los moriscos encerrados en la iglesia toda la noche y custodiados por guardias en las puertas, y a la mañana siguiente los fueron trasladando entre gente armada a los salones del Hospicio. Una gruesa columna de tropa, a cuya cabeza estaban don Juan de Austria, el duque de Sesa, el marqués de Mondéjar, LUIS QUIJADA y el licenciado BRIBIESCA MUÑATONES, se extendía por todo el Triunfo, desde la Puerta de Elvira hasta el edificio de la Casa de los locos. El Caballero FRANCISCO GUTIÉRREZ de CUÉLLAR estaba allí con una oficina formando el padrón de los que eran conducidos.

»Don Juan, que había calmado la inquietud de los proscriptos, tuvo que deplorar un suceso funesto. El capitán de Sevilla, ALONSO ARENALLO, dispuso llevar los moriscos de una parroquia, precedidos de un crucifijo en el asta de una lanza cubierto con un velo. Los desventurados que veían aquella insignia, y las moriscas que caminaban llorando detrás, creyeron que eran conducidos al cadalso, y una de ellas exclamó: —"¡Oh desventurados de vosotros, que os llevan como corderos al degolladero! ¡Cuánto mejor os fuera perecer en las casas donde nacisteis!" —Con este hecho hubo ya algunas alarmas, hasta que, al llegar a la puerta del Hospicio, un Carranchel, llamado VELASCO, dio un palo a un morisco joven medio loco: éste le hirió con un ladrillo que halló a la mano: acudieron los alabarderos al alboroto, y, creyendo que el herido era don Juan, mataron al morisco y trataron de hacer lo mismo con los restantes. Presentose don Juan y apaciguó el tumulto, y mandó al historiador LUIS del MÁRMOL y a don FRANCISCO SOLÍS la ejecución de algunas medidas que evitasen tales desórdenes.

»Con la más exquisita vigilancia, para refrenar las intenciones aviesas de la soldadesca, fueron encerrados todos los moriscos de Granada y de su Vega útiles para la guerra, quedando por entonces los viejos, las mujeres, los niños, muchos artesanos útiles y otros que tuvieron favor o medios de gratificar a los agentes subalternos fue (dice MÁRMOL) un miserable espectáculo ver tantos hombres de todas edades, las cabezas bajas, las manos cruzadas y los ojos bañados de lágrimas, con semblante doloroso y triste, viendo que dejaban sus regaladas casas, su familia, su patria, su naturaleza, sus haciendas y tanto bien como tenían... Quedó grandísima lástima a los que habiendo visto la prosperidad, la policía y el regalo de las casas, cármenes y huertas, donde los moriscos tenían todas sus recreaciones y pasatiempos, y desde a pocos días lo vieron todo asolado y destruido.

»Mientras don Juan y sus consejeros se ocupaban en expulsar los moriscos de Granada y su vega, Aben-Humeya hacía una correría gloriosa por los lugares del Río Almanzora, y se proporcionaba reclutas, armas y caballos. Satisfecho del buen resultado de su incursión, regresó al Laujar de Andarax para organizar nuevas huestes y dar algún respiro a sus voluntarios.

»Desde su guarida escribió a don Juan de Austria, a don LUIS de CÓRDOBA y al marqués de los Vélez, quejándose de los inhumanos tormentos a que la Inquisición había sometido a don Antonio de Valor, su padre, y a don FRANCISCO, su hermano:[49] se declaraba él mismo único responsable de la guerra promovida, y se brindaba a entregar ochenta cautivos en canje de sus dos caras personas: amenazaba ejercer crueles represalias si no se mitigaba la persecución de su familia.

»Celebrose consejo para decidir si era o no conveniente contestar, y, después de algunos debates, se acordó que el mismo don Antonio de Valor escribiese a su propio hijo manifestándole que era tratado con dulzura, y que, eran inexactos los informes sobre su tormento

»Tranquilizado Aben-Humeya con estas noticias, partió de Andarax con fuerzas respetables, y se encamino hacia Almería con ánimo de ocuparla. Don GARCÍA de VILLARROEL, que supo su designio, se emboscó junto a Güecija, sorprendió la división enemiga y desbarató los proyectos de Aben-Humeya. La concentración de los rebeldes hacia Almería permitió hacer al capitán don Antonio de CÓRDOBA una correría en el Valle de Lecrin, en cuyos lugares sostuvo, con ventaja a veces, con pérdida otras, varias escaramuzas.

»En esto (julio), el marqués, de los Vélez, que, desde su retirada de Berja continuaba en Adra, recibió órdenes del Gobierno para acelerar sus operaciones en la Alpujarra. Para ello allegó numerosos refuerzos y partió hacia Ugíjar.

»Enterado Aben-Humeya de sus movimientos, destacó a su tío el ZAGUER y al HOSCEYN, capitán turco, con cinco mil hombres, a disputar el paso del barran-

---

49 Este otro hermano de Aben-Humeya estaba también preso en las cárceles desde antes de la rebelión de los moriscos, sin que conste por qué causa. No se le confunda con Abdalá o don LUIS, el menor de los hermanos, que estaba en África, como ya sabemos, procurando socorros para los insurgentes, o tal vez en rehenes, como asegura Pérez de Hita, para responder de la conducta del REYECILLO con los auxiliares que se le enviaban.

co de Lucainena; pero estos moriscos fueron rechazados, y el marqués volvió a ocupar segunda vez a Ugíjar.

»Sentido Aben-Humeya de este revés, y afligido con la muerte del ZAGUER, que sucumbió en Mecina de Tedel a impulso de una fiebre maligna, reunió sus voluntarios en Valor y se jactó de desalojar en breve al de los Vélez de sus posiciones. Ofendido el marqués de tal provocación, tomó la delantera en el ataque y partió en busca de los rebeldes. Trabose una escaramuza bastante porfiada en las inmediaciones de Valor, y en ella cedieron los moriscos. Los cristianos siguieron al alcance de los fugitivos al través de quebradas y barrancos, y solo hallaron el cadáver de DIEGO de MIRONES, el Alcaide de Seron, y el de un morisco llamado ALGUACIL, a quienes ahorcaron para entretener a los perseguidores».

Por segunda vez tenemos que interrumpir a Lafuente Alcántara.

La escaramuza de que acaba de hablarnos nos recuerda la célebre calaverada con que el marqués de los Vélez puso término a sus hazañas de aquel día (3 de agosto de 1569), y que tanto le criticaron sus émulos.

Fue el caso que, terminada la lucha por haberse dispersado los moriscos, el marqués llegó, persiguiéndolos, a las excelsas cumbres de Sierra Nevada, sin más acompañamiento que dos o tres caballeros principales que lo seguían penosamente a una gran distancia.

«Iba (o solía ir, según un testigo presencial) en su caballo bayo, encubertado a la bastarda, con muchas plumas encima de la testera; el cual iba poniéndose con tanta furia, lozanándose y mordiendo el espumoso freno con los dientes que, señoreando aquellos campos, representaba bien la pompa y ferocidad del Capitán General que llevaba encima...»

Poco antes de llegar a lo alto, reventó aquel caballo tan pujante; pero el marqués tomó otro, en el cual atravesó las eternas nieves, al oscurecer, por el Puerto de Loth o de la Tabla, y descendió a Lacalahorra, capital del Marquesado del Cenet, que forma parte del Partido de Guadix. Allí pasó la noche (probablemente en el castillo, que aún existe, del duque del Infantado), y, a la mañana siguiente, tornó a salvar la Sierra y regresó a Valor con gran cantidad de vituallas...

Anduvieron, pues, injustos sus rivales al deducir de todo esto «que perdió la acción del día precedente, puesto que tuvo que irse a dormir a Lacalahorra»... ¿Qué sabe nadie lo que el famoso don LUIS FAJARDO tendría que hacer en aquella villa; ni si llegó a pegar los ojos en toda la noche; ni si lo citaron; ni si iría meramente en busca de víveres frescos para su única y descomunal comida diaria? No hay nada más torpe o inconsiderado que el odio.

Continúa Lafuente Alcántara:
«Neutralizaron las consecuencias de estas ventajosas escaramuzas algunos refuerzos de turcos, argelinos y moros. Entusiasmados por las exhortaciones de sus morabitos, desembarcaron en ocho fustas y se pusieron a las órdenes de HOSCEYN. Aben-Humeya se rehizo con esta gente, reiteró sus correrías y paralizó las operaciones del marqués de los Vélez. Animados al mismo tiempo los moros del Valle de Lecrin, acometieron al Padul (21 de agosto) en número de dos mil hombres, y empeñaron una batalla formal con algunas compañías acantonadas en la población a las órdenes de don Juan CHACÓN, vecino de Antequera, PEDRO de VILCHES, de Jaén, y Juan CHÁVEZ, de Trujillo. Los moros ganaron bravamente terreno, e incendiaron casi toda la población.
»Los cristianos resistieron en un reducido recinto, y don MARTÍN PÉREZ ARÓSTEGUI, natural de Vergara, se defendió heroicamente en un torreón aislado, con cuatro criados cristianos y tres moriscos amigos. La noticia llegó a Granada, y al punto volaron en su socorro fuerzas de caballería e infantería. Con esta noticia los moros se replegaron a la Sierra, dejando casi todo el Padul reducido a escombros.

»Ocurrían a la sazón graves desavenencias entre el marqués de los Vélez, orgulloso y engreído en demasía, y don Juan de Austria y sus consejeros.
»Quejábase el primero de que le tenían desamparado sin proporcionarle víveres ni refuerzos; y los segundos vituperaban su ligereza y su loca ambición de sosegar el levantamiento sin contar con los consejos y combinaciones de los que residían en Granada.

»Llegaron a noticia del rey tales desavenencias, y el marqués de Mondéjar fue llamado a la corte para informar sobre ellas. Habiendo cumplido con este mandato, fue nombrado Virrey de Valencia, y después de Nápoles...[50]
»Mediaron entre tanto, sangrientas escaramuzas hacia Cuevas de Vera, en Albacete de Órgiva y en el Valle de Lecrin, hasta que la guerra cambió de aspecto con la muerte de Aben-Humeya.»
...

...
—Doblemos la hoja —exclamé al llegar a este punto—. No es cosa de enterarse del trágico fin del reyecillo por extractos y referencias... Pasado mañana saldremos para Sierra Nevada, y allí, contemporáneos y testigos presenciales de los hechos nos lo referirán con todos sus siniestros pormenores... Descansemos entro tanto...

Dije; y, dando las buenas noches a Lafuente Alcántara, me dormí como el último de los mortales, bien que para soñar con la Sierra, con Cádiar, con la Semana Santa, con el Mulhacén, con Ugíjar, con la muerte de Aben-Humeya, con la muerte de Aben-Aboo, y con todas las demás interesantes perspectivas que me presentaba el gran viaje que va a ser objeto de la sexta y última parte de esta obra.

Fin de la quinta parte

---

50 Es decir, que se le alejó definitivamente del teatro de la guerra de los moriscos. A este propósito considero oportuno recomendar la lectura de una Carta del marqués de Mondéjar para el Señor Arzobispo de Granada, fecha en Órgiva a 17 de marzo de 1569, y publicada por primera vez hace muy pocos meses (el 15 de enero de 1874) en la Revista de Archivos, Bibliotecas y Museos. Es una defensa que el marqués hace de su conducta (tachada de demasiado contemplativa con los moriscos), y que me ha afirmado más y más en las opiniones que dejo emitidas acerca de aquellos sucesos.

Sexta parte. La Semana santa en Sierra Nevada

...causáronme tedio y fastidio todas las perspectivas del mundo civilizado, y suspiré más que nunca por las soledades de la Alpujarra.

**I. Lunes santo. Descansamos en Albuñol. Cosas de la Luna.
Martes santo. Nos trasladamos a Murtas. Preparativos para la peregrinación a Sierra Nevada**

«Día de mucho, víspera de nada», dice el adagio; y, en efecto, el día que se siguió a nuestra inolvidable correría por la orilla del mar constituye una especie de entreacto en la presente historia.

Por varias razones; por ser la clásica festividad de la Encarnación del Señor; por estar cansadísimos de tres jornadas consecutivas, y porque éranos indispensable preparar nuestro espíritu, nuestro cuerpo y nuestros caballos para la solemne expedición a los pueblos de Sierra Nevada, dedicamos aquel día al reposo, y a ordenar y guardar en el archivo de la memoria todo lo que hasta entonces habíamos visto y sentido en la Alpujarra.

Con esto; con oír misa; con rehabilitar al viejo ex-carabinero, y con dar un paseo a pie por la rambla, se nos fueron sin sentir las horas del 25 de marzo del año de gracia 1872, dejándonos ya que no recuerdos de exorbitantes aventuras, la plácida memoria de una paz y una tranquilidad impropias de esta desdichada vida.

Por último: a la noche nos obsequió el cielo con una magnífica tempestad, que duró desde las siete hasta las diez, y cuyos majestuosos truenos, repetidos por todos los montes y valles de la Contraviesa en retumbantes y prolongados ecos, simulaban el cañoneo más espantoso de que pueden tener idea los nacidos.

Era la propia tormenta que conjuró la noche anterior la súbita salida de la Luna... Por lo visto, los enconados elementos habían vuelto a encontrarse de manos a boca; y, no llegando esta vez la Tiple de los cielos a punto de meterse por medio y poner paz, habían desnudado los aceros y trabado aquella descomunal contienda...

Yo no sé quién saldría vencedor, ni si llegaría a morir alguno de ellos. Lo que sé es que, cuando nos acostamos, todo había concluido... El más profundo silencio reinaba en la naturaleza, turbado solamente por el oficioso lloriqueo de las chorreras que afluyen a la Rambla, y la Luna se paseaba con la mayor calma por las soledades del ya despejado firmamento, sin darse por entendida de lo que había pasado. ¡y eso que el mar había sido uno de los combatientes! ¡Eso que el mar es su amante, como sabe todo el mundo! ¡Eso que la muy taimada había presenciado el fin de la refriega, oculta detrás de un cortinaje de nubes!

¡Eso que probabilísimamente ella habría tenido la culpa de todo!... Pero la Luna es la Luna.
y no recuerdo más del Lunes santo.

La Iglesia, por su parte, había conmemorado aquella mañana, en el Evangelio de la Misa, una de las últimas escenas de la vida del SALVADOR —vida que ya tocaba a su fin mortal, a su complemento entre los hombres.
y nosotros, a fuer de cristianos, obligados, aunque estuviésemos de viaje, a meditar en los Misterios de la solemne Semana que había dado principio, nos detuvimos y deleitamos mucho en aquella conmemoración.
He aquí las palabras de San Juan:[51]
«Jesús, seis días antes de la Pascua, vino a Bethania, en donde había muerto Lázaro, al que Jesús resucitó.
Y le dieron allí una cena: y Martha servía, y Lázaro era uno de los que estaban sentados con él a la mesa.
Entonces María tomó una libra de ungüento de nardo puro de gran precio, y ungió los pies de Jesús, y le enjugó los pies con sus cabellos, y se llenó la casa del olor del ungüento».
y, a la noche, hojeando el Nuevo Testamento, leímos en el Evangelio de San Lucas aquel otro suceso tan análogo, ocurrido con cuatro días de anterioridad, y no casa de Lázaro, sino casa de Simón el Leproso.
«y una mujer pecadora que había en la ciudad, cuando supo que estaba (Jesús) a la mesa en casa del Fariseo, llevó un vaso de alabastro, lleno de ungüento.
y poniéndose a sus pies en pos de él, comenzó a regarle con lágrimas los pies, y los enjugaba con los cabellos de su cabeza, y le besaba los pies, y los ungía con el ungüento.
Y cuando esto vio el Fariseo que le había convidado, dijo entre sí mismo: Si este hombre fuera profeta, bien sabría quién y cuál es la mujer que le toca: porque pecadora es.
Y Jesús le respondió...
—Un acreedor tenía dos deudores: el uno le debía quinientos denarios, y el otro cincuenta. Mas como no tuviesen de qué pagarle, se los perdonó a entrambos...

---

51 Traducción del Padre Scio.

Por lo cual te digo que perdonados le son a ésta sus muchos pecados, porque amó mucho.
y dijo a ella: Perdonados te son tus pecados».
Quien podía saberlo nos manifestó entonces que, según San Agustín, San Bernardo y otros Santos Padres, esta cena y esta mujer fueron las mismas de que habla San Juan, y a que se refiere San Marcos cuando dice:
«Llegó una mujer que traía un vaso de alabastro de ungüento muy precioso de nardo espique, y quebrando el vaso, derramó el bálsamo sobre su cabeza.
y algunos de los que había allí, lo llevaban muy a mal entre sí mismos, y decían: ¿a qué fin es este desperdicio de ungüento?
Pues pudiera venderse este ungüento por más de trescientos denarios, y darse a los pobres. y bramaron contra ella.
Mas Jesús dijo:
—Dejadla. ¿Por qué la molestáis? Buena obra ha hecho conmigo.
Porque siempre tenéis pobres con vosotros: y cuando quisiereis, les podéis hacer bien; mas a mí no siempre me tenéis.
Hizo esta lo que pudo: se adelantó a ungir mi cuerpo para la sepultura».
Finalmente: el Teólogo que dirigía aquel piadoso estudio, lo terminó con las siguientes palabras:
—San Agustín y otros Doctores de la Iglesia opinan que la hermana de Lázaro de que habla San Juan, la mujer pecadora a que se refiere San Lucas, y la mujer innominada e incalificada de que hacen mención San Marcos y San Mateo, son una sola persona, a saber: María de Magdalo, la pecadora arrepentida que siguió a Jesucristo desde Galilea a Jerusalén y presenció su muerte en unión de María Santísima y de María de Cleofas. En compensación, otros Santos Padres creen que las Cenas fueron dos; dos las mujeres que ungieron a Jesús con bálsamo de espiga de nardo, y ninguna de ellas la Magdalena; —pero los artistas y poetas han optado siempre en sus obras por la interpretación de San Agustín.

El Martes santo fue también día de pocos acontecimientos, o mejor dicho, de pocas novedades; pero fuelo, en cambio, de grande, emoción y de inmensa expectativa en las filas expedicionarias... ¡Era la víspera de la excursión a Cádiar, y del asalto a la Sierra!

a fin de emprender esta excursión y este asalto desde más cerca y con más horas útiles a nuestra disposición, aquel día nos trasladamos a Murtas. Así quitábamos de en medio tres leguas que nos eran conocidas, e íbamos a dormir, como quien dice, a la frontera de lo desconocido.

No tengo, pues, para qué referir aquel nuestro segundo viaje de Albuñol a Murtas, el más tranquilo, descansado y racional de cuantos realizamos en la Alpujarra. Básteos saber que lo emprendimos a una hora muy cómoda; que caminamos al paso que quisieron las bestias, y que no nos salieron al encuentro ni los moriscos, ni los historiadores, ni los prehistóricos habitantes de la Cueva de los Murciélagos.

En cambio, vimos por doquier las huellas de la horrible tempestad de la noche anterior.

El día estaba regular, pero se nublaba a veces...; y aquellos nublos parecían síncopes de la naturaleza —reminiscencias de su último sobresalto.

En las Angosturas notamos señales de haber pasado por allí mucha agua... ¡¡Todavía daban miedo!! —Olían como a pólvora.

La Encina Visa había perdido bastantes hojas y parte de una rama durante la tormenta... ¡La pobre no está ya para tales jaleos!

El intrépido mar, a la distancia que lo divisamos desde aquellas alturas, nos pareció dormido. Se hallaría descansando de la batalla.

El viento no respiraba siquiera... Por lo visto, él había sido el muerto. No se movía el elemento..., como suele decirse en aquel país.

En cuanto a la Sierra... ¡ah! la Sierra, habíase vestido de limpio para recibirnos en toda regla al día siguiente. Estaba, sí, recién nevada, y sus faldas de encaje bajaban hasta los pueblos en que debíamos andar las Estaciones el Jueves Santo...

Pero a propósito de faldas:

Aquel día iban con nosotros (en lugar de graves señores como otras veces) dos o tres gallardos mancebos de Albuñol, en estado de merecer, los cuales llevaban en el ojal las primeras rosas de olor de la costa —destinadas, según entendimos, a tal y cual señorita de Murtas y de Sierra Nevada.

No tengo más que decir. Apreciad vosotros ahora, según vuestra edad, vuestro sexo y el estado sanitario de vuestra alma, todo el simbolismo de aquel mensaje que le enviaba la primavera al invierno; todo lo expresivo y tierno de aquel

regalo que iban a hacer los ribereños del mar a las hijas de las perpetuas nieves; todo lo que significaban aquellas flores en manos de la gentil adolescencia...
Consuélense, pues, los viejos... y los filósofos... y los desgraciados. El mundo no lleva trazas de acabarse. Afortunadamente para la poesía, para el Arte, para la propagación de nuestra especie y para la guerra, siempre habrá jóvenes nuevos, y por consiguiente amadas nuevas, nuevos madrigales, nuevos idilios, nuevos amorcillos que pintar, nuevas Venus que esculpir, nuevos casamientos y nuevos bautizos a que ser convidados, y nuevos mozos que entren en quintas cuando determine la ley.
Alguien lo ha dicho:

> Por mucha gente que muera
> desengañada de amores,
> tendrá cada primavera
> tantos pájaros y flores
> como tuvo la primera.

...
Al oscurecer llegamos a Murtas.
Ya estaban allí, procedentes de sus respectivos pueblos, otros amigos que debían también formar parte de la expedición a Cádiar y a la Sierra...
—En la Sierra está nevando —nos dijeron—; pero el Sol se ha puesto por claro, y mañana hará buen día.
A cuál noticia era mejor.
En Murtas nos aguardaba además, como siempre, la inagotable bondad de aquella obsequiosa familia que ya nos había albergado otras dos noches bajo su techo. Pasamos, pues, las horas de la velada en la grata compañía de tanto buen amigo, y disponiéndolo y concertándolo todo para emprender la marcha a la mañana siguiente muy temprano; —después de lo cual, dimos fondo en el Puerto del Sueño..., situado entre el Continente del Olvido y la Isla de la Locura. Desembarcaron luego, en ésta nuestras almas, y allí anduvieron vagando hasta el amanecer, al arbitrio de los fantasmas y los monstruos que la pueblan; quién de nosotros luchando con una pesadilla, negra como las panteras de Java; quién hablando con sus muertos queridos; quién persiguiendo ensueños de

gloria, de justicia y de felicidad; quién en plácido coloquio con el dulce objeto de un amor imposible; quién, en fin, departiendo con la benigna muerte, al otro lado de la tumba, acerca de las cosas que no se le alcanzaron en este globo llamado La Tierra como pudiera haberse llamado El Agua, o La Piedra, o Joaquina, o California —y al que Dios sabe cómo denominarán los habitantes de Venus..., si los tiene...
Quiero decir que nos dormimos y soñamos.

Pero antes de dormir y de soñar, cumplimos nuestros deberes de cristianos leyendo el Evangelio de aquel segundo día de Semana Santa.
La parte propia del Martes Santo, era este melancólico pasaje:
«y el primer día de los Ázimos, cuando sacrificaban la Pascua, le dicen sus Discípulos:
—¿Dónde quieres que vayamos a disponerte para que comas la Pascua?
y envía dos de sus Discípulos y les dice:
—Id a la ciudad, y encontraréis un hombre que lleva un cántaro de agua: seguidle.
y en donde quiera que entrare, decid al dueño de la casa: El Maestro dice: ¿Dónde está el aposento en donde he de comer la Pascua con mis discípulos? y él os mostrará un cenáculo grande, aderezado: disponed allí para nosotros» (San Marcos, cap. XIV).
...
¡Con qué majestad y con qué sencillez a un mismo tiempo se iba preparando la epopeya de los siglos!
«Esta mujer ha ungido mi cuerpo para la sepultura», había dicho Jesús a los Apóstoles el día precedente...
Aquel día señalaba el lugar en que debía notificarles su Sacrificio y hacerles donación de su Cuerpo y su Sangre.

II. Miércoles santo. Vista panorámica de Sierra Nevada
Eran las ocho de la mañana. Llevaba el Sol dos horas de estar sobre el horizonte, y nosotros habíamos andado ya una legua, o sea la mitad del camino que media entre Murtas y Cádiar.

El día estaba magnífico. Era uno de esos días puros, espléndidos, radiantes, que suelen seguir a otro de nevada, cual si el astro rey los dedicase al placer de contemplar la nieve, de enamorarla, de seducirla, de hacerle reír y llorar a un mismo tiempo; —días solemnes y melancólicos, alegres y tristes, como el primero de la paz después de una larga guerra; como aquél en que Noé desembarcó del Arca; como el de la muerte de vuestro peor enemigo; como el del casamiento de vuestra última hija; como la convalecencia después de la Extrema Unción; como unas segundas nupcias; como la libertad tras el cautiverio; como la toma de posesión de una gran herencia; como el regreso a la patria; como la tardía hora de la justicia; como el del estreno de una pierna de palo, etc., etc.

Por encargo de los alpujarreños que iban con nosotros, hacía ya algunos minutos que nuestras miradas no se extendían más allá de las crines de los caballos, librándonos así de ver poco a poco el sublime espectáculo que nos aguardaba y que querían contemplásemos entero, de golpe, de una ojeada sola, en el momento crítico y oportuno...

a la hora susodicha, este momento estaba llegando. Después de haber bajado y subido muchas cuestas pequeñas, llevábamos un largo rato de no hacer más que subir...

De pronto observamos que ya no subíamos...

—¡Alto! —exclamaron entonces nuestros amigos—. ¡Vista a la derecha! ¡Mirad ahora cuanto queráis!

Nosotros obedecimos y miramos...

Toda Sierra Nevada estaba ante nuestros ojos. Toda Sierra Nevada... ¡Toda!... Desde la base hasta las cúspides, sin colinas intermedias, y solamente separada ya de nosotros por las amplias y profundas cuencas de los pujantes ríos de Cádiar y de Yátor...

¡Toda Sierra Nevada..., desde el boquete de Tablate, por donde entramos ocho días antes en el recinto alpujarreño, hasta más allá de Laroles, punto extremo a que se dirigía nuestra peregrinación!

¡Toda Sierra Nevada, extendiéndose de Poniente a Levante en una línea de once leguas, como un descomunal anfiteatro, en cuyo ciclópeo graderío se asentaban más de cuarenta pueblos!

¡Toda Sierra Nevada, monumento incomparable, alzado sobre inmensos pedestales de color de violeta, recamado luego su zócalo de anchas franjas de amenísima verdura, hendido a veces de arriba abajo por relucientes chorros de agua cristalina, cubierto a trechos de bosques que parecían bordados en las laderas de los barrancos, y blanco y resplandeciente al fin, desde su media altura hasta las excelsas cumbres, cual si fuera de bruñida plata!...
¡Maravilloso templo en verdad, levantado allí por el Creador para morada de las Cuatro Estaciones!

a nadie sorprenda que nuestra admiración llegase a tal extremo.
No basta haber visto a Sierra Nevada por el otro lado, esto es, por el lado de Granada, y de Guadix, para tener idea de su grandeza y de su hermosura. Allí no hay modo de contemplar de una vez y a corta distancia toda la cordillera: allí no se presentan nunca de frente y en orden de batalla todas sus cimas. Granada no ve más que el señorío del Veleta. Guadix nada más que el reino patrimonial del Mulhacén. Ni la una ni la otra ciudad descubre a un mismo tiempo todo el vasto imperio presidido por este viejo rey. Entre el Mulhacén y el Veleta se interpone por aquella parte, a lo menos para el espectador, el formidable espolón o contrafuerte que, adelantándose hasta el Molinillo, entiba en los cimientos de Sierra Arana, y aquel espolón separa el horizonte accitano del granadino, partiendo la perspectiva de la Sierra en dos mitades casi iguales...
Pero por el lado de la Alpujarra la antigua Orospeda se muestra de cuerpo entero, cabal, íntegra, desnuda, pródiga de sus encantos —como deidad mitológica que, no recelando llegar a ser vista, discurre..., como su madre la parió (las cosas claras), por los sagrados bosques... de la Literatura y del Arte.
Así es que en aquel punto y hora quedó satisfecha por completo mi curiosidad de tantos años acerca de cómo sería Sierra Nevada por la banda del Sur, y formé completo juicio de la forma, estructura y respectiva proporción de sus ingentes moles...
Con que prosigamos nuestra descripción.

Alzado sobre aquel desmesurado catafalco, cuya magnificencia tenía algo de fúnebre y mucho de triunfal, enseñoreábase el Mulhacén en perpetua apoteosis, sin reconocer otro rival en Europa que los formidables Alpes.

¡El Mulhacén!... No hay palabras ni habría pincel con que poder dar idea de la pureza inmortal, de la transparencia empírea, de la claridad seráfica, con que se destacaba allí la nieve sobre el cielo. Lo blanco y lo azul, al demarcar sus plácidos límites y trazar el nítido perfil de la suprema cima, se regalaban mutuamente unos resplandores tan suaves, o casaban de tal modo la candidez con la limpieza, la inocencia con la claridad, lo inmaculado con lo infinito, lo reciente con lo eterno, lo intacto con lo intacto, que parecíame tener ante los ojos la realidad inefable de cuanto soñó Murillo al vestir de azul y blanco sus Purísimas Concepciones.

Yo no sé en qué consistiría, como razón física o moral, lo que acabo de intentar decir: no sé si en que la silueta de la Sierra se proyectaba sobre el mágico turquí del cielo que más amo en el mundo: no sé si en que yo estaba acostumbrado a mirar aquella silueta de Norte a Sur, y a la sazón la miraba de Sur a Norte (lo cual determina siempre un cambio en el tono de los celajes recortados por las nieves): no sé si en que aquellos días empezaba la primavera: no sé si en que era Miércoles Santo: no sé, en fin, si en que uno va ya para viejo... Lo que sé únicamente es que aquel ósculo purísimo que le daba la nieve al cielo tuvo para mí en tal instante algo de extraordinario y sobrenatural, que en vano intentaría definir una pobre pluma...

Mons Solis (Monte del Sol), y de aquí Solaria, denominaron también los romanos a la que oficialmente llamaban Orospeda.

Lo de Solaria o Mons Solis referíase sin duda a que el Sol ilumina y deja de iluminar sus crestas media hora antes de haber salido y media hora después de haberse puesto para todas las comarcas adyacentes. De lo de Orospeda no recuerdo el origen.

Los árabes corrompieron el nombre de Solaria y llamaron a la Sierra Nevada, ora Solair, ora Xolair; mientras que los españoles cristianos de la Edad Media, entre ellos don Alonso el Sabio, descompusieron erróneamente el Solair de los moros y apellidaron a aquella cordillera la Sierra del Sol y el Aire (Sol-air).[52]

«Maravilla de la tierra, de donde brotan treinta y cuatro ríos y arroyos», llámala el gran poeta mahometano-andaluz Ibn-Aljathib, en la introducción a la Yhatha.

---

52   Ya hemos dicho más atrás que Sierra de Gádor y la Contraviesa son respectivamente las Sierras del Sol y el Aire.

«Madre de Andalucía», la llamé yo en la primera parte de este libro. «Venere genitrice» la llamo ahora en italiano..., y continúo.

a la izquierda del Mulhacén gallardeaba el Picacho de Veleta, virrey de Lanjarón y de Órgiva; señor feudal de Granada; presunto heredero de la corona de la Sierra, y digno ciertamente de su tratamiento de Alteza (¡era tan alto!) —así como el Mulhacén (por ser mayor) merecía a todas luces el de Majestad. (Major. vel magis, sive magé.)
Otras respetables cumbres descollaban en la gigante cadena: verbigracia, la Alcazaba, Tajos Altos, la Caldera, el Cerro de los Machos, el Pico del Almirez, etc.
Mucho nos dolió que estos Infantes (que diríamos en España) no tuviesen unos nombres más poéticos y graciosos... En cambio, hubimos de reconocer que ninguno desmentía su estirpe, pues todos ellos medían de doce a doce mil trescientos pies de altura sobre el nivel del mar.
Del Veleta ya hemos dicho que se eleva doce mil seiscientos ochenta.
En cuanto al Mulhacén, pasa de los doce mil ochocientos; que es, como si dijéramos, de tres kilómetros y medio de estatura.
«Pero ¿qué es mi pobre Mulhacén (escribía yo hace años en medio de los Alpes) comparado con el Mont-Blanc? ¡Colocad sobre la cúspide de Sierra Nevada otra sierra de cuatro mil novecientos pies de elevación, y tendréis la cumbre que estamos contemplando!»
y luego añadía:
«Verdaderamente, el Mont-Blanc pudiera ser todavía un poco más alto. La cumbre del Himalaya, sin ir a otro planeta, mide veintiocho mil pies de elevación; es decir, casi doble estatura que el Mont-Blanc. y aún el mismo Himalaya podría tener algunos metros más. y, aunque llegase a las estrellas fijas, cualquiera conseguiría sin grande esfuerzo imaginárselo un poco mayor...»
y terminaba diciendo:
«Pero yo no debía revelar al público estos secretos, ni disminuir con tales reflexiones la importancia de mi viaje.»
Lo mismo digo hoy; —y ateniéndome a esta última observación, y para que volváis a venerar la Sierra alpujarreña, agregaré ahora: que, aunque finita, su altura

casi dobla la del Guadarrama,⁵³ tan respetado por los matritenses; y que, ya que no de otra cosa, el Mulhacén y el Veleta pueden jactarse de que (según ya he dicho varias veces) ni en el resto de España ni en el resto de Europa haya otros montes tan altos como ellos, fuera de sus progenitores los Alpes... Algo es algo.

Por lo demás, y volviendo a nuestra contemplación, los titanes de hielo de la Alpujarra no gozaban aquella mañana en su encumbrado solio de toda la seguridad que pudiera suponerse...

Lejos de eso, ¡en qué se veían de tener a raya a los pueblos que se les subían a las barbas por todas partes, sin consideración alguna a la nieve de los siglos! Sobre todo, a orillas del consabido Barranco de Poqueira la cosa parecía muy formal...; bien que al propio tiempo ofreciera un aspecto muy cómico —según que ya habíamos observado más detalladamente desde el Puerto de Jubiley...

Figuraos que, hacia aquella parte, trepaban por lo alto de una vastísima ladera, casi vertical, uno detrás de otro y convenientemente distanciados (que diría un militar puro), tres o cuatro lugarcillos, con sus campanarios a la cabeza, todos en dirección al mismísimo Picacho como batallones escalonados en masa que fueran al asalto de la nevada cúspide...

Aquellos batallones (digo, aquellos pueblos) debían ser Pampaneira, Bubión, Poqueira y Alguástar.

Algo más cerca, veíamos gatear por otra ladera arriba, con un intento análogo, y a mucha mayor altura, al famoso Trécelez, llevando en pos de sí toda la Taha de Titres; pero estos otros escaladores no podían inspirar ya tanto cuidado, pues tenían que habérselas con la inaccesible mole del Mulhacén.

Por último: enfrente y a nuestra derecha se descubrían, en ademán más pacífico (y como grupos de espectadores sentados en las gradas de aquel descompasado anfiteatro), unos veinte pueblos más, entre los cuales se contaban todos aquéllos en que habíamos de andar las Estaciones al día siguiente...

Sí; allí estaban: primero, Busquístar, Tímar, Lobras y Jubiles; —luego, los Dos Bérchules, en una extraordinaria altura; —debajo de ellos, Yátor, mirándose en su río; —encima, Yegen (donde dormiríamos aquella noche), chico y verde como un oasis; —enseguida, Mecina de Bombaron, el pueblo de Aben-Aboo

---

53 En el Guadarrama no hay ninguna cumbre que llegue a siete mil seiscientos pies de elevación sobre el nivel del mar. Su famoso puerto no excede de cinco mil seiscientos ochenta.

—y enfrente Valor, el señorío de Aben-Humeya; —más al Este, Nechite; —a sus pies, Mecina Alfahar; —allá arriba, Mairena; a continuación, Júbar; —más alto aún, Laroles; —y, sobre Laroles, el Puerto de la Ragua, temeroso tránsito al horizonte de Guadix; —y debajo de Laroles, Picena; —y debajo de Picena, Cherin, ya casi en la llanura; —y allí la cuenca de un río, prolongación de un inclinado barranco; —y, al otro lado del barranco, la provincia de Almería, representada por Alcolea, Lucainena y Darrícal, que ya pertenecen a Sierra de Gádor; —y, entre Sierra de Gádor y Sierra Nevada, la entrada del alto llano del Laujar, de la Taha de Andarax, de la residencia de Boabdil, del Zagal, de CID-HIAYA y de Aben-Humeya; ¡del lúgubre escenario donde este último encontró tan desdichada muerte!

Nada más lejos de mi ánimo que describir aquí el aspecto particular de ninguno de los lugares citados. ¡Fuera cuento de nunca acabar!

—Ya iremos a algunos de ellos...; y, por lo que toca a los restantes, habréis de contentaros con saber su nombre y su situación... Mas no puedo prescindir de hacer desde luego especialísima mención de cierta ilustre villa que contemplábamos en aquel momento a una gran distancia, y que habíamos de visitar dos días después...

Ugíjar, la antigua ciudad, la verdadera metrópoli de la Alpujarra, acababa de aparecer también a nuestros ojos, pero no encaramada en un monte, ni escondida en una rambla, ni opresa en un barranco, como los demás pueblos de aquel enmarañado país, sino aristocráticamente extendida al pie de la Sierra, en un terreno casi llano, en medio de una tierra feracísima, con su horizonte propio, cercado de montañas ajenas, y, en fin, ni más ni menos que las poblaciones del mundo...

El más impaciente, deseo de visitar a Ugíjar nos acometió en aquel instante, al hacernos cargo de su situación, y necesario fue todo nuestro respeto a los itinerarios preestablecidos, para que dejásemos transcurrir todavía dos soles antes de pasear nuestros corceles y mulos por su encantadora campiña y mansas calles.

En cambio, había llegado el momento de dirigirnos a dos pueblos que no figuran entre los que acabamos de citar; a dos pueblos que no descubríamos desde aquel viso, precisamente porque eran los que más cerca se hallaban de nosotros; a Cádiar y Narila, en suma, que, como quien dice, estaban escuchando la conversación.

Cádiar, patria y residencia habitual de don Fernando el Zaguer, y algunas veces corte del mismo Aben-Humeya; y la diminuta Narila, que, según veremos, viene a ser como el Trianón de aquel Versalles, quedaban escondidos en lo hondo del foso que nos separaba de la Sierra y tapados por algunos montículos que se prolongan entre los lechos del Cádiar y del Yátor...

—¡Bajemos a Cádiar! —gritose en las filas luego que hubimos saciado nuestros ojos en la contemplación de la gran cordillera.

—¡Sí!... ¡Sí!... ¡Bajemos a Cádiar! —repetí yo, pasando de una devoción a otra, o sea recordando que en Cádiar principia el terrible drama intitulado Aben-Humeya, escrito por el ilustre Martínez de la Rosa.

Pero antes de bajar y de convertir por ende mi atención a los espectáculos humanos, torné a abarcar con la vista el espectáculo divino de la Sierra, a la cual pedí perdón de todas las puerilidades humorísticas que solía deducir de su aspecto verdaderamente augusto.

y la Sierra, con la sublime serenidad de su excelsitud, diome a entender que ella está fuera del alcance de toda irreverencia mundana, y que no se había enterado siquiera de que yo andaba por el mundo.

Entonces fue cuando verdaderamente sentí todo el peso de su poderío; y no sin terror pensé que a la tarde mediríamos nuestras débiles fuerzas con las suyas y correríamos por sus inconmensurables laderas, como la hormiga que se aventura a curiosear por el lomo de un elefante.

Bajando hacia Cádiar, pasamos por el renombrado Portel.

Llámase así una encrucijada de cuatro veredas, o más bien de dos (la que sigue el correo para ir de Órgiva a Ugíjar y la que va de la costa, al promedio de la sierra), que se cortan en ángulo recto en una depresión de la divisoria que baja del Mulhacén y que separa los ríos de Cádiar y de Yátor...

El Portel es, por consiguiente, la posición más estratégica que se pudiera desear para una emboscada; y harto lo han comprendido en todos tiempos desde los guerreros de mayor nombradía hasta los simples malhechores; desde el marqués de Mondéjar hasta los Monfíes; desde Aben-Humeya y Aben-Aboo hasta las partidas de ladrones de la época presente, o, mejor dicho, de la época de

nuestros padres; —pues hoy no se oye hablar de robos en la Alpujarra. Pero la fama del Portel no disminuye por eso; y todo el mundo pasa por aquel sitio, como nosotros pasamos —evocando las inultas sombras de tantos como lo habrán regado con su sangre en pugna religiosa, en guerra de independencia, en lucha civil o a manos de vulgarísimos bandoleros.
...
Fuera ya del triste paraje, descubrimos un horizonte desahogado y riente, olivares inmensos y un sonoroso y espumante río...
Nos acercábamos a Cádiar.
No faltó quien nos indicase entonces cuál de los vetustos olivos que vimos en los alrededores del lugar era segurísimamente la famosa olivera a cuya sombra, según los historiadores, fue coronado Aben-Humeya rey de Granada... Sin embargo, nosotros, en la duda de si habría alguna equivocación de por medio, saludamos aquel árbol de una manera equívoca... y continuamos nuestro camino.
a todo esto, ya no se veía el Mulhacén. Habíamos bajado tanto para llegar a lo hondo de la cuenca que separa a Sierra Nevada del resto de los montes alpujarreños, que otras alturas de segundo orden nos impedían, como más próximas a nuestras narices, divisar las cumbres verdaderamente soberanas...
Tampoco las divisamos luego desde Cádiar... ¡Es decir, que al Mulhacén se le distingue a una distancia de sesenta leguas; se le distingue desde la Mancha; se le distingue desde el Estrecho de Gibraltar; se le distingue desde el interior del Imperio de Marruecos... ¡y no se le ve desde el humilde pueblo en que nace!...
Nemo propheta est in patria sua.

III. Sigue el Miércoles santo. Cádiar. Una tragedia. El drama de Martínez de la Rosa. Cosas de los historiadores. Narila. Por la señal... de la Santa Cruz... Yátor

Poco después de las nueve llegamos a Cádiar.
El aspecto de este lugar... (¡asombro causa que ni siquiera sea villa, cuando tantas ciudades quisieran tener su historia y su hermosura!...) el aspecto de Cádiar, digo, es de lo más pintoresco, noble y principal que puede darse, partiendo siempre del principio de que se trata de una población de 2354 almas.

Más que un pueblo agrícola y ganadero, que no es otra cosa, parece lo que fue hace trescientos años; una residencia de príncipes, una mansión de placeres; un Aranjuez, un Versalles, una Capua.

Todo esto, se entiende, visto por fuera, y considerando en conjunto, como nosotros consideramos ahora, sus grandes casas rodeadas de huertas y jardines, sus oscuros olivares, su refulgente río, sus floridos campos; la poética bruma que se resistía a dejar las alamedas, el radiante azul del cielo a que no lograba subir aquella bruma, y el alegre Sol que plateaba las cercanas nieves, doraba los edificios, relucía en las aguas, argentaba la misma niebla y convertía en penachos de colores las columnas de humo de los hogares... Visto después por dentro, Cádiar nos pareció lo que cualquier otro pueblo campestre de su categoría estadística...

Sin embargo, aún entonces, encontramos algunas casas tan majestuosas, otras construidas en situación tan a propósito para gozar de los encantos del Valle y de la Sierra, sobre todo, tan cuidadosamente rodeada de huertas y jardines, y tan en contacto con un carmen o huerto, cercado de muros que servían de sostén a lujosas parras..., que Cádiar, siguió siendo el Cádiar de mi fantasía, y todos los personajes históricos que pululaban en mi memoria tuvieron holgado albergue en que alojarse.

En cuanto a nosotros, éramos esperados precisamente en aquella gran casa de las huertas y los jardines...

Una vez en ella, y no bien hubimos contemplado sus amplias y bien dispuestas habitaciones, disfrutado de sus deliciosas vistas sobre el Valle y sobre las faldas de Sierra Nevada, y recorrido el jardín de los lujosos parrales (todo ello antes, al mismo tiempo y después de ser remediados con un exquisito almuerzo por el noble señor que allí vivía —y a quien Dios recompense el bien que nos hizo;[54] así como a sus gallardas hijas, a sus diligentes hijos y a todos sus deudos las atenciones que nos prodigaron—); una vez, digo, que formé completa idea de la ventajosísima situación que ocupaba aquel edificio para poder gozar a un mismo tiempo de la sociedad y de la soledad, del trato de los hombres y de los placeres del campo, no me cupo ya duda de que estábamos en una casa cons-

---

54 ¡También ha muerto ya! (Nota escrita al corregir las pruebas de estas páginas.)

truida sobre los cimientos de aquélla en que nació y vivió casi siempre el opulento don Fernando el Zaguar, o sea Aben-Xaguar, tío y protector del reyecillo. No soy yo dado a esta clase de conjeturas; pero en la ocasión a que me refiero, tenía la evidencia de no equivocarme. En efecto, ningún otro sitio hay en Cádiar, que pudiera haber preferido para edificar su morada un príncipe tan poderoso, espléndido y sibarita como el Zaguer; ninguno más adecuado para asiento de un palacio al gusto de los moros; ninguno más apartado y más seguro a un tiempo mismo; ninguno más deleitable y solo, al par que más confundido en apariencia con el resto de la población... y por lo demás, todos los árboles seculares de aquellos hermosos huertos que rodean la casa eran otros tantos mudos testigos, prontos a declarar en favor de mis sospechas...

Si pues aquélla había sido la mansión de don Fernando el Zaguer, y a éste lo heredó Aben-Humeya, como aseguran las historias, estábamos en una de las casas del rey alpujarreño..., y ¡quién sabe si en la que sirvió de escenario a la segunda de las tres lúgubres tragedias que forman la trilogía de su destino!

La primera de estas tragedias nos es ya conocida: fue aquélla que tuvo por desenlace el bárbaro tormento de Aben-Aboo. La tercera, en que Aben-Humeya muere con la augusta tranquilidad de los personajes de Esquilo, nos aguarda más adelante. Ahora vamos a presenciar la segunda, cuyo lastimoso argumento es la desastrada muerte de Muley Carime o sea de MIGUEL de ROJAS, padre de la primera —y única legítima— esposa del reyecillo.

No serán empero los historiadores quienes esta vez nos ayuden a rasgar los velos del tiempo y resucitar lo pasado... Los historiadores tratan aquel misterioso suceso a medida de su mayor o menor aversión a los moriscos: cuál lo recarga de negras tintas; cuál pasa sobre él rápidamente; cuál lo atenúa con generoso criterio; cuál llega casi hasta admirarlo... Según unos, el mismo Aben-Humeya asestó el primer golpe contra su suegro; según otros, lo mandó matar; según otros, y según la tradición, lo indujo a que se matara con su propia mano...

¡Un poeta... va a ser hoy nuestro asesor y guía! —Pero cuenta que ese poeta es el primer escritor granadino del siglo XIX; es nuestro venerable y llorado maestro; es don Francisco Martínez de la Rosa; —el cual, después de haber leído todas las crónicas de la Alpujarra y de estudiar maduramente las circunstancias del presente caso, lo expone y analiza con gran elevación de juicio en su ya citado drama Aben-Humeya. Cierto que, obligado por las exigencias del arte, altera el orden y sucesión de varios hechos, y además nos presenta al reyecillo muy fiel a su primitiva esposa, cuando ya sabemos lo que pasaba en este punto, y le supone una hija adolescente, que mal podía tener a la edad de veintitrés años; —pero nada de esto impide que las causas del parricidio estén allí dilucidadas magistralmente y con severa imparcialidad histórica.

Hojeemos, pues, su admirable drama, sin perjuicio de oír luego a los principales cronistas, cuando se trate de la consumación material del crimen... sacrificio... o lo que fuere, llevado a cabo por Aben-Humeya.

El teatro representa una caverna. (Esto es de rigor escénico para conspirar.)
Es el día de la proclamación de don Fernando de Valor como rey de Granada y de Córdoba.
El ALFAQUÍ o sacerdote musulmán, ha arengado a los moriscos, y luego añade:
ALFAQUÍ. No basta que rompáis vuestras cadenas: es preciso que levantéis otra vez el trono de Alhamar... y no lo habréis olvidado sin duda: el que destina el cielo para cimentarlo de nuevo, es un caudillo de sangre real y de la misma estirpe del Profeta...
El PARTAL. ¡No puede ser, otro sino Aben-Humeya!
MUCHOS MORISCOS. ¡Él es! ¡Él es!
Aben-Aboo. ¡Aún no hemos desenvainado el acero, y ya buscamos a quien someternos!
Aben-Farag. No faltarán valientes que nos guíen a la pelea. ¿Hemos menester más?
Aben-Aboo. Cuando hayamos borrado, a fuerza de honrosos combates, las señales de nuestros hierros; cuando seamos dueños de algunos palmos de tierra en que zanjar a lo menos nuestros sepulcros; cuando podamos siquiera decir que tenemos patria, los que logren sobrevivir a tan larga contienda podrán a su salvo elegir rey... y aún entonces no debiera ser la corona ciego don del acaso, sino premio del triunfo.
Aben-Humeya. Por mi parte, Aben-Aboo, ni aún aspiro a ese premio; y puedo de buen grado cederle a otros... Los Aben-Humeyas tienen su puesto seguro: siempre son los primeros en las batallas.
...
En el Segundo Acto, el teatro representa la Plaza de Cádiar.

Es la terrible Nochebuena de 1568, la noche de la matanza de los cristianos de aquel lugar por los implacables Monfíes.

Muley Carime, el suegro de Aben-Humeya, acaba de salvarle la vida a un muchacho, y tres de los feroces asesinos están censurando aquel hecho del antiguo MIGUEL de ROJAS:

MORISCO 1.º ¡Lástima es que haya tomado nuestros vestidos...! Mejor le asentaba el traje castellano.

MORISCO 2.º Se lo ha quitado esta noche, por no morir con sus amigos... pero lo habrá guardado para mejor ocasión...

MORISCO 3.º ¿Y quién tiene la culpa? ¡Nosotros! ¿Por qué le hemos dejado escapar?

Aben-Aboo y Aben-Farag, los dos mortales enemigos de Aben-Humeya, entran en la plaza; oyen aquellas palabras, y pregunta

Aben-Farag. ¿A quién?

MORISCO 1.º Al hijo de un castellano...

MORISCO 2.º Que ha salvado Muley-Carime.

Aben-Farag. ¡Muley-Carime!

MORISCO 2.º ¿Y por que lo extrañais?... Nada más natural... Ha sido toda su vida el más vil esclavo de los cristianos.

Aben-Farag. No habléis de el en esos términos... Debéis tratarlo con más respeto... ¿No es suegro de vuestro rey?

MORISCO 3.º ¡De nuestro rey!

MORISCO 1.º Si se vuelve como Carime, poco le durará el serlo.

Aben-Aboo. Eso es... ¡Echar fieros a sus espaldas y después temblar en su presencia!

ALGUNOS MORISCOS. ¡Nosotros!

Aben-Aboo. ¿Pues no acabáis de decirlo? Con una palabra de Muley-Carime, se os ha caído el puñal de las manos.

MORISCO 1.º Si no se hubiera tratado de un niño...

Aben-Farag. Tienes razón, amigo... Su padre tal vez degolló al tuyo.

MORISCO 1.º Su hijo le vengará.

Se van los tres MORISCOS, y Aben-Aboo le dice entonces a Aben-Farag estas filosóficas palabras:

Aben-Aboo. ¡Miserables! Su furor se enciende y se apaga como lumbrarada de sarmientos.

Aben-Farag. ¿Y quién nos quita aprovecharnos, a la primera ocasión favorable de ese carácter impetuoso? ¡Quién sabe! Quizá este último lance pudiera sernos útil. Ya empiezan a murmurar de Muley Carime: no será difícil trocar la desconfianza en odio...

...

La equívoca conducta de Muley Carime; sus inteligencias con el Capitán General de Granada: sus trabajos para impedir el progreso de la rebelión, etc., etc., proporcionan muy luego a Aben-Aboo y a Aben-Farag la ocasión que buscaban de asestar el golpe de muerte a la popularidad del reyecillo.

Leamos ahora la admirable escena que constituye el nudo de aquel enredo pavoroso.

...

Es el Tercero y último Acto del drama.

Aben-Aboo y Aben-Farag se presentan a media noche en la cámara real, donde tenían siempre libre acceso, y, avanzando «con paso lento y misterioso», cada uno se coloca a un lado de Aben-Humeya.

Aben-Aboo. Te traemos, Aben-Humeya una nueva fatal...

Aben-Farag. y nos vemos forzados a traspasar con ella tu corazón.

Aben-Humeya (con suma presteza). ¿Ha muerto mi padre?

...

Aben-Aboo. Han tratado de vendernos con la traición más negra...

Aben-Humeya. ¿y por qué temes descubrirla?

Aben-Aboo. Si temo, es solo por ti...

Aben-Humeya. ¡Por mí! Haces mal, Aben-Aboo, en tomarte ese cuidado. Si hay peligros, los arrostraré. Si hay culpables, sabré castigarlos.

Aben-Aboo. Mucho tiempo te ha de temblar la mano antes que descargues el golpe...

Aben-Humeya. Decid el nombre del reo, y el rayo no será más pronto.

Aben-Aboo. Muley Carime... ¿Qué es eso? ¿Mudas de color? ¡Vuelve en ti, Aben-Humeya!...

Aben-Farag. Me da lástima verte así.

Aben-Humeya. (Quédase, durante unos momentos, desconcertado y confuso; pero, recolrándose luego, dice con tono grave): —¿y en qué indicios se funda tan extraña sospecha?
Aben-Aboo. ¡Ojalá que no fuesen más que indicios! Hubiéramos podido cerrar los ojos...
Aben-Farag. No son indicios, sino pruebas.
Aben-Humeya. ¿Pero son ciertas?
Aben-Farag. Irrefragables.
Aben-Humeya. ¿Hay testigos?
Aben-Aboo. Uno.
Aben-Humeya. ¿Y ese le acusa?
Aben-Aboo. No; que le condena.
Aben-Humeya. Puede engañarse...
Aben-Aboo. No puede.
Aben-Humeya. O desear su perdición...
Aben-Aboo. a toda costa quisiera salvarlo.
Aben-Humeya. ¿Es amigo suyo?
Aben-Aboo. ¿Quién es, pues?
Aben-Farag. Él mismo. Puedes guardar esa carta, si quieres... Ya es público su contenido.
(Entrega un papel a Aben-Humeya, quien lo lee para sí, dejando entrever su turbación. Aben-Aboo y Aben-Farag le observan con el mayor ahínco, en tanto que él permanece inmóvil, con los ojos clavados en la carta.)
Aben-Humeya (en un momento de distracción, mientras está cavilando). ¡Desventurada!... No te engañaba el corazón... ¡Bien tienes que llorar!
Aben-Farag. Ved cómo aún conservaban esperanzas de volvernos a someter al yugo... No aguardaban sino un momento de flaqueza para remachar nuestros grillos.
Aben-Aboo. Mas, por lo menos, no puede tachársele de ingrato... No te echaba en olvido, Aben-Humeya... Solicitaba tu indulto, y se proponía salvar a tu familia a costa de tu libertad... El ejemplo de Boabdil, disfrutando en África sus infames tesoros, parecía tentador a los ojos del pérfido...
Aben-Humeya (con todo secreto). ¡Basta! —¿Cómo ha caído en vuestras manos este pliego?

Aben-Farag. Lara, que era el portador, le ha dejado en el camino.
Aben-Humeya. ¿Dónde le habéis hallado?
Aben-Farag (con frialdad). Sobre su cadáver.
...
Aben-Aboo. Por cierto que no deja ni asomo de duda: el delito está patente: el mismo reo lo ha sellado con su mano...
Aben-Farag. y debe en breve sellarlo con su sangre.
Aben-Aboo. ¿Hay alguien que lo dude? Todo lo hemos aventurado por salir de tan odiosa esclavitud... ¡y dejaríamos expuesta nuestra suerte a las tramas de algunos traidores! Nadie será osado a proponérnoslo: no sabríamos nosotros tolerarlo.
Aben-Humeya. Tampoco tolero yo advertencias ni amenazas... Ya habéis cumplido con vuestro deber: yo cumpliré con el mío —Idos.
Aben-Aboo. No ha sido nuestra intención dirigiros advertencias ni amenazas... ¿Mas empezáis tan pronto a reputar como insulto el recordaros vuestros juramentos?
Aben-Humeya. No los he echado en olvido, para que sea menester recordármelos.
Aben-Aboo. Quién vacila al cumplirlos, no está ya lejos de olvidarlos.
Aben-Humeya. Aún menos lejos está de castigar a un insolente. ¡Idos!... ¡Idos! (Apártase, descubriendo su ira. Farag coge del brazo a Aben-Aboo y se lo lleva consigo)
Tal y tan horrible fue la situación en que Aben-Humeya llegó a verse. Todos los historiadores están de acuerdo en ello. MIGUEL de ROJAS, su suegro, apoderado y tesorero general, era traidor a la causa de Mahoma, que tanta sangre y tantas lágrimas estaba costando ya a los moriscos, y que él, el descendiente del Profeta, el rey alzado por millares de guerreros, tenía la obligación de defender antes que nadie...
Hasta aquí, pues, y prescindiendo de accesorios literarios, la Historia y el drama, se dan la mano completamente. Veamos ahora los sentidos términos en que el triste caudillo se definió aquella situación luego que se encontró solo. Es un monólogo en que Martínez de la Rosa revela todo su talento dramático.

Aben-Humeya. ¿Qué has hecho, desgraciado, qué has hecho...? ¡Me has entregado indefenso en manos de mis enemigos!... Pero no lo habrás hecho impunemente, no. ¡Yo arrojaré tu cabeza sangrienta a la cara de esos audaces! ¿y por qué dudo ni un momento siquiera? Nos ha vendido... ¡Pues que muera! ¿Cabe nada más justo? Este ejemplar contribuirá también a impedir otras tentativas culpables, cerrará la boca a mis émulos, afirmará mi trono...
Mas ¿es seguro que lo afirme?... ¡En mi familia, en mis hogares, va a mostrarse a los pueblos indignados el primer traidor a la patria: desde el mismo cadalso llamará hijos suyos a mis propios hijos! —Tal vez es eso lo que con más afán anhelan esos pérfidos; les duele en el alma no verme ya humillado a los ojos del pueblo, para socavar con el desprecio mi autoridad reciente, mientras hallan ocasión de derribarla. ¡Desean verme sonrojado al pronunciar el nombre del reo, y que vuelva a mi casa lleno de dolor y vergüenza, para hallar, en vez de consuelo, las quejas y reconvenciones de mi afligida esposa!... No: viva, viva... Es preciso salvar al padre de mi mujer... y que el gozo de mis enemigos no sea tan colmado.
Pero ¿de qué arbitrio valerme?... Ellos se apresurarán a divulgar la traición: a la hora ésta ya se sabe la muerte de Lara y la carta que han hallado en su seno: me estrecharán a que presente la prueba del delito... ¿Cómo los desmiento yo? La más leve contradicción, la menor demora me perdería a los ojos de un pueblo arrebatado, suspicaz, que acaba de romper sus hierros, y que sufre a duras penas aún la sombra de mando... En vez de salvarle yo, me llevaría consigo en su caída... ¡Pues perezca, perezca él solo!
Mas no acierto a salir de este círculo fatal: la mancha de su castigo va a recaer sobre mi esposa, sobre mis hijos, sobre mí... Va a morir siendo el blanco de la ira del cielo, de las maldiciones de cien pueblos, de los insultos de una turba desenfrenada... ¡y yo, su amigo, su huésped; yo, que aun hoy mismo le apellidaba padre, tendré que firmar su muerte, que presenciarla, que aplaudirla!
—¡No; no podría yo sobrevivir a humillación tan grande: es forzoso impedirla a toda costa!... ¡Un medio... un medio... uno solo... sea cual fuere... y le abrazo al instante!
(Volviéndose hacia el aposento de Muley Carime.)
¡Ah! No es tu vida, miserable; no es tu vida la que detiene y embaraza mis pasos. ¡Te arrastro como un cadáver que me han atado estrechamente al cuerpo...!

—¿Y por qué no me desprendo de él? Puedo y debo hacerlo. Lo haré. ¡No más indecisión; no más dudas: de un solo instante puede depender mi suerte! Antes que esos malvados tengan tiempo de volver en sí; mientras deliberan y traman el plan para perderme, confundamos sus proyectos con un golpe decisivo... ¿No me pedíais ahora mismo, no me intimabais con tono imperioso la muerte del culpable? Pues bien: aguadad un instante; voy a dejaros satisfechos... ¡Mas llevará consigo vuestras esperanzas y las hundirá en el sepulcro! —¡Aliatar! ¡Aliatar!
(Preséntase el esclavo negro)
¿Dónde están los demás esclavos?
ALIATAR. En el patio del castillo.
Aben-Humeya. ¿Estás solo?
ALIATAR. Solo.
Aben-Humeya. ¿Nadie nos oye?
ALIATAR. Nadie
Aben-Humeya. Ve, y despierta a Muley Carime... Que venga al punto... Aquí le aguardo.
¿No es verdad que os sentís arrebalados, como yo, por este sombrío torrente de pasiones? ¿No es verdad que, lejos de fatigaros, os complacerá la lectura de la escena de Aben-Humeya con Muley Carime? Pues aún podemos leerla sin escrúpulo de ninguna clase, dado que no se opone en nada a la verdad histórica. Cuando el autor se aparta de ella y se entrega ya a su propia fantasía, nosotros lo abandonaremos a nuestra vez, y daremos oídos a Hurtado de Mendoza y a Mármol.

ESCENA VI
Aben-Humeya (recostado en unos almohadones). Muley Carime (entrando).
Muley Carime. ¿Qué motivo tan urgente te ha obligado a llamarme a estas horas?
Aben-Humeya. Un asunto muy grave que tengo precisión de consultaros.
Muley Carime. Y has querido aprovechar el silencio y la soledad de la noche... o tal vez ese asunto importante debe estar resuelto antes que raye el día...
Aben-Humeya (señalando el reloj de la sala). —¡Mirad allí... mirad!
Muley Carime. Acaba de dar la una...

Aben-Humeya. Pues antes que dé otra hora, ya ese grave asunto habrá terminado.
Muley Carime. ¡Terminado!
Aben-Humeya. y para siempre
(Quédase en silencio algunos instantes)
Muley Carime. Me parece que estás muy pensativo, Aben-Humeya... a pesar de tus conatos, veo claramente que te aflige una grave pena.
Aben-Humeya. Es un secreto fatal...
Muley Carime. ¿Y por qué tardas en confiármelo?
Aben-Humeya. No tengáis tanto afán por saberlo... Siempre tiene que pesar sobre mi corazón, y no vais a poder con él.
Muley Carime. Mas, ¿qué secreto es ese? ¡Ah! Bien te lo había yo dicho: ni el engrandecimiento ni el poder acaban por darnos en el mundo un solo día feliz: has perdido la paz del ánimo, has comprometido tu suerte, lo has comprometido todo por un pueblo inconstante, que te abandonará cuando apremie el peligro...
Aben-Humeya. ¡y al que he jurado defender... aún a costa de mi vida!... ¿Lo habéis oído, Muley Carime?... ¡Aun a costa de mi vida!...
Muley Carime. ¿Y a que fin me diriges esas palabras?
Aben-Humeya. Os ruego meramente que las peséis.
Muley Carime. No te comprendo.
Aben-Humeya. Pues ahora vais a comprenderme. Todo lo he sacrificado por redimir del yugo a estos pueblos... Vos mismo acabáis de decirlo..., y ellos, a su vez, han depositado en mí su confianza, su poder, su futura suerte... ¿Cumplirán sus promesas? ¡Dios, lo sabe! Yo sé que cumpliré las mías.
Muley Carime. ¿Y quién te dice...?
Aben-Humeya. No me interrumpáis. Yo tengo un padre anciano, cuya vida me importa mucho más que mi vida... Está entre las garras de mis enemigos, cargado de cadenas, con la cuchilla a la garganta... Lo sé; lo sabía cuando di la señal contra sus verdugos, ¡y ellos saben también el modo de vengarse de mí!
Muley Carime. Mas ¿por que te anticipas a sentir las desgracias antes de que sucedan?...
Aben-Humeya. Escuchadme un instante: voy a concluir. Yo he agravado el peligro en que se halla mi padre: cada golpe que descargo puede acelerar su

muerte; y, sin embargo, no he vacilado un punto. ¡Pensad, pensad vos mismo si habrá algo en el mundo que pueda contenerme!
Muley Carime. ¿Por qué me echas esas miradas? ¿Que quieres decirme con ellas?
Aben-Humeya. Ya que os he mostrado hasta el fondo de mi corazón, voy a consultaros sobre aquel grave asunto..., y adivinaréis desde luego cuáles pueden ser las resultas. En nuestro mismo seno hay un traidor...
Muley Carime. ¡Un traidor! ¿Lo sabes de cierto?
Aben-Humeya. De cierto. Vos mismo vais también a quedar convencido. ¿Qué castigo merece?
Muley Carime. ¿Tiene hijos?
(Aben-Humeya se queda callado.)
¿No me contestas, Aben-Humeya?
Aben-Humeya. No los tendrá mañana.
Muley Carime (aparte). ¡Qué recuerdo, Dios mío!...
Aben-Humeya. Parece que os turbáis...
Muley Carime. No por cierto... Compadezco a ese desdichado... ¡Soy padre como él!
Aben-Humeya. Bien se echa de ver que os inspira mucha compasión... ¿Sabéis por ventura quién sea?
Muley Carime. ¿Y como quieres que lo sepa?...
Aben-Humeya. Recapacitad un poco... Recorred vuestra memoria Tal vez el corazón os ayudará también...
Muley Carime. Más fácil sería que tú me lo dijeses...
Aben-Humeya. ¿Queréis forzarme a ello?
Muley Carime. Yo no te esfuerzo: antes te lo suplico.
Aben-Humeya. Y, por mi parte, haría el mayor sacrificio, a trueque de evitarlo.
Muley Carime. ¿Y por que te cuesta tanto pronunciar el nombre del reo?
Aben-Humeya. ¡Por qué al salir de mi boca, lleva consigo la sentencia de muerte!
Muley Carime. ¡La sentencia de muerte!
Aben-Humeya. y en el mismo instante.
Muley Carime (con voz alterada). Mucho me compadece ese desgraciado; te lo confieso... Mas, puesto que estás empeñado en decirme su nombre...

Aben-Humeya. Al contrario: no vais a oírlo.
Muley Carime. ¿No?
Aben-Humeya. Vais a verlo con vuestros propios ojos.
(Aben-Humeya le muestra abierta la carta. Muley Carime la aparta con la mano.)
Muley Carime. Basta.
(Pausa. Luego, mirando a Aben-Humeya, y señalándole el aposento de su mujer, dice:)
¿Eres tú el único depositario de este secreto?
Aben-Humeya. También lo saben otros.
Muley Carime. ¿Quién?
Aben-Humeya. Aben-Aboo y Farag.
Muley Carime. Ya sé la suerte que me espera.
Aben-Humeya. ¿La sabéis?
Muley Carime. y la aguardo tranquilo.
Aben-Humeya (echa una ojeada alrededor de la sala; saca del seno un pomo de oro; lo abre y se lo da). Tomad, y salvaos. (Vuelve al otro lado el rostro, y se arroja sobre los almohadones)
Muley Carime (toma el pomo de oro, bebe el veneno y clava los ojos en Aben-Humeya. Después se acerca a él y le dice). Tú reinarás.
...
Hasta aquí Martínez de la Rosa. Lo que sigue después es pura invención suya, y está en contradicción con lo que las historias refieren acerca de las causas que motivaron la muerte de Aben-Humeya y sobre las circunstancias del hecho en sí.
Tampoco aparece en ninguna parte que la muerte que éste dio a Muley Carime fuese la que acabamos de ver; pero el que fuera una u otra no importa nada al propósito con que he copiado las anteriores escenas. Lo que yo he querido probar es que Aben-Humeya, considerado desde el punto de vista de su posición, de sus compromisos, de sus juramentos, de sus deberes, tuvo la misma obligación de matar a su suegro que Lucio Junio Bruto de condenar a sus hijos, que Felipe II de procesar al suyo, y que Guzmán el Bueno de hacer lo que hizo por su religión y por su patria; y eso creo haberlo probado enteramente. El poeta, el dramaturgo, no me ha suministrado más que su elocuencia para definir

y analizar el tremendo caso; pero el caso, esto es, la traición de Muley Carime, consta, como ya he dicho, en las páginas de la Historia.

«MIGUEL de ROXAS; (cuenta Mármol, hablando de las diferencias que hubo entre los moriscos acerca del punto en que debían establecer su base de operaciones)... MIGUEL de ROXAS y los de UXÍXAR querían que fuese allí, porque andaban ya en trastos sobre las paces... El GORRI y otros, que aborrecían la paz, que se compraba con sus cabezas (pues siendo principales caudillos y autores de la maldad, tenían por cierto que se había de ejecutar en ellos el rigor de la justicia), no querían ponerse en parte que pudieran ser acorralados...

»Mas el GORRI, y el PARTAL, y el SENIZ le tomaron luego aparte (a Aben-Humeya), y entre temor y malicia le hicieron creer que su suegro le engañaba; y que, teniendo trato hecho con el marqués de Mondéjar, andaba por meterlos a todos en parte donde los pudiese coger en una red, y quedarse él con el dinero y plata que tenía en su poder (recordaréis que, era el tesorero general): y pudo ser que dijesen verdad».

Hurtado de Mendoza no dedica a todo este asunto más que las siguientes líneas:

«...a pocos días mandó matar al suegro y dos cuñados, porque no quisieron tomar su ley: dejó la mujer; perdonó la suegra, porque la había parido, y quiso gracias por ello, como piadoso».

Finalmente, Mármol, que siempre deprime cuanto puede el carácter de Aben-Humeya, refiere de este modo la consumación del sacrificio o castigo del cuitado MIGUEL de ROJAS:

«...Le indignaron tanto (los moriscos a Aben-Humeya, contándole las traiciones de aquél), que, sin más averiguación, violando la ley del parentesco, acordó de matar a su suegro; y enviándole a llamar a su casa, le aguardó con una ballesta armada a la puerta, acompañado de los otros malvados, y errando el tiro (porque el MIGUEL de ROXAS, en viéndole encarar hacia él, se metió despavorido debajo de la ballesta, y la saeta fue por alto), el SENIZ acudió con otro tiro, que lo atravesó entrambos muslos, y luego todos con las espadas le acabaron de matar.

»De aquí nacieron grandes enemistades entre los parientes del muerto y Aben-Humeya: el cual repudió luego la mujer, y juró que no había de dejar hombre de ellos a vida; y el mesmo día del homicidio siguió también a DIEGO de ROXAS,

su cuñado, por unas barranqueras abajo para matarle... Mató a RAFAEL de ARCOS, mancebo de aquel linaje, y a otros, de donde se recreció tratarle la muerte a él, y dársela, como diremos en su lugar».
Toda esta relación podrá ser exacta; pero hay un punto en ella que me resisto a creer, y es lo de la saeta disparada por el reyecillo contra Muley Carime. Semejante acto desdice del carácter aristocrático y caballeresco de Aben-Humeya. Antójaseme, pues, que lo inventaron sus enemigos, y que Mármol se apresuró a consignarlo para rebajar la siempre artística figura del descendiente de Mahoma. Observad que, en medio de todo, resulta que éste no llegó a herir por sí mismo a su suegro... Convengamos en que únicamente «lo mandó matar» como dice el veraz y austero Hurtado de Mendoza.
y de cualquier manera, a bien que a nosotros no nos alcanza responsabilidad alguna en aquel suceso... ni nos hemos propuesto hacer el panegírico del yerno de Muley Carime. Aben-Humeya estaba muy lejos de ser un santo: antes era un desenfrenado libertino, a cuyo lado no había mujer segura, como fuera guapa, según veremos pasado mañana al estudiar las verdaderas causales de su muerte... Además: a la hora que es, MIGUEL de ROJAS hubiera fallecido ya de todos modos... ¡Han pasado tres siglos de reloj desde que le descubrieron sus manejos! —y, en fin, en el Valle de Josafat se liquidarán todas estas cuentas. Montemos, pues, a caballo: despidámonos de la encantadora Cádiar, y trasladémonos al próximo lugarcillo de Narila.

En Narila (576 habitantes), que, como ya dije, viene a ser un delicioso apéndice de Cádiar —de la cual dista dos o tres kilómetros—, solo estuvimos una hora. Casi toda ella la pasamos con el señor cura del lugar, quien se hallaba en la iglesia disponiendo el monumento para el día siguiente (Jueves santo), sin miedo alguno a los sectarios de Mahoma (que ya llevaban más de trescientos años de no parecer por la Alpujarra), y satisfecho y agradecido a Dios de que todavía no se hubiese encarnizado en sus ovejas otro enemigo de la Fe, muy más fiero y temible hoy que los moros: —el monstruo de la impiedad y el racionalismo.
La conversación sobre este punto salió a propósito de unos retratos de don Felipe el HERMOSO y de doña Juana la LOCA, fundadores de aquel templo, que vimos en el retablo del Altar Mayor.

—¿Cómo se salvarían estos retratos y este retablo de las sacrílegas devastaciones de los Monfíes? —le preguntamos al señor cura.
—No sé: muchas veces me lo he preguntado a mí propio —nos respondió el padre de almas.
—Y es tanto más extraño —repusimos nosotros— cuanto que aquí mismo, dentro de esta iglesia, aquellos bárbaros mataron a su antecesor de usted, que se llamaba CEBRIÁN, y a todos los cristianos de Narila.
—Ya lo sé —respondió el señor cura y de aquí provino todo lo demás que hablamos, cuyo tema fue: investigar qué era peor; si el fanatismo y los errores religiosos de los musulmanes, o la indiferencia y descreimiento absoluto de los filósofos del siglo XIX. Todos convinimos en que esto era peor que aquello.
Por cierto que entre las cosas que allí se contaron, fue una el martirio del cura de la villa de Félix, durante la propia rebelión de 1568; martirio tan noble y tan privilegiado, que nunca pudo ensoñarlo mejor el alma seráfica de un paladín de Cristo...
Escuchad.
Los feroces Monfíes despojaron de sus ropas al digno sacerdote, y lo persignaron con unas cortantes navajas, diciendo así: POR la SEÑAL... de la SANTA CRUZ... (y le abrieron una sangrienta cruz en la frente) de NUESTROS... ENEMIGOS... (y le cruzaron la boca con otras dos heridas) LÍBRANOS, SEÑOR, DIOS NUESTRO... (y le rasgaron el desnudo pecho de alto a abajo y de un lado a otro), en el NOMBRE del PADRE, del HIJO y del ESPÍRITU SANTO... (y hendieron sus carnes a todo lo largo y ancho de su cuerpo).
—AMÉN —dijo el mártir; y cerró los ojos a esta vida.

Había llegado el momento de que los apartásemos también nosotros de las cosas de este valle de lágrimas...
Quiero decir: había llegado el momento de que emprendiéramos la ascensión a Sierra Nevada, donde debíamos pasar el resto del día a solas con la augusta naturaleza, en la vecindad del cielo, y en íntimo coloquio con el Criador de moros y cristianos, de deístas y de ateos, y de todas las demás variedades del humano espíritu.

Emprendímosla efectivamente...; pero no habíamos subido el primer escalón de la cordillera, cuando nos encontramos en otro alegre y pintoresco pueblecillo, todavía perteneciente al valle más que a la montaña...
Era Yátor, lugar de 717 almas, situado a orillas de su impetuoso río; Yátor, cantado por Zorrilla en su Poema de Granada; Yátor, muy digno ciertamente de tan gloriosa mención y de que nosotros nos hubiéramos detenido en él...
Pero ya era imposible resistir más tiempo a la atracción de la gran Sierra...
—¡Arriba! ¡Arriba!... —resonaba a todo lo largo de la cabalgata...
¡Arriba! ¡Arriba! os digo yo a mi vez en el presente instante... ¡Sursum corda! Subamos llenos de religiosa unción las gradas del inconmensurable templo que tenemos ante la vista.

IV. En Sierra Nevada. Vislumbres de África. Las tinieblas. Miserere

> ¡Ah! Dejadme, deseos y cuidados...
> dejadme que tranquilo aquí respire
> estos aires purísimos, delgados,
> y que de Dios la omnipotencia admire...[55]

Ved... Lo imponente, lo terrible, lo asombroso, principia desde nuestro primer paso.

...el tal camino se convierte luego en sendas de palomas...
No bien hemos echado a andar, ya estamos escalando la gigante mole, y sus ciclópeos estribos nos presentan escalonadas las recias olas de arcilla y de arena que hace miles de años están bajando sin cesar de los flancos de la Sierra a impulso de los aluviones.
Nuevas cadenas de enmarañados cerros han nacido a sus pies, formadas con aquellos enormes arrastres. Los impetuosos ríos se llevan además continuamente otra inmensa cantidad de arena y de arcilla que va a sumergirse en el fondo del mar; y, sin embargo, la antigua Oróspeda no se desgasta, al parecer:

---

[55] Estos versos, y los demás que van insertos en el presente capítulo, son de una sentidísima, aunque desaliñada oda, inédita en mi entender, que escribió a La Sierra Nevada el señor don Baltasar Lirola, natural de Dalías, canónigo que fue del Sacro-Monte de Granada, muerto al poco tiempo de componerla, hará cosa de veinte años.

sus mermas no se notan: diríase que su corpulencia no disminuye... ¿Es que las montañas viven, crecen, se renuevan como los seres orgánicos? ¿En virtud de qué ley, más fisiológica que geológica? ¿O es meramente que nosotros no podemos apreciar su decrecimiento, su lenta ruina, y llegará una época en que no exista Sierra Nevada; en que sus pizarras y calizas se hayan derretido, al modo que hoy se derriten sus nieves? ¡Qué sé yo!...; lo cual es mejor que saber lo cierto, como indudablemente lo sabrán los geólogos.

Pero apenas acabamos de poner el pie en la Sierra, y ya la hemos destruido completamente; ya la hemos reducido a polvo; ya la queremos borrar del mapa... ¡Donosa manera de principiar su apología, de dar una idea de su excelsitud, de reverenciar su magnificencia!

Por fortuna, ella sabe defenderse a sí propia y poner respeto al más atrevido caminante. Mirad, si no, estos abismos que nos rodean, y vedlos llenos de colosales agujas, pirámides, obeliscos y todo orden de monumentos puntiagudos... ¡Son trabajos de Hércules del agua infatigable, dedicada siglos y siglos a impedir que esos abismos se terraplenen! Semejantes monumentos no se han formado por acumulación o agregación o concreción de materia, sino por desbaste paulatino: cada una de esas inmensas estalagmitas ha sido esculpida por el cincel de los torrentes y labrada luego por el buril de las mansas lluvias. Todas agrupadas, ofrecen el aspecto de una catedral gótica, cuyos agudos chapiteles contemplásemos a vista de pájaro.

De la propia suerte, estas angostísimas calzadas que ligan unos estribos con otros, y por las cuales caminamos con tanto miedo, semejan botareles lanzados por el espacio para sostener el empuje de las lomas superiores, o más bien istmos que separan dos profundas simas, predestinadas a formar con el tiempo una sola. Aquí fue sin duda donde exclamó el poeta alpujarreño:

> a un lado el espantoso precipicio
> la muerte en el abismo nos retrata,
> y con mugiente, atronador bullicio,
> a otro lado la inmensa catarata...

Ya estamos a una respetabilísima altura...; pero todavía no es tiempo de volver de cabeza para admirar los panoramas que se van desarrollando debajo de nosotros...

> La cabra montaraz cruza, salvando
> los bosques, las malezas, el torrente...
> y en un puntal la cierva rebramando
> al ciervo llama de ramosa frente.

¡Salve! ¡Ya pisamos nieve!... Pero es nieve de estos últimos días: no es nieve perpetua. ¡Aún llega aquí el imperio de Flora, Céres y Pomona! Aún hay también pueblos en estos alrededores y a este mismo nivel...
Por ejemplo: ved allí, a nuestra izquierda, el diminuto y frondoso Yégen, adonde bajaremos a dormir esta noche, después de haber hollado los eternos hielos... Saludémoslo, pues, ya con cariño. Considerado desde aquí, se diría que es un ramo de flores y olorosas hierbas depositado por un amante en el regazo de la blanca Solair.
y aún aquí mismo... ived todavía qué rozagantes lirios silvestres se atreven a abrir sus azulados cálices en las hendiduras de las rocas! ¡Ved qué infinidad de graciosas y aromáticas plantas! —Todo exhala ya el vigoroso olor de las grandes sierras andaluzas; olor a salud y vida; olor a la savia inmortal que su corazón, siempre joven, reparte luego por felicísimas comarcas.

> ¡Oh, cómo el pensamiento se engrandece
> marchando por la senda solitaria!
> Aquí el espino o la abulaga crece:
> allí la fuerte encina centenaria:
> más allá el sauce de dolor fallece
> junto a la desmedrada parietaria...

exclamaba Lirola... tal vez en este propio sitio.
Porque, en efecto: encinas, espinos y sauces figuran en el magnífico arbolado que estamos viendo, además de nogales, almeces y cuantos árboles enumeramos en Lanjarón. Solo sigue faltando el tétrico pino, símbolo obligado de las

montañas septentrionales, que, por lo visto, no se ha acomodado a vivir en esta gozosa cordillera, resplandeciente de luz y de alegría.

Pero su verdadera frondosidad, asombrosa en una altura tan extraordinaria como la que ya tocamos, debemos admirarla en estos barrancos deliciosos, que constituyen otros tantos paraísos terrenales.

> Altísimos castaños los sombrean...
> La oropéndola allí cuelga su nido:
> las parleras urracas picotean
> el fruto en sus espinas guarecido:
> por encima las águilas otean,
> y los cuervos repiten su graznido,
> y bandadas de tórtolas azules
> arrullan en madroños y abedules.

¡Ah! Repitámoslo: el Sol puede más que la Sierra. La Sierra no tiene aquí su espada... la terrible espada de todas las Sierras, que es el aire del Norte. Por el contrario: la noble Oróspeda sirve aquí de escudo a una primavera continua, impidiendo que la hiera el cierzo con su agudo puñal de dos filos.

Sin embargo... principia a refrescar: quiero decir, principiamos a helarnos. Estamos en las regiones del perpetuo invierno...

Ya no descubrimos más que nieve por todas partes...

La alta vegetación se ha despedido de nosotros... Ya no se ve un árbol por ningún lado...

Nadie puede pedirnos que subamos más... ¡Para estar en marzo y al día siguiente de una nevada, ya hemos subido bastante... demasiado tal vez!

Nos encontramos indudablemente a la misma altura en que Lirola exclamó con acento medroso:

> Mas ya se enrisca el áspero sendero...
> y se corta tal vez... tal vez se pierde...

¡No obstante lo cual, el poeta de Dalías siguió adelante!...

Pero él viajaba en julio, y se dirigía al Picacho de Veleta: mientras que nosotros no vamos por aquí a parte alguna, ni sabemos ya por dónde meter los caballos que no se los trague la nieve...
Hagamos, pues, alto: volvamos la cabeza, y contemplemos el mundo de los hombres.

El Atlántico mar al Occidente...
el mar Mediterráneo al mediodía...
y en la morisca tierra que está enfrente
las crestas de la inculta Berbería...

Estos cuatro versos son el resumen de lo que llegó a ver Lirola.
Nosotros debemos confesar que no vemos tanto.
Verdad es que Lirola hablaba ya desde el Veleta, y nosotros estamos únicamente a media ladera del Mulhacén.
No vemos, pues, el océano Atlántico... Pero vemos una extensión inmensa del Mediterráneo; vemos la costa de África, desde el Estrecho de Gibraltar hasta los confines de Argel; vemos las nevadas cumbres del Atlas, del monte gemelo de esta Sierra; vemos bordado en el agua azul todo el litoral antártico de nuestra gran Península, como no es fácil verlo sino en un mapa; y vemos, en fin, toda la Alpujarra a nuestros pies —más ampliamente que desde la cumbre de la Contraviesa, puesto que nos hallamos a mucha mayor altura—; pero mostrándose a nuestros ojos de la misma manera que entonces, es decir, como un mar cuyas olas son cadenas sucesivas de encrespados cerros; como un mar que se hubiese petrificado de pronto en medio de una furiosa tempestad...
De todo esto lo que más nos sorprende, seduce y enamora, es la tierra de África... ¡Cuán clara y distintamente se percibe a la simple vista! —Palmo a palmo (salva la hipérbole) pudiera dibujarse la silueta de su costa sobre el agua y de sus montes sobre el cielo. Algunos puntos blancos se destacan de aquella perspectiva bosquejada en el horizonte... Serán casas, quintas, sepulcros, morabitos... ¡quién sabe!...
Pero de lo que no cabe duda es de que aquello es El Moro... de que aquello es la infanda Libia, de que aquello es África... El África a que fue a morir, ciego y pobre, el valeroso rey Zagal: el África en que pasó Boabdil la segunda parte

de su vida: el África que devoró a don SEBASTIÁN de PORTUGAL y a la flor de los guerreros lusitanos: el África en que tres siglos después se presentó un caudillo español, el memorable O'DONNELL, a recordar a los príncipes de Marruecos que aún existía aquel Reino castellano contra el cual nunca podría prevalecer el islamismo...

Sí: ¡allí está África!... ¡Cuán cerca... pero cuán lejos de nosotros! ¡África, mirándonos siempre, siempre a nuestra vista, pero separada de España, no por ese lago azul del Mediterráneo, sino por la negra inmensidad de sus destinos! —Es la vecindad inútil y acerba (perdonadme la comparación) de los que estuvieron un tiempo unidos y luego se divorciaron para in æternum: que se ven y no se hablan—; se escuchan y no se comunican; tal vez se aman... y preferirían, sin embargo, mil muertes a reconciliarse. O más bien, es la vecindad de dos vástagos de familias tradicionalmente contrarias, cada uno de un sexo, ambos afables y garridos; que nacen en una misma calle, pasan su vida tropezándose a todas horas, y mueren sin haberse jamás saludado... Edgardos y Lucías, Romeos y Julietas, que nunca llegan a cantar un dúo.

Con que acordémonos de nosotros mismos.

El Sol principia a caer al Occidente, y, si no nos damos prisa a bajar de estas espantosas soledades antes de que oscurezca, podremos vernos muy apurados.

Dichosamente, no se trata de descender a lo hondo, ni mucho menos. Yégen, donde hemos de hacer noche, se encuentra todavía a una grande altura; a media Sierra, que dicen los pastores. Por consiguiente, mañana tendremos adelantado lo peor del trabajo para recorrer los elevados pueblos en que andaremos las Siete Estaciones de Semana Santa, a pueblo por Estación.

Despidámonos, pues, del Mulhacén, repitiendo los melancólicos versos con que termina el canto de Lirola; versos en que profetizaba su próxima muerte, y en que se descubren abismos de soledad y de tristeza. Dijo así:

¡Nieves, adiós, y tempestad y truenos!...
¡No me veréis ya más... que la corriente
de mi vida, volando huye sin frenos,
y ya su fin el corazón presiente!

> ¡Es tan triste morir!... Mas yo, a lo menos,
> podré morir en paz, tranquilamente,
> sin que de nadie la aflicción deplore...
> ¡Ay!... ¡No tengo en el mundo quien me llore!

...

Ya se ha ocultado el Sol del Miércoles Santo. Mil ochocientos treinta y nueve años hace que se puso del propio modo tras el monte Carmelo, llevándose el último día de los que en la vida del Redentor precedieron a su voluntario sacrificio. Al día siguiente ÉL mismo se entregaría a sus verdugos... Al otro, sufriría la muerte en cruz, para sellar con su sangre aquellas doctrinas que habían de regenerar el espíritu de los hombres; que habían de rescatarlo de la servidumbre de la materia; que habían de hacerlo digno de la inmortalidad.

Aquella tarde, la tarde del miércoles, hace diecinueve siglos, no presentía la especie humana, al ver ponerse el Sol, cuán grandioso y memorable en la perpetuidad de los tiempos había de ser el día siguiente... Hoy, la Iglesia, fundada sobre el sublime Misterio de que mañana es la efeméride solemnísima, reza ya, y canta, y llora, y agradece, y bendice, todo a la par, la Pasión y Muerte de JESUCRISTO.

Sí: a estas horas; en este lúgubre momento en que las sombras de la noche principian a caer sobre los templos católicos, como cayendo van sobre esta encumbrada sierra en que nosotros peregrinamos con tan religioso terror...; en este momento, digo, el Coro de las catedrales acaba de rezar las Vísperas del Jueves Santo.

Allí, como aquí, se aproxima la hora de las Tinieblas.

Aquí, un tenue crepúsculo queda en el cielo, que apenas nos permite ver por dónde andamos al través de estas fragosidades, ásperas como los senderos de la vida...

Allí... ¿quién, que sea católico, ignora lo que está pasando? ¿Quién no ha sido hasta actor, cuando niño, en aquella representación sublime y pavorosa? ¿Quién, lleno de miedo y de mística compunción, no ha golpeado las puertas del Templo al oscurecer de este luctuoso día? Veamos, pues, lo que pasa allí.

El Coro ha rezado ya Maitines y Laudes. En el Tenebrario triangular ardían hace poco quince velas; catorce de ellas amarillas y la de en medio blanca...; pero al fin de cada Salmo se ha apagado una, en memoria de cómo fueron apartándose de Jesús, primero sus atribulados Discípulos, y luego las dos piadosas mujeres que, más animosas qué ellos, lo acompañaron hasta la cruz... Ya no arde más que una vela, la vela blanca, la que se llama Vela María... Es la personificación de la Madre del Crucificado, cuando se quedó sola al lado de su espirante Hijo. Stabat Mater dolorosa, juxta Crucem lachrymosa...

Además de esta —única luz que queda en el Tenebrario, alumbran todavía el Templo las seis velas del Altar Mayor, representación de los seis Profetas que anunciaron la Venida del Mesías...

Pero el Coro reza los doce versículos del Cántico de Zacarías «Benedictus»..., y a cada verso apágase una de aquellas seis luces del Tabernáculo...

Apagáronse ya todas... El beso de Judas, recordado por la Antífona, ha sido el soplo de muerte.

Ya no arde en la Iglesia otra luz que la Vela María...

Esta no se apaga jamás... Sin embargo, una mano piadosa la oculta, aunque encendida..., y las Tinieblas reinan en la Casa de Dios.

¡Pavoroso momento! —El clero y los fieles están de rodillas ante los enlutados Altares, rezando el Miserere como reos contritos... Tibi soli peccavi le dicen al Criador con el rey Profeta. y los golpes de pecho retumban en la oscuridad del santuario.

¡Miserere! digamos asimismo, desde esta soledad augusta, nosotros, pecadores también... y también arrepentidos de haber llevado a Cristo a la muerte en Cruz...: usque ad mortem; mortem autem crucis...

¡Miserere! repitamos, bajando los disformes escalones de esta montaña, en medio de las sombras que nos rodean, yertos de frío y con el alma puesta en el autor de lo criado, cuya mirada nos sigue sin duda alguna en el oscuro laberinto de nuestra existencia.

«Cor mundum crea in me, Deus (exclamemos fervorosamente): et spiritum rectum innova in visceribus méis».

...

Terminado el Miserere de la Iglesia, el Vicario del Coro reza en voz baja una última oración; y, cuando ésta concluye, los capitulares golpean fúnebremente la madera de sus sillas; a lo que los muchachos responden aporraceando las puertas del templo; todo ello para representar el tumulto que armarán mañana

los soldados y verdugos en las calles de Jerusalén, así como el terremoto que seguirá pasado mañana a la muerte de Jesucristo. Por hoy, todo se ha acabado. Es noche completa en Sierra Nevada, y en Jerusalén, y en el templo, y en todos los corazones cristianos...
Así llegamos a Yégen, sumido también en las Tinieblas.
¡Silencio!... Ni una palabra más. Mañana será otro día.

V. Jueves santo. Yegen, primera Estación. Valor, segunda. Nechile, tercera. Mecina-Alfahar, cuarta. Mairena, quinta. Júbar, sexta. Laroles, séptima
Clareaba apenas el día siguiente cuando ya estábamos de pie.
Habíamos dormido a las mil maravillas en casa de unos gentilísimos recién casados, a quienes otorgue Dios tanta ventura hasta la edad más inverosímil por lo avanzada, como abrigo, satisfacción y descanso encontramos nosotros en aquel novísimo hogar, cuya dirección disputaba todavía el alegre Cupido al grave Himeneo, y donde, sin embargo, aquella noche rindiose principalmente culto a los dioses lares, protectores de la hospitalidad...
Por lo que hace a nuestro madrugón, estaba muy justificado. ¡Era tanto lo que teníamos que andar, que ver y que sentir durante aquel clásico día! —Así es que la orden de botasilla se dio sin pérdida de tiempo.
Acto seguido, y mientras ensillaban los caballos, nos dirigimos a la iglesia...
Hallábase ésta todavía cerrada; pero, habiéndosenos dicho que la abrirían muy pronto, dimos en el ínterin un paseo profano por las calles y las afueras de Yegen —tarea que estuvo despachada en breves momentos, y que nos suministró materia para escribir en nuestra cartera de viaje los renglones siguientes:

Yégen, lugar de 1210 almas está sumamente elevado en las andamiadas de la Sierra; pero tan defendido de los vientos del Norte, y tan a merced del Sol y del ambiente de África, que en él encontramos, entre brillantes chorros de nieve derretida que bajan de las vecinas cumbres, granados en flor, opulentos olivos, y hasta naranjos llenos de fruto.
Encima del pueblo abundan los castaños, los nogales y las encinas; pero más notable que todo esto, es un Nacimiento de agua, que hay a la salida del lugar por la parte de Oriente. Casi un río brota al pie de una roca gigantesca; y no

bien acaba de brotar, cuando ya mueve dos colosales piedras de molino. El agua es riquísima, y, según dicen, crea además otras riquezas en los barrancos y cañadas a que da riego.
Quien a buen árbol se arrima, buena sombra le cobija. Al lado de Sierra Nevada no puede haber necesidades.

Cerca de las seis abrieron la iglesia.
El Monumento no estaba todavía armado, pero ya se veían por el suelo algunos preparativos para su composición; y en cuanto a los Sagrados Oficios del día, tardarían aún tres o cuatro horas en principiar. Ardía, con todo, pendiente del techo de aquella pobre nave, la lámpara de aceite que denota la continuidad del culto en los templos de que no se han incautado los revolucionarios de este insensato siglo; y aquello fue bastante para que rezásemos allí la PRIMERA ESTACIÓN, confiando en que nuestra calidad de viajeros influiría para que el Todopoderoso acogiese unas oraciones tan anticipadas.
Con lo cual montamos a caballo, y partimos.
En aquel instante salía el Sol por el llano del Laujar.

Pange lingua...
Era el Sol del Jueves Santo, del día más grande de la Iglesia; día de tanto gozo, de tanta majestad, de tanta gala como el del Corpus; día en que los sacerdotes y los altares se despojan de sus crespones de duelo, a pesar de conmemorarse también la prisión de Jesús, y visten de blanco, para solemnizar la Institución de la EUCARISTÍA, que, según el Apóstol, «es la misma blancura de la luz eterna de la Gloria».
Sí: la Iglesia, agitada por contrapuestos afectos, destina las horas canónicas de este día a diferentes ceremonias, a cuál más augusta. Esposa de JESUCRISTO y Madre del género humano, tiene a un mismo tiempo que llorar al Redentor y que celebrar la Redención; tiene que acusarse a sí propia, en nombre de la raza de Adán, congregada en el hogar de su Fe, de haber derramado la sangre del Hijo del Eterno, y tiene que cantar su triunfo, su libertad, su emancipación, dando gracias al Sacrificador y a la Víctima, a Abraham y a Isaac, al Padre que consintió en rescatarnos a tanta costa, y al Divino Cordero que fue precio del rescate.

Así, al menos, lo exponen, según mis recuerdos, en sus inmortales escritos, los Padres de la Iglesia, y tal es la significación de la solemnísima Misa que se canta la mañana del Jueves Santo. Aquella Misa es, no ya la conmemoración, sino la viva representación de la Cena en que Jesús se inmoló por los hombres; en que legó su Cuerpo y su Sangre a la Comunión de los fieles, en que estableció la Ley de Gracia. Por eso tanto júbilo, tanta fiesta, tanta pompa, pocos momentos antes del dolor y el luto que luego reinan en el templo... Por eso el color blanco y la riqueza de ornamentos y vestiduras; por eso aquel triunfal repique de campanillas de plata con que se acompaña todo el Gloria in excelsis Deo; por eso la elevación del Monumento «con aparato regio de persona Real» que previene la Liturgia; por eso el lujo y los vistosos trajes de colores que lucen aquella mañana en el templo las hijas de Sión (nuestras hijas, hermanas y mujeres, quiero decir), enlutadas Verónicas a la tarde, errantes por la calle de la amargura...

Sin embargo: aún en aquella Misa tan solemne y fastuosa, la Iglesia, en medio de su mayor alborozo, recapacita en el cruel martirio que le espera a Jesús y, para demostrarlo, no da a besar la Paz a nadie, «por aborrecimiento al beso de Judas», ni quiere que el sacerdote persigne el altar antes de leer el último Evangelio, sino que se persigne a sí mismo, como prueba de la orfandad en que va quedando la Casa Santa.

¡Oh! ¡Qué delicadeza y qué grandiosidad a un propio tiempo en todas estas sagradas alegorías! ¡Qué abismos de ternura en todos los ritos de la Religión Católica!...

Reconózcalo el mundo entero: reconózcanlo todas las edades, todas las llamadas civilizaciones, todas las gentes, todas las variedades que ha ofrecido la piedad humana en la duración de los siglos y en la extensión del planeta: aún prescindiendo de la parte dogmática, reservada a la Fe, y hasta de su moral y de su filosofía, de que se han aprovechado también otras religiones, el catolicismo, considerado objetivamente; considerado en lo que tiene de humano, de artístico, de poético; considerado como únicamente pueden considerarlo los ateos, los impíos, los escépticos, los deístas, los gentiles, los herejes y los cismáticos, es la composición ideal más inspirada y maravillosa que se ha cimentado sobre la tierra. La imaginación y el sentimiento de los mortales no han revestido jamás formas tan sublimes como las que constituyen el culto externo, las ceremonias, el simbolismo literario, pictórico, plástico, dramático, musical y escénico del ritual romano, y forman la liturgia de nuestras catedrales. Lo que allí se reza, lo que allí se canta, lo que allí se representa, excede a cuanto la poesía pudo soñar en tiempo alguno. Los que así no lo reconozcan no han visto por dentro el ceremonial católico, sino por fuera, como cerrado libro, como plegada flor, como callada esfinge. Podrán haber oído, por ejemplo, la música de los salmos; pero no han entendido la letra: podrán saber de memoria la misma letra, pero no se han penetrado de su espíritu. Tienen ojos y no ven; tienen oídos y no oyen, como dice la Sagrada Escritura.

Muy lejos estábamos nosotros de las grandes catedrales en que otros años habíamos visto conmemorar con tanta pompa la Institución de la EUCARISTÍA: muy lejos de aquellos suntuosos Monumentos que, en Sevilla, en Toledo, en Granada, en Guadix..., sirven de trono y de prisión a Jesús SACRAMENTADO, durante la tarde y la noche del Jueves Santo, y en que todo es luz y blancura, excelsitud y refulgencia...; pero, en compensación, la mañana que digo, en el momento de salir el Sol (o más bien dicho, en el momento de entrar en la Alpujarra por aquel boquete que da paso a la Taha de Andarax), cielos y tierra ofrecieron a nuestros ojos y a nuestra imaginación el cuadro más grandioso que haya cantado nunca las alabanzas del Omnipotente.

Hablo de la Sierra —en medio de la cual nos hallábamos, viéndola desarrollarse a nuestros pies en descomunales laderas, que descendían a profundos abismos, y perderse al propio tiempo sobre nuestra cabeza en las soledades del espacio, en las regiones etéreas, en la inmensidad que solo recorren las almas de los justos... ¡Hablo de Sierra Nevada calificada ya de templo por nosotros varias veces durante aquella larga peregrinación!

La Sierra, pues, vestida, como la Iglesia, de blanco y plata, en señal de triunfo; alzada, como catafalco dispuesto para una apoteosis, sobre escalones de mármoles preciosos, cubiertos de flores y olorosas hierbas; reverberante toda de claridad seráfica, como los iluminados sagrarios, y alzando, en fin, al firmamento sus inmaculadas nieves, inaccesibles a todo contacto humano, puras como las oraciones de los ángeles, era para nosotros aquella mañana un altar inconmensurable en que oficiaba la Naturaleza rindiendo culto a su Criador; era la Mesa del Convite en que el Tiempo y la Eternidad se unieron para siempre; era el pináculo en que la Tierra se despedía del Hijo de Dios que la había habitado treinta y tres años; era el propiciatorio en que los siglos reverenciaban el aniversario de aquel supremo instante; —era nuestro Monumento de Semana Santa.

Pero volvamos al Tiempo; volvamos al mundo; volvamos a nuestro viaje.
Salía, dije, el Sol del Jueves Santo por el llano del Laujar en el mismo momento que nosotros nos poníamos en camino...
Triste, fatídico, de mal agüero era el punto que había escogido el astro rey para presentarse aquel día en la Alpujarra. La entrada del llano del Laujar que teníamos ante la vista fue siempre el tránsito de los reyes desgraciados. Por allí cruzó el Zagal para ir del trono al confinamiento y después del confinamiento a la expatriación: por allí entró Boabdil en su retiro temporal cuando perdió el Reino Granadino, y por allí salió para dejar definitivamente la tierra de España: por allí, en fin, penetró un día Aben-Humeya en la Taha de Andarax, en lo mejor de su edad y de su fortuna, muy ajeno el mísero de que en la Taha de Andarax le aguardaba la muerte... y de que solo volvería a salir de allí su exhumado cadáver cuando lo desterraran de la propia huesa!...
y lo cierto es que el Sol tenía ya algo de rey desgraciado... Estábamos en la víspera de su mortal desmayo, de su pavoroso eclipse de tres horas enfrente de la Cruz, durante las cuales diz que exclamó San Dionisio Areopagita: «Vel auctor naturæ patitur; vel mundi machina disolvitur».
En cuanto a nosotros, caminábamos precisamente hacia Levante, hacia el extremo oriental de la Sierra, hacia Jerusalén... de donde venía el Sol, y adonde nosotros, ya que no pudiéramos llegar en todo el día, por mucho que corriésemos, nos habríamos, cuando menos, acercado tres o cuatro leguas al remate de la jornada... lo cual, si no un viaje completo a los Santos Lugares, siempre sería algo...
Como estáis viendo, los moriscos habían perdido el pleito para nosotros no bien amaneció el Jueves Santo. Inútilmente tratábamos de reducir nuestra imaginación a que se interesase por su suerte. Como buenos cristianos, no teníamos ya entrañas ni fantasía sino para sentir y representarnos todo lo que a la sazón sentía y se representaba la Iglesia. Habíamos pensado recordar en Sierra Nevada la muerte del reyecillo, investigar sus causas, instruir, en suma, el correspondiente proceso, y no hallábamos manera de principiar... ¡Parecíanos una profanación!

Pero, en fin, todavía teníamos tiempo por delante, y ya se nos ocurriría al día siguiente algún medio de salir de aquel apuro. Continuamos, pues, nuestra marcha a lo largo de la Sierra, y pocos minutos después estábamos en Valor.

Valor, el lugar de señorío de Aben-Humeya; el que le dio nombre durante el período cristiano de su vida; tal vez su tierra natal (o nació allí o en Granada: lo cierto no lo sé); el pueblo en que tenía una casa solariega, de que no quedan ni vestigios, está situado, entre dos barrancos muy frondosos, en una especie de remanso de la Sierra.

Para llegar a la población y a sus cuatro barrios (llamados el Portel, la Jarea, Cohijar y Cantarranas) hay que pasar un hondo torrente que corta el camino, y que es la defensa natural de Valor, origen de su importancia en la guerra del siglo XVI como punto estratégico. Sobre aquella cortadura existe un puente peraltado de forma árabe, de un solo ojo, levemente apuntado a la manera de ojiva, como los del llano de Tetuán. Si aquella obra no es del tiempo de los moros (que tampoco lo sé), cuando menos es una imitación de otro puente que ellos tendrían allí.

1952 habitantes encierra hoy el antiguo feudo del que en mal hora dejó de llamarse don Fernando de Valor;. y, según mis noticias, lo más notable que pasa allí anualmente es una gran función de moros y cristianos que hacen los jóvenes del pueblo el día 14 de agosto, y a la cual acuden espectadores de toda la Alpujarra, hasta de Berja y de Dalías, atraídos por la fama de divertidísima que goza aquella fiesta... La humanidad es un abismo sin fondo.

Pero basta de historias profanas. Hemos llegado a las puertas del templo. Recemos la Segunda ESTACIÓN.

Según indicamos ya, hablando de Yegen, nuestras horas, esto es, nuestras devociones de aquel día, no podían coincidir, como hubiéramos deseado, con las horas de la Iglesia, del propio modo que las horas de la Iglesia no coinciden tampoco con las de la Pasión de Nuestro Señor Jesucristo. Verbigracia: la Iglesia, a fin de poder acudir a las diversas solemnidades del Jueves Santo, conmemora la CENA por la mañana, y el LAVATORIO o MANDATO a las tres de la tarde, cuando todo ello ocurrió a la noche[56] y nosotros, para poder andar las Estaciones en los Sagrarios de siete poblaciones distintas (a falta de una sola población que encerrase siete Sagrarios), teníamos que ir anticipando más aún, y hasta confundiendo en cierto modo, el cumplimiento de nuestras obligaciones religiosas.

En Yegen, pues, habíamos considerado, como recordaréis, el momento augusto de la CENA, y cantado, por consiguiente, el himno de Santo Tomás a la EUCARISTÍA (Pange lingua); hecho lo cual, meditamos también en aquel sublime coloquio de sobremesa, último que Jesús tuvo con sus Discípulos antes de marchar a la muerte...

Todos lo conocéis, pero siempre es grato y saludable al alma hojear los Evangelios, y de obligación además en Semana Santa, aunque se tengan muy leídos.

Terminada la CENA, había lavado Jesús los pies a sus Discípulos, dando al mundo este soberano ejemplo de humildad que reyes y Pontífices imitan todavía una vez al año.

Después les había anunciado que uno de ellos lo entregaría; y como todos se mirasen asombrados, encarose con Judas Iscariotes y le dijo: —«Lo que haces, hazlo presto».

Mas ninguno de los que estaban a la mesa supo por qué se lo decía.

y Judas salió.

Solo ya Jesús con sus Discípulos fieles, pronunció estas imperecederas palabras: —«Un mandamiento nuevo os doy: Que os améis los unos a los otros, así como yo os he amado... En esto conocerán todos que sois mis Discípulos, si tuviereis caridad entre vosotros».

Adivinando entonces San Pedro que Jesús los dejaba y que aquéllos eran sus solemnes adioses, le dijo:

—«Señor, ¿adónde vas»

Respondió Jesús:

—Adonde yo voy, no me puedes ahora seguir: mas me seguirás después.

Pedro le dice:

—¿Por qué no te puedo seguir ahora? El alma pondré por ti.

---

56 «Cuando vino la tarde», dice San Mateo. «Después de puesto el Sol», interpretan los expositores.

Jesús le respondió:
—¿Tu alma pondrás por mí? En verdad, en verdad te digo: Que no cantará el gallo sin que me hayas negado tres veces».
(San Juan, cap. XIV.)
Por último, dirigiéndose a todos, añadió, entre otras no menos supremas, las siguientes afectuosísimas expresiones:
«No os dejaré huérfanos: vendré a vosotros...
Si me amáis, guardad mis mandamientos...
La paz os dejo: mi paz os doy. No os la doy como la da el mundo...
Estas cosas os he hablado estando con vosotros...
Levantaos, y vamos de aquí».
y salió en busca de la muerte.
¡Qué majestad, qué tristeza y qué inefable dulzura en esta despedida! —Es la despedida del Maestro; el Codicilo de su amor y sus predicaciones; la cita dada por el primer mártir a los que más tarde morirían también por su doctrina.
—«Me seguirás después...»[57]
Estas palabras de Jesús a San Pedro resumen en profecía toda la historia de la iglesia, todo el Martirologio cristiano...

Tristis est anima mea usque ad mortem.
Hasta aquí lo que habíamos leído en Yegen antes de partir...
En Valor, consideramos la patética escena denominada la ORACIÓN del HUERTO: aquel momento de expectativa del martirio, en que Jesús «empezó a entristecerse y angustiarse»; —aquellas palabras dirigidas a Pedro y a los hijos del Zebedeo: «Triste está mi alma, hasta la muerte» —aquel trance doloroso en que, puesto de rodillas, exclamó. «Padre, si quieres, traspasa de mí este cáliz; mas no se haga, mi voluntad, sino la tuya»; —aquel sudor, «como gotas de sangre, que corría hasta la tierra»; y la llegada de Judas, «uno de los doce, con gran tropel de gente, con espadas y palos, de parte de los Príncipes de los Sacerdotes»; —y el beso del traidor Discípulo; —y la Prisión de Jesús; —y, por fin, el instante en que, «desamparándole los demás Discípulos, huyeron todos».[58]
La PASIÓN había principiado.

---

57 «Cuando, fortificado por virtud del Espíritu Santo, ofrecerás tu vida y la sacrificarás por tu amor.» (Nota del Padre Scio.)
58 Las palabras subrayadas son de San Lucas y San Marcos.

De Valor a Nechite, para donde salimos inmediatamente, hay menos de una legua, bien que muy dificultosa. Sería, pues, cosa de las nueve cuando llegamos a esta nuestra TERCERA ESTACIÓN.

Por el camino fuimos reparando en que ya estábamos a retaguardia de Ugíjar, de la antigua ciudad, de la consabida metrópoli de la Alpujarra. días antes la habíamos visto, como quien dice, de frente: después la flanqueamos a cierta distancia por la izquierda: a la sazón nos encontrábamos a su espalda; y, por último, al día siguiente, entraríamos en ella por el flanco derecho. Creeríase que la rondábamos, que la bloqueábamos, que íbamos estrechando su cerco, a la manera de sitiadores o de amantes.

iy cuán imponente aparecía a aquella distancia, relativamente a los demás pueblos comarcanos! —Su verde y matizada vega dilatábase allá abajo, al pie de los austeros montes que la circundan, como una sonrisa de la Naturaleza, y, en medio de aquella graciosa campiña, divisábanse los nobles edificios y tendidas calles de la capital del viejo corregimiento; de la actual cabeza del propio partido judicial que recorríamos; de la tierra clásica de los curiales; del pueblo, en fin, más a propósito para representarnos, como nos representaba a lo lejos, la parte jurídica de la Pasión, las casas de Anás, de Caifás, de Herodes y de Pilatos, la Sinagoga, el Pretorio, los Jueces, los Escribas, los Fariseos, los soldados de Roma mezclados con las turbas judías, y làs turbas judías gritándole al Pretor romano: «¡Perdona a Barrabás y crucifica a Jesús Nazareno!»...

Lo cual demuestra nuevamente que aquel día no había manera de hacernos ver otra cosa que escenas de Semana Santa. Por fortuna, y para desagravio de la villa de Ugíjar, veinticuatro horas después recorreríamos sus calles, precisamente a la hora de la Crucifixión, y nos encontraríamos con un pueblo tan cristiano, morigerado y pacífico como el que más, no menos dolido por cierto que ningún otro de lo que en aquel instante estaba pasando en el Gólgota.

Pero volvamos adonde estábamos.

En Nechite habían principiado ya los Oficios. Tuvimos, sin embargo ocasión de saludar un momento en la sacristía a nuestro amigo el señor Cura, como lo saludo nuevamente desde aquí. En cuanto a sus 415 feligreses, casi todos se hallaban también en la iglesia, y todos jugándose la vida en ello; no porque

tuviesen que temer otra feroz carnicería como la que hicieron los Monfíes en los cristianos de aquel lugar el 25 de diciembre de 1568, sino porque la iglesia estaba, y creo que estará todavía, hundiéndose materialmente...
En el propio estado encontramos después la de Mairena; y lo uno y lo otro por falta de algunos reales en que están presupuestadas las obras que habría que hacer para restaurar ambos templos (12.000 las de Nechite y 31.000 las de Mairena).
¡Ah, señora España! ¡Mucho apresurarse a arrojar de la Alpujarra a los moriscos, como enemigos de nuestra Fe: mucho obligar a aquella tierra, con el hierro y con el fuego, a ser católica: mucho lamentarse hoy nuestros hombres de Estado de los progresos de la impiedad: mucho decir que el descreimiento religioso es la carcoma de la actual civilización: mucho consignar en nuestros presupuestos grandes partidas para reparación de templos: mucho sacar a los pueblos exorbitantes contribuciones... y he aquí dos feligresías que vanamente piden un día y otro que se les conserve la Casa de Dios —único refugio que pueden hallar en sus tribulaciones los menesterosos que todavía no pertenezcan a la Internacional!
Por lo que respecta a los pobres párrocos, el Gobierno tiene buen cuidado de no pagarles su dotación ni la del culto... ¿Qué le importa al Gobierno que los españoles tengan o no tengan ideas religiosas? ¿Qué le importa que tengan o no tengan principios morales? ¡Habrá visto el Gobierno tantos pueblos que vivan y prosperen sin lo uno y sin lo otro! ¡Habrá visto tantas sociedades, tantas civilizaciones, basadas en la negación de la inmortalidad del alma!
—«¿Qué falta hace Dios, existiendo la Guardia Civil?»... —dirá acaso el Gobierno.
—«Y hasta, sin Guardia Civil»... —añadirá, si es un Gobierno eminentemente liberal.
—«Con armar al pueblo, cada ciudadano defenderá su dicha como pueda»... se ha proclamado ya recientemente.
—«¡Justo! —habrán respondido los leones, los tigres y los chacales del desierto—. Así vivimos nosotros».
Sin embargo: a fin de que nada falte a las funciones de Semana Santa que voy describiendo, ocúrreseme en este instante convertir esta página en una bandeja, ponerme a dar en ella golpecitos con la pluma, y exclamar, dirigiéndome a los católicos que sean millonarios:

—¡Para reedificar las iglesias de Mairena, y de Nechite!...

A todo esto, nosotros habíamos rezado la susodicha TERCERA ESTACIÓN en lo que queda de la iglesia de Nechite, y considerado allí a Jesús casa de Anás. Anás había sido Sumo Sacerdote de los Judíos; pero ya no lo era. Sin embargo, tenía una hija casada con Caifás, que acababa de comprarle a Herodes aquel pontificado en una gran suma de dinero;[59] y sin duda por esta razón, y por respeto a sus canas y a las dignidades que había ejercido, condujeron a Jesús a su presencia antes que a la del Sumo Sacerdote en activo servicio; —o tal vez el mismo Caifás, por deferencia y obsequio a su suegro, se lo ordenó así al comandante de aquella gavilla.[60]

«y Pedro le seguía a lo lejos.
Y habiendo encendido fuego en medio del atrio, y sentándose ellos alrededor, estaba también Pedro en medio de ellos.
Una criada, cuando le vio sentado a la lumbre, lo miró con atención, y dijo: —Y éste estaba con él.
Mas él lo negó, diciendo: —Mujer, no le conozco.
Y un poco después, viéndole otro, dijo: —Y tú de ellos eres.
Y dijo Pedro: —Hombre, no soy.
Y pasada como una hora, afirmaba otro y decía: —En verdad éste con él estaba; porque es también galileo.
Y dijo Pedro: —Hombre, no sé lo que dices.
Y en el mismo instante, cuando él estaba aún hablando, cantó el gallo». (San Lucas, cap. XXII.)
«Y Pedro se acordó de la palabra que le había dicho Jesús: 'Antes de que cante el gallo me negarás tres veces'.
Y habiendo salido fuera, lloró amargamente». (San Mateo, cap. XXVIII)
Entre tanto, Anás interrogaba a Jesús sobre sus discípulos y sobre su doctrina, sin obtener más que esta contestación:
«Yo manifiestamente he hablado al mundo: yo siempre he enseñado en la Sinagoga y en el Templo, adonde concurren los Judíos, y nada he hablado en

---

59 Así lo refiere San Jerónimo.
60 Estas conjeturas son del Padre Scio.

oculto. ¿Qué me preguntas a mí? Pregunta a aquéllos que han oído lo que yo les hablé: he aquí éstos saben lo que yo he dicho».
Cuando esto hubo dicho, uno de los ministros que estaban allí dio una bofetada a Jesús, diciendo: —¡Así respondes al Pontífice!
Jesús le respondió: —Si he hablado mal, da testimonio del mal: mas si he hablado bien, ¿por qué me hieres?
Y Anás lo envió atado al Pontífice Caifás». (San Juan, capítulo XVIII.)

Entre Nechite y Mecina Alfahar (nuestra CUARTA ESTACIÓN) media tan poca distancia como mediaría entre la casa de Anás y la de Caifás.
Algunos expositores se inclinan a creer que suegro y yerno vivirían en dos departamentos diferentes de un mismo edificio; y he aquí que precisamente Mecina Alfahar viene a ser el piso bajo de Nechite.
En efecto: estos dos lugares están situados el uno encima del otro, como la actual villa napolitana de Resina sobre el antiguo Herculano, sepultado por las lavas del Vesubio; y, a la manera que allí no hay más que sumergirse en una especie de escalera de palacio encantado para ir del pueblo vivo al muerto, así, para trasladarse de Nechite a Mecina, todo se reduce a bajar, durante seis u ocho minutos, unos escalones tallados por las aguas en las escarpias de la Sierra.
y muerto, o sea deshabitado, parecía igualmente Mecina Alfahar. Sus 382 hijos hallábanse todos reunidos en la iglesia, y en el más profundo silencio. El SACRAMENTO había sido ya encerrado en el «Sagrario abscóndito». No se notaba más señal de vida que el fulgor y el chisporroteo de las velas del Monumento. Jesús estaba ya prisionero para la Iglesia como para nosotros. Nuestras devociones principiaban a coincidir con las horas canónicas.

Caifás, muy poseído de su papel de Sumo Sacerdote, que tanto dinero le había costado, viendo que Jesús no respondía a los testigos falsos que declaraban contra él, preguntole airadamente:
«¿Eres tú el Cristo, el Hijo de Dios bendito?
Y Jesús le dijo: —Yo soy: y veréis al Hijo del hombre, sentado a la diestra del poder de Dios, venir con las nubes del cielo.

Entonces el Sumo Sacerdote, rasgando sus vestiduras, dijo: —¿Habéis oído la blasfemia? ¿Qué os parece?
Y le condenaron todos ellos a que era reo de muerte.
Y algunos comenzaron a escupirle, y cubriéndole la cara lo daban golpes y le decían: —Adivina.
...
y luego por la mañana, teniendo Consejo los Príncipes de los Sacerdotes con los Ancianos y los Escribas y todo el Concilio, haciendo atar a Jesús, le llevaron y entregaron a Pilatos». (San Marcos, cap. XV.)
Esto leímos y consideramos en la iglesia de Mecina Alfahar.
y era que, formando entonces parte Jerusalén del Imperio Romano (Pompeyo la conquistó sesenta y cuatro años antes de Jesucristo), los Sumos Sacerdotes Judíos habían dejado de ser Jueces de Apelación en lo criminal, y de tener derecho de vida o muerte.
Este derecho correspondía ya al Pretor, o sea al Procurador o Gobernador que Tiberio tenía en aquella provincia, el cual era hacía seis años un tal Poncio Pilatos, o Pilatos, probablemente natural de la misma ciudad de Roma, y de fijo tan disipado, escéptico y sibarita como todos los que hacían fortuna a las márgenes del Tíber bajo los auspicios del más corrompido de los Césares.
—Vamos, pues, en casa de Pilatos —exclamamos nosotros, saliendo con dirección a Mairena.

¡Tan grato nos fue el sosiego de siesta que respiraba la villa! ¡Tan sabrosa nos resultó la sombra de sus calles!
Para llegar a Mairena, distante de allí una legua escasa, tuvimos que subir muchísimo; pues este pueblo es quizás el más alto de la parte oriental de Sierra Nevada. Sin embargo, hacía tanto calor en aquellas lomas batidas de frente por el Sol de mediodía, que fuenos preciso descansar una hora en el Barranco de las Parras, a la sombra de unos arbolillos sin dueño, hijos naturales de un despeñado y sonoroso torrente...
...
En Mairena, lugar de 987 habitantes, y nuestra QUINTA ESTACIÓN, nos aguardaban algunos amigos procedentes de Laroles, que se habían adelantado hasta allí, con galante solicitud, a fin de acompañarnos luego a su pueblo —donde

debíamos pernoctar—. Por señas que, entre estos amigos, había uno de quien tengo que hacer especial mención, a pesar de la solemnidad de aquel día, o más bien a causa de su misma solemnidad...; pues trajo a mi imaginación otra fisonomía de la Semana Santa; su fisonomía urbana por decirlo así...
Era el tal un antiguo camarada mío de lecturas, polémicas y paseos melancólicos, que había residido en Guadix largos años, y que luego se había vuelto a la Alpujarra, donde nació, a esperar la vejez en medio de los suyos; el cual, al presentárseme en aquel extremo de la Sierra, parecía encargado de advertirme cuán cerca encontrábame ya de mi horizonte nativo... y de aquella amada tierra en que me juré un día hacer el viaje que ya estaba terminando... de aquella vieja Acci[61] en que habíamos pasado juntos tantísimos Jueves y Viernes Santos, cuando él era joven y yo adolescente...

Y, en efecto; no bien lo hube abrazado en aquellas asperezas en que tan selvática figura ofreceríamos a la vista con nuestros equipos montaraces, acudieron a mi memoria los tiempos en que conmemorábamos anualmente, con una regularidad casi litúrgica, la Pasión y Muerte del Redentor; ambos vestidos de ceremonia, como todo el señorío de la ciudad; de frac y en cuerpo gentil desde por la mañana hasta la noche; sin quitarnos los guantes blancos, el Jueves, ni los negros, el Viernes, sino para hacer aquella única comida diaria en que eran de rigor las natillas, el huevo-mol, el arroz con leche y otras dulces compensaciones del ayuno y de la vigilia; recorriendo a todas horas las once iglesias abiertas allí al Culto, o sea andando las Estaciones incesantemente..., la primera vez por amor a Dios, y las restantes por amor a las jóvenes... de aquel tiempo; formando parte de todas las Procesiones, como hermanos que éramos de las principales cofradías, y muy satisfechos y orgullosos si, por ventura, éramos elegidos en ellas Mayordomos para el año siguiente... ¡Oh! ¡Aquello sí que era estar en Semana Santa! ¡Aquello sí que era vivir! ¡Aquello sí que era ser hombres!

No carecía, con todo, Mairena de títulos locales a la veneración de los romeros cristianos que acabábamos de llegar a sus puertas. Por el contrario: ningún pueblo de la Alpujarra recuerda un martirio tan imponente y grandioso, tan en consonancia con el de nuestro Divino Redentor, y cuya conmemoración fuese

---

61 Primitivo nombre de Guadix

tan oportuna como el que padeció en 1568 el cura de aquel lugar bajo el poder de los Monfíes.

He aquí los sentidos términos en que lo refiere un cronista de aquel tiempo:[62] «Hubo en Mairena una sola muerte, del bachiller Xauriqui,[63] cura, pero digna de un gran soldado de Cristo.

»De la manera que los sedientos, si tienen poca agua, la beben muy despacio por engañar la sed, que no pueden matar, éstos, deseosos de sangre de cristianos, en la de uno que tenían se entretuvieron, por recrear más su crueldad, que no podían satisfacer.

»Primero le atormentaron con hambre quince días, dándole de comer pocas onzas de pan de alcandía. Al tiempo de su muerte le entregaron a la ira y escarnio de muchachos y mujeres. Después, abiertos los brazos, en modo de cruz, y atado a una higuera, le abrieron el costado derecho con una lanza. De allí con dos saetas le clavaron el vientre y pecho. Luego le cortaron las piernas. Tendido en el suelo tras esto, le sembraron de pólvora el cuerpo, e hinchieron la boca, y con la mecha del arcabuz pegaron fuego. La poca ánima que le quedaba con dos balas se la arrancaron. No solo como leones rabiosos se encrudelecieron sobre el vivo; despedazaron, como sacios buitres, el cuerpo muerto y echáronlo a los perros».

«Me seguirás después», había dicho JESUCRISTO a San Pedro; y San Pedro, al cabo de treinta y dos años, padeció efectivamente la muerte en cruz.

«Me seguirás después», había dicho al propio tiempo a todo el que lo quisiera oír; y, dieciséis siglos más tarde, un humilde sacerdote de la Alpujarra seguía también a Jesús; veíase crucificado en su santo nombre, y recibía en el costado derecho la lanzada de otro Longinos...

¡Lisonjero martirio en verdad! ¿Qué mejor empleo de esta triste vida que perderla de semejante modo? Creer en CRISTO, Hijo de Dios vivo, y morir por ÉL y como ÉL... ¿qué mayor ventura? ¿qué mayor gloria?

A todo esto, nosotros habíamos llegado al Pretorio de Jerusalén, o sea a la casa del Gobernador de la provincia Romana de Judea: quiero decir, habíamos

---

62 *Vida y hechos de Pio V, Pontífice romano, dividido en seis libros, con algunos notables sucesos de la Cristiandad de su Pontificado*, por don Antonio de Fuenmayor. En Madrid, por Luís Sánchez. Año de 1595.
63 Debe ser Jáuregui. Mármol escribe Geuregui.

entrado en la iglesia de Mairena, donde nos tocaba considerar lo acontecido la primera vez que Jesús fue presentado a Pilatos.

Los Sacerdotes, Escribas y Prefectos del Templo judío se habían quedado a la puerta del Pretorio, por no contaminarse entrando en tiempo de Pascua a casa de un gentil, casa de un hombre impuro, casa de un enemigo de Dios, que tal era para ellos el Gobernador romano, el verdadero dueño de Jerusalén, el representante de aquel poderoso Imperio que había dado a Herodes Antipáter el Reino de los Macabeos sesenta y cuatro antes; que se lo había conservado a su hijo Herodes el Grande hasta su muerte, y que luego había dividido la Judea en cuatro pequeños reinos (Tetrarquías), repartiéndolos entre las personas que fueron más de su agrado. No se había enojado, pues, Poncio ante aquel escrúpulo de los que en realidad eran siervos de Roma; y, pues que ellos no querían entrar en el Pretorio, él salió a la puerta, y les preguntó:

—«¿Qué acusación traéis contra este hombre?

Respondieron y le dijeron:

—Si éste no fuera malhechor, no te lo hubiéramos entregado. Pilatos les dijo entonces:

—Tomadle allá vosotros, y juzgadle según vuestra ley.

Y los judíos le dijeron:

—No nos es lícito a nosotros matar a alguno.

...

Volvió, pues, a entrar Pilatos en el Pretorio y llamó a Jesús, y le dijo:

—¿Eres tú rey de los judíos?

Respondió Jesús:

—¿Dices tú esto de ti mismo, o te lo han dicho otros de mí?

Respondió Pilatos:

—¿Soy yo acaso judío? Tu nación y los Pontífices te han puesto en mis manos: ¿qué has hecho?

Respondió Jesús:

—Mi Reino no es de este mundo. Si de este mundo fuera mi Reino, mis Ministros sin duda pelearían para que yo no fuera entregado a los judíos: mas ahora mi Reino no es de aquí.

Entonces Pilatos le dijo:

—¿Luego rey eres tu?

Respondió Jesús:

—Tú dices que yo soy rey. Yo para esto nací, y para esto vine al mundo, para dar testimonio a la verdad: todo aquél que es de la verdad escucha mi voz.

Pilatos le dice:

—¿Qué cosa es verdad?[64]

Y cuando esto hubo dicho, salió otra vez a los judíos y les dijo: —Yo no hallo en el ninguna causa.[65]

Mas ellos insistían diciendo:

—Tiene alborotado el pueblo con la doctrina que esparce por toda la Judea, comenzando desde la Galilea hasta aquí.

Pilatos, que oyó decir Galilea, preguntó si era galileo.

y cuando entendió que era de la jurisdicción de Herodes, lo remitió a Herodes, el cual a la sazón se hallaba también en Jerusalén.»

¡Con tan desdeñosa compasión y tal aire de superioridad e indiferencia trató el escéptico romano a JESUCRISTO y a sus acusadores! ¡Tan pueril debió de parecerle aquella pugna de dos religiones; a él, que de seguro no creía en ninguna y que cuando preguntaba «¿Qué cosa es verdad?», volvía la espalda sin aguardar la respuesta; sin considerarla posible!

¡Ah! ¡Cuán lejos estaba de imaginar el delegado de Tiberio que aquella altiva y prepotente civilización que él representaba; aquel Imperio Romano que daba leyes al mundo; aquella teogonía helénica que aún existía para las letras y para las artes, desaparecería de la faz de la tierra al cabo de tres o cuatro siglos, precisamente por falta de espíritu religioso, por falta de fe, por falta de Dios; y que entre tanto, la doctrina predicada por aquel humilde galileo, que él acababa de enviar a Herodes como una galantería política, imperaría en Roma, se extendería por todo el globo terráqueo, y serviría de cimiento a otra civilización, prodigiosa hasta en sus errores!

¡Y cuán lejos estaban también de imaginar aquellos sacerdotes hebreos, aquellos escribas, aquel Tetrarca de Galilea, aquellas turbas de Jerusalén, que el reo cuya muerte pedían a gritos era el porvenir del mundo, y que ellos, su descendencia, el pueblo judío, toda su raza, empezarían a pagar treinta años

---

64 «Quizá profesaba Pilatos la secta de los Pirrónicos», dice el Padre Erra.
65 Hasta aquí San Juan, cap. XIX: lo que sigue es de San Lucas, capítulo XXII.

después su crimen de haberlo desconocido y crucificado, quedándose como se quedarían sin templo, sin ciudad, sin patria, sin ley, para peregrinar eternamente por extrañas naciones, huéspedes molestos y despreciados en todas partes, verdaderos parias de la humanidad, leprosos de la Historia, abominación del Cielo y de la Tierra!

Cuando empezó a refrescar la tarde, nos trasladamos de Mairena a la aldea de Júbar, compuesta de 46 casas y en cuya humilde iglesia nos correspondía rezar la SEXTA ESTACIÓN.
En cuanto al camino que anduvimos para llegar allí, no nos ofreció nada de particular, o, por mejor decir, nada nuevo. ¡Siempre el mismo espectáculo maravilloso! ¡Siempre la Sierra, levantándose sobre nosotros a la izquierda hasta invadir los cielos, y despeñándose a la derecha hasta encontrar el profundo lecho de los ríos: siempre nosotros avanzando hacia el Oriente, a media ladera de la empinada montaña: siempre la Alpujarra a nuestros pies; el mar a lo lejos, y, allende el mar, la costa de Berbería: siempre una grandiosa soledad, un inmenso horizonte, y un Sol que parecía no lucir mas que para nosotros... o sea para que nosotros contempláramos aquel dilatado panorama sin accidentes humanos, aquel mapa sin fecha, aquel teatro del mundo, cuyos actores iba a buscar nuestra fantasía a través de diecinueve siglos!
Llegados a Júbar, y una vez en su iglesia, el mas gigantesco drama se desarrolló ante nuestra imaginación, ya que no ante nuestros ojos. Parecíanos estar viendo aquellas series de vastas pinturas murales o de enormes tapices que cubren las amplias paredes de los claustros de algunas catedrales, representando escenas de la Pasión...
Herodes,[66] alegrándose de ver a Jesús NAZARENO, de quien tanto había oído hablar, y pidiéndole que hiciese delante de él algún prodigio; —Jesús, callando tenazmente hasta desconcertarlo; —el Tetrarca, despreciándolo al fin, y devolviéndoselo a Pilatos, vestido de blanco, en señal de irrisión; —la Mujer de Pilatos pidiendo entre tanto a su marido que de ningún modo castigase a Jesús y asegurándole que toda aquella noche había sido atormentado su

---

66 Herodes Antípas, Tetrarca de Galilea, nombrado por Tiberio. Era hijo de Herodes el Grande, el que decretó la Degollación de los Inocentes. Estaba enemistado con Pilatos, y éste, para reconciliarse con él, tuvo la galantería de enviarle a JESÚS y de cometerle el conocimiento de su causa. Pilatos y Herodes se reconciliaron, en efecto, aquel día.

329

corazón gravemente en sueños por causa de aquel justo; Pilatos, empeñado en salvarlo a toda costa y diciendo a los judíos que opten entre el perdón del facineroso Barrabás y el de Jesús; —Barrabás preferido y puesto en libertad por los sacerdotes y el pueblo hebreo; —Jesús azotado, vestido de escarlata, coronado de espinas y provisto de un cetro de caña, asomado por Pilatos al balcón del Pretorio, para ver si sus enemigos se contentan con aquel dolor y aquel escarnio del NAZARENO, toman la cuestión a burla y lo dejan vivir; —los judíos, contestando al «¡Ecce Homo!» del compasivo romano, con aquel tremendo aullido: «¡Crucifícale!» que había de resonar en todas las edades; —Pilatos, en fin, vencido al cabo por el miedo al suspicaz y terrible Emperador Tiberio, con cuya ira le amenazan los sacerdotes, lavándose las manos en presencia del pueblo antes de firmar la sentencia...: —tales fueron los cuadros que se representó nuestra mente en la iglesia de Júbar, al oír al clérigo que predicaba el Sermón de Pasión repetir estas palabras del Evangelio de San Mateo:

«Y viendo Pilatos que nada adelantaba, sino que crecía el alboroto, tomando agua, se lavó las manos delante del pueblo, diciendo:

—Inocente soy yo de la sangre de este Justo. Allá os lo veáis vosotros.

Y respondiendo todo el pueblo, dijo:

—SOBRE NOSOTROS Y SOBRE NUESTROS HIJOS SEA SU SANGRE».

«Después de esto (díjonos el Padre Erra, cuya admirable Historia llevábamos también a mano) vistieron a Jesús con sus ropas, y, puesta la Cruz sobre sus hombros, fue llevado al monte Calvario, para quitarle la vida en el suplicio».

Serían las cinco de la tarde cuando salimos de Júbar, con dirección a Laroles, postrimer pueblo de la provincia de Granada por aquella parte, término de nuestra jornada, y ÚLTIMA ESTACIÓN que teníamos que andar; —pero ESTACIÓN solemnísina, compuesta de otras Siete, denominadas el Via Crucis. Dicho se está que en aquellos altos senderos de la Sierra, lo mismo que en los templos que íbamos visitando, los recuerdos sagrados del día y todo lo que con ellos se relacionaba eran nuestra única preocupación y el principal asunto de nuestras conversaciones. Así, pues; a la salida de Júbar hablamos mucho (paréceme estar oyendo aquella plática) acerca de la suerte que cupo sobre la tierra a algunos de los personajes que más figuraron en la parte casual y externa de la Pasión de Nuestro Señor JESUCRISTO; y que nos causó disgusto, extrañeza, mística indignación, verdadero escándalo... el ver cuán humana y sublunar y pedestremente siguieron rodando por este mundo los Jueces del REDENTOR, sin imaginarse siquiera el tremendo papel que debían representar sus nombres en la perpetuidad de los tiempos, a causa de haber terciado en la Crucifixión de aquel galileo, irrisoriamente llamado «rey de los Judíos».

Sobre todo, lo que las historias cristiana y gentílica aseguran de que Herodes acabó sus días en España, pugnaba con todos nuestros sentimientos religiosos, patrióticos y poéticos. Que Poncio Pilatos volviese a Roma al año siguiente de la muerte de Jesús, y luego morase en Francia desterrado por otros motivos, y falleciese en Vienne, ciudad del que luego fue Delfinado, como cualquier otro simple mortal, ya tenía algo de cruel, de sacrílego, de abominable...; pero pasara... ¡Allá se las compusieran los franceses!... Pero que un Herodes (¡el mismo que mandó degollar a San Juan Bautista y entregar a CRISTO al ludibrio de la chusma!) viviese y muriese en paz en nuestra noble y piadosa tierra... era una ferocidad sin ejemplo de la Madre Historia —a quien no podíamos perdonarle aquel insulto hecho a la Madre Patria...

Acercábase el Sol al ocaso, y principiaba a hacer frío en las desamparadas alturas que íbamos recorriendo.

Como acontece a todos los caminantes cuando ven que termina su carrera el astro del día, nosotros recogimos en aquel momento nuestra imaginación, apartándola de erráticos devaneos, de antisociales correrías por el tiempo y el espacio y de aventureras excursiones por las soledades del campo, del mar y del firmamento, para fijarla en el mundo social, en el tiempo presente, en el objeto de nuestro viaje, en la expectativa del lugar en que íbamos a hacer noche. Hasta el águila busca tímidamente su nido al oscurecer.

Laroles fue, por tanto, desde aquel punto y hora, la única perspectiva que acariciaron nuestros deseos; —Laroles, sus casas, sus chimeneas encendidas, sus costumbres españolas, su Semana Santa eclesiástica, su templo, su gente; su vida actual, en fin, en que poder sumar y confundir la nuestra...

Otro fenómeno psicológico contribuía a que ya diésemos por terminada la batalla de aquel día tan grande, tan deseado, tan fecundo en emociones, y a que nos despidiéramos del Jueves Santo cuando su Sol no había transpuesto todavía el horizonte...

331

En nuestro corazón, como en la Iglesia, había dejado de ser Jueves: era Viernes... Sentíamos ya, pues, la fúnebre tristeza del aniversario de la Muerte de JESUCRISTO, en virtud de aquel profético procedimiento, llamado las Vísperas, que enlaza melancólica y tiernamente los júbilos y los dolores de la cristiandad, haciendo que cada Sol, al ponerse, dedique algo de sus reflejos a un «mañana» que pasó y desapareció hace ya muchos siglos... Nuestra alma vivía en el día siguiente; en la calle de la Amargura, en el Gólgota, en las Tres de la tarde...
Entregados íbamos a estas fantasmagorías, cuando de pronto, y como obedeciendo a un conjuro, apareció ante nosotros, a un cuarto de legua de distancia, en un terreno más bajo que el que a la sazón recorríamos, un espectáculo asombroso, increíble, que nos pareció sobrenatural, y cuyo recuerdo durará tanto como nuestra vida... ¡Ningún poeta, ningún artista, ningún creyente, ningún místico, fue jamás tan afortunado como nosotros en aquel instante!...
He aquí lo que vimos, casi con las lágrimas en los ojos.

Empezaré por deciros que era pura y simplemente, el lugar de Laroles; esto es, una población mucho más extensa que las últimas que habíamos visitado, y situada de tal modo, que desde aquella altura descubríamos hasta el suelo de sus prolongadas calles —en las que no se veía alma viviente.
En cambio, fuera del pueblo, por el lado que mira a la Sierra, divisábase una apretada columna de gente, que apoyándose todavía en las últimas casas del lugar, se dirigía hacia una eminencia no muy distante, donde también hormigueaba una gran muchedumbre, como aguardando la llegada de aquel misterioso cortejo...
Éste avanzaba sin cesar, aunque muy lentamente, y los últimos rayos del Sol nos dejaron percibir, de trecho en trecho, en medio de aquel cordón de seres humanos, algunas banderas, algunos puntos brillantes (que parecían armas) y algunas extrañas figuras levantadas en alto, alrededor de las cuales se apiñaba más y más la multitud, como si fuesen los trágicos protagonistas de lo que quiera que allí pasaba.
¡Misericordia de Dios! Aquello era una representación material de lo mismo que estábamos pensando: aquello era la visión profética del día siguiente: aquélla era Jerusalén: aquél era el camino del Gólgota... ¡Nuestra última ESTACIÓN había adquirido los caracteres de la realidad! —Las escenas de la calle de la

Amargura, el Via Crucis, la cuesta del Calvario, y, en esta cuesta, el Divino Mártir y los dos malhechores que debían ser crucificados con ÉL, rodeados del pueblo judío y de los soldados de Roma, habían aparecido milagrosamente ante nuestros ojos, tal como los iluminó el Sol del Viernes Santo hace más de dieciocho siglos...

Habréis adivinado, como nosotros adivinamos muy luego, que lo que teníamos ante la vista era una Procesión de Pasos de Semana Santa que se dirigía desde Laroles a una ermita situada en las afueras del pueblo, procesión en que irían sacerdotes, cofradías con banderas, faroles levantados en alto e imágenes de la Magdalena, de San Juan, de la Virgen María y de Jesús con la Cruz a cuestas... Pero haceos cargo de la situación de ánimo, del paraje y del momento en que nosotros columbramos aquel espectáculo, y adivinaréis también el efecto que nos causó. ¡Nunca un simulacro pudo llegar a tal grado de verosimilitud! Aquello no parecía una representación, sino la misma cosa representada, la tragedia viva y fehaciente...

S. P. Q. R. (Senatus Populus Que Romanus) decían a nuestros ojos aquellas banderas, y en pos de ellas creíamos ver marchar: primero a Gestas, el Mal Ladrón; luego a Dimas, el que se arrepintió en la Cruz y reconoció a Jesucristo; luego a Jesús, cayendo y levantando, ayudado por Simón Cirineo; aquí a la Verónica, saliéndole al paso y enjugándolo el sudor y la sangre del rostro con el legendario lienzo; allí a las otras mujeres que le seguían llorando, y a las cuales dijo el Salvador: —«Hijas de Jerusalén, no lloréis por mí; llorad por vosotras mismas y por vuestros hijos»...; y, en torno de los sentenciados, a los verdugos, y, al frente de la comitiva, al centurión, y, cerrando la marcha, a los lanceros romanos, con Longinos entre ellos, y, detrás de toda aquella turba, a la angustiada Madre, traspasado el pecho por la espada del dolor, pero magnánima y valerosa, como sabiendo que los pecadores necesitábamos de sus lágrimas al par que de la sangre de su Hijo... —El Pasmo de Sicilia de Rafael, los cuadros del divino Morales y de Sebastián del Piombo, todo el Arte cristiano estaba allí ante nuestra vista, animado, palpitante, auténtico, llenándonos de santo pavor, de inmensa piedad, de punzantes remordimientos, de un amor infinito al que dio su vida por la felicidad del género humano.

Y se puso el Sol; y las luces de los faroles y de los cirios comenzaron a brillar entre las primeras sombras del crepúsculo; y el gentío se movía en sentido contrario que antes...

Dijérase que todo estaba consumado, y que los deicidas regresaban en busca de sus hogares para esconderse en ellos con el horror y la duda dentro del alma. Pero no era más sino que la Procesión volvía a Laroles, después de haberse detenido un momento en la colina de la ermita... mientras nosotros bajábamos por el otro lado hacia el mismo pueblo...

Ya era noche cerrada cuando penetramos en el lugar. La Procesión llevaba algunos minutos de estar de vuelta en el templo. Las mujeres, vestidas de oscuro, circulaban por las calles con sendos rosarios en la mano y una religiosa tristeza en el rostro. Los hombres, envueltos en sus capas, capotes o anguarinas, se arremolinaban en grandes grupos, como preguntándose: —«¿Qué hemos hecho? ¿Si éstos que llegan a caballo serán los soldados de Tito que vienen a destruir la ciudad y el templo hasta no dejar piedra sobre piedra?»

Nosotros penetramos en la iglesia, rezamos nuestra ÚLTIMA ESTACIÓN, y nos dirigimos a la casa en que se nos aguardaba.

¿Qué más os diré sobre aquel inolvidable Jueves Santo?

Todavía acuden a mi memoria numerosas reminiscencias de emociones vivísimas, todas ellas en consonancia con la santidad del día... Pero tengo que concluir.

Me limitaré, pues, a daros una idea de lo que callo.

Recordaréis que la víspera pernoctamos en un hogar reciente e hicimos colación en compañía de un matrimonio nuevo. Aquella noche, por la inversa, paramos en una casa de añeja historia, y cenamos con unos esposos ancianos, cuyos hijos y nietos moraban allá, en lo hondo de la Alpujarra, en la orilla del mar, lejos de su vista, bien que felices, cuanto se puede ser en este mundo; —lo cual bastaba asimismo a la felicidad de los abuelos.

Vivían éstos, por consiguiente, solos en el hogar en que habían pasado tantos años; hogar que ya empezaba a apagarse, hogar que se apagó bien pronto... (Cuando esto escribo, ha muerto el viejo y noble caballero que nos albergó aquella noche...)

Y allí, en aquella extremidad de la Sierra, al pie del puerto de la Ragua, temeroso camino de Guadix, paso estratégico de los moros, región en que se han helado tantos viajeros, aquel anciano y nosotros conmemoramos a algunos vivos y a algunos difuntos que habían constituido siempre a nuestros ojos una especie de parentesco entre la ciudad y el lugar que separan las eternas nieves... Había entre nosotros quien tenía enterrado en Guadix al que le dio el ser, y en Laroles al que le dio la vista... ¡Había, sí, mucho que amar, mucho que recordar, mucho que agradecer en aquella melancólica velada! —¡Y hoy, como veis, se ha aumentado el número de los muertos!... Requiescant in pace.
...
Ya muy tarde, nos asomamos a un balcón, a fin de contemplar la Alpujarra a luz de la Luna. ¡Era la última vez (acaso en toda nuestra vida) que podríamos disfrutar de aquel grandiosísimo espectáculo!...
a la mañana siguiente bajaríamos de Sierra Nevada, con dirección a la costa y de vuelta ya para el mundo...
Pero ¿qué hoguera, qué incendio, qué volcán de luz era aquél que divisamos como a tres leguas de distancia, en medio de los montes alpujarreños? ¿Era un pueblo que ardía? ¿Era una isla de fuego en medio de un mar de tinieblas? ¿Era un túmulo inmenso, el túmulo de Cristo, adornado de millares de blandones? ¿Era otra visión profética del Viernes Santo?
Pronto supimos a qué atenernos. Aquel ascua de oro era el Lugar de Jorairátar, iluminado profusamente por sus devotos moradores, a fin de que los pueblos y cortijos comarcanos supiesen que aquella noche se predicaba allí el Sermón de la Soledad.
Para que forméis una idea del número de luces que constituirían semejante iluminación, os diré que en todas las ventanas, balcones y azoteas de cada una de las casas del lugar ardía a aquella hora (según nos explicaron) una apretada hilera de caracoles llenos de aceite y provistos de una torcida —lo cual significa que pasarían de diez mil aquellas luminarias.
Figuraos lo que sentiríamos en tal momento. Figuraos aquel laberinto de oscuros montes que había a nuestros pies; figuraos la indecisa claridad de la Luna, mezclada con las sombras de la tierra, refulgiendo en la despejada atmósfera y reverberando en el lejano mar; figuraos a esta misma Luna, sola en el espacio como un alma en pena; figuraos la religiosa tristeza de aquella noche, después

de los seculares recuerdos que habían llenado todo el día, y figuraos, por último, aquellos miles de luces, que parecían estrellas bajadas del cielo para hacer compaña a MARÍA en las negras horas de su Soledad, para bordar su manto de luto, para reflejarse en sus celestiales lágrimas...

Entre tanto, las nieves de la Sierra, aquel Monumento que, según nosotros, servía de Solio, de Cárcel y de Sepulcro a Jesús SACRAMENTADO, continuaban brillando y brillarían toda la noche, como las luces de los Sagrarios en los grandes templos de la cristiandad...

¡Toda la noche, sí!... y, durante ella, los padres sin ventura no dejarían un solo momento de mirar de hito en hito, con los ojos del alma, aquel esplendoroso altar de la EUCARISTÍA, velándolo de rodillas hasta el amanecer, y buscando, entre los ángeles que lloraban el Sacrificio del Señor, la faz idolatrada de los tiernos hijos que les arrebató la muerte...

Y aquí ya no hay palabras para seguir hablando de la noche del Jueves santo.

VI. El Viernes santo. Cuadro sinóptico de la Alpujarra y de la presente obra

Al coger hoy la pluma para reseñaros este supremo día de nuestra excursión por la Alpujarra —durante el cual vimos, con los ojos de la imaginación, desenlazarse y concluirse las grandes historias que habíamos recordado en sus valles y montes— se me representa, y paréceme contemplar en lontananza, el siguiente vastísimo Cuadro, alegórica suma de todo aquel viaje, de todo lo que en él pensamos, soñamos y sentimos, de todo lo que ha sido y es la tierra alpujarreña, de todo lo que constituye el fondo de la presente obra.

Una inmensa Cruz campea en los aires, en lo más alto de Sierra Nevada, mostrando sus brazos abiertos al continente africano, como en ademán de conjuro fulminado contra el islamismo. En aquella Cruz espira el SALVADOR del MUNDO. Son las tres de la tarde del Viernes Santo.

a cada lado del Árbol de la Redención hay otra cruz más pequeña, en las cuales están clavados dos criminales, dos malhechores, dos facinerosos; pero que no son Dimas y Gestas. Son dos reyes moriscos; son dos renegados; son dos descendientes de Mahoma, que recibieron el agua del bautismo y luego se bañaron en sangre cristiana. El de la derecha, el que ocupa el lugar del Buen Ladrón, es aquél que dijo haberlo hecho todo por vengar a su padre y se declaró cristiano a

la hora de la muerte: es Aben-Humeya. El de la izquierda es el perpetuo traidor, la personificación del odio, el réprobo impenitente: DIEGO LÓPEZ Aben-Aboo. Detrás de la Cruz de JESUCRISTO se ven de un modo vago, cual si fuesen reflejos de ella o espejismos crepusculares, otras cruces indecisas que se desvanecen y pierden en el espacio, en número infinito, y de las cuales penden, ora desnudos, ora vestidos con ropa talar, unos desconocidos, aunque históricos personajes... Son los sacerdotes alpujarreños martirizados por los Monfíes.
La aureola de luz seráfica que rodea la faz de CRISTO se releja en el lívido rostro de aquellos mártires que lo siguieron después. La Iglesia los ha reconocido como Héroes de la Fe cristiana. Los semblantes de Aben-Humeya y Aben-Aboo permanecen en la sombra del pecado; pero en los ojos del primero, alzados hacia Jesús moribundo, empiezan a lucir el arrepentimiento y la esperanza...
a los pies de todas aquellas cruces, y formando varios grupos en las agrias laderas de la Sierra, se ven millares de cadáveres; aquí de caballeros castellanos; allí de turcos y moros; ora de moriscas pasadas a cuchillo con sus pequeñuelos en los brazos; ora de cristianas asesinadas al pie de los altares... Arden más abajo iglesias y mezquitas. Vénse pueblos derruidos, despoblados, arrasados completamente. Luego se divisa el Mediterráneo, cubierto de bajeles atestados de moriscos y judíos... Los barcos zozobran al peso de los desterrados, hasta que al fin se hunden... y el mar queda cubierto de náufragos que desaparecen poco a poco... ¡Ancianos, niños, mujeres... todos son pasto de las olas!
Don Juan de Austria, los MARQUESES de Mondéjar y de los Vélez y el duque de Sesa, en devota actitud, están sobre una colina, vuelta la espalda a los expulsados hebreos y musulmanes, y adorando al CRUCIFICADO.
—«Padre mío, perdónalos, que no saben lo que se hacen» —exclama Jesús luchando con la agonía.
—¡Nosotros no perdonamos! —responden a lo lejos Felipe III y los inquisidores.
En otro lado, casi un siglo más atrás, Isabel la católica, el arzobispo Hernando de Talavera, el conde de Tendilla y otros capitanes de la Conquista de Granada intervienen también por los moriscos, aconsejan la tolerancia y la persuasión, esperan redimirlos por el amor...
Pero allí acontece lo mismo: Cisneros y los dos DEZAS les responden implacablemente:
—«¡Nulla est Redemptio!»

337

y espira Jesús, y queda despoblada la Alpujarra, y la soledad y la miseria tienen su guarida en el inmenso ámbito recortado a nuestro alrededor por la corva cuchilla del horizonte.
y el Cuadro principia a desvanecerse, a disolverse, a transformarse...
y son los días de este siglo... Penachos de humo flotan sobre los barcos que cruzan por delante de la Alpujarra. El ferrocarril silba a lo lejos. La raza vencedora puebla ya las Tahas morunas y reedifica los pueblos que habitaron los árabes... Lo único que no se reedifica son las antiguas iglesias cristianas. La exportación de frutos y la industria minera van enriqueciendo el país... Pero turbas más feroces, más impías, más antiespañolas, más anticristianas que los agarenos, pululan en los desiertos de la incredulidad, sedientas de pillaje y de exterminio, de oro y de sangre, de groseros goces y de salvaje independencia. La Internacional va apoderándose de España...
y he aquí que una voz exclama entonces: —¡Dichosa edad y siglos dichosos aquéllos en que había moros y Cristianos; en que cada cual luchaba y moría por su fe; en que el idealismo dirigía las acciones humanas; en que esta corta vida era como un torneo en que se disputaban los hombres el derecho a la inmortalidad; en que el alma era señora del cuerpo, y no su esclava y su cautiva; en que todos se consideraban iguales, no porque todos se creyesen dioses, sino porque todos sabían que no eran nada ni nadie ante Dios; y en que el error consistía, no en desconocer, como se desconoce ahora, que tenemos espíritu, y que nos espera otra vida y que Dios nos aguarda en ella, sino en la elección de los medios para lograr tan altos fines!... ¡Dichosa edad, sí, y dichosos siglos aquéllos en que había mahometanos y judíos en España, en lugar de ateos o de pirrónicos, y en que se sublevaban los pueblos por su fe propia, y no, como hoy, por la hacienda ajena!
Esto dice aquella voz... y, mientras sus ecos se pierden en el vacío, el cuadro se desvanece de nuevo...
y ya no queda ante mis ojos, de tanto como vi y medité en la Alpujarra, sino las descoloridas páginas de un libro —que también se llevará el aire...

VII. Bajada a Ugíjar. Pasamos por Picena y Cherin. Ugíjar en Viernes santo y en los demás días del año. El Cortijo de Unqueira. Las Tres de la tarde. Muere Jesús entre dos ladrones

Acabáis de ver el Cuadro que nos ofreció la Alpujarra al anochecer del Viernes Santo de 1872...

Pero como para vosotros, lectores, todavía no ha amanecido aquel día solemne; como nos habéis dejado en las alturas de Sierra Nevada, dentro del lugar de Laroles, viendo transcurrir las fúlgidas horas de la noche del Jueves santo; y como es deber mío no prescindir ni un momento de vuestra compaña hasta que termine esta peregrinación, voy a deciros de qué manera fuimos al cabo a Ugíjar, tradicional Metrópoli de la Alpujarra; en qué paraje y de qué modo pasamos la tristísima hora de las tres, y cual fue en realidad el fin que tuvieron Aben-Humeya y Aben-Aboo, a quienes hemos visto en la precedente sinopsis hacer el papel de Dimas y de Gestas, y expiar sus crímenes al propio tiempo que Jesús expiaba los del género humano... Voy, en una palabra, a descomponer el cuadro que acabo de pintar, y a referiros por separado cada uno de sus tremendos episodios.

¡A caballo, pues!... y tened paciencia algunos momentos más; que ya nos falta poco, muy poco, para completar las sesenta leguas del programa de este viaje.

Serían las seis de la mañana cuando partimos de Laroles y emprendimos la bajada de la Sierra.

Nos dirigíamos a Ugíjar; pero nuestro ánimo era únicamente pasar por en medio de la población, sin extendernos a estudiarla; pues no nos parecía el Viernes Santo día a propósito para curiosear profanamente en un pueblo cristiano, cuyos moradores estarían entregados completamente a sus obligaciones religiosas.

—Si hoy nos paramos en alguna parte —dijimos desde luego— será en solitarios cortijos, y a la noche iremos a dormir a Murtas, donde ya se nos trata en familia.

Había amanecido un día hermosísimo, asaz impropio de sus lúgubres recuerdos... Sin embargo, sobre el Mulhacén se veía una nubecilla torva, que bien podía presagiar un eclipse y un terremoto para las tres de la tarde...

A la media hora de camino (bajando siempre) pasamos por el lugar de Picena, cuyo número de habitantes era casi inútil averiguar aquel día en que podían

aumentarse con los muertos... como diz que sucedió en Jerusalén cuando espiró Jesús: que «se dejaron ver muchos difuntos que habían vuelto a tomar sus cuerpos»... (San Mateo, capítulo XXVII). Con todo, nosotros, siguiendo nuestra costumbre, inquirimos allí que Picena, a las siete de la mañana, tenía 936 habitantes, inclusos aquéllos que estaban trabajando en lo hondo de las minas de Sierra de Gádor, o sea en los mismísimos infiernos.
Después de otro descenso de media legua, llegamos a la planta baja de la Alpujarra...
Sierra Nevada pertenecía ya a... nuestra historia.
Estábamos en Cherin.

Cherin, cuya población es algo más numerosa que la de Picena (979 habitantes), hállase situado en una riente posición, a orillas de un río que fluye entre pacíficas alamedas, después de haber bajado despeñado de las alturas del Puerto de la Ragua...
Este río, llamado en todo lo alto río de Laroles; enseguida río de Picena; río de Cherin en aquel sitio; más abajo río de Lucainena, y que acaba por ser el caudaloso río de Adra, constituía, en el paraje en que a la sazón nos encontrábamos, la frontera de las provincias de Granada y de Almería; y nosotros nos solazamos mucho rato en pasar de una margen a otra, o en marchar por en medio de la corriente, a igual distancia de ambas orillas, diciendo: «Ahora estamos en Granada... Ahora estamos en Almería... Ahora no estamos en ninguna parte...». —Lo cual reconozco que no estuvo bien hecho; pues era jugar con la solemnidad de los límites —respetables e interesantes siempre, como los aniversarios, como las edades críticas, como cada 31 de diciembre, o como las Columnas de Hércules del sepulcro... en las cuales unos leen «Plus ultra» y otros «Non plus ultra» antes de pasarlas, o sea cuando están vivos..., pero que todos pasan al fin con los ojos cerrados y más amarillos que la cera, como si temieran alguna cosa...
Nuestro buen amigo el joven médico de Cherin nos hizo descansar algún tiempo en aquel pueblo. Verdaderamente no teníamos prisa. Además, en Cherin discutimos largo rato sobre si subiríamos o no a la próxima Taha de Andarax, cuyo camino arranca allí mismo..., optando al fin por la negativa, en atención a que (según nuestros informes) ni en el Laujar, ni en el Presidio, ni en el Fondón

quedaban rastros algunos de Aben-Humeya,[67] ni de Boabdil, ni del Zagal, ni de CID-HIAYYA; en atención también a la santidad del día, que entibiaba en nuestro espíritu todo entusiasmo poético por los musulmanes, y en atención, por último, a que (como ya habéis visto en el capítulo precedente) la muerte del reyecillo y la de su sucesor Aben-Aboo tenían ya marcado otro lugar en el escenario de la presente obra...
Nos encaminamos, pues, desde Cherin hacia Ugíjar, que era, en aquel punto y hora, el principal objeto de nuestra curiosidad y nuestras ansias, y de la que solo nos separaban ya dos o tres colinas muy suaves...
Pero con todo esto se nos había ido la mañana, y ya serían las doce cuando descubrimos, en medio de sus amenos campos, la insigne residencia de los antiguos corregidores; aquella población de que decía Mármol hace tres siglos que era «Ciudad no menos noble que las otras del Reino de Granada».
—¡Al paso, señores, y armas a la funerala; que es Viernes Santo!... —exclamamos entonces respetuosamente.
Y penetramos en Ugíjar con el mayor recogimiento y compostura.

En efecto: eran las doce. Así nos lo advirtió el árido, triste, cadavérico ruido de la carraca de madera que en aquel día fúnebre da las horas en las torres de los templos; ruido que parece formado por el choque de muchos huesos de muerto, y con el cual recuerda a cada instante la Iglesia a los fieles el leño de la Cruz; —así como el silencio de las campanas —que representan a los Apóstoles —significa de qué manera callaban éstos a la sazón o estaban ocultos en la ciudad deicida...
Según habíamos convenido, cruzamos por en medio de la villa de Ugíjar (entrando por Levante y saliendo por el Sur), sin detenernos en ella, pero pasando por sus principales calles y por su gran plaza... Las calles, limpias y bien empedradas; la plaza, llana, extensa con soportales; las casas, de simpático aspecto en su generalidad, muchas de ellas con grandes balcones, tras de cuyos cristales blanqueaban elegantes cortinillas, que se levantaban a veces para mostrarnos

---

67 En el Laujar hay una calle denominada de «Aben-Humeya», en la cual encuéntrase cierta casa, propia hoy de los herederos de don Antonio López, que dicen esta edificada en el solar de la en que Aben-Humeya fue asesinado. Es una casa relativamente moderna, sin ningún carácter ni accesorio monumental. Ignórase, pues, si la tradición tiene algún fundamento.

una bonita, curiosa y aristocrática cabeza de mujer..., todo, todo en aquella población tenía el carácter aseñorado (palabra de mi tierra) correspondiente a los títulos históricos de la actual Cabeza de Partido —elevada a ciudad por Boabdil cuando residió en la Alpujarra, y degradada más tarde de esta categoría por los cristianos, sin duda para borrar aquel recuerdo del rey CHICO.

La absoluta soledad y el silencio consiguiente que encontramos en las calles y en la plaza, cuyas tiendas estaban cerradas por supuesto, decían muy alto cuán a rigor se llevaba en aquella ilustre villa la santificación del Aniversario de la Muerte de Jesús. En la iglesia habían terminado los Oficios y cantádose las Vísperas con la anticipación que aquel día es de rúbrica, y enseguida los sacerdotes habían desnudado los altares, en recuerdo de cómo los judíos desnudaron a CRISTO para crucificarlo y se repartieron sus vestiduras y echaron suertes sobre su túnica inconsútil... Así nos lo dijeron algunos hijos de Ugíjar que habían estado por la mañana en los Oficios y salido luego a Cherin a aguardarnos —por todo lo cual no entramos en la iglesia, que ya estaba sola y huérfana...— como todas las del orbe católico y dímonos prisa a evacuar aquel pueblo que profanaban y perturbaban las pisadas de nuestros caballos.

...

Pero no nos alejemos así de la población más calificada del territorio alpujarreño. Detengámonos, aunque sin echar pie a tierra, en las márgenes de su río..., todavía a la vista de sus últimas casas..., y hablemos otro poco acerca de su presente y de su pasado.

Lo que la solemnidad del día nos ha impedido curiosear dentro del pueblo, curioseémoslo en sus afueras: aquí que no pecamos, como se dice vulgarmente.

La antigua plaza fuerte de Uxíjar encierra hoy 3432 habitantes, inclusos los que moran en los 114 cortijos, molinos, etc., de su jurisdicción y en los Caseríos de la Cantera y de Montoro, o río de Yátor, situado el primero a media legua y el segundo a una legua de la villa, y cada uno compuesto de unas cuarenta casas. Desde hace cuatro años, hay en Ugíjar una fábrica de filatura de seda (con doscientas operarias, establecida por unos industriales de Lyon de Francia) que va haciendo revivir en todas aquellas tierras la cría de la preciosa oruga y de los morales y moreras que la nutren. Los campos producen todo lo necesario al consumo de la población. Expórtase algún aceite, del cual hay varios molinos. En las ramblillas defendidas por la Sierra se ven cada día más naranjos, bien que no en el terrible barranco de Nechite, por donde a veces baja encañonado un aire frigidísimo, sin el cual aquel terreno sería casi tan templado como la costa. El carácter principal y culto que siempre ha distinguido a Ugíjar se revela en muchas cosas, además de las ya apuntadas. Su hermosa iglesia fue en otro tiempo colegiata, con sus correspondientes canónigos. Había además un convento de frailes, cuyo local subsiste. Abundan las casas antiguas de aire nobiliario. Hay alumbrado público de noche, y un sereno..., cosas ambas muy de notar en aquella región. El casino, que tiene fama de excelente, está suscrito a dos periódicos conservadores (La Época y La Política), y en sus salones se dan con frecuencia bailes de sociedad. La iglesia del ex-convento está habilitada para teatro, en el que suelen funcionar algunas compañías de la legua. El correo es diario. La estación telegráfica de que se sirven (la de Berja) solo dista tres o cuatro horas. Los domingos hay misa de once. Las gentes se visten, o sea se componen, para ir a paseo. Este, en el invierno, es a la Ermita de San Antón, pasando cerca del cementerio. El verano, el señorío va por la tarde a la magnífica Fuente del Arca, y, a la noche, toma el fresco en un paseo de acacias que hay a la puerta de la iglesia. En tiempo del corregimiento paseaban los Cuellos (así se llamaban los caballeros, los currutacos) en los soportales de la plaza a la hora de la siesta, mientras llegaba la de ir a la fuente susodicha. Hoy los flaneadores prefieren como lugar de parada cierta esquina que hay entre la plaza de la Constitución y la de los Caños.

Lamina XIV
Allá arriba... aquel inesperado pasadizo...; fuera, en los limbos..., los árboles festonean del modo más gracioso los altísimos bordes del tajo.
Por último: a Ugíjar llegan todos los libros nuevos que se publican en España, Francia y Alemania, o sea las últimas palabras de la Literatura, de la Ciencia y de la Filosofía, merced a la incansable estudiosidad de un hombre de gran talento y ventajosísima posición, que vive encerrado en aquella villa, siguiendo a solas todas las cuestiones que agitan el espíritu humano en este vertiginoso siglo.
El ser el día que era nos impidió conocer y visitar a aquel modesto sabio, cuyo nombre oíamos pronunciar a cada instante en la Alpujarra, y a quien hubié-

ramos querido rendir el homenaje de nuestra respetuosa curiosidad... Pero el hombre pone y Dios dispone.

Hojear los anales de Ugíjar, equivaldría a revolver toda la historia de la tierra alpujarreña.
Afortunadamente, no hay para qué hacerlo: el presente libro va lleno del nombre de aquella villa, y, además, poco pudieran ya interesaros ciertos pormenores en las postrimerías de una tan larga lectura. Me limitaré, pues, a referiros un solo hecho.
Cuando estalló la rebelión de los moriscos, había allí una Alcaldía Mayor, dependiente del corregimiento de Granada, con jurisdicción en toda la Alpujarra. Era Alcalde Mayor entonces el licenciado LEÓN, el cual, avisado por el Abad Mayor, Maestro don DIEGO PÉREZ, de que iban a alzarse los agarenos, publicó un bando para que todos los cristianos se refugiasen en la iglesia, pena de la vida (!), a fin de defenderse de mil turcos y berberiscos que marchaban contra aquel pueblo. Esta exageración produjo la incredulidad consiguiente, y los cristianos se reían diciendo que «¿por dónde iban a ir los turcos a Ugíjar!»
No fueron, en verdad, turcos... (por entonces; que luego sí) los que entraron en la confiada villa alpujarreña...; pero fueron Monfíes, capitaneados aquella vez por Aben-Aboo, que tenía agravios que vengar de las autoridades civil y eclesiástica. Aben-Humeya, que lo supo, y como grande amigo que era del ABAD y de otros cristianos de Ugíjar, viendo el peligro en que se hallaban, montó a caballo en Valor y corrió aceleradamente a su defensa... Pero, cuando llegó, ya era tarde. El ABAD, seis canónigos, el alcalde MAYOR y doscientos treinta y dos cristianos más habían muerto degollados... el mismo día en que conmemora la Iglesia la Degollación de los Inocentes.
Aben-Humeya increpó con terribles frases a su primo Aben-Aboo a la vista de tantos horrores, en tanto que lloraba piadosamente al ABAD y a sus otros amigos...
Aben-Aboo le volvió la espalda.
La fatalidad mostró siempre empeño en mantener un lago de sangre entre los dos descendientes de Mahoma que reinaron en la Alpujarra.

De los campos de Ugíjar (que atravesábamos poco después, alejándonos ya definitivamente de la que fue ciudad) pudiera decirse lo que el gran poeta arábigo-español Ibn-Aljathib dijo de la vega de Guadix en su DESCRIPCIÓN del REINO de GRANADA: «que allí todo languidecía, excepto el aura de la primavera»; —inspiradísima frase, que es más una melodía que un concepto.
Efectivamente, los campos de Ugíjar, labrados en anchurosas paratas, compiten en amenidad (ya que no en extensión) con los primeros del mundo. ¡Qué rozagantes trigos! ¡Qué variedad de frutales! ¡Qué infinidad de flores!
En cuanto a las legumbres, tienen fama en muchas leguas a la redonda... Pero nosotros no llegamos a probarlas. Estaría escrito.
Discurriendo sobre estas cosas, pasamos por delante del Cortijo de Unqueira. El Sol se había nublado. Aquella nubecilla que vimos por la mañana sobre la cumbre del Mulhacén cubría ya todo el firmamento...
Eran las dos de la tarde...

El dueño del Cortijo de Unqueira iba con nosotros.
—Detengámonos aquí —nos dijo—. Esperemos en esta soledad a que pase la suprema hora de las tres; la hora de Nona; la hora en que murió Jesús.
a la puerta de aquel cortijo había muchos naranjos. Su opimo fruto y un poco bacalao, que se mandó a buscar a Ugíjar, fue lo único que consentimos en tomar allí, por vía de refección, a pesar de nuestra inmunidad de caminantes... Ayunábamos.

Ecce lignum Crucis.
La tremenda hora iba a sonar en el reloj de los siglos.
Desde las doce hasta las tres, de la hora de Sexta a la de Nona, durante las cuales JESUCRISTO luchó con la Muerte, reinaron las tinieblas sobre la Tierra: el Sol y la Luna aparecieron eclipsados, «no de un modo natural (que era imposible), sino como privados de vida por el horror y el duelo» (dice un Santo Padre). «Las estrellas brillaban como en medio de la noche. Un frío espantoso reinaba en la árida cima del Calvario»... añaden los Santos Libros.
y Jesús pronunciaba de vez en cuando, desde el Árbol de la Redención, las últimas palabras de su Testamento.
...

En la Alpujarra llovía...
Dijérase que el Cielo y la Tierra se habían reunido para llorar juntos.

Por delante del Cortijo de Unqueira vimos cruzar varios curas, en distintas direcciones, todos ellos a caballo y muy de prisa...
Parecían los discípulos de Jesús, corriendo atribulados por las cercanías de Jerusalén en aquel temeroso instante...
Eran sacerdotes que se trasladaban de un pueblo a otro, a leer la Pasión y a predicar, a fin de que no faltase en ninguno de ellos quien representase el luto de la Iglesia al espirar el Hijo del Eterno Padre.

Flectamur genua... Arrodillémonos, sí.
Son las tres.
—«¿Ha muerto tan pronto?» —exclamó Pilatos, cuando el Senador Romano Joseph de Alimatea le pidió el cuerpo de Jesús para enterrarlo antes de que se pusiera el Sol.
Sí, Pilatos, Magistrado de la impía Roma; sí, Sacerdotes de la Antigua Ley hebrea; sí, pecadora raza de Adán: Jesús ha muerto... El Sacrificio se ha cumplido. El mundo acaba de transformarse.
Ha muerto Jesús..., y en la cumbre del Gólgota solo respiran ya una angustiada Madre, Madre también del género humano; el dulce Apóstol que pugna por apartarla del pió de la Cruz, y dos malhechores, Dimas y Gestas, arrepentido el uno e impenitente el otro, luchando ambos con los pavorosos crepúsculos de la agonía.

VIII. Crímenes y muerte de Aben-Humeya

> Al reyecillo NUEVO levantado
> la muerte merecida allí le dieron:
> a manos de los Turcos fue acabado,
> de los que por ayuda ellos trajeron.[68]

---

[68] Estos versos son también de aquel español que estaba cautivo en la Goleta el año de 1574.

Seguía lloviendo, y a nosotros nos sobraba tiempo para ir a Murtas en donde no queríamos entrar hasta que fuera de noche...
Había, pues, llegado el momento oportuno de hojear el proceso de aquellos dos grandes malhechores que representaban desde por la mañana en nuestra imaginación el papel de Dimas y de Gestas. Había, sí, llegado el caso de juzgar los delitos de Aben-Humeya y de Aben-Aboo, y de ver la manera cómo los expiaron. Dimas y Gestas nos perdonarían que los convirtiéramos de criminales judíos en criminales moros.
Tomada esta determinación, encendiose lumbre en el cortijo, y cedimos la palabra a los Historiadores...
Sean ellos también quienes se encarguen de relataros aquí la última Tragedia de la Trilogía que suspendimos al salir de Cádiar.

Después de su memorable campaña de Vera, «don Hernando de Valor (dice don Diego Hurtado de Mendoza) tornó a Andarax, donde, como asegurado de su fortuna, vivía ya con estado de rey, pero con arbitrio de tirano, señor de haciendas y de personas... Con todo esto, duró algunos días, que le hacían entender que era bien quisto, y él lo creía, ignorante de su condición, hasta que el vulgo empezó a tratar de su manera, de su vida, de su gobierno, todo con libertad y desprecio, como riguroso y tenido en poco. Apartáronse de su servicio, descontentas, algunas cabezas que tomaron avilantez... Quejábanse los turcos, entre otros muchos, que, habiendo dejado su tierra por venir a servirle, no los ocupaba donde ganasen... Mas él, espacioso, irresoluto hasta su daño, tanto dilató la respuesta, que se enemistó con ellos, habiéndolos traído para su seguridad, y después proveyó fuera de tiempo».
Otras nubes se amontonaban sobre la cabeza del reyecillo. Los parientes de su difunto suegro Muley Carime y de su repudiada primitiva esposa, y sobre todo un tal DIEGO de ARCOS (hermano de aquel RAFAEL de ARCOS, a quien mató el propio Aben-Humeya), no omitían medio de desacreditar y perder al que había sido el verdugo de su familia (los ARCOS eran deudos de los ROJAS), y propalaban que andaba en tratos con los cristianos sobre la manera de rendirse; —en corroboración de cuya calumnia exhibían dos documentos que aparentemente lo comprometían mucho.

347

Eran un pasaporte, firmado y sellado por él, en favor de un cristiano que conducía pliegos a Granada, y una carta, toda de su puño, dirigida al alcaide de Güéjar, enviándole otras para que las remitiese a aquella ciudad.

El romanceador Alonso del Castillo, hablando de estos papeles, escribía poco después las siguientes palabras: «Cuentan los moros haber sido la principal ocasión por la cual los moros y turcos de Berbería acordaron de matar a este don Hernandillo de Valor»... Sin embargo, no podían ser más inocentes aquellos documentos; pues, según confiesa el mismo romanceador, y reconocen todos los cronistas, habían sido redactados cuando Aben-Humeya escribió a don Juan de Austria quejándose de que hubiesen dado tormento a su encarcelado padre; ocasión en que, muy lejos de hablarle de paz, le amenazaba con no dejar un cristiano a vida... Pero el alcaide de Güéjar, descontento sin duda del reyecillo, «guardó aquella carta (dice Mármol) para calumniarle con ella», y, unida al pasaporte, fue un arma terrible en poder de los ARCOS y los ROJAS.

Leamos ambos papeles, incluidos en el Cartulario del mencionado Alonso del Castillo. Son dos muestras curiosas de la mala ortografía de Aben-Humeya y de su piedad filial.

Decía así el pasaporte:

«Con el nombre de Dios piadoso y misericordioso. Del estado grande, renovado por la gracia de Dios, con generosidad e ánimo valeroso, de Muley Mahamad Aben-Omeya, Gobernador e rey de los creyentes (¡que Dios haga victorioso e sea servido de remediar con él a los del Poniente que suscitaron la ley de Dios!).

»Se hace saber que este mozo es xpiano (cristiano) de los de la fortaleza de Xeron, el cual lleva unas cartas de Su Alteza a la cibdad de Granada; por tanto, el que lo estorbare, o ascondiere o matare, e cualquiera que lo viere en cualquier lugar que entrare, le favorezca e ayude, porque va en provecho de los moros e de los xpianos, como es en las usanzas de los reyes.

»E lo firma por su mandado, siendo testigo de ello Mahamad Aben-Gebela.

»y está firmado al fin deste pasaporte una rúbrica e palabra que dice: Esto es verdad»

La carta era del tenor siguiente:

«Los loores a Dios. Del estado grande, virtuoso, renovado por Muley Mahamad Aben-Omeya, rey (¡qué Dios haga victorioso!), salud e Dios e su gracia e bendición que desea a su especial amigo, el Alcaide Xoaybe de Güéjar.

»Hermano mío, la merced que os pido es que esta carta mía, que vos será dada en castellano, la enviéis a mi padre, e guardaos no alcéis mas alzaría ninguna hasta que venga respuesta della de mi padre. E después de esto yo os daré orden de lo que debéis de hacer, e por Dios os encargo seáis hombre de secreto e prestamente os iré a ver, e proveeré todo aquello que os cumpliere.
»E salud e gracia e bendición de Dios sea con vosotros».

Se ve que estos documentos —si inocentes y hasta loables, conocido el sentimiento que los dictó y el resultado que produjo la correspondencia a que se referían— se prestaban a funestas interpretaciones, a poca mala fe que hubiese en quien los comentara; y esta mala fe no era sino mucha en el bando morisco que conspiraba contra Aben-Humeya.

«Tomó además parte activa en la conjuración (dice Lafuente Alcántara) DIEGO LÓPEZ Aben-Aboo, que ambicionaba el mando».

¡Aben-Aboo se quitaba ya la máscara!... Era natural: los odios, los rencores, las ambiciones y las envidias acaban siempre por concertarse en contra del enemigo o del estorbo común. Aben-Humeya estaba perdido sin remedio.

Tiempo era, por lo demás, de que dejase de vivir aquel insensato, juguete de sus pasiones, manchado de sangre, entregado a la molicie y la concupiscencia como Baltasar y Sardanápalo, y que parecía no luchar ya en las batallas sino para asegurarse el impuro goce de las veintidós mujeres que, según unos, y cuarenta, según otros, tenía en su casa del Laujar cuando estalló al fin sobre su frente la cólera divina...

Veamos cómo se originó la catástrofe. Es una historia que parece inventada por un poeta; pero es una historia ciertísima, referida unánimemente por todos los cronistas de aquellos sucesos.

Tenía Aben-Humeya un amigo y confidente con quien gustaba mucho de platicar sobre amoríos. Llamábase DIEGO ALGUACIL, y era morisco, natural de Ugíjar.

Un día cometió éste la ligereza y la ruindad de revelarle cómo era el amante correspondido de una prima suya, «viuda, mujer que fuera de VICENTE de ROXAS, pariente de ROXAS, suegro de Aben-Humeya; mujer igualmente hermosa y de linaje (dice Hurtado de Mendoza); buena gracia, buena razón en cualquier propósito; ataviada con más elegancia que honestidad; diestra en tocar un laúd, cantar y bailar a su manera y a la nuestra; amiga de recoger voluntades y conservarlas».

Esta viuda llamábase ZAHARA, si hemos de creer a Pérez de Hita;[69] el cual conviene también en que era muy hermosa. «Hermosa a la maravilla (dice); gran música de voz y de tañer a la morisca y a la castellana..., y danzaba extremadamente».

«y tanto le supo decir (continúa luego el mismo), que Aben-Humeya, de oídas, quedó de ella muy amartelado y con encendido deseo de verla: y así, disimulando, le rogó (sin mandar como pudiera) que la trujese a su casa, porque la quería ver, y que en ello le haría gran servicio.

»Aben-ALGUACIL, arrepentido ya de haber alabado tanto a su dama, sufriendo su pena, aquella noche la llevó a casa del reyecillo, adonde, a su ruego, danzó y tañó y dijo...» —una canción en lengua castellana.

Resultado de esta entrevista, fue que la mora ZAHARA no volvió a salir de las habitaciones del reyecillo, quien «usó de ella como amiga» (dice Hurtado de Mendoza); mientras que DIEGO ALGUACIL desapareció de Andarax, tan receloso de que Aben-Humeya lo matara, como resuelto a matarlo él en cuanto pudiese.

En lo que no están de acuerdo los historiadores es en la manera de calificar los resentimientos de ALGUACIL y de ZAHARA con el tirano alpujarreño. Según Pérez de Hita, que es el más romántico de todos, «la hermosa mora quedó a su pesar con el reyecillo, no cesando de llorar aquella fuerza que se le hacía». Según Hurtado de Mendoza, «avisó la viuda a su primo, mostrando descontentamiento; ofendida, entro tantas mujeres,[70] de no ser tenida por una de ellas». «Otros (dice Mármol) entendieron que la causa del enojo que tenía con él (DIEGO ALGUACIL con Aben-Humeya) no eran celos, sino punto de honra, afrentado de que siendo mujer principal, que podía casar con ella, la traía por manceba».

Como quiera que fuese (que lo cierto es muy difícil de inquirir cuando la verdad se esconde en el corazón de una mujer, y de una mujer muerta hace tres siglos), las Historias no dejan después lugar a la duda en que ZAHARA, resentida con

---

69 Los demás historiadores no traen su nombre propio.
70 «Mujeres propias», quiere decir aquí el historiador.

Aben-Humeya por carta de más o por carta de menos, suministró a ALGUACIL los medios de matar al reyecillo.
Veamos las trazas de que se valió, dignas ciertamente de una mujer ofendida... y mora por añadidura.

Aben-Humeya, «que no se fiaba de los turcos, ni estaba bien con ellos (dice Mármol)..., los había enviado a la frontera de Órgiva, a orden de Aben-Aboo. Sucedió, pues, que, como estos hombres viciosos eran todos cosarios, ladrones y homicidas, donde quiera que llegaban hacían muchos insultos y deshonestidades... y como fuesen muchas quejas de ellos a Aben-Humeya, escribió sobre ello a Aben-Aboo encargándole que lo remediase: el cual le respondió que los turcos no hacían agravio a nadie, y que si alguna desorden hiciesen, él la castigaría. Sobre esto fueron y vinieron correos de una parte a otra; y ansí de lo que se trataba como de la indignación que Aben-Humeya tenía contra los turcos, avisaba por momentos la MORA a DIEGO ALGUACIL».
Decidió al fin el reyecillo enviar a los turcos contra Motril, al mando de Aben-Aboo; y escribió a éste que se pusiera en marcha con ellos hacia las Albuñuelas, donde ya le alcanzaría otro correo designándole el punto a que debía dirigirse y todo lo que tenía que hacer.
«y como estos correos (prosigue Mármol) pasaban forzosamente por Ugíjar, y la MORA avisaba a DIEGO ALGUACIL de los despachos que llevaban, éste y DIEGO de ARCOS salieron al camino a esperar al portador de la anunciada última orden, y lo mataron, quitándole el pliego y, contrahaciendo la orden DIEGO de ARCOS (que había sido secretario de Aben-Humeya y firmado algunas veces por él); donde decía que Aben-Aboo fuese con los turcos a dar sobre Motril, puso que los llevase a Mecina de Bombaron, y que después de tenerlos alojados..., los desarmase y hiciese degollar a todos, valiéndose de cien hombres que le llevaría DIEGO ALGUACIL; y que lo mismo hiciese con DIEGO ALGUACIL después que se hubiese aprovechado de él».
Esta carta apócrifa fue enviada inmediatamente a Aben-Aboo con persona segura, y poco después llegó DIEGO ALGUACIL a la cabeza de cien hombres que los ROXAS y los ARCOS le habían reunido en Ugíjar, y dijo al antiguo DIEGO LÓPEZ:

«Aquí me tienes con la gente que sabes; pero entiende que yo no pienso intervenir en semejante crueldad, pues los turcos son personas que han venido a favorecernos; por lo que trato de avisarles la traición de Aben-Humeya, a fin de que provean lo que se ha de hacer con este hombre ingrato, voluntario y perverso, a quien yo estoy cansado de servir».

De manera alguna se comprende que un moro tan astuto como Aben-Aboo, enterado, lo mismo que toda la Alpujarra, de los ruidosos amores del rey con la prima y amada de ALGUACIL, y de la fuga de éste, y de sus vengativos planes, no cayese en la cuenta de que todo aquello era una maquinación del ultrajado amante contra su aborrecido rival... Porque ¿cómo podía haber dado Aben-Humeya una comisión tan delicada (ni ninguna otra) a su mayor y más reciente enemigo?...

Además, la terrible orden que Aben-Aboo recibiera poco antes, no estaba escrita ni firmada de puño del rey... ¿Cómo pudo, pues, considerarla auténtica el cauteloso DIEGO LÓPEZ? ¿Acaso no conocía la letra ni la firma de su primo y señor, con quien se carteaba diariamente? ¡Imposible suponerlo... pero razón de más para prevenirse! —¿Las conocías? ¡Pues ya veía que no eran suyas! —¿Sería acaso porque reconoció la mano de DIEGO de ARCOS, antiguo Secretario Real? ¡Pero DIEGO de ARCOS estaba también fugitivo y rebelado contra el déspota alpujarreño desde que éste le mató un hermano!

La Historia no se ha detenido a dilucidar este punto, y dice, muy superficialmente, que Aben-Aboo, creyendo cierta la orden escrita y veraces las palabras de ALGUACIL, participó de la indignación de éste contra Aben-Humeya... Yo juraría, sin embargo, que Aben-Aboo no fue engañado un solo instante por DIEGO ALGUACIL, aunque lo aparentara; y que, por el contrario, contribuiría con todas sus fuerzas a engañar y exasperar a los turcos. Aben-Aboo era aquel demonio que, según dijimos más atrás, seguía a Aben-Humeya como la sombra al cuerpo, desde la horrible escena en que, por su causa, dejó de ser hombre y se convirtió en monstruo.

Pero prosigamos. Hablando se hallaban todavía de aquel asunto los dos moriscos, «cuando acertó a pasar (dice Mármol) por delante de la puerta donde estaban, HUSCEYN, capitán turco, y llamándole a él y a CARACAS, su hermano, Aben-Aboo les mostró la carta: los cuales avisaron a otros alcaides turcos: y, alborotándose todos entre temor y saña, comenzaron a bravear cargando las escopetas y diciendo: ¿qué, aquello merecían los que habían dejado sus casas, sus mujeres y sus hijos por venirlos a socorrer? y apenas podía Aben-Aboo apaciguarlos, diciéndoles estuviesen seguros, porque no se les haría el menor agravio del mundo...

»Tratose allí luego que no convenía que reinase aquel hombre cruel... sino que le matasen a él y criasen otro rey... y sin perder tiempo nombraron a Aben-Aboo, harto contra su voluntad, a lo que mostró al principio. Mas luego, aceptó el cargo y honra que le daban, con que le prometieron de matar luego a Aben-Humeya».
...
La anterior escena ocurrió en Cádiar, a prima noche.
De allí al Laujar de Andarax, donde residía el rey, acostumbraban los moriscos a poner cuatro horas.

Era aquella misma noche. «Antes del amanecer...» dice Pérez de Hita.
Ignórase el día fijo: solo se sabe que corría el mes de octubre de 1569.
El Laujar yacía en la quietud del descanso, ya que no en la del sueño...
«Los caudillos y capitanes más amigos de Aben-Humeya, con dos mil moros, repartían la guardia cada noche... teniendo barreadas las calles del lugar, de manera que nadie pudiese entrar en él sin ser visto o sentido». Esto dice Mármol; a lo cual añade Hurtado de Mendoza que Aben-Humeya, aquella noche, última de su vida, tenía «veinticuatro hombres dentro en casa, cuatrocientos de guardia, y mil y seiscientos alojados en el lugar».
Velaban pues, muchos por la seguridad del reyecillo; el cual, después de haber pasado la mayor parte de la noche en una zambra, o baile moruno, acababa de entrar en su casa y de recogerse en sus habitaciones.
Por asistir a aquella fiesta, no había partido hacía ya algunas horas en busca de los que conspiraban contra él; —pues hay que advertir que a eso de las once, cuando se dirigía al baile, recibió un aviso de todo lo que se urdía en Cádiar...
«Pero él no había querido decir nada» (refiere Mármol); bien que, desde que lo supo, «tenía dos caballos ensillados y enfrenados... y más de trescientos moros de guardia al derredor del lugar para caminar antes que amaneciese. Después, cansado de festejar, se había ido a su posada...»

No dio, sin embargo, la orden de que se retirasen los que toda la noche le habían estado aguardando con el pie en el estribo; lo cual significa que solo se proponía descansar algunos instantes, creyendo sin duda que el Destino le consentiría, como otras veces, aquella tardanza en acudir a la defensa de su amenazada vida...

Dormitaba, pues, Aben-Humeya a eso de las tres de la madrugada.

«En el aposento había una hacha de cera ardiendo», dice Pérez de Hita.

Dos mujeres (así lo aseguran todos los historiadores) acompañaban al desgraciado en el último sueño de que había de despertar...; y una de ellas era la viuda de VICENTE ROJAS, la prima y amada de DIEGO ALGUACIL, la mora ZAHARA..., la Helena de aquella Troya en miniatura.

Pero ZAHARA no dormía... ZAHARA estaba despierta —como Judith la noche que mató a Holofernes.

...

Entre tanto, los conjurados de Cádiar avanzaban en medio de las sombras nocturnas, seguidos de cuatrocientos hombres, por mitad turcos y moriscos.

«Con silencio caminaron hasta Andarax»... declara Hurtado de Mendoza.

y, en efecto, ya hacía rato que la tierra de Andarax cruzaban; tierra «cuyo aire (al decir del poeta moro) inclinaba a la molicie: tierra (continúa diciendo) estrecha de términos y contornos, áspera de caminos, copiosa en sepulturas y cavernas, falta de alegría y lugares de recreo, y cargada de tributos»...[71]

Llegó, al fin, aquel ejército de blancos fantasmas a las puertas del Laujar.

«Aseguraron la centinela, como personas conocidas» —observa Hurtado de Mendoza.

Es decir, que daría la cara Aben-Aboo, el primo y allegado del rey, y, por consiguiente, el más traidor de todos los que allí iban... a lo menos, siempre acontece así en casos tales.

«Pasaron el cuerpo de guardia (sigue diciendo el noble historiador); entraron en la casa...; quebraron las puertas del aposento».

Figurémonos aquel despertar de Aben-Humeya. Delante de él estaban, juntos por la primera vez, pero estrechamente unidos por el odio, sus más implacables enemigos: el torvo Aben-Aboo, que ambicionaba el trono; DIEGO de ARCOS, que había jurado vengar a su hermano y todas las demás ofensas de su familia;

71　Ibn-Aljathib.

DIEGO ALGUACIL el injuriado amante de ZAHARA, y HUSCEYN y CARÁCAX, los terribles capitanes turcos que tan quejosos e irritados se mostraban hacía ya tiempo... Todos, sí, todos se hallaban en su presencia, armados, irreverentes, descompuestos, amenazadores, ¡en vías ya de hecho, desde el instante en que osaron derribar la puerta!...
Sin embargo, «Aben-Humeya les habló con semblante de rey» —dice Pérez de Hita.
«Halláronle desnudo y medio dormido (continúa por su parte Mendoza); y, vilmente, entre el miedo y el sueño y las dos mujeres; estorbado de ellas, especialmente de la VIUDA... que se abrazó con él (abrazo de Dalila para impedirle la defensa), fue preso... y atáronle las manos con un almaizar (especie de toca o faja morisca)».
«No hizo resistencia»... «Ninguno hubo que tomase las armas ni volviese de palabra por él»... «¡Faltó maestro a Aben-Humeya (prorrumpe al llegar a este punto el insigne don Diego)...; porque ni supo proveer y mandar como rey, ni resistir como hombre!»
En cambio, el mismo que así habla va a hacernos ver que, cuando menos, aquel infortunado supo morir.
«Juntáronse (dice) Aben-Aboo, los CAPITANES y DIEGO ALGUACIL... a tratar del delito y la pena, en su presencia. Leyéronle y mostráronle la carta (la orden contrahecha de asesinar a los turcos), que él, como inocente, negó. Conoció la letra del pariente de DIEGO ALGUACIL: dijo que era su enemigo; que los turcos no tenían autoridad para juzgarle; protestoles de parte de Mahoma, del Emperador de los turcos y del rey de Argel, que le tuviesen preso, dando cuenta de ello y admitiendo sus defensas...
»Mas la razón tuvo poca fuerza con hombres culpados, prendados en un mismo delito, y codiciosos de sus bienes. Saqueáronle la casa; repartiéronse las mujeres, dineros, ropa; desarmaron y robaron la guardia; juntáronse con los capitanes y soldados, y otro día de mañana[72] determinaron su muerte.
»Eligieron a Aben-Aboo por cabeza en público, según lo habían acordado en secreto, aunque mostró sentimiento y rehusarlo, todo ello en presencia de Aben-Humeya; el cual dijo:

---

72 Es decir, al amanecer de aquel día, dos o tres horas después de prenderlo.

»QUE NUNCA SU INTENCIÓN HABÍA SIDO SER MORO, MAS QUE HABÍA ACEPTADO el REINO POR VENGARSE de LAS INJURIAS QUE a ÉL y a SU PADRE HABÍAN HECHO los JUECES de rey Don Felipe, ESPECIALMENTE QUITÁNDOLE UN PUÑAL y TRATÁNDOLE COMO a UN VILLANO, SIENDO CABALLERO de TAN GRAN CASTA: PERO QUE ÉL ESTABA VENGADO y SATISFECHO...: QUE, PUES HABÍA CUMPLIDO SU VOLUNTAD, CUMPLIESEN ELLOS la SUYA.
»CUANTO a la ELECCIÓN de Aben-Aboo, QUE IBA CONTENTO, PUES SABÍA QUE HARÍA PRESTO el MISMO FIN:
»QUE MORÍA en la LEY de los CRISTIANOS, en QUE HABÍA TENIDO INTENCIÓN de VIVIR, SI la MUERTE NO LE PREVINIERA».
»Ahogáronle dos hombres (DIEGO ALGUACIL y DIEGO de ARCOS, según Mármol: Aben-Aboo y ALGUACIL, según Lafuente Alcántara), uno tirándole de una parte y otro de la cuerda que le cruzaron en la garganta (Pérez de Hita dice que lo ahorcaron con una toca). Él mismo se dio la vuelta, como le hiciesen menos daño: concertó la ropa; cubriose el rostro»...
Aben-Humeya acababa de cumplir veintitrés años.
...
«Le sacaron muerto (cuenta otro historiador), y le enterraron en un muladar, con el desprecio que merecían sus maldades»...
Sin embargo; algunos meses después, a la conclusión de la Guerra de los moriscos, y despoblada ya la Alpujarra, «tuvo noticia el SEÑOR don Juan de Austria (dice Pérez de Hita, refiriéndose a don Juan de Austria) de como estaba enterrado en Andarax don Fernando de Valor el que había sido rey, y como había muerto cristiano, y atento a esto, mandó su Alteza que los huesos suyos fuesen llevados a Guadix a enterrar»...
...
Lo único que la Historia vuelve a saber de la mora ZAHARA es que, seis años después de terminada la Guerra, la vieron en Tetuán «casada, a ley de maldición con el propio DIEGO ALGUACIL». Así lo refiere Luis del Mármol.
Hurtado de Mendoza la desprecia soberanamente y no vuelve a nombrarla.

IX. Reinado y muerte de Aben-Aboo
Vamos al MAL LADRÓN.

Aben-Humeya había reinado diez meses...
Aben-Aboo reinó otros diez.
Cumpliose, pues, en esta parte, como en todo, la especie de emplazamiento que aquél le dirigió en su última hora, cuando le dijo: —«En cuanto a ti, Aben-Aboo, muero contento; pues tendrás mi mismo fin».

El nuevo rey pidió a los soberanos de Argel y de Turquía la confirmación de su nombramiento, y, obtenido que la hubo, intitulose Muley Abdalá MAHAMUD Aben-Aboo, rey de los ANDALUCES, adoptando la siguiente divisa: «No pude desear más, ni contentarme con menos».

Su reinado principió bajo muy buenos auspicios para la causa morisca. Conociendo el asesino de Aben-Humeya que tenía que hacer olvidar su crimen por medio de grandes acciones, puso cerco a la villa y fuerte de Órgiva; derrotó y rechazó al duque de Sesa, que había salido de Granada con muchas tropas en auxilio de los sitiados, y tomó el fuerte y la villa después de otros señaladísimos combates.

Pero su estrella no tardó en nublarse para siempre. El joven don Juan de Austria salió al fin a campaña,[73] alcanzó memorables victorias por la parte de Huéscar y de Almería (bien que perdiendo delante de Seron a su ayo y amigo el célebre Luis Quijada); redujo o aniquiló a los moriscos de todas aquellas tierras, y apareció, en fin, cubierto de laureles, por el lado oriental de la Alpujarra, decidido a apagar de una vez la rebelión en su mismo foco. Volvió a la carga al propio tiempo el duque de Sesa por el lado de Poniente..., y Aben-Aboo, cogido entre dos fuegos, viose obligado a refugiarse con sus adictos en las alturas de Sierra Nevada.

Sin embargo; todavía no hubiera sido fácil a los capitanes cristianos enseñorearse del territorio alpujarreño, si otras armas mucho más afiladas que las que ellos esgrimían no vinieran a herir de muerte la insurrección. Todos los moriscos de Granada y de su vega fueron expulsados de sus hogares y confinados a distantes provincias de España, sin consideración alguna a edad, clase ni sexo, después de haber sido desposeídos de sus casas, tierras y tesoros: tremenda medida, muchas veces anunciada y hasta iniciada, pero cuya definitiva ejecución llenó de espanto a los alpujarreños.

---

73   FELIPE II se lo había prohibido hasta entonces.

Además; los parientes y amigos de Aben-Humeya, indignados, terribles, atentos solo a la venganza, trataban ya con los cristianos; hacían que millares de moros depusieran las armas y volviesen a la obediencia de las autoridades granadinas, y habían llegado a mermar tanto el ejército de Aben-Aboo, que éste hubo de pensar también en rendirse, y entró en negociaciones con don Juan de Austria. Pero luego calculó que de todas maneras sería ahorcado, y, en señal de que daba por rota la capitulación convenida, asesinó al que había servido de negociador en aquellos tratos, al venerable HAVAQUÍ, el más insigne general de las huestes moriscas, cuyos restos yacen también en Guadix.

Vengaron esta muerte y la de Aben-Humeya los vecinos de Alora matando a un hermano de Aben-Aboo, llamado comúnmente el GALIPE: abandonáronlo también, por resultas de aquella misma felonía, los pocos adeptos principales con que contaba; y hacia el mes de octubre de 1570 (diez meses después de su solemne proclamación) viose reducido el antiguo DIEGO LÓPEZ a capitanear trescientos o cuatrocientos facinerosos, encastillados con él en las cimas de Sierra Nevada, escondidos en aquellas cuevas de los Bérchules, tan fáciles de defender como imposibles de tomar por la fuerza, y expuestos a morir de hambre y de frío en el invierno que ya principiaba...

Así las cosas, aconteció que los parientes de Aben-Humeya[74] y las autoridades granadinas consiguieron atraerse también (asegurándole que sería perdonado) al único partidario importante que le quedaba a Aben-Aboo; partidario que gozaba a la sazón de toda su confianza; pero que tenía con él antiguos resentimientos y estaba ya fatigado de vivir como una bestia feroz en aquellos inaccesibles parajes. Llamábase GONZALO el XENIZ,[75] y había capitaneado Monfíes al principio de la Guerra.

El XENIZ (a quien, con grandes precauciones, conseguía ver un platero de Granada, nombrado FRANCISCO BARREDO —que era el que manejaba la intriga), prometió que el mismo día que recibiera la Cédula Real con su indulto entregaría el cadáver de Aben-Aboo al mismo que se la llevara. Fue, pues, a Granada BARREDO, y, recogido que hubo la orden, tornó a la Sierra y citó al XENIZ al sitio en que solían avistarse...

---

74 Así lo dice Lafuente Alcántara.
75 ZENIX y SENIX escriben varios historiadores. Nosotros seguimos a Hurtado de Mendoza.

Pero cedamos aquí la palabra a nuestro inimitable Hurtado de Mendoza:
«Llegado el XENIZ, y vista la Cédula, la besó, y puso sobre su cabeza: lo mismo hicieron los que con él venían y despidiéronse dél (de BARREDO), fueron a poner en ejecución lo concertado. FRANCISCO BARREDO se volvió al castillo de Vérchul, porque allí le dijo el XENIZ que le aguardase.

»GONZALO el XENIZ y los demás acordaron, para hacerlo a su salvo, que sería bien que uno de ellos fuese a Abdalá Aben-Aboo, y de su parte le dijese que la noche siguiente se viese con él en las cuevas de Vérchul, porque tenía que platicar con él cosas que convenían a todos.

»Sabido por Aben-Aboo, vino aquella noche a las cuevas, solo con un moro, de quien se fiaba más que de ninguno; y antes que llegase a las cuevas, despidió veinte tiradores que de ordinario le acompañaban; todo a fin que no supiesen adónde tenía la noche.

»Saludole GONZALO El XENIZ, diciéndole: —Abdalá Aben-Aboo, lo que te quiero decir es, que mires estas cuevas, que están llenas de gente desventurada, así de enfermos como de viudas y huérfanos... y luego le manifestó resueltamente: Ser las cosas llegadas a tales términos, que si todos no se daban a merced del rey, serían muertos, y destruidos; y haciéndolo, quedarían libres de tan gran miseria».

«Cuando Aben-Aboo oyó las palabras del XENIZ, dio un grito, que pareció se le había arrancado el alma, y, echando fuego por los ojos, le dijo: ¡Cómo, XENIZ! ¿Para esto me llamabas? ¿Tal traición me tenías guardada en tu pecho?... No me hables más, ni te veo yo. y diciendo esto, se fue para la boca de la cueva...

»Mas un moro, que se decía CUBÁYAS, le asió los brazos por detrás, y uno de los sobrinos del XENIZ le dio con el mocho de la escopeta en la cabeza, y le aturdió; y el XENIZ le dio con una losa y le acabó de matar.

»Tomaron el cuerpo, y, envuelto en unos zarzos de cañas, le echaron la cueva abajo, y esa noche le llevaron sobre un macho a Vérchul adonde hallaron a FRANCISCO BARREDO...

»De allí lo llevaron a Cádiar —(dice por su parte Luis del Mármol), y, porque no oliese mal, habiéndole de llevar a Granada, le abrieron y le hinchieron de sal...

»Juan Rodríguez de Villafuerte Maldonado, corregidor de Granada y del consejo, que por orden del duque de Arcos había ido a asistir a la reducción de aquellas gentes..., mandó que LEONARDO ROTULO[76] y FRANCISCO BARREDO llevasen a Granada, el Cuerpo de Aben-Aboo y los moros reducidos.

»Entraron en la ciudad con gran concurso de gente, deseosos de ver el cuerpo de aquel traidor que había tenido nombre de rey en España.

»Delante iba LEONARDO ROTULO, y luego FRANCISCO BARREDO a la derecha, y a la izquierda el XENIZ con la escopeta y alfanje de Aben-Aboo: todos tres a caballo.

»Luego seguía el CUERPO, sobre un bagaje, enhiesto y entablado debajo de los vestidos, de manera que parecía ir vivo...

»Detrás de todos iban los moros reducidos, con sus bagajes y ropa...

»y a los lados la cuadrilla de LUIS de Arroyo, y de retaguardia JERÓNIMO de OVIEDO... con un estandarte de caballos.

»De esta manera entraron por la ciudad, haciendo salva los arcabuceros, y respondiendo la artillería de la Alhambra, y fueron hasta las casas de la audiencia, donde estaban el duque de ARCOS y el presidente don PEDRO de DEZA, y los del consejo, y gran número de caballeros y de ciudadanos.

»Apeáronse... y subieron a besar las manos al duque y al PRESIDENTE, a quien el XENIZ hizo su acatamiento y entregó el alfanje y la escopeta de Aben-Aboo, diciendo que hacía como el buen pastor, que no pudiendo traer a su señor la res viva, le traía el pellejo.

»Tomó el duque las armas, agradeciendo a todos tres lo bien que se habían gobernado en aquel negocio, y ofreciéndoles que intercedería con su Majestad para que les hiciese particulares mercedes.

»Mandó luego arrastrar y hacer cuartos el cuerpo de Aben-Aboo, y la cabeza fue puesta en una jaula de hierro sobre el arco de la puerta del rastro, que sale al camino de las Alpujarras, donde hoy está...

»y pusieron (concluye Hurtado de Mendoza) un título en ella, que decía:

«ESTA ES la CABEZA
del TRAIDOR de ABÉNABO.
NADIE la QUITE, SO PENA
de MUERTE.»

---

76 Gobernador de los puntos fortificados que los cristianos tenían en aquella parte de la sierra

La Guerra de los moriscos estaba terminada.
Solo nos faltaba enterarnos de su total expulsión, y de cómo se despobló y repobló la Alpujarra...
Pero ya eran las cuatro y media de la tarde; había cesado de llover, y teníamos que marcharnos a Murtas.
Dejamos, pues, para el día siguiente, último de nuestro viaje, aquel funesto epílogo de tan lamentables historias, y nos pusimos en camino.
Volvimos a pasar por Cojáyar y por Mecina Tedel, que respiraban la profunda tristeza propia de aquella tarde (tristeza en que no entraba por nada la muerte de Aben-Humeya y de Aben-Aboo); y, ya oscurecido, llegamos a Murtas, cuya plaza éranos forzoso atravesar para dirigirnos a nuestro alojamiento...
Hallábase ésta llena de gente, y todas las casas tenían iluminación. Las puertas de la iglesia estaban abiertas de par en par..., pero no se veía nadie dentro de su espaciosa nave... Dijérase que era la vacía estancia de donde acababan de sacar un muerto...
y no era otra cosa. En una calle vecina (dicho se está que nosotros íbamos ya a pie) encontramos un magnífico entierro... En el ataúd, que tenía grandes cristales por todos lados, se veía tendido el cadáver de un hombre como de treinta y tres años de edad, de incomparable hermosura, envuelto en un sudario que parecía tejido por los ángeles. Las personas que iban en el cortejo alumbraban con blandones... Tristísimas plegarias, fúnebres quejas resonaban a la cabeza del duelo. Era la procesión del Entierro de Cristo.
Poco después alzose un viento espantoso... un huracán horrible de los que tan frecuentes son en el Cerrajón de Murtas. Todas las iluminaciones se apagaron... La iglesia (adonde ya había regresado la procesión) cerrose inmediatamente, llevándose el sacristán las llaves, como las de una casa deshabitada. y un fuerte aguacero que principió a caer enseguida, dejó completamente desiertas las oscuras calles del lugar, en el que solo se oyeron ya durante toda la noche los aullidos lastimeros del aire y el sollozo continuo de la lluvia...

Fin de la sexta parte

Epílogo. La expulsión de los moriscos

...con estar tan alto, entramos por encima de las chimeneas.

Amaneció (como no podía menos) el día siguiente.
Miré el almanaque, y vi que era el 30 de marzo de 1872.
Reinaba en España don AMADEO de SABOYA.
Los alpujarreños andaban muy atareados con unas elecciones de diputados a cortes, que iban a principiar a los dos o tres días...
Aquellos alpujarreños no tenían nada que ver con los moriscos que sobrevivieron a Aben-Humeya y a Aben-Aboo; sino que eran descendientes de los castellanos, extremeños, gallegos y leoneses que repoblaron la desierta Alpujarra, después de la Paz:..., o de los alemanes y flamencos que inmigraron también allí cuando se colonizó Sierra Morena.
Es decir, que todos los fantasmas evocados por mi imaginación durante aquel largo viaje, así los del tiempo de Tiberio como los del tiempo de Felipe II, habíanse desvanecido completamente. Ni un judío, ni un romano, ni un inquisidor, ni un morisco se veía ya por ninguna parte. En la Alpujarra, como en el resto de España, solo había cristianos puros..., pero de estos a la moderna, más semejantes en su generalidad a los tibios gentiles contemporáneos del escéptico Pilatos que a los supersticiosos clérigos y soldados de fines del siglo XVI. Parecíame que acababa de despertar de un sueño, o de sanar de una locura.
El día había amanecido lo que se suele llamar revuelto; ora claro, ora nublado, ora triste, ora alegre...; —día vario, como la realidad de nuestra vida y como el destino de los pueblos; —día desapacible y escalofriado, como el alma y cuerpo de los que madrugan contra su voluntad; —día, en fin, en que el Sol, con tanto salir y ocultarse entre las nubes, parecía jugar a muertes y a resurrecciones: —verdadero SÁBADO de GLORIA, mixto de las tristezas del Viernes santo y de los júbilos de la PASCUA.
Nuestra caravana acababa de disolverse a las puertas de Murtas. Los alpujarreños se habían marchado a sus respectivos pueblos a prepararse para la lucha electoral, y hasta mis dos primitivos compañeros de viaje (atentos a generosos cuidados) habíanse despedido también de mí por algunos días... al cabo de los cuales (dicho sea aquí de paso, por si no se me presenta ya ocasión de

advertíroslo) irían a buscarme a Albuñol, desde donde saldríamos juntos de la Alpujarra, por la orilla del Mar, en demanda de la culta ciudad de Motril y de su conocida diligencia...

Caminaba yo, pues, enteramente solo la melancólica mañana que digo. Mi rumbo, en definitiva, era hacia el mencionado Albuñol, donde daría fondo aquella misma noche, poniendo así término a mis exploraciones alpujarreñas; pero de camino (aunque rodease un poco) quería tocar en la villa de Albondon, a fin de hacer la prometida visita a su simpático señor cura —de quien supongo no os habréis olvidado...

Todo esto estaba muy bien: el plan no podía ser mejor..., y yo saboreaba a mis anchas la plácida tristeza propia de los epílogos venturosos y de todo lo que termina a medida de nuestros deseos...; —mas ¿quién era aquel hombre que, hacía ya media hora, marchaba detrás de mí, a pie, agarrado a la cola de mi caballo, diciéndome cosas fatídicas y desagradables, y cuyo aspecto me infundía un terror indefinible?

Aquel hombre se me había aparecido en el momento de quedarme solo y de perder de vista a Murtas, sin que pudiera yo precisar cómo ni por dónde llegó a incorporárseme. Cuando reparé en él, ya estaba a mi lado, dirigiéndome la palabra.

—Hoy va usted a perecer —fue la frase con que me avisó su presencia.

Volvime asustado, como si hubiera oído el silbido de una serpiente, y me encontré con que llevaba a remolque a un hombre joven todavía; pobre y suciamente vestido, con chaqueta, pantalón largo y alpargatas; flaco y pálido como la misma muerte; con barba de unos quince días, que le tiznaba toda la parte inferior del rostro; de grandes y hermosos ojos negros, ancha boca, propensa a reír de una manera cínica y amarga; nariz, frente y cejas de puras y correctas proporciones, y un aire, en fin, en toda su figura, de artista mendigo, de proscrito vagabundo, casi, casi de judío errante.

—¿Quién es usted? —le dije.

—¿Pues no me conoce usted? —exclamó, sin dejar aquella sonrisa, yerta como la de un cadáver.

—Tiene usted razón. Yo he visto esa cara en alguna parte...

—Me vio usted anoche. Soy el Propio de Albuñol que les llevó a ustedes el correo a Murtas.
—Es verdad —pensé, tranquilizándome por entonces y como llevamos el mismo camino... prosiguió diciendo.
—¡Ah! ¿Usted regresa también a Albuñol?... ¿y qué hablaba usted de perecer?
—interroguéle, procurando dar el mismo tono a aquellas dos preguntas.
—Decía que, con la mañana que hace, no debe usted ir a Albondon por la Contraviesa...
—¿Pues?...
—¡A no ser que quiera usted que se lo lleve el aire, o morir helado! Eso va en gustos...
Yo no le contesté al pronto. El lenguaje de aquel hombre me repugnaba profundamente. Su estilo, su acento, sus ademanes, su gesticulación, todo era insultante en él..., acaso sin poderlo remediar. Solo la intención resultaba sana. Dígolo, porque algunos momentos después, al llegar al lomo de la Contraviesa, nos envolvió una horrible ventisca que me obligó a hacer alto.
—Veo que tiene usted razón —le dije entonces—. Pero es el caso que yo no sé otro camino...
—Eche usted por aquí —respondió él inmediatamente, dejando la cola y cogiendo las riendas de mi caballo—. Estos barrancos, aunque rodeando un poco, conducen también a Albondon.
—Bien; sí...; ¡pero suelte usted las riendas! —prorrumpí yo descompuestamente.
El hombre se rió; dejome pasar, y repuso:
—Lo único que le podrá suceder a usted en estos barrancos es que caiga un aguacero, salgan los arroyos y se lo lleven a usted de cabeza al Mar...
—¡Tristes ideas tiene usted, buen hombre! —no pude menos de decirlo, disimulando algo mi mal humor.
—¡No tan tristes como los caminos de la Alpujarra! —replicó él con la misma ironía de siempre—. ¡A ver cuándo hacen ustedes aquí carreteras y ferrocarriles, para que sepamos lo que es una rueda! Viejo hay en estos contornos que no ha visto en toda su vida ni un coche, ni una galera, ni un carro... nada, en fin, que ruede; y el que ha visto esas cosas ha sido porque ha estado en Motril o Almería... ¡Por supuesto que lo mismo da a cuestas que al hombro!... ¡De todas maneras... aguaderas!...

y al pronunciar esta última frase, adelantose para mostrarme la cara, en la cual vi una mueca lúgubre y espantosa, que indudablemente quería ser, y era en efecto, la caricatura de la Muerte.

El tal hombre volvió a causarme un miedo pueril, ridículo, fantástico... pero no menos incómodo por eso...

¡Acababa de representárseme cierto horrible monigote de trapo que, en mi ciudad natal, amanece ahorcado de tal o cual balcón la mañana del SÁBADO de GLORIA, representando el castigo que se dio a sí mismo el desesperado Judas Iscariotes!...

Apreté, pues, al caballo en cuanto pude, y lo dejé atrás.

...

La idea de tomar por los barrancos en lugar de seguir por la Contraviesa había sido muy oportuna. Tan luego como descendí un centenar de metros por aquellas laderas, encontreme en unos valles abrigadísimos y ricos de vegetación, donde no llovía ni hacía aire, si bien estaban cubiertos de una techumbre de nubes sumamente bajas, que parecían toldos de lona tendidos sobre morunos patios llenos de macetas.

Una vez libre del Propio, y en tanto que solazaba mi vista en aquellos amenos parajes, mi imaginación y mi juicio entablaron el siguiente diálogo, que demuestra cuán tristes vapores y dolorosas resonancias quedaban aún en mi cabeza, por resultas de tantas y tantas historias como había recordado en la Alpujarra.

—¿Quién será ese hombre que me sigue desde Murtas?

—Desde luego es el propio que nos envió de Albuñol nuestro mejor amigo, y, por consiguiente, una persona de toda confianza...

—Pero eso no quita para que pueda ser un alma del otro mundo!... Ni por un momento se me ha ocurrido ver en él un ladrón, ni un asesino, ni un espía. Mis recelos pertenecen al orden sobrenatural...

—Pues Judas no puede ser... Judas era rubio.

—¿Será el Demonio?

—¡Ca! ¡Para bromas está hoy Lucifer! CRISTO se halla a estas horas en los Infiernos, en busca de las almas que esperaban su santo Advenimiento y que han de acompañarlo en su gloriosa Resurrección... No hay miedo de que el Príncipe de las tinieblas se aparte de allí un solo instante.

365

—Entonces, puede que sea FRANCISCO BARREDO, el que dispuso la captura y muerte de Aben-Aboo.
—¡Qué disparate! a BARREDO lo mataron en Tetuán en un convite. Por consiguiente, no tiene a qué venir a la Alpujarra.
—Entonces, puede que sea Aben-FARAX, el verdugo de los sacerdotes alpujarreños, el que ambicionaba el trono de Aben-Humeya.
—Sí, que le da un aire!... Pero FARAX había cambiado mucho de fisonomía cuando murió...
—Pues ¿cómo murió?
—Murió de viejo, pidiendo limosna a los cristianos por las calles de Granada. Mas, antes, sufrió un tormento de que ese hombre no conserva señal alguna. Sus propios amigos, así que creyeron haberlo matado, cosa que no consiguieron, deshiciéronle el rostro, magullándoselo con piedras, y dejáronlo tan desfigurado y horrible, que nadie hubiera podido reconocerlo, si él mismo no fuese diciendo a todo el mundo su nombre —más deseoso tal vez de que le dieran la muerte que el pedazo de pan que ponían en su mano!
—Nada: no es Aben-FARAX... Sigamos pensando... ¡Como no sea ABEN-COMIXA, aquél que les vendió a los reyes católicos la persona y la hacienda de Boabdil...
—Tampoco lleva eso camino... —a Aben-CORIXA lo mataron en África después de haber sufrido tantas metamorfosis que no le habrá quedado gana de transformarse de nuevo. Primero, abjuró la Ley de Mahoma y se hizo fraile Francisco, bajo la protección de doña Isabel y de don Fernando. Luego, renegó la fe de Jesucristo y entró al servicio del rey de Bugía, que lo nombró Gobernador de Argel. Enseguida, trató de entregarle al conde Pedro Navarro esta codiciada ciudad, y, entonces los argelinos lo cosieron a puñaladas.
—¿Quién será?
—¿Quién ha de ser? ¡Un propio! ¡Un vecino de Albuñol!
—Mejor es creerlo así.

A todo esto, había llegado a una rambla estéril y melancólica, y dado vista a un pueblecillo con que no contaba —quiero decir; de que no tenía noticia alguna...

Componíase de unas cincuenta o sesenta casas; pero casi todas ellas estaban en ruinas, sin que tampoco se descubriera alma viviente en las que permanecían de pie.
Era una muestra viva de los lugares que quedaron despoblados después de la expulsión de los moriscos.
Parecía una Nínive en miniatura.
—¿Cómo se llamaría este pueblo? —me pregunté interiormente.
y paré el caballo, para que bebiese agua en un arroyo sin objeto que atravesaba alegremente aquellos solitarios parajes.
—Se llama la Cortijada de los Peñaleros —díjome, en son de respuesta, una voz harto conocida...
¡El propio se hallaba a mi lado, mirándome de hito en hito, riéndose fúnebremente, y... adivinandome los pensamientos!
—¿Es usted andarín? —exclamé—. ¡Yo lo hacía a usted a media legua de distancia!
—Por andarín me tienen sin duda, cuando me envían de propio —respondiome, muy satisfecho de aquella nueva lección que me daba.
y luego prosiguió:
—La rambla en que estamos lleva el mismo nombre de los Peñaleros. En cuanto a esas casas que ve usted, casi todas siguen desocupadas. Cualquiera diría que en otro tiempo pasó por aquí el cólera... Pues no, señor. Quien paso por aquí fue la guerra. Ahora: lo que yo no sabré decir es si los puñaleros de que se trata fueron cristianos o moriscos...
—¡Hola! ¿Usted también...? —exclamé maravillado.
—Yo también —me interrumpió el desconocido, adivinando el resto de mi frase.
y se cruzó de brazos, como retándome a una polémica.
No había más remedio que transigir.
Indudablemente, se trataba de un hombre muy listo, muy vivo de genio, muy sin ventura, y muy mal educado; pero inocente de todo punto. Su rostro revelaba más tristeza que maldad. Ya me iba acostumbrando a él.
—¿Con que usted es también aficionado a las cosas pasadas? —díjele medio amistosamente.
—¡Yo lo creo! —respondió con la viveza de una ardilla—. Mire usted: cuando los cuatrocientos mil moriscos del Reino de Granada fueron internados en otras

367

provincias de España, quedaron despoblados 400 lugares, entre ellos todos los de la Alpujarra, y, para repoblar unos y otros, vinieron 12.542 familias de Extremadura, de Galicia, de Castilla la Vieja y de los montes de León; pero, pareciendo poca aquella gente, solo se repoblaron 270 lugares, correspondiendo a los de este territorio los siguientes cupos:
Bérchules, 48 familias. Ugíjar, 110. Nechite, 26. Mecina Alfahar, 25. Laujar, 152. Alcolea, 35. Presidio de Andarax, 80. Fondón, 64. Bayanreal, 47. Cherin, 13. Laroles, 77. Picena, 42. Darrícal, 24. Mairena, 44. Berja, 200. Jubiles, 16. Trevélez, 24. Valor, 73. Narila, 25. Cádiar, 35. Yegen, 21. Mecina de Bombaron, 85. Almejijar y Notáez, 32. Tímar y Lobras, 20. Cástaras y Nieles, 36. Murtas y Turón, 50. Cojáyar, 15. Poqueira, 70. Pitres, 49. Capileira, 16. Aliacar, 16. Ferreirola, 16. Mecina Fondáles, 16. Fondáles, 15. Pórtugos, 56. Atalbéitar, 10. Padules, 45. Canjáyar, 66. Almocita, 31. Ohanes, 36. Béires, 41. Dalías, 83. Adra, 25. Órgiva, 130. Cáñar, 35. Benisalte, 12. Soportujar, 30. Soites, 14. Caratáunas, 16. Bayaces, 12. Benisier, 15. Busquístar, 33...
En cuanto a Albuñol, no está en el Libro.
—¿En qué Libro? —pregunté yo, asombrado de aquella singular erudición y de aquella prodigiosa memoria.

—En la Relación Auténtica de la creación de la Renta de Población del Reino de Granada, compuesta por don Manuel Núñez de Prado, veedor y contador de la Alhambra. Granada, 1755.[77]
—¿Y usted ha leído esa obra?
—Naturalmente.
—¿Cómo naturalmente?
—Es claro: por razón de oficio.
—Pues ¿qué oficio es el de usted?
El hombre se encogió de hombros y no me contestó. Al cabo de unos instantes, prosiguió diciendo de este modo:
—Así que me aprendí el libro de memoria, se lo vendí a un baratillero de Granada que pasó por aquí. Había sido de mi padre; pero yo lo hallé muy defectuoso. Faltan en él muchos pueblos, que sin duda se repoblaron después; y, por la inversa, figuran algunos que ya no existen. Los pueblos se mueren con el tiempo, como las personas.
—¿Sabe usted, amigo, que es usted un hombre muy particular?

---

77 «Quedó este Reino, por la expulsión de los moriscos, tan falto de población y de gente, que muchos lugares estaban yermos, sin un solo vecino, otros con muy pocos; no había quien cultivase los campos; los arbolados y viñas se perdían por falta del beneficio ordinario, y todo el trato y comercio estaba aniquilado...
»En el Consejo y Junta de Granada se dispuso poblar 259 Lugares; según la población que cada uno debía tener, se dispusieron otras tantas casas, señalando a cada uno tierra calma competente, viñas y arbolado, con título de Suerte de población...»
«Se deslindaron y apearon términos, y se señaló una suerte para el beneficiado y otra parte para el sacristán, para que estuviesen asistidas y servidas las iglesias...»
«No cabe en lo posible referir el gasto y la providencia que hubo para conducirlos (a los colonos) y asentarlos en las poblaciones; las prevenciones que se hicieron de pan, harina, trigo, cebada y otras semillas, bueyes, caballos y mulas, para el servicio de las nuevas poblaciones; y todo a costa de la Real Hacienda.»
«A cada uno de los pobladores se le dio una casa, solamente con la obligación de pagar un real de censo en cada un año, y una suerte de población sencilla o con ventaja, que se entiende dos sencillas, con obligación de pagar el quento de todos los frutos...»
(Todo ello en virtud de Real Cédula, su fecha en San Lorenzo, a 31 de mayo de 1572.)
«Ningún poblador ha de ser natural del Reino de Granada...
»Han de ser obligados a hacer en los lugares de la Marina, o en los que fuere menester, para su seguridad y guarda, un cercado o reducto de tapias... y han de tener todos los pobladores espadas, y con ella un arcabuz o ballesta, con sus aderezos, rodela, o alabarda, o partesana, o otras armas semejantes, enhastadas».
(Todas estas noticias son del mismo libro citado por el propio. El señor don Pascual de Gayangos posee un ejemplar de él.)

El propio se rió de una manera más triste, pero también más afable que solía, y murmuró dolorosamente:
—Eso dicen: que soy un hombre muy particular.
—Particularísimo —repuse yo, volviendo a mis cavilaciones y metí espuelas al caballo.

Pero no había dado cuatro pasos, cuando sonó un tiro, y luego otro, y luego, dos o tres seguidos, todos ellos en las altas laderas que limitaban aquella rambla.
El caballo se paró por sí mismo, y hasta quiso retroceder.
Yo miré al propio, más alarmado que nunca, y como pidiéndole cuenta de aquello.
El propio se reía espantosamente.
—¡Qué bárbaros! —decía—. Se han anticipado lo menos una hora.
—¿De qué bárbaros habla usted? —exclamé yo, requiriendo mi revólver.
—De los cortijeros de estas cercanías.
—Pues ¿qué hacen?
—¿No lo oye usted? ¡Apenas son las nueve, y ya tocan a Gloria!
—¡Tocan a Gloria! —repetí maquinalmente... y sin saber por qué, mis ojos se llenaron de lágrimas.
Transcurrieron algunos instantes. Quíteme el sombrero, y recordé los versos con que principia el Fausto.
—¡Brutos! —seguía gritando el propio, respondiendo con fuertes carcajadas a los tiros que sonaban por todas partes—. ¡Bestias! ¿No veis que todavía no son las diez? ¿No veis que aún falta una hora para el Gloria in excelsis Deo?
A pesar mío, me eché a reír.
—¿Es usted de Iglesia? —le pregunté a aquel energúmeno.
—Casi, casi... —me respondió con cierto énfasis.
—¡Es el Demonio! —volví a pensar, más sobresaltado que nunca y disparando al aire los seis tiros de mi revólver (lo cual puso el colmo al terror del caballo), eché a correr a toda brida, y me encaramé en la montaña próxima, por donde erré perdido mucho tiempo, hasta que el repique triunfal de unas hermosas campanas sirvióme de norte para descubrir la villa de Albondon.[78]

---

78 Albondon, villa de 3216 habitantes, hállase situada en una ladera de la Contraviesa, a una legua de Albuñol.

Dos horas después, mi amigo el señor cura y yo departíamos de sobremesa en su bendita casa —en tanto que los hijos de Albondon seguían atronando el espacio con salvas, repiques, vivas, coplas de fandango, tañer de guitarras, largo tiempo mudas, y todo género de demostraciones de júbilo por la Resurrección de CRISTO.
—Le repito a usted, señor cura, que hoy he viajado con el Demonio —decíale yo muy seriamente—. Pero ¡mírelo usted! Por allí asoma...
En efecto: a través de los cristales de un balcón próximo, acababa de ver penetrar en la plaza del pueblo a mi siniestro acompañante.
El cura se echó a reír.
—Conozco a ese pobre hombre —dijo luego.
—¿Quién es?
—Nunca me perdonaría usted el que se lo dijese ahora. Nuestros amigos se lo dirán a usted esta tarde en Albuñol.
—Pero, en fin...
—¡Ni una palabra más! Bástele a usted por el momento saber que es una persona honrada.
—Me resigno, señor cura.
Rodó luego la conversación sobre la expulsión de los moriscos, único asunto que me preocupaba ya en la Alpujarra, y, después de una larga controversia, en que salieron a relucir todas las apuntaciones de mi cartera de viaje, quedaron en pie, a mi juicio, los hechos siguientes:
Primero: Que «todos los moriscos del Reino de Granada que se sometieron fueron trasladados a distantes comarcas y los que se ocultaron fueron cazados como fieras y entregados al verdugo. Muchos lograron escaparse (continuaba diciendo el texto); pero el amor de la patria los trajo de nuevo a Andalucía, donde[79] fueron quemados. La situación de aquéllos que fueron llevados al interior de España fue peor que la esclavitud. Hablar la lengua arábiga, tocar un instrumento morisco, etc., eran crímenes que se castigaban con galeras...»[80]
Segundo: Que los moriscos que prefirieron irse a África a ser internados en la Península, «pasaron a Berbería, sirvieron a ABDEL-MELIC rey de Fez, bajo el

---
79 Aquí suprimimos una elipse inconveniente.
80 Schack, Poesía y Arte de los árabes en España y Sicilia.

nombre de andaluces, y contribuyeron eficazmente a la derrota y muerte del rey de Portugal don Sebastián junto al río de Alcázar-Quivir».[81]

Tercero: Que, cuando Felipe III decretó la expulsión definitiva de todos los moriscos que había en España, ascendían éstos a más de un millón de personas,[82] de las cuales el bando real exceptuaba a los muchachos de menos de cuatro años que quisieran quedarse, a no oponerse sus padres o tutores: que, al principio, no hubo padre que consintiera en ello; pero que, después, cuando supieron la triste suerte que les aguardaba donde quiera que iban (en Italia y Francia los rechazaban o perseguían considerándolos moros: en África, Asia y Turquía los maltrataban y despedían considerándolos cristianos), viose a muchos vender sus hijos antes de embarcarse: que el mismo bando perdonaba seis familias en cada lugar de cien casas, para conservar en el Reino los conocimientos prácticos de agricultura y labranza: pero que los exceptuados optaron por irse, besando la arena de las playas, embarcándose al son de instrumentos y saltando a las naves con grande regocijo.[83]

Cuarto: Que esta expulsión total principió por el Reino de Valencia, cuya numerosísima población morisca, a pesar de haberse comprometido previamente a alzarse en armas al mismo tiempo que los granadinos, no secundó el movimiento de Aben-Humeya: que, así que los moriscos valencianos vieron cuán mal se les pagaba la traición que habían hecho a sus correligionarios y su fidelidad a Felipe II y Felipe III, se sublevaron, reproduciendo las matanzas y sacrilegios de los antiguos Monfíes y la denodada resistencia de los guerreros alpujarreños; pero que ya era tarde..., y fueron muy en breve reducidos y presos, viéndoseles apiñados, desnudos y hambrientos morir en nuestras playas o en aquéllas a que se les conducía, en medio del más absoluto desamparo...; de tal modo que se calcula en cien mil el número de los que perecieron aquellos días en España, en el mar, o en las inhospitalarias costas en que se les desembarcaba.[84]

Quinto: Que estos espantos tuvieron la sanción previa de uno de los más ilustrados reyes de Francia —FRANCISCO I— quien ya motejaba a Carlos V porque toleraba a los moriscos en sus Estados, siendo Emperador y rey Católico; pero

---

81 Lafuente Alcántara. Historia de Granada.
82 Creo oportuno recordar aquí que los judíos expulsados de España por los REYES CATÓLICOS pasaron de doscientos mil.
83 Janer, Condición social de los moriscos de España.
84 Janer. Ibidem.

que, en cambio, el gran cardenal RICHELIEU, al saber que Felipe III había expulsado novecientos mil de sus más laboriosos súbditos, dijo que era «el consejo más osado y bárbaro de que hace memoria la historia de todos los anteriores siglos».

y sexto: Que el cardenal de RICHELIEU debía de tener razón, visto que CAMPOMANES, el insigne estadista, dice que «el punto de decadencia de nuestras manufacturas puede fijarse desde el año de 1609 en que tuvo principio la expulsión de los moriscos»; y visto además que fray Pedro de San Cecilio, varón muy docto y santo, los llama «gente aplicada, continua en el trabajo, enemiga de la sociedad, que con su ejemplo obligaban a trabajar a los cristianos viejos, cultivar sus heredades y labrarlas».

—Duéleme —dijo el señor cura cuando acabé de fijar estos hechos—, verlo a usted dar la razón a los moriscos contra los cristianos.

—A mí también me duele tener que hacerlo —respondí—. Yo hubiera querido que prevaleciese el primer pensamiento de Isabel la católica; que se hubiera empleado la tolerancia, el amor y la persuasión para convertir a los moros a la Fe cristiana; que se les hubiese hecho conocer y adorar todas las excelencias de la doctrina de Jesús, y que la mansedumbre, la caridad, la paciencia, el perdón de los enemigos, el sublime principio de alteri ne faceris quod tibi fieri non vis, la humildad, la santificación de la pobreza, todos los tesoros del Evangelio, hubieran brillado a los ojos de los infieles, en lugar de las hogueras y de las armas. De este modo, no solo los habríamos conservado para nuestra tierra y ganado para el Cielo, sino que nuestra acción evangelizadora y civilizadora hubiera transcendido a África, ia ese desdichado continente tan vecino a nuestras costas, cerrado a toda luz, a toda esperanza, a toda felicidad digna del espíritu humano! De este modo también, hubiéramos impedido que por la misma puerta que salieron de España, primero los judíos y luego los musulmanes, entrara en ella este horrible descreimiento religioso que va trocando a los pueblos en manadas de bestias feroces! Sí, señor cura: la intolerancia, la violencia, la crueldad de nuestros reyes austriacos y el mal encaminado celo de nuestros sacerdotes; el fanatismo y la ambición de poder de la Inquisición; la supersticiosa repugnancia y la bárbara sevicia con que tratamos a aquellos hermanos (y ya compatriotas nuestros) que vivían en el error, fueron causa de que el puro venero del cristianismo se dividiera en dos corrientes, y de que por

una fluyese en adelante su espíritu humanitario, liberal, democrático, consolador y redentor de los humildes y afligidos, y por la otra la autoridad del dogma y el dogma de la autoridad!... Llámele usted Reforma; llámele usted Revolución; llámele usted Racionalismo; llámele usted Impiedad... todo es para mí la misma cosa: todo es para mí el divorcio que sobrevino entre la Iglesia y la civilización, desde el momento en que una mal entendida defensa de la Fe (la defensa que se hizo por medio de persecuciones, de expulsiones, de tormentos y de hogueras), dio margen a que inteligencias enfermizas, hombres de más pasión que sindéresis y discernimiento, mirasen la Religión del Crucificado con una prevención que solo debieron inspirarles los que abusaban de su sagrado nombre. ¡Jesús no arrojó del templo las Tablas de la Ley, sino a los mercaderes! Sin embargo, lo repito: los insensatos filósofos posteriores al Renacimiento, y sobre todo los del siglo pasado, confundieron la Religión con los tiranos que la explotaban y contradecían, y de aquí la situación a que hemos venido; de aquí esta orfandad en que va quedando el género humano en nuestra culta Europa; de aquí el descreimiento que usted y yo deploramos tanto; de aquí la rebelión de los pobres, de los tristes, de los menesterosos, de los tullidos de la Piscina..., no ya diciendo: «¡Viva Jesús, que nació en un pesebre!», sino diciendo: «¡Viva el Becerro de Oro!...»; de aquí, en fin, la pavorosa Internacional, última fórmula y apocalíptico derrumbamiento de este edificio social que lleva veinte siglos de existencia!
—Y ¿qué remedio?... —exclamó el digno sacerdote, con el generoso ímpetu de un mártir.
—No veo más que uno..., y ese...
—¿Qué?
—Está en manos de la Iglesia...
—No me sorprendería... Pero, en fin... Explíquese usted más claro.
Mediaron unos instantes de silencio, al cabo de los cuales añadí:
—La receta no la he inventado yo... Pensadores más profundos la formularon hace tiempo... y ¡usted, debe conocerla! Por mi parte, no es tampoco ésta la primera vez que la proclamo... Once años han pasado desde que, al escribir la historia de otro viaje por el estilo de éste,[85] procuré que todas sus páginas

---

85   DE MADRID a NÁPOLES.

fuesen una indicación de ese mismo remedio a la enfermedad que corroe las entrañas del mundo latino...
—Pero, en fin, ¿cuál es el remedio?
Yo me acerqué al Padre de almas, y le dije tres palabras al oído...
El cura no me respondió nada, ni pestañeó siquiera... Su actitud era sublime.
y así pasaron no sé cuántos segundos.
—Con que adiós, señor cura —exclamé entonces, respetando como debía aquel prolongado silencio—. Me marcho... es muy posible que no nos veamos más...
Voy a dejar la Alpujarra, postrimer escenario de la gran cruzada nacional contra los moros...; y, al tiempo de partir, y a pesar de lo que acabo de decirle a usted, vuelvo a ser poeta, y repito las últimas palabras que pronuncié ayer mañana al abandonar a Laroles: «¡DICHOSA EDAD y SIGLOS DICHOSOS AQUÉLLOS en QUE HABÍA MOROS y CRISTIANOS; en QUE CADA CUAL LUCHABA y MORÍA POR SU FE; en QUE el IDEALISMO DIRIGÍA LAS ACCIONES HUMANAS: en QUE ESTA CORTA VIDA ERA COMO UN TORNEO en QUE SE DISPUTABAN los HOMBRES el DERECHO a la INMORTALIDAD»... Adiós, señor cura; adiós...
—Adiós, y ÉL le acompañe —díjome con infinita tristeza, recibiéndome en sus paternales brazos.
y partí.

Una hora después, el propio y yo asomábamos por la cumbre del monte a cuyas faldas se recuesta Albuñol.
Era la primera vez que entraba yo en la sarracena villa por aquellas alturas, y también la primera en que aparecía ante mis ojos su cementerio, mucho más alto que las ramblas por donde habíamos caminado hasta entonces e invisible desde ellas por consiguiente...
Aquel mudo recinto, aquel otro Albuñol, cuyo hambriento suelo habrá de tragarse poco a poco a todos los amigos de que iba a despedirme, como en el espacio de dos años ya se ha tragado a algunos, está situado a la izquierda del pueblo, en una triste y melancólica soledad. Altas hierbas ocultan casi por completo las negras cruces plantadas sobre una y otra sepultura, y solo en una de sus elevadas tapias se ve un grupo de estos nichos de moda..., que no sé para qué se han inventado, pues lo cierto es que a nadie se le ha ocurrido todavía ir a contemplar el esqueleto de sus muertos queridos.

En cuanto al Albuñol viviente, mostrábaseme más bello y animado que nunca, coronado de flores, vestido de luz por el espirante Sol del SÁBADO de GLORIA, y cobijado por un purísimo cielo de primavera, en que flotaban algunas pintadas nubes, como cortinajes de gala, pregoneros del alborozo de aquel día...

—Yo me marcho por aquí, si usted no me manda otra cosa —díjome entonces el propio, rompiendo el silencio que, sin duda por encargo del señor cura, había guardado desde que salimos de Albondon y al pronunciar aquellas palabras, me designaba con el dedo una tortuosa vereda... que no conducía a la villa.

—Vaya usted con Dios —le contesté, no sin que aquella nueva excentricidad del misterioso personaje me llamara mucho la atención.

Quedéme, pues, en la altura, para observar hacia dónde se encaminaba, y lo fui siguiendo con la vista..., más y más asombrado a cada instante, al reparar que se dirigía al cementerio.

Llegó efectivamente a la puerta de la fúnebre morada: llamó, y le abrieron: volviose entonces hacia mi, como adivinando que yo no me había movido de aquel sitio; saludome familiarmente con la mano, y penetró en la mansión de los muertos.

...

Era el sepulturero de Albuñol.

Fin

Libros a la carta

A la carta es un servicio especializado para
empresas,
librerías,
bibliotecas,
editoriales
y centros de enseñanza;
y permite confeccionar libros que, por su formato y concepción, sirven a los propósitos más específicos de estas instituciones.

Las empresas nos encargan ediciones personalizadas para marketing editorial o para regalos institucionales. Y los interesados solicitan, a título personal, ediciones antiguas, o no disponibles en el mercado; y las acompañan con notas y comentarios críticos.

Las ediciones tienen como apoyo un libro de estilo con todo tipo de referencias sobre los criterios de tratamiento tipográfico aplicados a nuestros libros que puede ser consultado en Linkgua-ediciones.com.

Linkgua edita por encargo diferentes versiones de una misma obra con distintos tratamientos ortotipográficos (actualizaciones de carácter divulgativo de un clásico, o versiones estrictamente fieles a la edición original de referencia).

Este servicio de ediciones a la carta le permitirá, si usted se dedica a la enseñanza, tener una forma de hacer pública su interpretación de un texto y, sobre una versión digitalizada «base», usted podrá introducir interpretaciones del texto fuente. Es un tópico que los profesores denuncien en clase los desmanes de una edición, o vayan comentando errores de interpretación de un texto y esta es una solución útil a esa necesidad del mundo académico.

Asimismo publicamos de manera sistemática, en un mismo catálogo, tesis doctorales y actas de congresos académicos, que son distribuidas a través de nuestra Web.

El servicio de «libros a la carta» funciona de dos formas.

1. Tenemos un fondo de libros digitalizados que usted puede personalizar en tiradas de al menos cinco ejemplares. Estas personalizaciones pueden ser de todo tipo: añadir notas de clase para uso de un grupo de estudiantes, introducir logos corporativos para uso con fines de marketing empresarial, etc. etc.

2. Buscamos libros descatalogados de otras editoriales y los reeditamos en tiradas cortas a petición de un cliente.

www.ingramcontent.com/pod-product-compliance
Lightning Source LLC
Chambersburg PA
CBHW031419150426
43191CB00006B/331